EKKEHARD MOESER

Die Beteiligung des Bundestages an der staatlichen Haushaltsgewalt

Schriften zum Öffentlichen Recht

Band 350

Die Beteiligung des Bundestages an der staatlichen Haushaltsgewalt

Eine Untersuchung zur rechtlichen und tatsächlichen Stellung des Bundestages in haushaltswirtschaftlichen Entscheidungsprozessen

Von

Dipl.- Ökonom Dr. Ekkehard Moeser
M. C. L., University of Michigan

DUNCKER & HUMBLOT / BERLIN

Gedruckt 1978 bei Berliner Buchdruckerei Union GmbH., Berlin 61
Printed in Germany
ISBN 3 428 04264 6

Ulla und
meinen Eltern
gewidmet

Vorwort

Die Arbeit hat im Wintersemester 1977/78 dem Fachbereich Rechtswissenschaften der Universität Augsburg als Dissertation vorgelegen. Später erschienene Literatur konnte nicht mehr berücksichtigt werden.

Herrn Professor Dr. Peter Häberle möchte ich für die stete Betreuung und Förderung, die ich während meiner Zeit als Student und später als Assistent und Doktorand erfuhr, auch an dieser Stelle recht herzlich danken. Unvergessen werden mir auch die von Herrn Professor Dr. Häberle in dieser Zeit veranstalteten öffentlich-rechtlichen Seminare bleiben, in denen stets spannend und freimütig diskutiert wurde und die zu einem eigenen wissenschaftlichen Versuch herausforderten. Mein besonderer Dank gilt ferner Herrn Professor Dr. Reiner Schmidt, der so freundlich war, das Zweitgutachten zu erstellen.

Dank schulde ich dem Deutschen Akademischen Austauschdienst (DAAD) für ein Stipendium an der Law School der University of Michigan in Ann Arbor, der Studienstiftung des Deutschen Volkes für ein Promotionsstipendium, dem Bundesinnenministerium für einen Druckkostenzuschuß sowie Herrn Ministerialrat a. D. Prof. Dr. Broermann für die Aufnahme der Arbeit in sein Verlagsprogramm.

Linden/Oberhof, im August 1978 *Ekkehard Moeser*

Inhaltsverzeichnis

1. Kapitel

Verfassungstheoretische Ausgangspunkte

3. Kapitel

Funktionsgerechte Fortentwicklung der Einwirkungsmöglichkeiten des Bundestages auf die Haushaltsgewalt

Abkürzungsverzeichnis

a. A.	andere Ansicht
a. F.	alte Fassung
AöR	Archiv für öffentliches Recht
Art.	Artikel
BBahnG	Bundesbahngesetz
Bd.	Band
BGBl.	Bundesgesetzblatt
BHO	Bundeshaushaltsordnung
BK	Bonner Kommentar
BRD	Bundesrepublik Deutschland
BSP	Bruttosozialprodukt
BT-Drcks.	Bundestagsdrucksache
BVerfG	Bundesverfassungsgericht
Cal. Rep.	California Reporter
CBO	Congressional Budget Office
Comm.	Committee
CQ	Congressional Quarterly
ders.	derselbe
Diss.	Dissertation
DÖH	Der Öffentliche Haushalt
DÖV	Die Öffentliche Verwaltung
Drcks.	Drucksache
DVBl.	Deutsches Verwaltungsblatt
ed.	editor
EG	Europäische Gemeinschaften
E.J.	Economic Journal
et al.	et altera
etc.	etcetera
Eur.Arch.	Europa Archiv
EWG	Europäische Wirtschaftsgemeinschaft
FA N. F.	Finanzarchiv Neue Folge
FAZ	Frankfurter Allgemeine Zeitung
FEBS	Full Employment Budget Surplus
Fn.	Fußnote
FY	Fiscal Year
GeschOBT	Geschäftsordnung des Deutschen Bundestages
GG	Grundgesetz
H	Heft
Harv. J. on L.	Harvard Journal on Legislation
HdF	Handbuch der Finanzwissenschaft
HdSW	Handwörterbuch der Sozial- und Wirtschaftswissenschaften
HG	Haushaltsgesetz
HGrG	Haushaltsgrundsätzegesetz
HHA	Haushaltsausschuß
Hrsg.	Herausgeber

h. M.	herrschende Meinung
H.R.	Report des U.S. Congresses, House of Representatives
H.Rep.	Gesetzesvorlage im U.S. Congress, House of Representatives
H.Res.	House Resolution
JG	Jahresgutachten
Jg.	Jahrgang
JuS	Juristische Schulung
JZ	Juristen Zeitung
Kap.	Kapitel
Lit.	Literatur
LS	Leitsatz
mbo.	management by objectives
MdB	Mitglied des Deutschen Bundestages
Mill.	Millionen
Nat. J.	National Journal
OEEC	Organisation for European Economic Co-operation
OMB	Office of Management and Budget
OVG	Oberverwaltungsgericht
PostVerwG	Postverwaltungsgesetz
PPBS	Planning Programming Budgeting System
P. L.	Public Law
Pub.Ad.Rev.	Public Administration Review
PVS	Politische Vierteljahresschrift
Rn.	Randnummer
Rspr.	Rechtsprechung
S.	Seite
sec.	section
SR	Sachverständigenrat
StabG	Gesetz zur Förderung der Stabilität und des Wachstums der Wirtschaft
Tz.	Teilziffer
u. a.	unter anderem
Va.L.Rev.	Virginia Law Review
Verw.Arch.	Verwaltungsarchiv
vgl.	vergleiche
Vol.	Volume
VVDStRL	Veröffentlichungen der Vereinigung der Deutschen Staatsrechtslehrer
WBStVwR	Wörterbuch des Staats- und Verwaltungsrechts
WiSt	Wirtschaftswissenschaftliches Studium
Z.	Ziffer
z. B.	zum Beispiel
ZHR	Zeitschrift für das gesamte Handelsrecht und Wirtschaftsrecht
ZParl.	Zeitschrift für Parlamentsfragen

Erstes Kapitel

Verfassungstheoretische Ausgangspunkte

§ 1. Die Aufgabe des Bundestages bei der Ausübung von Haushaltsgewalt

A. Die Reduktion parlamentarischer Aufgaben mit Hilfe des Gesetzesbegriffs

I. Die Gewaltenteilungslehre und der Gesetzesbegriff

Die Verteilung der Gewalt über die Haushaltswirtschaft auf Parlament und Exekutive ist eine der Fragen, deren Beantwortung — zumindest in der staatsrechtlichen Theorie — praktisch seit Bestehen der Volksvertretungen umstritten[1] ist. Mit der organisatorischen Gliederung der Staatsmacht auf verschiedene Organe war von Anfang an notwendigerweise eine Funktionenlehre verbunden[2], in der die verschiedenen Formen der staatlichen Tätigkeit voneinander abgegrenzt[3] und den Organen zugewiesen wurden. Im deutschen Konstitutionalismus verfestigte sich eine mögliche, jedoch keineswegs denknotwendige Funktionenzuordnung zu einem, wie es schien, unverrückbaren Dogma[4]: Die Volksvertretung sollte allein bei der Gesetzgebung mitwirken. Staatliche Funktionen, die nicht zur Gesetzgebung gehörten, blieben dem Zugriff der Volksvertretung verschlossen („Hausgut-Theorie"). Die Definition des Gesetzesbegriffes gewann damit zentrale Bedeutung für die Gewalten(ver)teilung, da mit dessen Hilfe der Zuständigkeitsbereich von Exekutive und Volksvertretung abgegrenzt wurde[5].

[1] Zur historischen Entwicklung der gesetzlichen Budgetbewilligung vgl. *K. H. Friauf*, Der Staatshaushaltsplan im Spannungsfeld zwischen Parlament und Regierung (1968), S. 249 ff.; *R. Mußgnug*, Der Haushaltsplan als Gesetz (1976), S. 113 ff.

[2] Vgl. *E. W. Böckenförde*, Gesetz und gesetzgebende Gewalt (1958), S. 14.

[3] So der Funktionenbegriff in der Staatsrechtslehre von *G. Jellinek*, Allgemeine Staatslehre (1913), S. 595 ff. bis *K. Hesse*, Grundzüge des Verfassungsrechts (1977), S. 203. Der Funktionenbegriff in den Sozialwissenschaften, wie er mit dem Namen von *T. Parsons* verbunden ist, unterscheidet sich davon: Er soll vor allem die wechselseitige Beeinflussung und Abhängigkeiten benennen.

[4] Die „Isolierung", „Formalisierung" und „Mechanisierung" waren in den Worten *W. Kägis* (Von der klassischen Dreiteilung zur umfassenden Gewaltenteilung (1961), S. 151 (160) der Preis dieser Dogmatisierung. Vgl. auch *G. Brunner*, Kontrolle in Deutschland (1972), S. 37 f.

[5] Vgl. *E. W. Böckenförde*, Gesetz und gesetzgebende Gewalt (1958), der die Entwicklung umfassend aufgearbeitet hat.

Der staatsrechtliche Positivismus setzte den materiellen Gesetzesbegriff mit dem von der Lehre entwickelten Rechtssatzbegriff gleich[6]. *P. Laband* definierte den Rechtssatz als „Abgrenzung der Befugnisse und Pflichten einzelner Subjekte"[7]. Da *P. Laband* den Staat als ein einziges in sich geschlossenes Rechtssubjekt verstand (*Impermeabilitäts*-Lehre)[8], hatte die Rechtssetzung und damit das Recht keinen Platz innerhalb des Staates. Es war definitorisch aus dem staatlichen Binnenbereich eliminiert. *G. Anschütz* erreichte ein ähnliches Ergebnis, indem er den Rechtssatz von der Freiheits- und Eigentumsformel her definierte. Der Rechtssatz diene dem Schutz des Bürgers vor Eingriffen in die Freiheits- und Eigentumssphäre[9], womit der Rechtssatz — in anderer Terminologie — auf den „status negativus"[10] beschränkt wurde: Ein Rechtssatz war nur erforderlich, wenn es um Eingriffe in Freiheit und Eigentum ging, nicht aber, wenn der Staat gewährend oder leistend tätig wurde. Eine dritte Möglichkeit, den Rechtssatzbegriff zu bestimmen, wurde in dem Kriterium der „Allgemeinheit" gesehen[11]. Regelungen, die sich nur auf den staatlichen Bereich bezogen, konnten nach dieser Definition keinen Rechtssatz darstellen, da sie keine potentielle Gültigkeit für alle Rechtssubjekte beanspruchten.

Das gesetzliche Budgetbewilligungsrecht des Parlamentes, wie es erstmals in der preußischen Verfassungsurkunde garantiert wurde, drohte diese Konzeption des Gesetzesbegriffs zu sprengen, denn es dehnte den parlamentarischen Einflußbereich mit Hilfe des Rechts auf den staatsinternen Bereich aus. Weiter beschränkte es Recht und Gesetz nicht mehr auf den Eingriff in die Freiheits- und Eigentumssphäre, denn im Haushaltsgesetz wurde — in moderner Terminologie — über Staatsleistungen verfügt. Schließlich genügte das gesetzliche Budgetrecht nicht dem Kriterium des „allgemeinen" Gesetzes, da es in seinem Geltungsbereich auf den Staat beschränkt war.

Die herrschende Dogmatik, die mit Hilfe des Gesetzesbegriffs die Verteilung der staatlichen Funktionen auf Parlament und Regierung vornehmen wollte, drohte aus den Angeln gehoben zu werden. Sie konnte nur mit dem „gespaltenen" Gesetzesbegriff gerettet werden. Indem zunächst der Rechtssatzbegriff definiert, sodann der materielle Gesetzesbegriff mit dem Rechtssatzbegriff gleichgesetzt wurde, konnte aus dem Gesetzesbegriff herausgeholt werden, was zuvor mit Hilfe des

---

[6] Vgl. *E. W. Böckenförde,* Gesetz und gesetzgebende Gewalt (1958), S. 210 ff.

[7] *P. Laband,* Das Staatsrecht des Deutschen Reiches (1901), S. 168.

[8] Zur grundlegenden Kritik vgl. *D. Jesch,* Gesetz und Verwaltung (1961).

[9] Vgl. *G. Anschütz,* Art. Gesetz, WBStVwR.

[10] Aus der Terminologie der „status"-Lehre von *G. Jellinek.*

[11] Etwa von *G. Meyer, E. Seligmann* und *C. Bornhak.* Vgl. dazu *E. W. Böckenförde,* Gesetz und gesetzgebende Gewalt (1958), S. 259 ff.

Rechtssatzbegriffes in ihn hineingelegt wurde: Nämlich die Beschränkung der parlamentarischen Zuständigkeit. Auf diese Weise wurde das Budgetgesetz aus dem materiellen Rechts- und Gesetzesverständnis entlassen. Über das „formelle" Haushaltsgesetz konnte demnach das Parlament kein „Recht" setzen und die Ausgabewirtschaft blieb als Hausgut der Exekutive dem parlamentarischen Zugriff weiterhin verschlossen[12]. Mit Hilfe dieser Konstruktion verblieb die Haushaltsgewalt bei der Exekutive.

In der Weimarer Republik wurde der im Konstitutionalismus entwickelte Begriff des „formellen" (Haushalts-)Gesetzes und die damit verbundene Zuordnung von Parlament und Exekutive beibehalten[13]. Lediglich die von *J. Heckel* konzipierte Lehre vom Staatshaushaltsplan als „staatsleitendem Akt" bietet innerhalb der herrschenden Lehre[14] Ansatzpunkte für eine Neubesinnung[15]. *J. Heckels* Ausgangspunkt ist die These, daß die „rechtsstaatliche Gewaltenteilung" und „demokratische Gewaltenteilung" trotz mancher Überschneidungen, Brüche und Abweichungen in der Herkunft des Gedankengutes praktisch harmonisierbar und identisch seien.

> „... das Problem selbständiger staatlicher Führung stellt sich auch im modernen Staat ... (es wird) mittels einer ‚demokratischen Funktionenteilung' praktisch bewältigt. Sie legt die rechtsstaatliche Gewaltenteilung zwischen Legislative und Exekutive zugrunde, ändert ihre Grenzen jedoch ab ...[16]"

Enthalten diese Ausführungen mit der Herausstellung des demokratischen Gedankens einen richtigen Ansatzpunkt, so wird dieser jedoch

[12] Vgl. vor allem die Ausführungen *P. Labands,* Das Budgetrecht (1871), S. 3 ff.; zum politischen Hintergrund und aktuellen Anlaß dieser Konstruktion: *K. H. Friauf,* Der Staatshaushaltsplan zwischen Parlament und Regierung (1968), S. 235 f.; *R. Mußgnug,* Der Haushaltsplan als Gesetz (1976), S. 160 f. Das Haushaltsgesetz wurde deswegen auch als Verwaltungsakt in Gesetzesform bezeichnet, da es der Rechtsordnung folgte, diese jedoch nicht konstituierte. *P. Laband,* Staatsrecht Bd. IV, S. 587. — Die Rechtsordnung war aufgrund des reduzierten Rechtsbegriffs keineswegs „flächendeckend". Sie enthielt rechtlich nicht geregelte „weiße Flecken", in denen sich der Staat frei bewegen durfte.

[13] Vgl. bereits oben die Hinweise auf *Anschütz* und *Jellinek.* Übersichten befinden sich bei *K. H. Friauf,* Der Staatshaushaltsplan im Spannungsfeld zwischen Parlament und Regierung (1968), S. 265 ff., 270 ff. und *R. Mußgnug,* Der Haushaltsplan als Gesetz (1976), S. 179 ff.

[14] Die Kritik *A. Haenels* an *P. Laband* (Das Gesetz im formellen und materiellen Sinn (1888) und die grundsätzliche Neubesinnung *H. Hellers* bezüglich des Gesetzesbegriffs (Der Begriff des Gesetzes in der Reichsverfassung, VVDStRL 4 [1928], S. 98 ff.) bieten demgegenüber innerhalb der Mindermeinung genügend Ansatzpunkte zu einer Neubestimmung des parlamentarischen Budgetrechts.

[15] Vgl. *J. Heckel,* Einrichtung und rechtliche Bedeutung des Reichshaushaltsgesetzes (1932), S. 374 ff. Zur Kritik an *Heckels* Lehre vgl. *K. H. Friauf,* Der Staatshaushaltsplan zwischen Parlament und Regierung (1968), S. 280 ff.

[16] *J. Heckel,* Einrichtung und rechtliche Bedeutung des Reichshaushaltsgesetzes (1932), S. 388.

durch die Behauptung, die demokratische Funktionenteilung baue auf der rechtsstaatlichen auf, bereits in überkommene Bahnen abgedrängt. *J. Heckel* tradiert damit wesentliche Elemente konstitutionellen Denkens in die demokratische Verfassungsordnung. Er bildet eine Kategorie „staatsleitender Akte", die der Regierung (im formellen Sinne) als „spezielle Aufgaben staatlicher ‚Führung' " allein oder zumindest „unter gesteigerter Selbständigkeit" gegenüber dem Parlament zugewiesen sind[17]. Die staatsleitenden Akte können zwar in Gesetzesform erlassen werden, die dann jedoch nicht der „Schaffung von Rechtssätzen . . ., sondern einem Vorgang der Integration des Staates" diene und „deshalb unter den weiteren Begriff der staatsgestaltenden Gesetzgebung" gefaßt wird[18]. Die „Hausgut-Theorie", der „gespaltene" Gesetzesbegriff und die in erstarrten Begriffsstrukturen verhaftete Denkweise des staatsrechtlichen Positivismus schimmern durch diese Konstruktion. Die Folgerungen, in die sich *J. Heckel* verstrickt, sind den Folgerungen *P. Labands* nicht unähnlich. Rechtswirkungen sollen dem Haushaltsplan nicht beiwohnen, die Regierung werde durch das Haushaltsgesetz nicht zur Ausgabewirtschaft ermächtigt, denn dazu sei sie „heute wie früher kraft ihrer verfassungsmäßigen Stellung ohnehin befugt[19]."

Unter dem Grundgesetz wurde das am Gesetzesbegriff ansetzende Verständnis des staatsrechtlichen Positivismus zur Gewaltenteilung[20] und vor allem auch die Lehre vom „formellen" (Haushalts-)Gesetz zunächst rezipiert[21]. Zahlreiche „Sündenfälle"[22] im Text des Grundgesetzes zwangen allerdings dazu, einen etwas flexibleren Streifen um die „Hausgüter" herumzulegen. Die „Hausgüter" des Konstitutionalismus kehrten nunmehr in neuer Terminologie als „Kernbereiche" in die staatsrechtliche Dogmatik ein[23].

---

[17] *J. Heckel*, Einrichtung und rechtliche Bedeutung des Reichshaushaltsgesetzes (1932), S. 389.

[18] *J. Heckel*, Einrichtung und rechtliche Bedeutung des Reichshaushaltsgesetzes (1932), S. 389.

[19] *J. Heckel*, Einrichtung und rechtliche Bedeutung des Reichshaushaltsgesetzes (1932), S. 391; vgl. auch die Kritik bei *K. H. Friauf*, Der Staatshaushaltsplan zwischen Parlament und Regierung (1968), S. 280 ff.

[20] Vgl. etwa *Maunz* / Dürig / Herzog, Grundgesetz, Art. 20, Rn. 80: „. . . das Grundgesetz nimmt mancherlei Überschneidungen und Vermengungen . . . *in Kauf* . . ." (Hervorhebung im Original). Diese Formulierung von *Th. Maunz* verrät, wie das geschichtliche Dogma der Gewaltentrennung bei der Beurteilung der Gewaltenteilung mitschwingt.

[21] Vgl. etwa: *E. Stein*, Staatsrecht (1975), S. 70; *Maunz* / Dürig / Herzog, Grundgesetzkommentar, Art. 110, Rn. 9; *Schmidt-Bleibtreu* / *Klein*, Grundgesetz, Art. 110, Rn. 3.

[22] Ausdruck von *H. J. Hahn*, Über die Gewaltenteilung in der Wertwelt des Grundgesetzes (1969), S. 438 (464, Fn. 84). Eine Übersicht über die Gewaltenvermengung gibt: *H. Peters*, Die Gewaltentrennung in moderner Sicht (1969), S. 78 (84 ff.).

II. Die Ungeeignetheit des Gesetzesbegriffs zur Aufgabenbestimmung des Bundestages

Die am Gesetzesbegriff orientierte Zuordnung von Parlament und Exekutive stößt auf praktische Schwierigkeiten[24], denn ein Repräsentativorgan kann die umfangreiche Gesetzgebungsarbeit im modernen Leistungsstaat nicht alleine leisten. Diese ist notwendigerweise gemeinsame Sache von Exekutive und Parlament. Für die Verteilung der Haushaltsgewalt und Haushaltsgesetzgebung zeigt sich dies positiv-rechtlich an dem „Veto"-Recht der Regierung gemäß Art. 113 GG, dem Initiativmonopol der Regierung zum Entwurf des Haushaltsgesetzes (Art. 110 III GG) sowie an dem Spannungsverhältnis von Art. 112 und dem gesetzlichen Ausgabebewilligungsrecht. Außerdem birgt die am doppelten Gesetzesbegriff orientierte Zuordnung von Parlament und Regierung bedenkliche rechts- und demokratietheoretische Implikationen.

Schon *A. Haenel* hat den rechtstheoretischen Ansatz der Lehre vom doppelten Gesetzesbegriff kritisiert[25]. Er bestimmte den Gesetzesbegriff nicht mittelbar über einen vorgelagerten Rechtssatzbegriff, sondern unmittelbar aus der Verfassung. Das Gesetz ist danach die Form, die von der Verfassung zur Gültigkeitsvoraussetzung normativer Willensakte gemacht wird und diese Willensakte damit rechtlich relevant macht. Der Begriff des Rechtssatzes kann — nach *A. Haenel* — nicht den Gesetzesbegriff bestimmen. Umgekehrt: Das Gesetz bestimmt den Begriff des Rechts. *Haenels* Formulierungen münden deswegen in der prägnanten Formulierung: „Die Form des Gesetzes hat den Rechtssatz zu ihrem notwendigen Inhalt[26]." Versteht man das Gesetz als verbindliche Willensäußerung höchster Staatsorgane, dann ist jede Unterscheidung zwischen formellen und materiellen Gesetzen rechtstheoretisch unhaltbar[27].

---

[23] BVerfGE 9, 268 (280): „Erst wenn zugunsten des Parlamentes ein Einbruch in den Kernbereich der Exekutive erfolgt, ist das Gewaltenteilungsprinzip verletzt."

[24] Dies zeigt sich bei der Deutung der „Sündenfälle" im GG ebenso wie bei der Bestimmung des „Kernbereichs". Mit Recht stellt *K. Hesse*, Grundzüge des Verfassungsrechts (1977), S. 195 die Frage, wo denn wohl der Kernbereich anfange.

[25] Vgl. *A. Haenel*, Das Gesetz im materiellen und formellen Sinn (1888); vgl. die Darstellung der Kritik *Haenels* bei *E. W. Böckenförde*, Gesetz und gesetzgebende Gewalt (1958), S. 282 ff.

[26] Das Gesetz im formellen und materiellen Sinn (1888), S. 354.

[27] Vgl. *A. Haenel*, Das Gesetz im formellen und materiellen Sinn (1888), S. 161 f. (passim); ebenso *H. Heller*, Der Begriff des Gesetzes in der Reichsverfassung, VVDStRL 4, 98 (128), der die Kritik *Haenels* aufgreift und weiterführt. — Die Kritik *K. H. Friaufs* an *Haenel* (Der Staatshaushaltsplan im Spannungsfeld zwischen Parlament und Regierung (1968), S. 263 f.) trifft insofern zu, als daß *Haenel* das Verhältnis seines Gesetzesbegriffs zum monarchischen Prinzip nicht thematisiert.

Die rechtstheoretische Implikation des gespaltenen Gesetzesbegriffs ist die Reduzierung des Rechtsbegriffes, wie sie sich in den Formulierungen von *P. Laband, G. Jellinek, G. Anschütz* etc. niederschlägt, und wie sie mit der Formel vom „Eingriffsdenken" am besten umschrieben wird[28]. Dieser begrenzte Rechtsbegriff im Konstitutionalismus hatte zur Folge, daß wichtige Fragen der gesellschaftlichen, insbesondere der ökonomischen Ordnung außerhalb der (verfassungs-)rechtlichen Kategorien angesiedelt waren und deswegen auch von den in der Verfassung vorgesehenen Institutionen und Verfahren nicht adäquat wahrgenommen wurden[29]. In bezug auf die Haushaltswirtschaft konkretisierte sich dies insofern, als die Funktionen, der Sinn und Zweck der Haushaltswirtschaft, des Haushaltsplanes und des Haushaltsgesetzes aus dem Begriff des Rechts und damit dem Zugriff der Rechtswissenschaft lange Zeit[30] entfallen waren[31] und im rechtsleeren Raum schwebten. Deutlich wird die Problematik dieser Reduzierung des Rechtsbegriffs, wenn noch heute in der Literatur die finanzwirtschaftliche, die politische, die wirtschaftspolitische und schließlich die rechtliche Funktion des „Haushalts" nebeneinandergestellt werden[32], wobei die rechtliche Funktion mit der institutionellen Kontrolle der Regierung durch das Parlament gleichgesetzt wird. Diese Bestimmung der Rechtsfunktionen verrät den Rechtsbegriff des Konstituionalismus: Es klingt, als ob die finanzwirtschaftli-

---

[28] Kritisch zu dieser Reduktion des Rechtsbegriffs: *P. Häberle,* Die Wesensgehaltgarantie (1972), S. 134 ff. (passim); *ders.,* Grundrechte im Leistungsstaat, VVDSTRL 30 (1972), S. 43 ff. (47 f., passim).

[29] Den Untersuchungen von *D. Jesch,* Gesetz und Verwaltung (1961) (insbes. S. 171 ff.) und *H. H. Rupp,* Grundfragen der heutigen Verwaltungsrechtslehre (1966), S. 19 ff. kommt das Verdienst zu, die Vorgänge im staatlichen Binnenbereich in den Rechtsbegriff ‚hereingeholt' zu haben, und damit eine wichtige Grundlage für die juristische Erfassung der Vorgänge im staatsinternen Bereich geschaffen zu haben.

[30] Vgl. *H. Boldt,* Haushaltsverfassung im Wandel, in: Sozialwissenschaftliches Jahrbuch für Politik (Hrsg. *R. Wildenmann*) Bd. 3, 1972, S. 281 ff.

[31] Das lag natürlich auch am Staatsverständnis (Impermeabilitätstheorie), das den Haushalt, der dem staatsinternen Bereich zugewiesen war, aus dem „Recht" ausschloß. Rechts- und Staatsverständnis sind insofern komplementär.

[32] Aus der rechtswissenschaftlichen Literatur etwa: *K. H. Friauf,* Öffentlicher Haushalt und Wirtschaft VVDStRL 27, 1 (22 f., Fn. 110); *P. Badura,* Wirtschaftsverfassung und Wirtschaftsverwaltung (1971), S. 50 f.; *W. Henle,* Die Ordnung der Finanzen in der Bundesrepublik Deutschland (1964), S. 44; *F. Lichterfeld,* Der Wandel der Haushaltsfunktionen von Bundeslegislative und Bundesexekutive (1969), S. 50 ff.; *W. Patzig,* Probleme der Neuordnung des Finanz- und Haushaltsrechts, Verw.Arch. 58 (1967), 1 ff. (5, 10 ff.). Aus der finanzwiss. Lit. etwa: *F. Neumark,* Theorie und Praxis der Budgetgestaltung, in HdF, Bd. 1 (1952), S. 558 f.; *ders.,* Der Reichshaushaltsplan (1929), S. 15 ff.; *P. Senf,* Artikel: Budget (I), in HdSW, Bd. 2 (1959), S. 427 (429); *B. Rurüp,* Die Programmfunktion des Bundeshaushaltsplanes (1971), S. 15 ff.; *J. Hirsch,* Parlament und Verwaltung (1968), S. 37 ff.; *K.-H. Hansmeyer,* Vorbemerkung: Budgettheorie und Rationalität (1971), S. 9 ff.

che, politische und wirtschaftspolitische Funktion des Haushalts außerhalb des Rechts läge!

Dieses Nebeneinander mag man aus analytischen Gründen noch für akzeptabel halten. Wenn jedoch Konsequenzen bezüglich der Instrumentalisierung des „Haushaltes“ im Sinne des Primats einer dieser Funktionen gezogen werden[33], zeigt sich der Mangel dieser Rechtskonzeption. Die Diskussion verläuft dann notwendigerweise außerhalb der Bahnen des Rechts[34], obgleich allein das Recht bzw. die Verfassung die Plattform sein kann, auf der solche Fragen zu entscheiden sind[35]. Die juristische Diskussion bezüglich der Gewalt über die Haushaltswirtschaft und deren Verteilung auf Parlament und Exekutive mußte mangels rechtlicher Vorstellungen und Differenzierungen bezüglich der Haushaltswirtschaft auf der Stelle treten.

Die Reduzierung des Rechtsbegriffes durch die Lehre vom doppelten Gesetzesbegriff hat jedoch nicht nur die skizzierten rechts-theoretischen, sondern vor allem auch demokratie-theoretische Implikationen[36]. Die Reduktion des parlamentarischen Einflusses auf den Schutz des Bürgers vor Eingriffen in Freiheit und Eigentum beläßt die Prärogative des positiven, gestaltenden, leistungsstaatlichen Tätigwerdens bei der Exekutive. Diese bleibt in dieser Konzeption weitgehend unkontrolliert, da das Parlament erst spät, wenn sich das Tätigwerden zu „Eingriffen“ verdichtet, eingeschaltet wird.

Dem konstitutionellen System getrennter Gewalten, in dem sich die Kontrolle als „Aufsicht über fremde Amtsführung“ darstellt[37], ist eine

[33] So wird einerseits die „Dominanz der politischen Funktion des Haushaltsplanes“ gefordert (*B. Rürup*, Die Programmfunktion des Bundeshaushaltsplanes [1971], S. 16), andererseits heißt es, „Die Deckung der Kosten des Staates ist und bleibt primäre Aufgabe des Haushaltes“ (z. B. *H. C. Korff*, Haushaltspolitik [1975], S. 25). Dritterorts (*G. Colm*, Haushaltsplanung, Staatsbudget, Finanzplan und Nationalbudget, HdF, Bd. 1 [1952], S. 534) wird ausgeführt, daß die „richtige Budgetpolitik diejenige sei“, die den „maximalen Beitrag zu einem harmonischen wirtschaftlichen Wachstum liefert“.

[34] Die Rechtswissenschaft fand erst sehr spät Anschluß an diese Diskussion. Wichtige Anschlußarbeit leisteten die Referate von *K. H. Friauf* und *H. Wagner*, Öffentlicher Haushalt und Wirtschaft, VVDStRL 27 (1969), S. 1 ff. bzw. 47 ff. Die Habilitationsschrift von *R. Mußgnug*, Der Haushaltsplan als Gesetz (1976), versperrt sich den Zugang zu solchen Dimensionen, indem ein allzu einseitiges, traditionell-rechtsstaatliches Rechtsverständnis der Arbeit implizit zugrunde liegt. Bezeichnenderweise nimmt er die Staatsrechtslehrertagung von 1968 (*Friauf / Wagner*) nicht einmal in einer Fußnote zur Kenntnis.

[35] Vgl. *P. Häberle*, Verfassungstheorie ohne Naturrecht, AöR 99 (1974), S. 437 ff. (457).

[36] Vgl. die prononcierten Ausführungen von *R. Hoffmann*, Haushaltsvollzug und Parlament (1972), S. 29 ff. passim. — Die demokratie-theoretische Kritik richtet sich selbstverständlich nicht gegen *Laband*, der unter einer anderen Verfassungsordnung sein Rechts- und Gesetzeskonzept entwickelte, wohl aber gegen diejenigen, die das *Labandsche* Rechts- und Gesetzeskonzept in demokratische Verfassungsordnungen tradierten.

spät einsetzende, sachlich auf den Schutz des Bürgers vor Eingriffen in Freiheit und Eigentum begrenzte Kontrolle der staatlichen Tätigkeit durch das Parlament eigen. In einer Demokratie ist dies jedoch nicht akzeptabel[38]. Die positiv-gewährenden, leistungsstaatlichen Tätigkeiten können nicht außerhalb des durch die Wahl des Parlamentes begründeten Legitimationszusammenhangs gestellt werden[39].

In Konsequenz dieser demokratietheoretischen Kritik am überkommenen rechtsstaatlichen Gesetzesbegriff wurde der „demokratische" Gesetzesbegriff entwickelt[40]. Dieser knüpft an die von *Haenel*[41] eingeführte und seitdem in zahllosen Varianten die Verwaltungs-[42] und Rechtswissenschaften[43] durchziehende Unterscheidung von Grundentscheidung und Durchführungsentscheidung an. Die staatlichen Grundentscheidungen sind demnach als Gesetze zu beschließen. Der Gesetzesbegriff soll demnach nicht mehr an inhaltlich definierten Sachbereichen, d. h. dem Schutz des Bürgers vor Eingriffen in Freiheit und Eigentum, sondern an ihrer „Wesentlichkeit" orientiert sein.

Der dem demokratischen Gesetzesbegriff und der daran anknüpfenden Gewaltenteilung zugrunde liegende Kontrollgedanke gewinnt damit die Dimension des angelsächsischen „control": Beherrschen und steuern! Die „Kontrolle als Aufsicht über fremde Amtsführung" ist weiterzuentwickeln zur „Kontrolle durch Zusammenwirken"[44].

---

[37] Vgl. *W. Kewenig*, Staatsrechtliche Probleme parlamentarischer Mitregierung am Beispiel der Arbeit der Bundestagsausschüsse (1970), S. 30; *R. Bäumlin*, Die Kontrolle des Parlaments über Regierung und Verwaltung, Schweizerischer Juristenverein, Referate und Mitteilungen (1966), S. 242 ff.

[38] Vgl. die Argumentation von *R. Hoffmann*, Haushaltsvollzug und Parlament (1972), S. 29 ff., und früher schon grundlegend: *H. Heller*, Der Begriff des Gesetzes in der Reichsverfassung, VVDStRL 4 (1928), 98 ff.; *D. Jesch*, Gesetz und Verwaltung (1961), S. 24 ff.

[39] Mit Recht formuliert *P. Häberle*, Grundrechte im Leistungsstaat, VVDStRL 30 (1972), S. 43 (47): „Das Leistungsrecht indiziert ein neues Verhältnis ... von Legislative und Exekutive ... Mit ihm sucht das Parlament den Funktionswandel im sozialen Leistungsstaat aufzufangen und seiner Führungsaufgabe nachzukommen ..."

[40] Vgl. grundlegend *H. Heller*, Der Begriff des Gesetzes in der Reichsverfassung, VVDStRL 4, 98 ff.; sehr deutlich und prägnant: *H. Ehmke*, Wirtschaft und Verfassung (1961), S. 61 ff.; aus der neueren Literatur: *W. Krebs*, Der Vorbehalt des Gesetzes (1975), S. 102 ff.; *G. Kisker*, Neue Aspekte im Streit um den Vorbehalt des Gesetzes, NJW 1977, S. 1313 ff.

[41] Das Gesetz im formellen und materiellen Sinn (1888), S. 180 ff.

[42] Grundlegend hier: *F. J. Goodnow*, Politics and Administration (1900).

[43] Vgl. etwa *K. Löwenstein*, The Balance between Legislative and Executive Power, 5 Chicago Law Review (1938), S. 568 ff.; *ders.*, Verfassungslehre (1969), S. 39 ff.; ausführlich: *G. Brunner*, Kontrolle in Deutschland (1972), S. 67 ff.; dort auch eine zusammenfassende Übersicht über neuere Funktionenlehren (S. 33 ff.).

[44] So die Formulierung von *K. Eichenberger*, Die Problematik der parlamentarischen Kontrolle im Verwaltungsstaat, Schweizerische Juristen Zeitung 1965, S. 269 (270). — Vgl. die grundlegenden Beiträge von *R. Bäumlin*, Die

Die „Kontrolle durch Zusammenwirken“ als Leitgedanke der Gewaltenteilung ist aber nicht nur aus Gründen der demokratischen Achtung des Parlamentes notwendig, sondern auch grundsätzlich aus der Achtung des der Gewaltenteilung zugrunde liegenden Kontrollgedankens[45]. Im parlamentarischen Regierungssystem wird die parlamentarische Mehrheit nicht offen und durch nachträgliche Mißbilligungsanträge etc. die von ihr getragene Regierung desavouieren, da dies die eigene politische Stellung der Parlamentsmehrheit gefährden würde. Kontrollkonzepte, die eine scharfe Trennung von Entscheidung und Kontrolle zwischen Regierung und Parlament fordern, laufen deswegen in einer parlamentarischen Demokratie leer[46]. Eine effektive Kontrolle der Regierung durch das Parlament und durch die Parlamentsmehrheit muß deswegen vorgelagert sein ‚so daß die Kontrolle mitwirkend und steuernd während der politischen Meinungsbildung einsetzen kann. Die aus dem demokratischen Prinzip zu folgernde umfassende, steuernde Mitwirkungskompetenz der Volksvertretung hat für die Haushaltsgewalt die Konsequenz, daß der Absolutheitsanspruch, mit dem die Exekutive die Haushaltsgewalt im Konstitutionalismus als ihr „Hausgut“ beanspruchte, den Geboten des parlamentarischen Regierungssystems nicht standhält.

B. Die Aufgabenverteilung nach der Lehre von der Organadäquanz

I. Die Gewaltenteilung als organisatorisches Grundprinzip

Die Funktion des Bundestages bei der Ausübung der Haushaltsgewalt kann sich nach dem Gesagten nicht aus der Staatsfunktion „Gesetzgebung“ ergeben[47], da dies — bei einem entsprechend engen Verständnis der Gesetzgebung — zu rechts- und demokratietheoretisch unhaltbaren Ergebnissen führen würde, oder — bei einem ausgedehnten Verständnis der Gesetzgebung — trivial oberflächlich bleiben müßte. Im

Kontrolle des Parlaments über Regierung und Verwaltung (1966), S. 242 ff. und W. *Kewenig*, Staatsrechtliche Probleme parlamentarischer Mitregierung (1970), S. 30 (passim).

[45] Vgl. die Darstellung dieses Grundgedankens bei *U. Scheuner*, Verantwortung und Kontrolle in der demokratischen Verfassungsordnung (1970), S. 379 ff. (394 ff., 401); *R. Bäumlin*, Die Kontrolle des Parlaments über Regierung und Verwaltung (1966), S. 242 ff.

[46] Mit Recht formuliert *W. Kewenig*, Planung im Spannungsfeld von Regierung und Parlament, DÖV 1973, 23 (30): „Die Alternative heißt... nicht Gewaltenhemmung durch klare Zuordnung der Verantwortlichkeiten oder keine Gewaltenhemmung wegen Mit- und Mischverantwortung, sondern umgekehrt, Gewaltenhemmung durch Mitregierung oder keine Gewaltenhemmung trotz klarer Trennung der Verantwortlichkeiten.“

[47] In diese Richtung jedoch: *R. Hoffmann*, Haushaltsvollzug und Parlament (1972), S. 32; vgl. dazu auch die Kritik *K. H. Friaufs*, Besprechung von *R. Hoffmann*, Haushaltsvollzug und Parlament (1972), in JZ 1973, 566 (567).

übrigen legen die Art. 110 ff. GG auch positiv-rechtlich nahe, die Funktion des Bundestages bei der Ausübung der Haushaltsgewalt nicht am Gesetzesbegriff, in specie am Begriff des Haushaltsgesetzes, zu orientieren. Diese ergibt sich vielmehr aus einem neu zu deutenden Gewaltenteilungsverständnis.

Die Gewaltenteilung wird heute als ein organisatorisches Grundprinzip verstanden, das die gesamte Verfassung durchzieht und das umgekehrt aus dem Gesamtgefüge der Verfassung seine Konturen gewinnt[48]. Ausgangspunkt ist die Notwendigkeit der Konstituierung der staatlichen Einheit. Damit unterscheidet sich dieses Verständnis der Gewaltenteilung im theoretischen Ansatz von der traditionellen Lehre, die von dem Vorhandensein der einheitlichen Staatsgewalt ausgeht und die Gewaltenteilung zur nachträglichen Begrenzung der Macht dem Staate überstülpt. Die Gewinnung der staatlichen Einheit „erfordert nicht nur Hemmung und Balancierung der realen Machtfaktoren, sondern sie ist auch und vor allem eine Frage der sachgemäßen Bestimmung und Zuordnung staatlicher Funktionen, der Organe, denen die Wahrnehmung dieser Funktionen anvertraut wird, sowie der realen Kräfte, die sich in diesen Organen verkörpern“[49].

Das so auf die Gewinnung staatlicher Einheit gerichtete Gewaltenteilungsverständnis betrachtet die im GG ausdrücklich vorgesehenen Gewaltenverschränkungen und Aufgabenzuweisungen nicht als Sündenfälle bzw. als Ausnahmen zu einer im Prinzip vorgegebenen andersartigen Gewalten(ver)teilung. Die im GG angeordneten Gewaltenverschränkungen konstituieren vielmehr das Gewaltenteilungsverständnis. Sie sind jedoch weitgehend „offen“ und bedürfen der Konkretisierung, die sich aus zwei Argumentationsketten ergibt[50]. Die eine Argumentationskette nimmt ihren Ausgangspunkt bei den Aufgaben, die der Staat zu bewältigen hat. Die andere Argumentationskette geht von der organisatorischen Struktur der Organe aus und sucht den Organen solche Aufgaben zuzuordnen, die ihrer Struktur adäquat sind. Zugrunde liegt die plausible Annahme, daß verschiedene Organisationsformen für verschiedene Aufgabenstellungen unterschiedlich geeignet sind[51]. Die Gewalten(ver)teilung muß deswegen sowohl unter dem Blickwinkel der gestellten Aufgabe, als auch unter dem Blickwinkel der Organisationsstruktur der Organe bestimmt werden.

---

[48] Grundlegend *K. Hesse*, Grundzüge des Verfassungsrechts (1977), S. 196 ff.

[49] *K. Hesse*, Grundzüge des Verfassungsrechts (1977), S. 196 f.

[50] Vgl. dazu *K. Hesse*, Grundzüge des Verfassungsrechts (1977), S. 197 ff.

[51] Der Satz *P. Häberles* (Verfassungstheorie ohne Naturrecht, AöR 99 [1974], 437 [445]) „Der funktionell-rechtliche Ansatz muß aufbauen auf einem organisationssoziologischen. Die Organisation des BVerfG ... ist von dessen Funktionen abhängig, ... diese bestimmen seine Organisation mit“ gilt auch für alle anderen Verfassungsorgane.

Dieser Ansatz von *K. Hesse* läßt sich plastisch in das *Eastonsche* „input-(conversion)-output“ Schema einkleiden. Die Interpretation des Gewaltenteilungsprinzips von der „output“-Seite her richtet das Augenmerk auf Ansprüche z. B. ökonomischer und legitimatorischer Art, die an das Ergebnis des staatlichen Einheitsbildungsprozesses zu stellen sind. Die Interpretation des Gewaltenteilungsprinzips von der „input“ und „conversion“ Seite her, fragt nach dem Beitrag, den die Organe aufgrund ihrer Organisationsstruktur zum staatlichen Einheitsbildungsprozeß leisten können. Beide Aspekte sind miteinander in Einklang zu bringen.

Die Bedeutung des so konzipierten Gewaltenteilungsverständnisses liegt in der finalen Orientierung der Gewaltenteilung auf die staatliche Einheitsbildung und Aufgabenbewältigung. Die staatliche Organisation soll rationalisierend wirken und wird damit auch der rationalen Argumentation zugänglich. Dies macht den Unterschied zur tradierten Lehre aus, die das Gewaltenteilungsprinzip nicht an der Aufgabenerfüllung ausrichtete, sondern es als Prinzip zur Balancierung und Bändingung der Staatsmacht verstand und mit einem Eigenwert bedachte[52]. Die Frage nach den Voraussetzungen, unter denen die staatliche Aufgabenerfüllung möglich ist, und nach den Ressourcen, die die einzelnen Organe dem Staat zur Bewältigung seiner Aufgaben zur Verfügung stellen können, kam dem klassischen Gewaltenteilungsverständnis nicht ins Bewußtsein.

Dieser stark an organisationstheoretischen Überlegungen orientierte Ansatz der Gewaltenteilungslehre ist entsprechend seiner Grundidee in zwei Richtungen zu entfalten: Zunächst ist zu fragen, welcher Beitrag von der Exekutive und dem Parlament aufgrund der jeweiligen Organisationsstruktur zum staatlichen Entscheidungsprozess erwartet werden kann und wie die zu erwartenden Beiträge von Exekutive und Parlament zueinander stehen. Sodann ist zu untersuchen, welche Aufgaben im einzelnen bei der Ausübung von Haushaltsgewalt zu bewältigen sind[53].

II. Organisatorische Eigenheiten von Exekutive und Parlament

1. *Die Leistungsfähigkeit exekutiver Organisationsstrukturen*

Die organisatorische Leistungsfähigkeit der Exekutive wird maßgeblich von der Ministerialbürokratie bestimmt. Empirische Untersuchungen zur Organisation der Exekutive zeigen, daß die Hauptlast der Pro-

[52] Ähnlich: *W. Leisner*, Die quantitative Gewaltenteilung, DÖV 1969, 405 (406 f.); *ders.*, Regierung als Macht kombinierten Ermessens, JZ 1968, 727 ff.; *Peters*, Die Gewaltenteilung in moderner Sicht (1969), 78 (99); relativierend: *H. Hahn*, Über die Gewaltenteilung in der Wertwelt des Grundgesetzes (1969), 438 (452 ff.).

[53] Vgl. dazu unten § 2.

blemverarbeitung auf einer sehr dezentralisierten Ebene, der Referats- und Abteilungsebene, bewältigt wird[54]. Die politische Leitungsebene innerhalb der Exekutive, die Regierung im engeren Sinne, ist nur an relativ wenigen Punkten in die Problemverarbeitungs- und Entscheidungsprozesse eingeschaltet. „Staatssekretäre und Minister (entscheiden dann) als ‚Oberreferenten' mit der Maßgabe, daß sie manchmal noch zusätzliche Informationen beitragen können . . .[55]." Unterhalb der eigentlichen politischen Leitung der Exekutive hat sich eine „Organisation des politischen Alltagsgeschäftes"[56] (sprich: Ministerialbürokratie) entwickelt, die sich durch ihre Autonomie gegenüber der politischen Leitung des Gemeinwesens auszeichnet und die die Arbeit der Exekutive maßgeblich bestimmt.

Die Gründe für diese Entwicklung sind zunächst in den „positiven" Eigenschaften der Ministerialbürokratie zu suchen. Die Ministerialbürokratie zeichnet sich durch ihr Fach- und Problemwissen, ihre Routinisierung von Verfahrensweisen und Lösungsmustern sowie durch die von ihr geleistete Stabilisierung von Zielvorstellungen und durch die von ihr ermöglichte Orientierung an eingespielten Kontakt- und Kommunikationsnetzen aus[57]. Ohne diese Leistungen der Bürokratie ist keine sinnvolle politische Entscheidungsarbeit möglich. Die Ministerialbürokratie stellt der politischen Leitung der Exekutive Leistungen zur Verfügung, ohne die diese nicht auskommen kann.

Problemwissen, eingespielte Kontakt- und Kommunikationsnetze, Spezialisierung und Fragmentierung des Entscheidungsprozesses innerhalb der Ministerialbürokratie wirken sich jedoch nicht nur funktional auf die politische Entscheidungsarbeit aus. Es sind gleichzeitig Dysfunktionalitäten denkbar[58], die aufgrund der verengten Ziel- und Aufmerksamkeitsstrukturen der Ministerialbürokratie zu ähnlichen Kurzsichtigkeiten („Borniertheiten") im staatlichen Entscheidungsprozeß führen kön-

[54] Vgl. etwa *A. Theis*, Überlegungen zur Reorganisation der politischen Planung (1973), S. 165 ff., (175); *R. Jochimsen*, Zum Aufbau und Ausbau eines integrierten Aufgabenplanungssystems (1972), S. 184 ff. (186); *H. Schatz*, Auf der Suche nach neuen Problemlösungsstrategien (1973), S. 9 ff. (18). Dies gilt insbesondere, wenn man die programmatischen Ankündigungen der politischen Leitung gegenüber der Öffentlichkeit nicht als echte Beiträge zum Entscheidungsprozeß des Staatsapparates wertet. Vgl. *F. W. Scharpf*, Komplexität als Schranke der politischen Planung (1973), S. 80 (Fn. 13).

[55] *A. Theis*, Überlegungen zur Reorganisation der politischen Planung (1973), S. 165 ff. (178).

[56] *E. Blankenburg, G. Schmid, H. Treiber*, Von der reaktiven zur aktiven Politik? (1974), S. 37 ff. (50).

[57] Vgl. *F. W. Scharpf*, Komplexität als Schranke der politischen Planung (1973), S. 80; vgl. auch ders., Probleme der hierarchischen Steuerung (1977), S. 91 ff. (98).

[58] Zu den Funktionalitäten und Dysfunktionalitäten bürokratischer Entscheidungsprozesse: *H. D. Jarass*, Politik und Bürokratie (1975), S. 100 ff.

nen wie das marktwirtschaftliche System im gesellschaftlichen Bereich[59]. Gesellschaftliche Probleminterdependenzen werden abgeschnitten, wenn sie den Zuständigkeitsbereich des Ressorts verlassen, Folge- und Nebenprobleme einzelner Aktionen werden versucht zu externalisieren usw.[60].

Die Verselbständigungs- und Autonomietendenzen der in zahlreiche Einheiten aufgespaltenen Ministerialbürokratie werden problematisch, wenn sie die Flexibilität des Staatsapparates beeinträchtigen[61]. Einzelne partikularistische Interessen sind dann so stark in der Ministerialbürokratie eingenistet bzw. werden von dieser im staatlichen Entscheidungsprozeß so vehement vertreten, daß sie sich gegenseitig blockieren und die Exekutive dadurch an Manövrierfähigkeit verliert. Auf politikwissenschaftlicher Seite wird behauptet, die Ministerialbürokratie stelle ein in sich fragmentiertes Entscheidungssystem dar, in dem sich „materielle wie organisatorische Status quo Interessen ... zu einer negativen Koalition gegen den Versuch, den Handlungsspielraum der ‚politischen Leitung' ... auszuweiten"[62] verbinden.

Organisatorisch findet dies einen Niederschlag darin, daß die Ministerialbürokratie möglichst viele Konflikte auf möglichst dezentraler Ebene beizulegen versucht[63]. Dies erfolgt nach dem Muster der „negativen Koordination", das zu dem bekannten „Herunterkoordinieren" oder „Verwässern" der Reformvorhaben führt[64]. „Progressive" Ansätze in einzelnen Ressorts werden dadurch zunichte gemacht, daß von Anfang an Überlegungen der politischen Durchsetzbarkeit, also strategische Überlegungen, eine dominierende Rolle spielen. Dabei sind allerdings die strategischen Überlegungen nicht darauf gerichtet, inwieweit Legitimationspotentiale für die inhaltliche Dimension der Programmstruktur mobilisierbar sind. Vielmehr wird gefragt, was bei gegebener Interessen- und Legitimationsbasis durchsetzbar ist[65].

---

[59] *F. W. Scharpf* brachte diesen Sachverhalt auf die plastische Formel, daß der staatliche Entscheidungsprozeß keinerlei Gewähr dafür biete, daß die Entscheidungen über die Gastarbeiter- und EWG-Politik mit der Wohnungsbau-, Schul- oder Kindergartenpolitik abgestimmt sind. (Das Langzeitprogramm — ein Ritt auf dem Papiertiger? [1973], S. 151 ff. [161].

[60] Vgl. *F. W. Scharpf,* Komplexität als Schranke der politischen Planung (1973), S. 73 ff. (79 ff.).

[61] Zu den staatlichen Handlungsspielräumen vgl. auch unten § 1 C.

[62] *E. Blankenburg / G. Schmid / H. Treiber,* Von der reaktiven zur aktiven Politik (1974), S. 37 ff. (51). — Kritisch dazu aber *P. Grottian,* Strukturprobleme staatlicher Planung (1974), der aufgrund empirischer Analysen zumindestens der Bonner Ministerialbürokratie ein positiveres Zeugnis ausstellt.

[63] Vgl. *E. Blankenburg, G. Schmid, H. Treiber,* Von der reaktiven zur aktiven Politik (1974), S. 37 ff. (50).

[64] Zum Phänomen der „negativen Koordination": *F. W. Scharpf,* Komplexität als Schranke politischer Planung (1973), S. 85 ff.; *R. Jochimsen,* Zum Aufbau und Ausbau eines integrierten Aufgabenplanungssystems (1972) 184, (186).

[65] Vgl. die instruktive, empirische Analyse von *P. Grottian,* Strukturprobleme politischer Planung (1974), S. 165, 255.

Die Ministerialbürokratie dürfte zu diesem Verfahren gezwungen sein, weil auf der „politischen Ebene", wo die Legitimationsreserven zu suchen wären, keine Ansatzpunkte zu erkennen sind, von welcher Seite Unterstützung zu erwarten wäre. *W. A. Niskanen*, der als „Assistant Director" am „Office of Management and Budget" Erfahrungen zu dieser Problematik aus dem amerikanischen Regierungssystem beisteuern kann, schreibt „. . . a conscientious member of the OMB staff is usually operating in the dark, without any clear perception of the administration's objectives or it's views of the political constraints or feasible actions[66]."

Eine stark von der Ministerialbürokratie geprägte Exekutive bietet demnach auf Grund ihres Fach- und Problemwissens etc. die Möglichkeit, bestimmte Problemlagen aufzuspüren und abzuarbeiten. Die Organisationsstruktur der Ministerialbürokratie birgt jedoch gleichzeitig die Gefahr, daß sie den Staatsapparat lähmt, indem sie partikularistischen Interessen Einnistungsmöglichkeiten bietet. Mangelnde Flexibilität und eine starke Orientierung an status quo-Interessen drohen als unerwünschte Folgen und sind der „Preis" für die Spezialisierung innerhalb der Exekutive. Der Beitrag der Exekutive für einen sachgerechten staatlichen Entscheidungsprozess ist deswegen beschränkt. Er ist zweifelsohne notwendig, jedoch nicht hinreichend.

2. *Die Leistungsfähigkeit parlamentarischer Organisationsstrukturen*

Das Parlament ist durch seine enge Verbindung zu den die Abgeordneten tragenden Parteien geprägt[67]. Über die Parteien stellt das Parlament ein ausgeprägtes Kommunikationsnetz zu dem gesellschaftlichen Bereich her. Im Gegensatz zu dem Kommunikationsnetz, das von der Ministerialbürokratie zum gesellschaftlichen Bereich unterhalten wird, ist das über die Parteien hergestellte Kommunikationsnetz durch vorhandene Organisationsstrukturen und Kompetenzbereiche relativ schwach vorgeformt. Die Allzuständigkeit aller Abgeordneten[68] sowie das unbürokratische(re) Vorgehen der Parteien[69] präjudiziert den Aufmerksamkeitsbereich und das Problemselektionsverfahren nicht in der-

[66] *W. A. Niskanen*, Structural Reform of the Federal Budget Process (1973), S. 56.

[67] Der ‚Parteienstaat' ist Ausdruck dieser über das Parlament bewirkten Ankopplung des staatlichen an den gesellschaftlichen Bereich. Vgl. dazu *G. Leibholz*, Zum Parteiengesetz von 1967 (1969), S. 179 ff.; *K. Hesse*, Die verfassungsrechtliche Stellung der politischen Parteien im modernen Staat, VVDStRL 17 (1959), S. 27 ff.

[68] Vgl. *P. Häberle*, Freiheit, Gleichheit und Öffentlichkeit des Abgeordnetenstatus, NJW 1976, 537 ff. Dieser Status sichert die Unstrukturiertheit und damit Offenheit des Parlaments.

[69] Vgl. *H. D. Jarass*, Politik und Bürokratie (1975), S. 112 ff.

selben Weise wie die Organisation der Ministerialbürokratie. Das Parlament hat aufgrund dieser loseren Organisationsstruktur die Möglichkeit, bestimmte „Wirklichkeiten“ zu erfassen, die der Ministerialbürokratie aufgrund ihrer Organisationsstruktur fast zwangsläufig entgehen müssen. Dies manifestiert sich etwa in solchen parlamentarischen Erscheinungsformen wie Frauenvereinigung, Mittelstandsvereinigung, Leverkusener Kreis usw., zu denen es in der Ministerialbürokratie nichts vergleichbares gibt. Die organisatorisch-unstrukturierte Außenorientierung des Parlamentes ermöglicht eine unmittelbare, ganzheitliche Wahrnehmung der gesellschaftlichen Bedürfnisse[70]. Im Gegensatz dazu steht die partikularistische, aber mikroskopisch exakte Sicht der gesellschaftlichen Bedürfnisse durch verschiedene Einheiten der Ministerialbürokratie.

Die organisatorisch-unstrukturierte Außenorientierung des Parlaments hat jedoch auch Dysfunktionalitäten. Problemlagen, die nur mit Hilfe spezialisierter Aufmerksamkeit, wissenschaftlicher Verfahren, langjähriger Beobachtungen usw. aufgedeckt werden können, entgehen der Aufmerksamkeit des Parlamentes. Die organisatorischen Voraussetzungen zu einer solchen Problemsicht sind im Parlament nicht gegeben, sondern finden sich eher in der Ministerialbürokratie[71]. Diese Überlegung zeigt, daß Parlament und Ministerialbürokratie nicht in einem Konkurrenzverhältnis stehen, sondern in einem Verhältnis wechselseitiger Bedingtheit. Die Organisationsstruktur dieser beiden Bereiche ist so angelegt, daß die Dysfunktionalitäten, die drohen würden, wenn der jeweils andere Bereich ausfiele, verhindert werden[72].

Das Parlament ist weiter durch die Öffentlichkeit seines Verfahrens gekennzeichnet[73]. Die Öffentlichkeit der Beratung bewirkt, daß der staatliche Entscheidungsprozeß für gesellschaftliche Gruppierungen transparent wird. Die Öffentlichkeit ist nicht nur Voraussetzung für die Kontrolle des staatlichen Entscheidungsprozesses, sondern gleichzeitig

[70] Daß die lose Organisationsstruktur des Parlamentes keine Garantie für eine solche Perzeptionsstruktur ist, versteht sich von selbst. Auch insofern ist die Verfassung keine (Lebens-)Versicherung.

[71] Diese Dysfunktionalitäten des Parlamentes haben zu solchen Formulierungen wie ‚sachlogisch gouvernemental‘ geführt, die insbesondere im Staatsrecht eine gewisse Verbreitung erfahren haben. (Zur Konjunkturpolitik: *K. Stern*, Gesetz zur Förderung der Stabilität und des Wachstums der Wirtschaft. DÖV 1967, 657 (660). Zur Planung: *K. H. Friauf / B. Stephan*, Die verfassungsrechtliche Problematik einer politischen Ziel- und Mittelplanung (1969), S. 648 mit weit. Lit.).

[72] Vgl. *H. D. Jarass*, Politik und Bürokratie (1975), S. 125 ff.; vgl. allerdings die Kritik *M. Schröders* (Buchbesprechung, Der Staat 16 [1977], 278 ff.) an der von *Jarass* vorgenommenen scharfen und idealtypisch-übersteigerten Abgrenzung von Politik und Bürokratie.

[73] Vgl. *L. Kißler*, Die Öffentlichkeitsfunktion des Bundestages (1976), S. 284 ff.; vgl. auch unten § 4 B I.

Voraussetzung für eine Artikulation des öffentlichen Interesses[74]: Spielte sich der Entscheidungsprozeß nur zwischen den spezialisierten Einheiten der Ministerialbürokratie und ihrer Klientel ab, so wäre die Öffentlichkeit von den anstehenden Entscheidungen ausgeschlossen und könnte sich keine Meinung bilden. Das öffentliche, parlamentarische Verfahren wird so zur Voraussetzung öffentlicher Willensbildung bei anstehenden Problemen.

Auch das Öffentlichkeitsprinzip hat Dysfunktionalitäten. Eine öffentlich geäußerte Meinung kann sich verselbständigende Prozesse in Gang setzen, die nicht beabsichtigt waren. Eine freie Diskussion kann deswegen auch Meinungsbildungen im vertraulichen Bereich erfordern, wie er durch den Arkanbereich der Exekutive symbolisiert wird[75]. Es zeigt sich, daß auch beim Prinzip der Öffentlichkeit eine Komplementarität zwischen Exekutive und Parlament vorliegt.

Die parlamentarische Organisation findet schließlich in der Breite des politischen Spektrums ihre Besonderheit gegenüber der Regierung (im engeren Sinne). Nicht nur der interparteiliche[76], sondern auch der intraparteiliche Wettbewerb[77] spielt sich auf der parlamentarischen Bühne ab. Die Bestellung der Regierung (im engeren Sinne) stellt einen doppelten Reduktionsakt bezüglich des im Parlament vertretenen politischen Spektrums dar: Zum einen wird die Opposition aus dem weiteren Prozeß der staatlichen Einheitsbildung eliminiert, zum anderen werden die Randgruppen innerhalb der Mehrheitsfraktion ausgeschieden, es sei denn, sie sind wesentlich für den Bestand einer Koalition[78]. Im Sinne der Herstellung staatlicher Einheitsbildung sind solche Reduktionsakte

---

[74] Zur Einbeziehung der Öffentlichkeit in den demokratischen Gedanken: *P. Häberle,* Struktur und Funktion der Öffentlichkeit (1970), S. 3 ff.

[75] Zum Spanungsverhältnis zwischen Öffentlichkeit, Nicht-Öffentlichkeit und öffentlichem Interesse: *P. Häberle,* Öffentliches Interesse als juristisches Problem (1970), S. 102 ff.; vgl. auch *F. W. Scharpf,* Fallstudien zu Entscheidungsprozessen in der Bundesregierung (1973), S. 68 ff.

[76] Zur Relevanz des damit angesprochenen Strukturprinzips vgl. *H. P. Schneider,* Die parlamentarische Opposition (1974); *J. Weber,* Opposition als Institution und Funktion, Neue Politische Literatur 1974, 1 ff.; *N. Gehring,* Parlament — Regierung — Opposition (1969), S. 165 ff. (174); *H. Oberreuter* (Hrsg.), Parlamentarische Opposition (1975). — In der Rspr. hat das BVerfG (E 2, 12) schon früh die „verfassungsmäßige Bildung und Ausübung einer Opposition" als Bestandteil der freiheitlichen Grundordnung anerkannt. Siehe vor allem die Urteile des *Hamburgischen Verfassungsgerichts* (DÖV 1973, 745 u. 747) zur Stellung der Opposition sowie Art. 23 a der Hamburgischen Verfassung, in dem die Opposition ausdrücklich verfassungsrechtlich verankert wird.

[77] Zur „Notwendigkeit der Fraktionsbildung" in der Partei (und wohl auch in der Fraktion): *H. Trautmann,* Innerparteiliche Demokratie im Parteienstaat (1975), S. 130 f.

[78] Vgl. zur Theorie der Koalitions- und Mehrheitsbildung: *W. Riker,* The Theory of Coalition (1966).

(*Luhmann*) notwendig[79]. Der Ausgleich und die demokratische Legitimität für derartige Reduktionsakte wird dadurch bewirkt, daß die ausgeschiedenen Meinungen im staatlichen Raum, dem Parlament, verbleiben und dort weiterwirken. Der Sicherung dieses Prinzips ist der Status der Gleichheit der Abgeordneten gewidmet, worin der große Beitrag der Parlamentsorganisation[80] zur Legitimität des staatlichen Einheitsbildungsprozesses zu sehen ist. Die Bewahrung von Komplexität, wie *Luhmann*[81] dieses Charakteristikum demokratischer Willensbildung bezeichnet, ist letztlich Voraussetzung für die Hinnahme von Mehrheitsentscheidungen[82] und der mit der Regierungsbestellung bewirkten Anerkennung des hierarchischen Prinzips als einem Prinzip staatlicher Einheitsbildung. Auch insofern sind die Organisationsformen von Parlament und Exekutive aufeinanderbezogen.

III. Die Kritik- und Kontrollfunktion des Parlamentes

Die Organisationsstrukturen von Exekutive und Parlament sind nach dem Gesagten jeweils nur begrenzt leistungsfähig[83]. Jede einseitige Hervorhebung exekutiver oder legislativer Zuständigkeiten muß Dysfunktionalitäten für den politischen Entscheidungsprozeß zur Folge haben. Für den Bereich, der vom Grundgesetz weder eindeutig der Exekutive noch eindeutig der Legislative zugewiesen ist, kann deswegen nach der Lehre der Organadäquanz nur eine gemeinsame Zuständigkeit „zur gesamten Hand" von Exekutive und Legislative angenommen werden[84]. Im Rahmen dieser gemeinsamen Zuständigkeit hat das Parlament insbesondere eine Kritik- und Kontrollfunktion bezüglich der Entwürfe und Kon-

---

[79] Vgl. *K. Hesse*, Grundzüge des Verfassungsrechts (1975), S. 6, 58; *N. Luhmann*, Soziologie als Theorie sozialer Systeme (1972), 119.

[80] Vgl. *K. Hesse*, Grundzüge des Verfassungsrechts (1977), S. 6, 63 ff.

[81] Soziologie als Theorie sozialer Systeme (1972), S. 119.

[82] Die Bewahrung von Komplexität ist als Minderheitenrecht zu denken! — Vgl. auch *P. Häberle*, Das Mehrheitsprinzip als Strukturelement der freiheitlich-demokratischen Grundordnung, JZ 1977, 241 ff. (243).

[83] Kritisch dazu: *E. Blankenburg* und *H. Treiber*, Bürokraten als Politiker, Parlamentarier als Bürokraten. Die Verwaltung (1972), S. 273 ff.

[84] Das Konzept der Staatsleitung „gleichsam zur gesamten Hand" wurde von *E. Friesenhahn*, VVDStRL 16, (1958), S. 9 ff. (37 f.) formuliert. Weitergehend noch *W. Leisner*, Die quantitative Gewaltenteilung, DÖV 1969, 405 ff. (409 ff.), der aus Gründen der Gewaltenthemmung eine „gleichartige, gleichgewichtige Zusammenarbeit" von Parlament und Regierung fordert. — *F. Rietdorf*, Die Gemeinschaftsaufgaben — ein Schritt zur gemeinsamen Aufgabenplanung von Bund und Ländern?, DÖV 1973, 513 (517) spricht bezüglich der Staatsleitung „zur gesamten Hand" schon von einer „allgemein anerkannten Formel". *U. Scheuner*, Zur Entwicklung der politischen Planung in der Bundesrepublik Deutschland (1974), S. 369 ff. (383 f.) sprach sich jüngst jedoch gegen diesen Ansatz aus.

zeptionen der Exekutive[85]. Die Ausarbeitung und Vorlage von Plänen, Gesetzen etc. kann auf Dauer nur von der Ministerialbürokratie geleistet werden. Parlamentarische Initiativen dazu sind die Ausnahmen. Die umfassende Kritik und Kontrolle der Exekutive durch das Parlament in den verschiedensten Formen ist die parlamentarische Aufgabe.

Kritik und Kontrolle unterscheiden sich[86]: Die Kontrolle mißt das Verhalten der Regierung „endogen" oder „immanent" auf der Basis anerkannter Prinzipien und auf der Basis von Maßstäben, denen sich die Exekutive selbst unterstellt. Die Kritik hat dagegen eine „exogene" Dimension. Sie mißt das Verhalten der Regierung an von außen herangetragenen Maßstäben. Sie prüft die „Axiome" und Prämissen, auf denen die Konzepte der Regierung entworfen sind. Das Parlament hat damit die Aufgabe, den Verkrustungen, Zielstabilisierungen etc., die von der Ministerialbürokratie im vorpolitischen Raum produziert werden, entgegenzuwirken und auf politische Wertentscheidungen zu drängen[87]. Dies ist nicht nur Aufgabe des Parlamentes, sondern auch Aufgabe der Regierung. Letztere hat jedoch aufgrund ihrer starken Ankoppelung an die Ministerialbürokratie nicht die nötige politische Freiheit und Distanz gegenüber diesen Problemen, so daß hier ein wichtiges Feld politischer Arbeit für das Parlament freiliegt. Dies gilt um so mehr, als das Parlament aufgrund seiner größeren personellen Breite stark mit der Partei- und Wählerbasis verknüpft ist, wo sich solche Kritik am ehesten regt.

Diese umfassende Aufgabe ist sowohl von der Opposition als auch von den Regierungsfraktionen wahrzunehmen. Die Kritik und Kontrolle als Aufgaben der Opposition sind dabei gemeinhin anerkannt. Sie sind jedoch auch Aufgaben der Regierungsfraktionen, vollziehen sich dort in anderen Formen und sind oft nur latent ausgeprägt. Die Regierung sucht die Kritik und Kontrolle aus den „eigenen Reihen" zu antizipieren. Sie muß sich aus eigenem „Überlebensinteresse" so verhalten, daß schädigende Reaktionen aus den eigenen Fraktionen vermieden werden. Umgekehrt haben auch die Mehrheitsfraktionen im parlamentarischen Re-

---

[85] Vgl. *H. Meyer*, Das parlamentarische Regierungssystem des Grundgesetzes VVDStRL 33 (1975), S. 69 ff. (100 f.). Nicht zufällig bezieht sich das zweitlängste Kapitel des Schlußberichts der Enquêtekommission zur Verfassungsreform auf die parlamentarischen Kontrollrechte (Vgl. Kap. 4 der BT-Drucks. 7/5924). Dazu auch *N. Achterberg*, Parlamentarische Kontrollrechte, DÖV 1977, 548 ff.

[86] Dazu *H. Meyer*, Das parlamentarische Regierungssystem des Grundgesetzes, VVDStRL 33 (1975), S. 101.

[87] Vgl. *P. Grottian*, Strukturprobleme staatlicher Planung (1974), S. 136; *E. Blankenburg / G. Schmid / H. Treiber*, Von der reaktiven zur aktiven Politik? (1974), S. 51. „Um langfristige Planung ... auch ‚politisch' zu betreiben, bedürfte es Strategien, mit denen Parteien und Parlamente als Institutionen politischer Willensbildung ... ihre Kapazität erhöhen, Konflikte auszutragen und nichtorganisierten Interessen Geltungsmöglichkeiten zu eröffnen."

gierungssystem mit seiner Parteienkonkurrenz ein Interesse daran, offene Kritik zu vermeiden. Die Funktionsfähigkeit des parlamentarischen Regierungssystems hängt deswegen weitgehend davon ab, ob und in welcher Weise das latent vorhandene Kritik- und Kontrollpotential der Mehrheitsfraktionen in den politischen Willensbildungsprozeß einbezogen werden kann[88].

Rückbezogen auf die Funktion des Bundestages bei der Ausübung von Haushaltsgewalt bedeutet dies, daß er zu allen wesentlichen Fragen[89] kritisch und kontrollierend Stellung zu nehmen hat. Dies kann an den verschiedenen Stellen des staatlichen Entscheidungsprozesses erfolgen: Zentral natürlich in der „klassischen" Form der Ausübung von Haushaltsgewalt, nämlich der Haushaltsgesetzgebung. Nicht weniger bedeutsam ist jedoch die Kritik und Kontrolle des Bundestages bei neueren Formen der Ausübung von Haushaltsgewalt, namentlich etwa der Verabschiedung allgemeiner Gesetze. Auch andere wesentliche haushaltswirtschaftliche Entscheidungen, die — vom sogenannten „Budgetzyklus" aus denkend — in der Zeit des Haushaltsvollzuges anfallen[90], sind vom Bundestag zu kontrollieren. Zu diesem Zwecke hat die Praxis neue „Formen" entwickelt. Zu denken ist etwa an die Entsperrung bestimmter Ausgabetitel, an die Zustimmungsvorbehalte und an die allgemeine Kommunikations- und Konsultationspflicht, die auf haushaltswirtschaftlichem Gebiet entwickelt wurde.

C. Die Bedeutung effektivierter binnenstaatlicher Strukturen für die staatliche Handlungsautonomie

Kritik und Kontrolle als Aufgaben des Bundestages wurden im Vorstehenden aus Überlegungen zur organisatorischen Binnenstruktur des Staates gewonnen. Der von einer Effektivierung dieser Aufgaben erhoffte Gewinn für die staatliche Gewaltausübung liegt in der gesteigerten Transparenz der politischen Willensbildung: Im Bundestag ausgeübte Kritik und Kontrolle wirkt letztlich auf die Ministerialbürokratie zurück, der auf diese Weise sichtbar gemacht wird, welche politischen (Macht-)Basen für vom status quo abweichende Initiativen vorhanden sind. Eine Erhöhung des parlamentarischen Kritik- und Kontrollpotentials kann deswegen zur Erhöhung der politischen Flexibilität beitragen.

---

[88] Vgl. auch oben bei Fn. 40.

[89] Zum „Wesentlichkeits-Kriterium" vgl. oben bei Fn. 40.

[90] Das Schema des „Budgetzyklus" ist weit verbreitet (vgl. z. B. *Maunz / Dürig / Herzog*, Grundgesetzkommentar [1976], Art. 109, Rn. 3) und wurde von K. *Heinig*, Das Budget (1949), S. 9 sogar global mit dem „demokratisch-konstitutionellen Staate" in Verbindung gebracht. Die moderne Haushaltswirtschaft läßt jedoch keine klare Trennung zwischen Haushaltsplanfeststellung und Haushaltsvollzug zu. Kritisch zum „Budgetzyklus": *J. Hirsch*, Parlament und Verwaltung (1968), S. 103.

Bevor auf den „Gegenstand“ der parlamentarischen Kritik- und Kontrollaufgabe, hier: Die staatliche Ausübung der Haushaltsgewalt, eingegangen wird, bleibt zu fragen, welcher Stellenwert den Überlegungen zur staatlichen Binnenstruktur bei Einbeziehung der „Außen“beziehungen des Staates zukommt. Die Annahme freier Beeinflußbarkeit staatlicher Handlungsspielräume oder, in klassischer Terminologie, die Annahme der Sicherung der staatlichen Souveränität durch binnenorganisatorische Maßnahmen ist unrealistisch[91].

Sowohl von der liberalen[92] als auch von der marxistischen[93] Staatstheorie wird der Staat funktionsgebunden gesehen. Er wird als die gebundene (abhängige) Variable in einem Gleichungssystem gedacht, das durch die Gesellschaft/Privatwirtschaft als freie (unabhängige) Variable und bestimmten Zielgrößen, die als Staatsziele in der liberalen Theorie bzw. als Sicherung der Kapitalverwertung in marxistischer Terminologie in Erscheinung treten, determiniert wird. Die staatlichen Institutionen werden so in eine von der gesellschaftlichen Entwicklung vermittelte „Ratifizierungslage“ gestellt. Veranschaulichen läßt sich dies mit Hilfe des (erweiterten) *Easton*schen „input-output“-Schemas. Auf der Strecke zwischen staatlichem „output“ und dem gesellschaftlich erwünschten „outcome“ liegen zahlreiche Restriktionen, die in den Gesetzmäßigkeiten der kapitalistischen Entwicklung begründet sind[94].

Aus dieser Einbindung des Staates in ein umfassenderes System ergeben sich Restriktionen für die staatliche Handlungsautonomie. Übersteigert ist es jedoch, wenn von dieser Einsicht aus argumentierend Untersuchungen zur staatlichen Binnenstruktur, d. h. zur Art und Weise der staatlichen Willensbildung und zur Form der staatlichen Gewaltausübung der Irrelevanz oder gar der Falschheit geziehen werden[95]: Die „mechanistische Aussonderung“, die die Beschränkung des Untersu-

---

[91] Die besten Übersichten der Diskussion zu den staatlichen Handlungsspielräumen sind: *P. Grottian / A. Murswieck*, Zur theoretischen und empirischen Bestimmung von politisch administrativen Handlungsspielräumen (1974), S. 15 ff.; *P. Grottian*, Strukturprobleme staatlicher Planung (1974), S. 19 ff.; *F. Naschold*, Zur Politik und Ökonomie von Planungssystemen, PVS 1972, Sonderheft, S. 13 ff.; *H. Abromeit*, Zum Verhältnis von Staat und Wirtschaft im gegenwärtigen Kapitalismus, PVS 1976, S. 2 ff.

[92] Vgl. z. B. *E. W. Böckenförde*, Die Bedeutung der Unterscheidung von Staat und Gesellschaft (1976), S. 185 ff.

[93] Vgl. z. B. *V. Ronge*, Der „politökonomische Ansatz“ in der Verwaltungsforschung (1974), S. 86 (97).

[94] Ebenso wird diskutiert, inwieweit die staatliche Handlungsautonomie durch systematische „withinputs“, also unterdrückte, nicht artikulierte Interessen vorbelastet ist. Vgl. *V. Ronge*, Der „politökonomische Ansatz“ in der Verwaltungsforschung (1974), S. 105.

[95] Vgl. etwa die Schärfe, mit der *V. Ronge*, Der „politökonomische Ansatz“ in der Verwaltungsforschung (1974), S. 86 ff. (101 ff.) den „Policy-Science-Ansatz“ von *F. W. Scharpf* und *R. Mayntz* kritisiert.

chungsgegenstandes auf die Vorgänge im staatlichen Binnenbereich darstelle, habe die „Falschheit der Analyseergebnisse und die Illusion von Reformvorschlägen“ zur Folge[96].

Diese von der „politiökonomischen“ Verwaltungsforschung gegen Forschungen zur organisatorischen Binnenstruktur der Verwaltung vorgetragene Kritik wird im Prinzip auch gegen Bestrebungen nach einer verbesserten Mitwirkung des Parlaments am staatlichen Entscheidungsprozeß geltend gemacht. Die Parlamente und deren Möglichkeiten könnten nicht losgelöst von den Bedingungen der kapitalistischen Entwicklung gesehen werden, in denen sie stünden[97]. Eine Untersuchung über die Kritik- und Kontrollaufgabe des Bundestages läuft deswegen Gefahr, der „irrelevanten Erkenntnisproduktion“[98] geziehen zu werden, da sie nicht die übergeordnete Determinierung des Staates durch die kapitalistische Entwicklung als zentralen Ausgangspunkt der Fragestellung wählt.

Die Sicht des Staates als abhängige, allein vom gesellschaftlichen (Produktions-)Prozeß gesteuerte Variable hat sich selbst der Kritik zu stellen, da sie konkrete, täglich erfahrbare Entscheidungsprobleme des Staates nicht weiter thematisiert und in eine „black box“ verweist[99]. Zwar bestreitet auch der marxistische Ansatz nicht jede Eigenständigkeit des politischen Systems. Im Gegenteil, das politische System muß ein gewisses Eigenleben gegenüber den einzelkapitalistischen Interessen führen, um seine Funktion als „Gesamtkapitalist“ (*F. Engels*) wahrnehmen zu können. Eine nähere Thematisierung unterbleibt jedoch[100]. Angesichts der engen Verflechtung von Staat und Wirtschaft in Bereichen wie Landwirtschaft, Weltraumindustrie etc. kann mit derselben Plausibilität, mit der die Abhängigkeit des Staates behauptet wird, die Determiniertheit der Wirtschaft durch den Staat behauptet werden. Der Staat könnte in die-

---

[96] *V. Ronge*, Der „politökonomische Ansatz“ in der Verwaltungsforschung (1974), S. 86 ff. (106).

[97] Vgl. etwa die extreme Position von *J. Agnoli*, Überlegungen zum bürgerlichen Staat (1975), S. 112 ff. (121 f.); *F. Deppe / G. Fülberth*, Thesen zum Parlamentarismus (1973), S. 89 ff.

[98] Ausdruck bei *P. Grottian / A. Murswieck*, Zur theoretischen und empirischen Bestimmung von politisch administrativen Handlungsspielräumen (1974), S. 15.

[99] Vgl. *P. Grottian / A. Murswieck*, Zur theoretischen und empirischen Bestimmung politisch-administrativer Handlungsspielräume (1974), S. 18 f.; *Th. Ellwein* et al., Politische Beteiligung (1975), S. 31 ff.; *V. Ronge / G. Schmieg*, Restriktionen politischer Planung (1974), S. 15 sehen selbst den Vorwurf der „black box“, der gegen ihren Ansatz gerichtet ist.

[100] *V. Ronge / G. Schmieg*, Restriktionen politischer Planung (1974), S. 278, „... die Aufgabenentwicklung des kapitalistischen Staates ... (wird) nur abstrakt und tendenziell bestimmt; folglich kann man aus mangelhafter Aufgabenerfüllung auch nur abstrakte und tendenzielle Krisenhaftigkeit und nicht konkrete Krisen ableiten“. — Ähnlich *V. Ronge*, Der „politökonomische Ansatz“ in der Verwaltungsforschung (1974); S. 86 ff. (89 ff.); *J. O'Connor*, Die Finanzkrise des Staates (1975), S. 52 ff. und 263 ff.

sen Bereichen die „vorausliegende" bürgerliche Freiheit längst überholt haben.

Bezüglich der konkreten, erfahrbaren Probleme der staatlichen Entscheidungspraxis eröffnet sich jedenfalls, wenn man diesen Ansätzen folgt, eine Leerstelle. Die Ursache dafür ist in der weiten Definition der Staatsfunktion zu sehen, die letztlich nur noch formalen und keinen inhaltlichen Charakter mehr hat. Die konkreten Probleme werden definitorisch-tautologisch zugedeckt.

Um zu Fragestellungen bezüglich konkreter Probleme vorzustoßen, bedarf es einer Abkehr von den Konzepten der funktionalen Gebundenheit des Staates. Zum Ausgangspunkt der Fragestellung ist nicht allein die Gesellschaft, von der aus nach den vom Staat zu erbringenden Leistungen gefragt wird, sondern der Staat selbst zu machen. Die Ressourcen staatlicher Handlungsautonomie und der Umgang mit diesen sind zu erforschen[101]. Auf verfassungstheoretischer Ebene bedeutet diese Akzentverschiebung die Annahme eines „zweipoligen" Modells von Staat und Gesellschaft[102]. In diesem Modell ist der Staat aus der gedachten funktionalen Abhängigkeit von der Gesellschaft und seiner Unterordnung unter die gesellschaftlich-bürgerliche Freiheit befreit. Statt dessen werden Staat und Gesellschaft als relativ eigenständige Variablen gedacht, die auf konkreter Ebene und im Einzelfall einander zuzuordnen sind[103], ohne daß davon ausgegangen wird, daß diese beiden Variablen beziehungslos nebeneinander stünden. Im Rahmen eines derartigen Grundschemas lassen sich Probleme der staatlichen Binnenstruktur als relativ autonome Probleme diskutieren, ohne daß freilich vorgegeben wird, mehr als einen Teilaspekt eines umfassenderen Problemzusammenhangs zu betrachten.

---

[101] Vgl. *P. Grottian / A. Murswieck*, Zur theoretischen und empirischen Bestimmung politisch-administrativer Handlungsspielräume (1974), S. 27 ff.

[102] Vgl. dazu die Arbeiten von *P. Häberle*, insbesondere „Die Wesensgehaltgarantie (1972), S. 126 ff. (passim) und „Grundrechte im Leistungsstaat", VVDStRL 30 (1972), S. 43 f. (59): „Den Leistungsstaat charakterisiert ein verändertes *(Außen)-Verhältnis* zu Bürgern und Gruppen, d. h. zur „Gesellschaft", die nicht mehr autonom ist". *Häberles* Formel vom „Ineinanderstehen von Recht und Freiheit" charakterisiert die Gleichgewichtigkeit, in der Staat und Gesellschaft gedacht werden.

[103] Die Ausführungen von K. *Hesse*, Bemerkungen zur heutigen Problematik des Verhältnisses von Staat und Gesellschaft, DÖV 1975, 437 ff., zeigen, daß die Diskussion nicht auf abstrakte Höhen getrieben werden muß, um die anstehenden Probleme zu strukturieren.

§ 2. Die Haushaltswirtschaft als Gegenstand der Haushaltsgewalt

A. Re-Integration fragmentierter staatlicher Entscheidungsprozesse durch Feststellung des Haushaltsplanes

I. Die Problematik arbeitsteiliger staatlicher Entscheidungsprozesse

Nachdem Kritik und Kontrolle als zentrale Aufgaben des Bundestages herausgestellt wurden, ist nun der „Gegenstand", auf den sich die kontrollierende Tätigkeit beziehen soll, in specie die Haushaltsgewalt, näher aufzuschlüsseln. Die Haushaltswirtschaft als Gegenstand der Haushaltsgewalt umfaßt die Feststellung eines Haushaltsplanes, die Bewilligung von Ausgaben sowie eine am gesamtwirtschaftlichen Gleichgewicht orientierte Einnahme- und Ausgabepolitik. Diese drei Elemente der Haushaltswirtschaft sind zwar eng miteinander verzahnt, jedoch nicht identisch. Freilich werden mit der Feststellung des Haushaltsplanes auch die Ausgaben bewilligt. Damit wird zugleich eine bestimmte Ausgabepolitik festgelegt. Diese (teilweise) Identität in der Form darf jedoch nicht darüber hinwegtäuschen, daß die mit dem Haushaltsplan, den Ausgabebewilligungen und der Einnahme- und Ausgabepolitik verfolgten Zielsetzungen durchaus unterschiedlich sind.

Die Feststellung eines Haushaltsplanes („Schicksalsbuch der Nation", „Regierungsprogramm in Zahlen"), in dem die Einnahmen, die Einnahmenquellen, die Ausgaben und die Ausgabenzwecke bezeichnet und zusammengestellt werden, ist zielgerichtet: Sie soll bestimmten Mängeln im staatlichen Entscheidungsprozeß entgegenwirken. Die staatliche Aufbauorganisation sieht eine Trennung der für die Einnahmen und der für die Ausgaben des Staates zuständigen Referate, Behörden und Ressorts vor, die innerhalb der ihnen zugewiesenen Zuständigkeitsbereiche im Prinzip selbständig und isoliert voneinander arbeiten. Nur auf der obersten Ebene der Staatsorganisation, nämlich der Ebene des Parlaments, des Kanzlers und des Kabinetts, findet sich eine sowohl die gesamte Einnahme- als auch Ausgabetätigkeit des Staates umfassende Verantwortlichkeit[1].

---

[1] Auch für den Finanzminister ließe sich eine sowohl die Einnahme- als auch die Ausgabenpolitik umfassende Verantwortlichkeit ableiten. In diese Richtung der Ansatz von *A. Zunker*, Finanzplanung und Bundeshaushalt (1972), S. 31 (passim), der das Finanzministerium als allgemeines Koordinationsministerium sieht. Vgl. auch *M. Schober*, Die Stellung des Finanzministers im Grundgesetz (1975), S. 30, 241.

Die aufbau-organisatorische Ausdifferenzierung einer Organisation, die aus Gründen der Spezialisierung, Routinisierung und Arbeitsteilung um so notwendiger wird, je umfassender und schwieriger die von der Organisation zu bewältigenden Probleme sind[2], hat eine Fragmentierung und Isolierung der einzelnen Politikbereiche zur Folge[3]. So führt etwa die Trennung von Ausgabe- und Einnahmeverantwortung[4] dazu, daß das Problem der Finanzierung für die ausgabebewirtschaftenden Instanzen ausgeklammert ist. Umgekehrt ist das Problem der sinnvollen Ausgabepolitik für die einnahmebewirtschaftenden Instanzen externalisiert[5].

In hochkapitalisierten Staaten ist typischerweise die Einnahmepolitik der Engpaß. Den „Bedarfsanmeldungen" der ausgabebewirtschaftenden Instanzen ruht eine expansive Tendenz inne[6], die nicht nur aus ökonomischen bzw. gesellschaftlichen Funktionsbedingungen heraus zu erklären ist[7], sondern auch aus solchen organisatorischen Phänomenen wie der selektiven Perzeption, der „ingroup communication"[8] etc. Diese lassen die einzelnen Organisationseinheiten zu Anwälten der ihnen zugewiesenen (Teil-)Aufgabenbereiche werden, was die expansive Tendenz der Bedarfsanmeldungen (mit-)erklärt. In anderen Ländern ist die Ausgabepolitik das Nadelöhr. Dabei muß nicht nur an die „Ölländer" gedacht werden. Auch manche Entwicklungsländer kranken nicht an Einnahmemangel. Vielmehr ist der volkswirtschaftliche Produktionsapparat dieser Länder oft nicht ausreichend entwickelt, um die finanziellen Möglich-

---

[2] Vgl. auch oben § 1 B II; zur Notwendigkeit derartiger Ausdifferenzierungen und Spezialisierungen in Organisationen: *J. G. March* and *H. A. Simon*, Organisation (1958), S. 139 ff.

[3] Vgl. die Ausführungen von *R. Jochimsen*, Zum Aufbau und Ausbau eines integrierten Aufgabenplanungssystems (1972), S. 184 ff.; *H. Schatz*, Auf der Suche nach neuen Problemlösungsstrategien (1973), S. 8 ff.

[4] Klassischen Ausdruck findet die Trennung von Ausgaben- und Einnahmenverantwortung im „Non-Affektationsprinzip", das zu den klassischen Budgetprinzipien (vgl. etwa *K. Heinig*, Das Budget (1949), S. 461) zählt und demnach die Einnahmen nicht für bestimmte Ausgaben zweckgebunden sein sollen.

[5] Zur „Externalisierung" von Problemen innerhalb einer Organisation mit dezentralen Entscheidungseinheiten: *F. W. Scharpf*, Komplexität als Schranke der politischen Planung (1973), S. 83; zu den Dysfunktionalitäten derartig bürokratisierter Entscheidungsprozesse: *H. D. Jarass*, Politik und Bürokratie (1975), S. 104 ff. (mit weiterführenden Literaturangaben). Vgl. auch oben § 1 B II 2.

[6] Als Beleg vgl. die Übersicht bei *A. Zunker*, Finanzplanung und Bundeshaushalt (1972), S. 148, der die — ungekürzten — Bedarfsanmeldungen der Ressorts dem jeweiligen Ansatz im Regierungsentwurf gegenüberstellt.

[7] Vgl. dazu *J. O'Connor*, Die Finanzkrise des Staates (1974), S. 18 (passim).

[8] Zu solchen organisatorischen Phänomenen vgl. *J. G. March* and *H. A. Simon*, Organisations (1958), S. 151 ff.; *D. C. Dearborne / H. A. Simon*, Selective Perception. 21. Sociometry (1958), S. 140 ff.; *A. Downs*, Inside Bureaucracy (1967), S. 142 ff. — Unübertroffen ist die Schilderung von *A. Wildavsky*, The Politics of the Budgetary Process (1974), S. 21 ff. ("Deciding how much to ask for").

keiten, die von den einnahmebewirtschaftenden Instanzen „hereingeholt" werden, sinnvoll auszuschöpfen: Es kommt zum Problem des „underspending"[9].

Das Problem der expansiven, die finanziellen Ressourcen übersteigenden Bedarfsanmeldungen und das Problem des „underspending" verdeutlichen, daß eine sich selbst überlassene, ausdifferenzierte Aufbauorganisation zu negativen Folgen führt[10]. Die mit der Ausdifferenzierung der Aufbauorganisation einhergehende Fragmentierung bedarf daher der Re-Integration, um das Ziel der Gesamtorganisation nicht zu gefährden[11]. Für eine solche Re-Integration soll mit der jährlichen Feststellung des Haushaltsplanes eine notwendige Voraussetzung geschaffen werden[12, 13].

Diese Aufgabe ist der Haushaltsplanfeststellung in der Verfassung nicht explizit zugewiesen. Es handelt sich vielmehr um eine theoretische Überhöhung verschiedener für den Haushaltsplan geltender Verfassungsgrundsätze. Für den Haushaltsplan gilt das Prinzip der Vollständigkeit: „Alle Einnahmen und Ausgaben ... sind in den Haushaltsplan einzustellen" (Art. 110 I GG). Die Verfassung läßt an dieser Stelle durchaus offen, wann und in welchem Verfahren über die Einnahmen und Ausgaben entschieden werden soll. Allein von der Zusammenstellung der Einnahmen und Ausgaben verspricht sich die Verfassung eine neue Erkenntnisdimension, die in den fragmentierten und spezialisierten Entscheidungsprozessen bezüglich einzelner Ausgaben und Einnahmen nicht gewonnen werden kann. Im Haushaltsplan sollen die zahllosen, in der Vergangenheit getroffenen und in die Zukunft weiterwirkenden Entscheidungen über Einnahmen und Ausgaben zunächst zusammengefaßt und re-integriert („eingestellt", „festgestellt") werden. Damit soll eine Hilfestellung für weitere staatliche Entscheidungsprozesse geleistet werden.

Einen zweiten Ansatzpunkt, der die Re-Integrationsfunktion des Haushaltsplanes verfassungstheoretisch belegt, stellen die Periodizität und Serialität dar, die für den Haushaltsplan in Art. 110 und 111 GG gefor-

---

[9] Vgl. *N. Caiden* and *A. Wildavsky*, Planning and Budgeting in Poor Countries (1974); *A. Wildavsky*, Budgeting (1975), S. 150.

[10] Im juristischen Schrifttum ist dieses organisatorische Phänomen am deutlichsten von *H. D. Jarass*, Politik und Bürokratie (1975), S. 100 ff. ausformuliert worden, der die Vor- und Nachteile der Bürokratisierung diskutiert.

[11] „Einung und Gliederung" wurde schon von *H. Nicklisch*, Der Weg geht aufwärts! (1922), S. 77 ff. als das Grundproblem jeder Organisation bezeichnet.

[12] Auch in der betriebswirtschaftlichen Literatur wird die Funktion des Unternehmensbudgets auf einer solchen re-integrativen Ebene angesiedelt. Vgl. *E. Grochla*, Unternehmensorganisation (1972), S. 156.

[13] Die Realisierung der durch die Re-Integration gewonnenen Erkenntnisse obliegt nur teilweise der Haushaltsgesetzgebung. Wesentlich bedeutender sind diesbezüglich die Konsequenzen, die in bezug auf die allgemeine Gesetzgebung (Haushaltsstrukturgesetze!) gezogen werden.

dert werden. Der Haushaltsplan sorgt periodisch und immer wiederkehrend dafür, daß die staatliche Haushaltswirtschaft zusammengefaßt wird. Diesem Erfordernis der Serialität und Periodizität liegt die — stillschweigende — Annahme zugrunde, daß die Einnahme- und Ausgabepolitik der ständigen Re-Integration bedarf, wenn sie nicht in eine fragmentierte, unübersehbare Politik zerfallen soll.

II. Re-integrative Effekte bei der Haushaltsplanfeststellung

1. Gegenüberstellung von Einnahmen und Ausgaben

Die re-integrative Funktion des Haushaltsplanes konkretisiert sich zunächst in der Gegenüberstellung der von zahlreichen Einheiten der vollziehenden Gewalt geplanten Einnahmen und Ausgaben. Die Ermittlung der numerischen Höhe der Einnahmen und Ausgaben ist das zentrale Anliegen der Haushaltsplanerstellung, auf das seit jeher abgestellt wird. Diese Gegenüberstellung soll die Voraussetzungen für eine ständige Liquidität der Staatskasse schaffen. Deutlich wird diese Aufgabe in § 2 Haushaltsgrundsätzegesetz angesprochen. „Der Haushaltsplan dient der Feststellung und Deckung des Finanzbedarfs ..." Ziel der Gegenüberstellung ist die Wahrung des Haushaltsausgleiches, wobei hier dahin gestellt bleiben kann, was darunter zu verstehen ist[14]. Die Notwendigkeit einer solchen systematischen Gegenüberstellung von Einnahmen und Ausgaben ergibt sich aus den Problemen des „underspendings" und der Haushaltsdefizite, die ansonsten unkontrollierbar wären.

2. Funktionenübersicht

Im Haushaltsplan werden die Ausgaben nicht nur der Höhe nach, sondern auch nach ihrer politischen Funktion zusammengestellt[15]. Die Bundesregierung gibt dem Haushaltsplan seit dem Jahre 1956 eine „funktionale Gliederung" bei, die seit der Haushaltsrechtsreform gemäß § 11 Haushaltsgrundsätzegesetz rechtlich geboten ist. In dieser Aufschlüsselung der Ausgaben nach Aufgabengebieten werden Kategorien wie Bil-

[14] Formell buchhalterisch ist jeder Haushalt ausgeglichen. Für die materielle Bestimmung des Haushaltsausgleiches kommt es deswegen auf die zugrunde liegenden Einnahme- und Ausgabekonzepte an (vgl. § 10 HGrG); eine Analyse dieses Konzeptes unter gesamtwirtschaftlichen Aspekten findet sich bei *H. Rehm*, Kritische Analyse des neuen Bundeshaushaltsrechts (1975), S. 74 ff.

[15] Allgemein zu den Gliederungsmöglichkeiten eines Haushaltes siehe: *J. Burkhead*, Government Budgeting (1956), S. 110 ff.; *R. D. Lee* and *R. W. Johnson*, Public Budgeting Systems (1973), S. 228 ff.; *W. Wittmann*, Einführung in die Finanzwissenschaft (1972), S. 61 ff.; *P. Senf*, Die Reform der öffentlichen Haushaltsgebarung zur Erhöhung der Transparenz (1969), S. 143 ff.; *ders.*, Probleme der Gliederung des öffentlichen Haushaltes (1962), S. 127 ff. Vgl. auch die einschlägigen Ausführungen in den Kommentaren zum Haushaltsrecht: z. B. *E. A. Piduch*, Bundeshaushaltsrecht (1977), § 13.

dung, soziale Sicherung, Wohnungswesen gebildet, d. h. die Ausgaben werden nach ihren konkreten politischen Sinnbezügen aufgeschlüsselt.

Die Notwendigkeit der funktionalen Gliederung ergibt sich aus der Fragmentierung der staatlichen Ausgabepolitik. Die Funktion der einzelnen Ausgaben macht an den institutionellen Zuständigkeitsgrenzen nicht halt. So hat die Enquête-Kommission „Auswärtige Kulturpolitik" beispielsweise festgestellt[16], daß Bundesausgaben im Bereich der internationalen Kulturbeziehungen auf nicht weniger als zwölf verschiedene Bonner Ministerien sowie auf das ERP-Sondervermögen und die Bundesanstalt für Arbeit verteilt sind. Die Empfehlung der Enquête-Kommission „Auswärtige Kulturpolitik" geht deswegen dahin, eine verbesserte funktionale Übersicht über die Ausgaben auf dem Gebiet der auswärtigen Kulturbeziehungen zu erstellen[17]. Wenn die Ausgaben insgesamt ausgewogen auf die verschiedenen staatlichen Aufgabenbereiche verteilt werden sollen, dann sind funktionale Zusammenfassungen notwendig. Die den institutionellen Einheiten zur Verfügung gestellten Mittel geben keinen zuverlässigen Aufschluß über die Höhe der für verschiedene Zwecke aufgewandten Mittel. Nur funktionale Haushaltsgliederungen geben einen Überblick über die Prioritäten und Gewichtsverlagerungen bezüglich der für die einzelnen staatlichen Aufgabenbereiche vorgesehenen Ausgaben.

Die Entwicklung zum Sozial- und Leistungsstaat[18] mit seinem neuen Staatsaufgabenverständnis[19] macht funktionale Haushaltsgliederungen immer dringender. Wenn der Staat den sozialstaatlichen Geboten auch teilweise durch die Aufstellung nicht-finanzwirksamer Ordnungen nachkommt — zu denken wäre etwa an Umweltschutzvorschriften, Mutterschutzgesetze etc. —, so sind die meisten leistungs- und sozialstaatlichen Maßnahmen doch mit Einnahmen und Ausgaben verbunden[20]. Das sozial- und leistungsstaatliche Prinzip schlägt sich im Staatshaushalt nieder, ohne daß freilich gesagt werden kann, der Staatshaushalt sei das exakte Spiegelbild der Leistungs- und Sozialstaatlichkeit. Funktionale Haushaltsübersichten sind deswegen binnenstaatliche Folgen des gewandelten Außenverhältnisses des Staates zu seinen Bürgern.

In der folgenden Tabelle 1 ist die Entwicklung des Funktionenplans dargestellt. Die politische „Struktur" der Haushaltswirtschaft wird damit

---

[16] Vgl. BT-Drcks. 7/4121, S. 78.

[17] Vgl. BT-Drcks. 7/4121, S. 83.

[18] Vgl. dazu P. *Häberle*, Grundrechte im Leistungsstaat, VVDStRL 30 (1972), 43 ff.

[19] Dazu *H. P. Bull*, Die Staatsaufgaben nach dem Grundgesetz (1973), S. 369 ff.

[20] Vgl. *P. Häberle*, Grundrechte im Leistungsstaat, VVDStRL 30 (1972), 43 ff. (59) von der Grundrechtsseite der Verfassung kommend: „Der Leistungsstaat gibt mehr, ... und muß entsprechend einnehmen."

Tabelle 1: **Die Ausgaben des Bundes nach Funktionen**

	Allgem. Dienste	Bildung	Soziales	Gesundh. Sport	Wohnung	Ernährung	Energie	Verkehr	Wirtsch.-unterneh.	Allgem. Finanzen
1962	37,5	1,8	31,2	0,2	3,5	5,8	1,6	5,9	2,8	9,6
1967	33,1	3,0	30,5	0,2	1,9	5,0	2,2	7,7	5,4	11,0
1972	30,1	5,7	28,2	1,0	1,4	2,9	2,1	9,0	7,2	12,4
1973	30,9	5,6	26,4	1,0	1,4	2,3	2,6	8,3	8,5	12,8
1974	31,1	5,6	28,6	1,0	1,3	1,6	2,4	8,3	7,2	13,0
1975	27,0	5,4	36,5	0,8	1,1	1,4	2,1	7,3	5,9	12,4
1976	26,8	5,2	36,6	0,8	1,3	1,2	1,6	7,1	5,9	13,4

Die Zahlen geben den jeweiligen prozentualen Anteil der Ausgaben am Gesamtvolumen des Haushaltes an. – *Quelle*: Finanzbericht 1978, S. 144.

sichtbar gemacht[21], denn die Zahlen stellen den prozentualen Anteil der betreffenden Ausgabekategorie am Gesamtvolumen des Haushalts dar. Für die Einschätzung der mit dem Zahlenmaterial verbundenen Aussagekraft sind einige Einschränkungen zu machen. So ist beispielsweise die starke Reduzierung der Landwirtschaftsausgaben durch die Übernahme der meisten Aufgaben seitens der Europäischen Gemeinschaften zu erklären[22]. Derartige Übersichten, die freilich im Einzelfall der Verfeinerung bedürfen, sind notwendig, um eine sinnvolle Diskussion über Prioritätensetzung bezüglich der Ausgabepolitik zu ermöglichen. Für die politische Prioritätensetzung und öffentliche Transparenz der Haushalte sind diese Gliederungen wichtiger als Gliederungen der Ausgaben, die an institutionellen Gesichtspunkten orientiert sind.

3. *Ökonomisch orientierte Haushaltszusammenfassungen*

Die staatlichen Ausgaben lassen sich jedoch nicht nur unter konkretpolitischen Sinnbezügen, wie es im Funktionenplan geschieht, sondern auch unter ökonomischen Sinnbezügen ordnen. Während der konkretpolitische Bezug einzelner Ausgaben (oder Einnahmen) evident und unmittelbar „greifbar" ist, bleiben die ökonomischen Bezüge abstrakt und werden erst über die Vermittlung gesamtwirtschaftlicher Zusammenhänge in Form von Inflation, Unterbeschäftigung etc. sichtbar. Plastisch hat dies schon *J. M. Keynes* mit seinem berühmten Beispiel des Flascheneingrabens illustriert:

> "If the Treasury were to fill old bottles with banknotes, bury them at suitable depths in disused coal-mines which are then filled up to the surface with town rubbish, and leave it to private enterprise on well-tried principles of laissez-faire to dig the notes up again ... there need be no more unemployment and, with the help of the repercussions, the real income of the community, and its capital wealth also, would probably become a good deal greater than it actually is. It would, indeed, be more sensible to build houses and the like."[23]

Keynes' These ist, daß es unter bestimmter gesamtwirtschaftlicher Fragestellung völlig gleichgültig ist, ob der Staat das Geld an Bürger verschenkt, oder ob er die Bürger zum Autobahnbau anstellt. Unter dem Blickwinkel der Ankurbelung von Konsumnachfrage sind beide Ausgaben gleichwertig. Unter konkret-politischen Aspekten sind sie es nicht. Umgekehrt gilt auch, daß es unter konkret-politischen Sinnbezügen bezüglich einer zusätzlichen Ausgabe gleichgültig ist, ob diese aus zusätz-

---

[21] Vgl. zu weiteren, die Haushaltswirtschaft erklärenden Tabellen den jährlichen Finanzbericht.

[22] Vgl. den entsprechenden Hinweis bei D. *Ewringmann*, Die Flexibilität öffentlicher Ausgaben (1975), S. 55.

[23] *J. M. Keynes*, The General Theory of Employment, Interest, And Money (1936), S. 129.

lichen Steuermitteln oder aus zusätzlicher Kreditaufnahme finanziert wird. Unter ökonomischen Sinnbezügen ist dies nicht gleichgültig[24].

Die Strukturierung der Haushalte unter ökonomischen Gesichtspunkten knüpft an Unterscheidungen an, wie sie im allgemeinen im Staatskonto der volkswirtschaftlichen Gesamtrechnung getroffen werden, und wie sie für eine gesamtwirtschaftliche Analyse von Bedeutung sind[25]. Im Standardschema der volkswirtschaftlichen Gesamtrechnung werden zunächst die laufenden von den Kapitaltransaktionen des Staates unterschieden. Sodann wird danach differenziert, mit welchem anderen Sektor des Wirtschaftskreislaufs (private Haushalte, Unternehmen, Ausland) der Staat in Verbindung tritt. Drittens werden die einzelnen Transaktionen nach ihrer ökonomischen Natur (Investitionen, Konsum) unterschieden[26]. Diese Gliederungsgesichtspunkte werden in gesamtwirtschaftlichen Kreislaufanalysen je nach Fragestellung miteinander kombiniert. Für die öffentlichen Haushalte wurde ein Gliederungsschema entwikkelt, daß solche Ausgabenkategorien bildet, die leicht in das Schema der volkswirtschaftlichen Gesamtrechnung übertragen werden können[27]. Eine Analyse der von der staatlichen Ausgabe- und Einnahmepolitik ausgehenden gesamtwirtschaftlichen Wirkungen wird so ermöglicht[28].

Damit wird eine zentrale Voraussetzung für die Instrumentalisierung der Einnahme- und Ausgabepolitik zur Stabilisierung des gesamtwirtschaftlichen Gleichgewichtes geschaffen[29]. Wiederum gilt, daß dies nur

[24] Vgl. dazu auch Art. 115 I GG alter und neuer Fassung, in dem die Problematik der Objektbezogenheit der Kreditaufnahme auf verfassungsrechtlicher Ebene angeschnitten wird. Zu dieser Problematik: *Kitterer,* Objektbezogenheit des öffentlichen Kredits, DÖV 1975, S. 23 ff. mit zahlreichen Nachweisen.

[25] Vgl. zur Gliederung des Staatskontos in der volkswirtschaftlichen Gesamtrechnung: *A. Stobbe,* Volkswirtschaftslehre I (1976), S. 161 ff. (171 ff.). Zur Problematik: *G. Bombach,* Staatshaushalt und volkswirtschaftliche Gesamtrechnung, FA N. F. 17 (1956), S. 344 ff.

[26] Diese Unterscheidungen werden durchgehend in den volkswirtschaftlichen Gesamtrechnungen aller westlichen Staaten verwandt. Vgl. das Standardschema der OEEC, A Standardized System of National Accounts (1958).

[27] Dies wurde mit dem „Gruppierungsplan" des Haushaltsgrundsätzegesetzes und den dazu erlassenen Verwaltungsvorschriften erreicht. Auf einige ökonomische Ungereimtheiten im Gruppierungsplan insbesondere bezüglich der Klassifizierung der Investitionen wies Bundesfinanzminister *Apel* bei der Debatte des Haushalts 1977 hin. Vgl. auch *E. Fricke,* Das haushaltsmäßige Verbot einer übermäßigen Kreditfinanzierung, DVBl. 1977, 26 (27).

[28] Zu einigen ermöglichten analytischen Fragestellungen vgl. *A. Leicht,* Die Haushaltsreform (1970), S. 43 sowie die Begründung des Regierungsentwurfs zum Haushaltsgrundsätzegesetz, BT-Drcks. 5/3040, Rn. 33.

[29] Vgl. zu der ökonomischen Instrumentalisierbarkeit öffentlicher Haushalte: *G. Hedtkamp,* Lehrbuch der Finanzwissenschaft (1977), S. 398 ff. *H. Zimmermann / K. D. Henke,* Einführung in die Finanzwissenschaft (1975), S. 151 ff.; eine instruktive Darstellung der Instrumente des Stabilitätsgesetzes und deren Wirkungsweise findet sich bei *R. Schmidt,* Wirtschaftspolitik und Verfassung (1971), S. 184 ff.

ein Aspekt der staatlichen Wirtschaftspolitik ist. Wesentliche wirtschaftspolitische Impulse werden durch Ordnungen (Wettbewerbspolitik, Arbeitsrecht, Mitbestimmung etc.) vermittelt[30]. Ebenso ist die Geldmengenpolitik für die Steuerung der Wirtschaftspolitik von größter Bedeutung[31]. Dennoch gebührt diesem Instrument besondere Aufmerksamkeit, da es von der Verfassung in besonderem Maße herausgestellt wird[32].

Um die ökonomischen Effekte der Ausgabe- und Einnahmepolitik sichtbar zu machen, bedarf es der Re-Integration aller Staatseinnahmen und -ausgaben unter ökonomischen Gesichtspunkten als Voraussetzung für eine am gesamtwirtschaftlichen Gleichgewicht orientierte Haushalts- und Wirtschaftspolitik[33]. Die folgende Tabelle 2 zeigt die Entwicklung der wichtigsten „ökonomischen" Ausgaben und illustriert die Verschiebung zwischen den verschiedenen Ausgabearten. Diese Verschiebungen bedeuten Änderungen der ökonomischen Qualität des Haushalts und sind bei Feststellung des Haushaltsplanes offenzulegen und zu beraten.

Tabelle 2

Ausgaben des Bundes nach ökonomischen Arten

Jahr	Personal-ausgaben	Sachauf-wand	Zinsen	Zuweisun-gen	Investive Ausgaben	Sonstige Posten
1962	13,1	26,0	1,8	40,3	16,9	1,7
1967	14,6	20,3	2,7	42,8	18,1	1,6
1972	17,1	14,9	2,5	45,7	18,3	1,9
1973	17,5	15,0	2,7	45,5	18,1	1,2
1974	18,0	15,3	3,2	45,1	16,7	1,6
1975	16,3	14,1	3,3	48,5	15,9	1,9
1976	16,2	14,4	4,3	49,6	13,3	2,3

Die Zahlen geben den prozentualen Anteil der betreffenden Ausgabegruppe am Gesamtvolumen des Haushalts an. *Quelle:* Finanzbericht 1978, S. 162 ff.

30 Vgl. *H. Zimmermann,* Die Ausgabenintensität der öffentlichen Aufgabenerfüllung, FA N. F. 32 (1973/74), S. 1 ff.

31 Nach dem Boom des „fiskalpolitischen Stabilitätsgesetzes" (*G. Heuss,* Makroökonomie und Stabilitätsgesetz [1971], S. 103) in den 60er Jahren, in dem 23 der 31 Paragraphen hauswirtschaftlichen Maßnahmen gewidmet sind, hat die Geldpolitik in den 70er Jahren eine bemerkenswerte Rennaissance im politischen Ansehen erlebt.

32 Dazu grundlegend: *K. H. Friauf* und *H. Wagner,* Öffentlicher Haushalt und Wirtschaft, VVDStRL 27 (1969), 1 ff. und 47 ff.

B. Begründung finanzwirtschaftlicher Verantwortungsbereiche und Kontrollmaßstäbe durch Ausgabebewilligungen

I. Das Spannungsfeld von Kontrolleffektivität und Bewirtschaftungsflexibilität

Die mit den Ausgabebewilligungen verfolgten Zwecksetzungen sind von denen der Haushaltsplanfeststellung klar zu unterscheiden. Die Unterscheidung kann nach deutschem Verfassungsrecht nur analytischer Art sein, da Haushaltsplanfeststellung und Ausgabebewilligung uno actu erfolgen[34]. Dies ist jedoch keineswegs notwendig, wie etwa die Praxis der Vereinigten Staaten zeigt. Dort werden die „Appropriations" (Bewilligungen) und die „budget resolutions" (= Haushaltspläne) sorgfältig unterschieden[35]. Auch das deutsche Verfassungsrecht sieht mit den Notbewilligungen des Bundesfinanzministers nach Art. 112 GG eine Form der Ausgabebewilligung vor, die von der Feststellung des Haushaltsplanes losgelöst ist.

Ziel der Ausgabebewilligung ist einerseits die Begründung finanzwirtschaftlicher Verantwortlichkeiten sowie andererseits die Schaffung eines Kontrollmaßstabes, an dem die Verwaltungstätigkeit nachträglich gemessen werden kann. Die mit der Ausgabebewilligung vorzunehmende Begründung finanzwirtschaftlicher Verantwortlichkeiten beinhaltet eine Spezifizierung der mit den Ausgaben zu verfolgenden Aufgaben und Ziele, denn über den finanzwirtschaftlichen Verantwortungsbereich kann nicht entschieden werden, ohne die mit den Ausgaben zu verfolgenden Aufgaben genauer ins Blickfeld zu fassen. Ziele und Grenzen der staatlichen Ausgabepolitik werden so mit Hilfe der Ausgabebewilligungen verdeutlicht[36].

[33] Im Zusammenhang mit der starken Betonung des Gedankens vom antizyklischen Verhalten der Haushaltspolitik in der Literatur könnte der Eindruck entstehen, daß Art. 109 II GG nur das „Timing" der Einnahmen und Ausgaben anspreche. Demgegenüber wird hier die „ökonomische" Struktur der Einnahme- und Ausgabepolitik als das entscheidende Kriterium für eine am gesamtwirtschaftlichen Gleichgewicht orientierte Haushaltswirtschaft betont. So auch Stern / Münch / *Hansmeyer*, Gesetz zur Förderung der Stabilität und des Wachstums (1972), S. 217. Vgl. auch unten unter C.

[34] Die gedankliche Unterscheidung von Sinn und Zweck der Haushaltsplanfeststellung und Sinn und Zweck der Ausgabebewilligung vermißt man in der staatsrechtlichen Literatur. Die Ausgabebewilligung erfolgte in Deutschland immer durch den Haushaltsplan. Dies führt in der Dogmatik zum Haushaltsplan und der Dogmatik zu dem Ausgabebewilligungsrecht zu zahllosen Problemen, die sich bei einer Scheidung dieser beiden Aspekte von selbst auflösen. Wenn *R. Mußgnug*, Der Haushaltsplan als Gesetz (1976), von der Funktion des Haushaltsplanes spricht (S. 263 ff.), so bezieht er sich nur auf S. 294 ff. auf die Funktion des Haushaltsplanes. Ansonsten bezieht er sich auf die der Ausgabebewilligung.

[35] Zu Einzelheiten vgl. unten § 6.

[36] So richtig *R. Mußgnug*, Der Haushaltsplan als Gesetz (1976), S. 312 mit der Präzisierung, daß es die Funktion der Ausgabebewilligung, nicht des Haushaltsplanes, ist, „den staatlichen Ausgaben Ziele und Grenzen zu setzen".

Die Begründung eines Kontrollmaßstabes mit Hilfe der Ausgabebewilligungen ist notwendig, da nur für das Parlament, die Regierung und den Bundesrat durch das verfassungsrechtliche Gebot des Haushaltsausgleichs ein unmittelbarer Kontrollmaßstab gegeben ist[37]. Für die übrigen Institutionen der Verwaltung ergibt sich dieser erst aus den Ausgabebewilligungen. Den Ressorts werden Höchst- oder Mindestbeträge vorgegeben, die bei der Vollziehung der obliegenden Aufgaben zu beachten sind. Die Ausgabebewilligungen begründen damit als „Soll"-Größen einen Kontrollmaßstab für die Tätigkeit der Ressorts[38] und werden so zur Voraussetzung einer die Verwaltung nachträglich kontrollierenden Rechnungsprüfung[39].

Die beiden mit den Ausgabebewilligungen verfolgten Zielsetzungen stehen in einem Spannungsverhältnis. Einerseits sollen die Ziele und Grenzen der staatlichen Ausgabetätigkeit nicht allzu minutiös und detailliert festgelegt werden, damit die Eigenverantwortlichkeit und Initiative der mittelbewirtschaftenden Instanzen nicht gehemmt wird[40]. Andererseits sollen die Ausgabebewilligungen genügend Bindungskraft entfalten, um einen effektiven Kontrollmaßstab für die Rechnungsprüfung abzugeben. Das Problem der sachgerechten Ausgabebewilligung ist das rechte Maß zwischen gewährter Flexibilität und auferlegter Bindung für die Verwaltung.

II. Grundformen der Ausgabebewilligung

Grundsätzlich sind zwei Formen der Ausgabebewilligung möglich: Die objekt-bezogene (input-orientierte) Ausgabebewilligung gibt an, für welche sächlichen Mittel (Personal, Verwaltungsmittel etc.) die zugewiesenen Gelder verwandt werden dürfen. Sie hat den Vorteil der leichten Kontrollierbarkeit. Die programmbezogene (output-orientierte) Ausgabebewilligung bestimmt dagegen das Ziel, für das die Gelder vorgesehen sind und überläßt es der das Geld bewirtschaftenden Verwaltungseinheit, welche Mittel sie zur Zielerreichung einsetzen will. Beide Formen der Ausgabebewilligung können in unterschiedlichen Spezifikationsgra-

[37] Das Gebot des Haushaltsausgleichs richtet sich „nicht nur an die Bundesregierung, sondern auch an Bundestag und Bundesrat". (BVerfGE 1, 144 [161]).

[38] Aus diesem Grund muß an der institutionellen Gliederung der Ausgabebewilligungen trotz aller Rufe nach einer Ablösung durch funktionale und ökonomische Gliederungsprinzipien festgehalten werden. Vgl. die Begründung der Bundesregierung zum Haushaltsgrundsätzegesetz: Bundestagsdrucksache 5/3040, Nr. 34.

[39] Eine umfassende staatsrechtliche Untersuchung über die Funktion der Rechnungsprüfung und deren Stellung im Verfassungssystem stellt die Arbeit von *S. Tiemann*, Die staatsrechtliche Stellung der Finanzkontrolle des Bundes (1974) dar.

[40] Zum Problem: *K. Lüder, D. Budäus*, Effizienzorientierte Haushaltsplanung und Mittelbewirtschaftung (1976), S. 90 ff.

den verwandt und auch teilweise miteinander kombiniert werden, so daß in der Praxis zahlreiche Mischformen auftreten[41].

Die von den Verwaltungswissenschaften häufig ausgesprochene Empfehlung der programmbezogenen Mittelzuweisung[42] beruht auf der Erkenntnis, daß sich die Staatsaufgaben vermehrt haben. Nur durch die „Anhebung“ des Entscheidungsprozesses auf ein höheres und abstrakteres Niveau könne die Heterogenität der verschiedenen Aufgaben, die bestehenden Zielkonflikte und wechselseitigen Abhängigkeitsverhältnisse der verschiedenen Staatsaufgaben erfaßt und einander zugeordnet werden. Der staatliche Entscheidungsprozeß werde deswegen „länger“ und durchlaufe eine größere Zahl von Konkretisierungsstufen, bevor er in der „Vollziehungsstufe“ einmündet[43].

Die Staatsleitung müsse sich deswegen des „management by objectives“[44] bedienen, das sich in der Haushaltswirtschaft in programmbezogenen Ausgabebewilligungen niederschlage. Nach dem „mbo“ ist die Führung einer Organisation dann am effektivsten, wenn die Leitungseinheit die von den nachgeordneten Einheiten anzustrebenden Ziele (= outputs) vorgibt und den nachgeordneten Einheiten die Auswahl und Konkretisierung der Mittel (= inputs) überläßt. Die so bewirkte Arbeits- und Entscheidungsteilung bewirke eine Ausnutzung der unterschiedlichen Fähigkeiten auf den verschiedenen Ebenen des Entscheidungsprozesses.

Das mit der „output“-orientierten Mittelzuweisung und dem damit zusammenhängenden „managements by objectives“ verbundene Problem ist die Gefahr der „Zielverschiebung“. Auf dem sich konkretisierenden Prozeß von allgemeinen Wertvorstellungen über konkretere Zielvorstellungen bis zu detaillierten Handlungsstrategien können Verschiebungen auftreten. Da zahlreiche Entscheidungseinheiten beteiligt sind und die Ziele von der unteren Einheit nicht unbedingt so interpretiert werden, wie sie von der delegierenden Einheit „gemeint“ waren, sind solche Zielverschiebungen nicht unwahrscheinlich. Die Kontrolle der

---

[41] Im Bundeshaushaltsplan befinden sich neben ausgesprochen objektbezogenen Mittelzuweisungen (z. B. Titel 811 — Erwerb von Fahrzeugen) programmbezogene Zuweisungen (z. B. 3005/68507: „Förderung der Reaktorsicherheit und der allgemeinen Sicherheitstechnik auf dem Gebiet der Kernforschung und Kerntechnik“).

[42] Siehe etwa *B. Rürup*, Die Programmfunktion des Bundeshaushaltsplanes (1971), S. 143 ff.

[43] Vgl. etwa *R. Mayntz*, Thesen zur Steuerungsfunktion von Zielstrukturen (1973), S. 91 ff.

[44] Zur Idee des „mbo“: *G. S. Odiorne*, Management by objectives (1965), S. 54 ff. — Das „mbo“ ist der „Nachfolger“ des „PPBS“. Vgl. den „Reader“ von *R. T. Golembiewski* and *J. Rabin*, Public Budgeting and Finance (1975); *K. Lüder*, *D. Budäus*, Effizienzorientierte Haushaltsplanung und Mittelbewirtschaftung (1976), S. 133 ff.

staatlichen Willensbildung wird zum Problem. Als das organisatorische Gegenmittel wird die „Programmausdifferenzierung" empfohlen. Die zu verfolgenden Ziele müßten detailliert und sorgfältig ausformuliert werden, so daß unbeabsichtigte Zielverschiebungen nicht auftreten können[45].

Das damit angesprochene Problem der „Programmbudgetierung" ist Gegenstand einer umfangreichen Diskussion in der Verwaltungs- und institutionell orientierten Finanzwissenschaft[46]. Sie läßt sich ansatzweise zurückführen auf frühe Arbeiten von *F. Neumark*, der im Anschluß an *G. Jèze* die Programmfunktion des Staatshaushaltes betonte und die Steuerung der Staatsaufgaben über den Staatshaushalt forderte[47]. Seine Kennzeichnung des Staatshaushaltsplanes als das „in Zahlen gefaßte Regierungsprogramm" hat große Verbreitung gefunden. Die weitere Entwicklung der Idee des Programmbudgets ging vor allem vom angelsächsischen Raum aus. Die Berichte des „Bronlow Committees" (1937) und der beiden „Hoover Committees" (1951 und 1955) empfahlen die Etablierung eines „performance budgets" für das U.S. Regierungssystem. Nach dessen Einrichtung setzte in den 60iger Jahren die Diskussion um das „Programming-Planning-Budgeting" ein[48], in der die Idee des Programmbudgets weitergetrieben und verfeinert wurde.

Die verwaltungswissenschaftliche Diskussion um das „pro" und „contra" des Programmbudgets hat seitdem einen kaum übersehbaren Umfang angenommen. Die Anhänger des „PPBS" betonen, daß nur diejenigen Entscheidungssysteme, die alle Stufen des Entscheidungsprozesses von der Aufstellung der Ziele über die Entwicklung globaler (nationaler) Aufgaben, Teilaufgaben bis hin zu konkreten Handlungen integrativ zusammenfassen, rational sind. Mit dem „PPBS" haben sie ein Konzept für einen solchen flächendeckenden integrativen Planungsverbund entwikkelt[49]. Ihre Wurzel findet diese Idee in holistischen Planungsgedanken („comprehensive rationality"), die eine umfassende und in sich konsistende wechselseitige Zuordnung der anzustrebenden Ziele und der anzuwendenden Mittel anstrebt[50]. Die Gegner des PPBS betonen demgegen-

---

[45] Vgl. *R. Mayntz*, Thesen zur Steuerungsfunktion von Zielstrukturen (1973), S. 95 f.

[46] Vgl. dazu aus der deutschsprachigen Literatur: *H. Reinermann*, Das Programmbudget in Regierung und Verwaltung (1975) mit weit. Lit. und *B. Rürup*, Die Programmfunktion des Bundeshaushaltsplanes (1971).

[47] *G. Jèze / F. Neumark*, Allgemeine Theorie des Budgets (1927), S. 38 ff.

[48] Ein Vorläufer dieser Diskussion war *A. Smithies*, The Budgetary Process in the United States (1954); zum „PPBS" vgl. den Sammelband von *F. J. Lyden* und *G. G. Miller* (ed.), Planning, Programming, Budgeting (1972) und darin vor allem den Beitrag von *A. Schick*, The Road to PPB, S. 15 ff.

[49] Vgl. etwa die Ausführungen von *H. Reinermann*, Programmbudgets in Regierung und Verwaltung (1975), S. 103 f., 120 ff., passim.

[50] Zu den Grundgedanken und dahinterstehenden philiosophischen Konzepten: *A. Etzioni*, The Active Society (1968), S. 249 ff.

über die Vorteile des „disjointed incrementalism", d. h. der Aufteilung von Problemen in Teilprobleme und deren isolierte Lösung. Umfassende Zielausdifferenzierungen scheiterten notwendigerweise an der Pluralität und Offenheit des politischen Entscheidungssystems, das keine geschlossenen und konsistenten Zielsysteme erstellen könne[51].

Die Entscheidung über die konkrete Form der Ausgabebewilligungen und — korrespondierend dazu — die konkrete Form der Mittelbewirtschaftung bleibt weiterhin in der haushaltswirtschaftlichen Diskussion. De lege lata ist mit der Erarbeitung eines „Gruppenplanes" im Rahmen der Haushaltsrechtsreform von 1970 ein Grobraster für die Form der Ausgabebewilligung vorgegeben. Dieses läßt jedoch Feinabstimmungen im Verfahren der Ausgabebewilligung zu. Insgesamt verbleibt dem Bundestag die Aufgabe, auf die Form der Ausgabebewilligungen und der damit beabsichtigten Verwaltungssteuerung kritisch einzuwirken.

C. Beachtung gesamtwirtschaftlicher Zusammenhänge bei der Entscheidung über Einnahmen und Ausgaben

I. Die Interpretation des Begriffs „gesamtwirtschaftliches Gleichgewicht" in der Literatur

Die Haushaltswirtschaft ist gemäß Art. 109 II GG am „gesamtwirtschaftlichen Gleichgewicht" auszurichten. Diese relativ neue Verfassungsnorm wird von der h. M. als „Staatsziel" verstanden[52]. Der Inhalt des mit dem Terminus „gesamtwirtschaftliches Gleichgewicht" verfolgten Staatsziels wird dabei jedoch nicht einheitlich beschrieben. Wohl unter dem Eindruck der zeitlich zusammenfallenden Verabschiedung von Art. 109 II GG (neue Fassung) und dem Stabilitätsgesetz stehend wurde zunächst angenommen, der Verfassungsbegriff „gesamtwirtschaftliches Gleichgewicht" sei in § 1 Stabilitätsgesetz konkretisiert worden und habe das dort beschriebene „magische Viereck" zum Inhalt[53].

Gegen diese Ansicht ist zunächst von *Vogel / Wiebel* die Notwendigkeit einer eigenständigen verfassungsrechtlichen Interpretation des Begriffes „gesamtwirtschaftliches Gleichgewicht" betont worden[54]. Sie sehen

[51] Vgl. vor allem die Beiträge von *A. Wildavsky* (etwa: Rescueing Policy Analysis from PPBS, 29 Pub.Ad.Rev. (1969), S. 189 ff.). — Der Ansatz des ‚disjointed incrementalism' geht zurück auf Arbeiten von *Ch. E. Lindblom,* The Science of Muddling Through, 19 Pub.Ad.Rev. (1959), S. 79 ff.; *ders.,* The Intelligence of Democracy (1965).

[52] Vgl. etwa *U. Scheuner,* Die staatliche Einwirkung auf die Wirtschaft (1971), S. 64 ff.; *E. A. Piduch,* Bundeshaushaltsrecht, Art. 109, Rn. 22.

[53] Vgl. *Papier,* Eigentumsgarantie und Geldentwertung, AöR 98 (1973), S. 528, *Scheuner,* Die staatliche Einwirkung auf die Wirtschaft (1971), S. 66; *Maunz / Dürig / Herzog,* Grundgesetzkommentar, Art. 109, Rn. 24.

[54] In BK: Art. 109 II, Rn. 106; *P. Bull,* Die Staatsaufgaben nach dem GG (1973), S. 256.

darin den Auftrag, die widerstreitenden wirtschaftlichen Interessen von Staats wegen auszugleichen. Der Interessenausgleich dürfe nicht allein der Marktautomatik überlassen bleiben. Unter Bezugnahme auf Art. 3 GG und die Entscheidung zum Pluralismus bedeute danach das „gesamtwirtschaftliche Gleichgewicht" einen „Zustand des Ausgleichs", der in der derzeit gegebenen Situation und beim derzeitigen wirtschaftswissenschaftlichen Erkenntnisstand mit den Zielen des § 1 Stabilitätsgesetz sachgerecht umschrieben werde.

Kritisch ist gegen den Ansatz von *Vogel / Wiebel* einzuwenden, daß er zu einer Entleerung des Verfassungsbegriffs „gesamtwirtschaftliches Gleichgewicht" führt. Die spezifische, mit diesem Begriff angesprochene wirtschaftspolitische Problemstellung, die bei der Haushaltswirtschaft zu beachten ist, wird nicht herausgearbeitet, sondern auf das Gebiet der Wirtschaftswissenschaft delegiert[55]. Insbesondere der Rückgriff auf Art. 3 GG und den Pluralismusgedanken — bei aller Notwendigkeit ganzheitlicher Betrachtungsweise — erfolgt allzu rasch und verhindert die Entwicklung des spezifischen Inhalts dieses Begriffes und der mit diesem Begriff in die Verfassung hereingeholten Problematik[56]. Diese wird mit der Konstituierung des gesamtwirtschaftlichen Gleichgewichts als Verfassungsbegriff zum Gegenstand der Verfassungsrechtswissenschaft. Freilich spricht vieles dafür, ähnlich wie bei anderen „unbestimmten" Verfassungsbestimmungen, auf eine vermeintlich exakte begriffliche Definition zu verzichten. Um so notwendiger werden dann jedoch problemorientierte Ursachenanalysen zu dem mit dem gesamtwirtschaftlichen Gleichgewicht angesprochenen Komplex. Diese müssen für die mit der Haushaltswirtschaft betrauten Verfassungsorgane den Boden bereiten, auf dem eine am gesamtwirtschaftlichen Gleichgewicht orientierte Haushaltswirtschaft betrieben wird.

II. Die Problematik einer am gesamtwirtschaftlichen Gleichgewicht orientierten Haushaltswirtschaft

1. Der Zusammenhang von Nachfrage, Produktionspotential und Gleichgewicht

Als Begriff entstammt das gesamtwirtschaftliche Gleichgewicht der *Keynes*schen Theorie und bezieht sich dort auf den Zusammenhang zwischen gesamtwirtschaftlicher Nachfrage und gesamtwirtschaftlichem Angebot. Die Einbeziehung der gesamtwirtschaftlichen Nachfrage und des

[55] Dies auch gegen *M. Schmidt-Preuß*, Zentralfragen (1977), S. 106, der aus dem „gesamtwirtschaftlichen Gleichgewicht" in Art. 109 II GG keine normativen Aussagen in bezug auf die Preisstabilität als verfassungsrechtlichem Schutzgut ableiten will.

[56] Vgl. auch die Kritik an diesem Ansatz bei *H. H. Hartwich*, Sozialstaatspostulat und Reformpolitik, PVS Sonderheft 8/1977, S. 137 (150).

gesamtwirtschaftlichen Angebots, das bestimmt wird durch das zur Verfügung stehende Produktionspotential, bei der haushaltswirtschaftlichen Willensbildung hatte auch der verfassungsändernde Gesetzgeber bei der Einführung des Begriffs „gesamtwirtschaftliches Gleichgewicht" in das Grundgesetz beabsichtigt[57].

Als Ausgangspunkt zur Aufschlüsselung der Problematik des gesamtwirtschaftlichen Gleichgewichts kann die Erkenntnis genommen werden, daß Schwankungen in der gesamtwirtschaftlichen Nachfrage zu einer unterschiedlichen Auslastung des volkswirtschaftlichen Produktionspotentials führen[58]. Nachfragedefizite haben eine Nicht-Auslastung des Produktionspotentials, d. h. Kurzarbeit und Arbeitslosigkeit zur Folge. Nachfrageüberschüsse führen zu Preissteigerungen. Die Gründe für Nachfrageschwankungen waren unter „Post-Keynesianern" und „Neo-Quantitätstheoretikern" umstritten[59]. Während die einen das verfügbare Einkommen als die Bestimmungsgröße der Nachfrage ansahen, behaupteten die anderen, daß die Geldmenge die entscheidende Größe sei[60]. Auf jeden Fall sind solche Nachfrageschwankungen einem freien Wirtschaftssystem immanent[61].

Nachfrageschwankungen haben jedoch nicht nur Wirkungen auf den Auslastungsgrad des Produktionspotentials, sondern auch auf dessen Entwicklung. Wenn nicht die spezielle *Keynes*sche Unterbeschäftigungssituation vorliegt, bei der eine Nachfragesteigerung nur zu einer Auslastung des Produktionspotentials führt, dann hat jede Nachfragesteigerung einen Effekt auf das gesamtwirtschaftliche Produktionspotential (Kapazitätseffekt)[62]. Zur Verdeutlichung stelle man sich zunächst den *Keynes*schen Fall vor. Das volkswirtschaftliche Produktionspotential ist nicht ausgelastet. Der Staat induziert nun Nachfrage, indem er gegen Bezahlung Flaschen ein- und wieder ausgraben läßt[63]. Er schafft damit Einkommen, das sich als Nachfrage äußert und über Multiplikatoreffekte zur vollen Auslastung des Produktionspotentials zurückführt. Das volkswirtschaftliche Produktionspotential ist nicht gewachsen. Nun stelle man

---

[57] Vgl. *Stern / Münch / Hansmeyer*, Stabilitätsgesetz (1972), S. 35 ff.; *A. Möller* (Hrsg.), Stabilitätsgesetz (1968), S. 61 f.

[58] Vgl. den Ansatz des Sachverständigenrates, Alternativen außerwirtschaftlicher Anpassung, Jahresgutachten 1968/69, S. 31.

[59] Vgl. *A. Woll*, Allgemeine Volkswirtschaftslehre (1976), S. 364 ff., der den Streitstand prägnant darstellt.

[60] Vgl. *A. Woll*, Allgemeine Volkswirtschaftslehre (1976), S. 368; dieser Streit kann für die hiesige Argumentation jedoch dahingestellt bleiben.

[61] Vgl. auch unten unter 2.

[62] Vgl. die Ironie, mit der *A. Woll*, den *Keynes*schen Fall kritisiert: „Jenem Wunderland, in dem über den Ersatzbedarf des Kapitels hinaus investiert ..., aber nicht zusätzlich produziert wird." Allgemeine Volkswirtschaftslehre (1976), S. 307.

[63] Vgl. oben bei Fn. 23 das *Keynes*sche Beispiel.

sich den Fall vor, daß das volkswirtschaftliche Produktionspotential zwar wiederum unausgelastet ist. Der Staat läßt aber nun, aus welchen Gründen auch immer, Straßen, Wasserkanäle und neue Atomindustrien bauen. Diese Investitionen schaffen ebenfalls neues Einkommen, das sich als Nachfrage wieder äußern wird. Sie bewirken darüber hinaus eine Ausdehnung des volkswirtschaftlichen Produktionspotentials. Zu dem „Einkommenseffekt" kommt nun der „Kapazitätseffekt". In der nächsten „Runde" muß dann genügend Nachfrage für das vergrößerte volkswirtschaftliche Produktionspotential vorhanden sein, wenn ein konjunktureller Einbruch vermieden werden soll[64]. Auf diese Weise hängen gesamtwirtschaftliche Nachfrage und das gesamtwirtschaftliche Produktionspotential sowie dessen Auslastung eng zusammen.

Seitdem *Harrod* gezeigt hat, daß es zwar eine Bedingungskonstellation gibt, bei der die Nachfrage entsprechend dem wachsenden Produktionspotential zunimmt, daß diese Situation jedoch säkular instabil ist[65], ist die Gewißheit verflogen, das gesamtwirtschaftliche Gleichgewicht sei ein Zustand, der sich in einer freien Wirtschaft von selbst einstelle. Das Problem des gesamtwirtschaftlichen Gleichgewichtes ist die Kontrolle des Zusammenhangs zwischen wachsendem Produktionspotential und Nachfrage[66].

2. *Gesamtwirtschaftlich orientierte Nachfragepolitik*

a) Die Notwendigkeit staatlicher Nachfragepolitik

Der eine Schlüsselbegriff des gesamtwirtschaftlichen Gleichgewichts ist somit die Nachfrage. Ein gesamtwirtschaftliches Gleichgewicht ist vorhanden, wenn die wertmäßige Nachfrage das wertmäßige Angebot deckt[67]. Die Entscheidungen über die Produktion und das Angebot von

---

[64] Der „Kapazitätseffekt" wurde von *E. Domar,* Capital Expansion, Rate of Growth and Employment, Econometrica (1946), S. 137 in die wirtschaftswissenschaftliche Diskussion eingebracht. *Domar* hat damit die Notwendigkeit der ständig wachsenden Nachfrage für ein gleichgewichtiges Wachstum aufgezeigt.

[65] Vgl. R. F. *Harrods* berühmte Abhandlung aus dem Jahre 1936 „An Essay in Dynamic Theory", E. J. 49 (1939), S. 14. Diese Abhandlung steht am Anfang der gesamten nachfrageorientierten Wachstumstheorie, so wie *Domars* Aufsatz die Grundlage für die gesamte angebotsorientierte Wachstumstheorie darstellt. Zum Ganzen vgl. die Darstellung bei *J. Kromphardt,* Wachstum und Konjunktur (1977), S. 100 ff.

[66] Spätestens die Weltwirtschaftskrise zu Beginn der 30er Jahre zeigte die Möglichkeit des andauernden gesamtwirtschaftlichen Ungleichgewichts auf. *J. M. Keynes* hat der Analyse gesamtwirtschaftlicher Zusammenhänge in der bürgerlichen Ökonomie zur Geltung verholfen, nachdem diese Möglichkeit (Wahrscheinlichkeit) in den Analysen von *K. Marx* schon vorher, wenn auch in anderem Argumentationszusammenhang, aufgezeigt wurde. Zu gemeinsamen und unterschiedlichen Sichtweisen bürgerlicher und marxistischer Wirtschaftsanalyse vgl. *H. Gerfin,* Zur Theorie der kapitalistischen Entwicklungsgesetze, Nachwort zur Gesamtausgabe „Das Kapital" (1971), S. 847 ff. (848 ff.).

Konsumgütern und Investitionsgütern einerseits sowie über die Nachfrage nach Konsumgütern und das Sparen andererseits werden von zahlreichen Unternehmen und Konsumenten unabhängig voneinander getroffen. Bei einer *ex-ante*-Betrachtung wäre es Zufall, wenn die Unternehmen als Gesamtangebot genau die Menge an Konsumgütern herstellen würden, wie der Gesamtnachfrage entsprechen. Entsprechend zufällig wäre es, wenn die von den Unternehmen in ihrer Gesamtheit getroffenen Investitionsentscheidungen genau mit den von Konsumenten in ihrer Gesamtheit gefällten Sparentscheidungen wertmäßig übereinstimmten. Da jedoch nur das investiert werden kann, was nicht konsumiert wurde, also gespart wurde, sind sparen und investieren bei einer *ex-post*-Betrachtung notwendig (definitorisch) identisch[68], während sie bei einer *ex-ante*-Betrachtung selbstverständlich auseinanderfallen können. Dem marktwirtschaftlichen Kreislauf sind deswegen Anpassungsprozesse auf „Niveau"-ebene inhärent, die in Form von inflatorischen Prozessen, Unter- und Überbeschäftigung die aggregierten Größen des Gesamtangebots und der Gesamtnachfrage bzw. des Investierens und Sparens aufeinander abstimmen.

Diese Anpassungsprozesse sind vom Marktmechanismus nicht steuerbar. Zur Verdeutlichung stelle man sich einen Automobilhersteller A vor, der seine Produktion infolge mangelnder Nachfrage nicht absetzen kann. Er handelt — einzelwirtschaftlich betrachtet — richtig, wenn er nunmehr seine Produktion drosselt, d. h. Kurzarbeit und Entlassungen anordnet. Wenn die Automobilhersteller B, C, D usw. vor denselben Absatzproblemen stehen, was nicht unwahrscheinlich ist, und ebenso handeln, ergibt sich eine weitere Nachfrageverkürzung. Die Kurzarbeiter und Entlassenen müssen notgedrungen ihre Nachfrage drosseln, da die Nachfrage in direkter Korrelation zum Einkommen steht. Die angeordneten Maßnahmen fallen deswegen letztlich auf die Unternehmen zurück, die infolge der Fortpflanzung der Nachfrageverkürzungen vor noch größeren Absatzschwierigkeiten stehen werden als in der Ausgangssituation. Es zeigt sich, daß einzelwirtschaftlich richtiges (= vorteilhaftes) Handeln für das Gesamtsystem und damit letztlich auch für den Einzelnen keineswegs vorteilhaft sein muß[69].

---

[67] Eine einführende Erklärung der Konjunkturzyklen und deren verschiedenen Ursachen befindet sich bei *R. G. Lipsey* and *P. O. Steiner*, Economics (1968), S. 587 ff. — Vgl. zur Theorie makro-ökonomischer Anpassungsprozesse: *A. Stobbe*, Gesamtwirtschaftliche Theorie (1975), S. 119 ff.; *K. Rose*, Einkommens- und Beschäftigungstheorie (1967), S. 189 ff.

[68] Zum tautologischen Zusammenhang von Sparen und Investieren bei makro-ökonomischer ex-post Analyse *K. Rose*, Einkommens- und Beschäftigungstheorie (1967), S. 223 f.; *A. Stobbe*, Gesamtwirtschaftliche Theorie (1975), S. 130 ff., und vor allem: *A. P. Lerner*, Sparen ist gleich Investieren (1969), S. 133.

[69] *A. Stobbe*, Gesamtwirtschaftliche Theorie (1975), S. 137: „Einzelwirtschaftlich richtige Erkenntnisse können bei gesamtwirtschaftlicher Anwendung

b) Wirkungen der Haushaltspolitik auf die Nachfrage

Die Anpassung der Nachfrage an die volkswirtschaftliche Produktion ist gemäß dem Staatsziel des gesamtwirtschaftlichen Gleichgewichts eine Aufgabe des Staates. Dieser Aufgabe dienen neben bewußt konzipierten nachfragepolitischen Maßnahmen einige „eingebaute Stabilisatoren", die zwar ursprünglich aus anderen Gründen konzipiert waren, die jedoch als willkommenen Nebeneffekt auch eine Stabilisierung der Nachfrage zur Folge haben. Zu nennen sind insbesondere das Sozialversicherungssystem, das in Rezessionszeiten die gesamtwirtschaftliche Nachfrage auf relativ hohem Niveau hält und die Nachfrageschwankungen erheblich glättet[70], sowie das progressive Steuersystem, das die Gewinne in Boom-Zeiten hoch erfaßt und damit potentielle Nachfrage, die zur weiteren „Erhitzung" der Konjunktur beitragen könnte, dem marktwirtschaftlichen Sektor entzieht[71]. Diese beiden Beispiele zeigen, daß bei allen Maßnahmen die potentiell nachfragewirksamen Implikationen bei der Entscheidungsfindung mit ins Kalkül zu ziehen sind. Die bewußt als konjunkturpolitische Mittel konzipierten Maßnahmen stellen jedenfalls nur einen Bruchteil der staatlichen Maßnahmen mit konjunkturpolitischen Implikationen dar.

Der Nachfragepolitik über den Haushalt liegt jeweils folgender Vorgang zugrunde: Über seine Einnahmeseite entzieht der Staat dem privatwirtschaftlichen Sektor wirtschaftliche Dispositionsmacht und reduziert damit die Nachfrage, die (auch) eine Funktion der zur Verfügung stehenden wirtschaftlichen Dispositionsmacht ist. Über die Ausgabeseite übt der Staat jedoch gleichzeitig Nachfrage aus. Ist die über die Ausgabeseite ausgeübte Nachfrage gleich der über die Einnahmeseite den Privaten entzogene Nachfrage, so hat sich an der gesamtwirtschaftlichen Nachfrage nichts geändert.

Der Staat hat jedoch die Möglichkeit, Einnahmen still zu legen und nicht in Nachfrage umzusetzen. Er reduziert dann die Gesamtnachfrage. Umgekehrt besteht die Möglichkeit, durch Geldschöpfung Nachfrage zu bilden, die den Privaten zuvor nicht entzogen wurde. Er steigert dann die gesamtwirtschaftliche Nachfrage. Aus diesem Zusammenhang wird die bekannte „Saldenmechanik" der öffentlichen Haushalte gefolgert: In Zeiten der Hochkonjunktur soll der Staat durch stillgelegte Einnahmeüberschüsse die Gesamtnachfrage reduzieren; in Zeiten der Depression soll er durch „deficit spending" die Gesamtnachfrage vergrößern.

---

falsch sein". In marxistischer Terminologie würde man von der „Borniertheit des Kapitels" sprechen.

[70] Vgl. zu den „built-in-stabilizors": *P. Samuelson*, Economics (1973), S. 356 ff.

[71] Vgl. dazu *F. Neumark*, Grundsätze gerechter und ökonomisch rationaler Steuerpolitik (1970), S. 283 ff.

Der Haushaltssaldo wird so als der zentrale wirtschaftspolitische Aktionsparameter angesehen.

Dieser Grundgedanke bedarf der Verfeinerung und Präzisierung[72]. Der Haushaltssaldo ist zu einem wesentlichen Teil nicht Aktionsparameter der Haushaltspolitik, sondern Erwartungsparameter der volkswirtschaftlichen Entwicklung. Er ist mehr das Ergebnis der volkswirtschaftlichen Entwicklung als das Ergebnis bewußt konzipierter politischer Entscheidungen. Der Haushaltssaldo ist deswegen auch kein Instrument der Konjunkturpolitik. Er zeigt nicht einmal die von öffentlichen Haushalten ausgehenden konjunkturpolitischen Effekte an. Geht man beispielsweise von einer unterbeschäftigten Wirtschaft aus und unterstellt man, daß die Selbstheilungskräfte des Marktes eine Konjunkturerholung induziert haben, dann bewirkt das progressive Steuersystem, daß dieser vom Markt induzierte Zuwachs am Volkseinkommen dem Staat einen überproportionalen Anteil am gesamtwirtschaftlichen Zuwachs verschafft. Ist der Staatshaushalt dank dieses Zuwachses ausgeglichen, d. h. steigert der Staat nicht auch entsprechend die Ausgaben, so wirkt der Staatshaushalt, obgleich ausgeglichen, gesamtwirtschaftlich kontraktiv. Dies zeigt, daß Überschuß oder Defizit des Haushalts nur sehr bedingt die tatsächlichen expansiven oder kontraktiven Wirkungen des Staatshaushalts auf die Gesamtnachfrage widerspiegeln.

Die praxisorientierte Wissenschaft — der Council of Economic Advisers in den USA und der Sachverständigenrat in der Bundesrepublik Deutschland — haben deswegen mit dem „Full Employment Budget Surplus“ und dem „konjunkturneutralen Haushalt“ Konzepte entwikkelt, die die konjunkturellen Wirkungen des Haushalts besser darstellen als das Modell der Saldenmechanik. In beiden Modellen geht es um einen Bezugspunkt, an dem die konjunkturellen Wirkungen des Haushalts gemessen werden können. Im FEBS-Konzept wird hypothetisch von einer Vollbeschäftigungssituation ausgegangen und die bei Vollbeschäftigung zu erwartenden Einnahmen ermittelt. Diese werden sodann den tatsächlich geplanten Ausgaben gegenübergestellt. Ein Defizit in diesem hypothetischen Budget würde bedeuten, daß die staatliche Aktivität über die zur Vollbeschäftigung notwendige staatliche Aktivität hinausgeht und expansiv wirkt. Ein solches Defizit wäre dann nur in einer wirtschaftlichen Situation akzeptabel, die durch mangelnde Gesamtnachfrage gekennzeichnet ist.

---

[72] Zum folgenden Problemaufriß vgl. *H. Zimmermann / K.-D. Henke*, Finanzwissenschaft (1975), S. 274 ff.; *B. Rahmann*, Grundlagen konjunkturbeeinflussender Haushaltspolitik (1972); *K. P. Fox*, Konzepte zur Beurteilung der konjunkturellen Wirkungen öffentlicher Haushalte (1974); *E. Lang*, Ansatzpunkte und Konzeptionen zur Bestimmung der konjunkturgerechten Haushaltspolitik (1975).

Das vom Sachverständigenrat entwickelte Konzept des „konjunkturneutralen Haushalts" wählt mit dem „gesamtwirtschaftlichen Produktionspotential" einen ähnlichen Bezugspunkt wie das FEBS-Konzept. Der öffentliche Haushalt ist danach konjunkturneutral, wenn von ihm keine Auswirkungen auf den Auslastungsgrad des Produktionskapitals ausgehen. Damit ist der Blick freigelegt auf die relevante Frage: Welche Wirkungen gehen von den einzelnen staatlichen Ausgaben bzw. Einnahmen auf das Produktionspotential aus.

Nicht der Saldo des Haushalts, sondern die ökonomischen Eigenschaften der *einzelnen* Einnahmen und Ausgaben sind die für die Beurteilung der konjunkturellen Wirkungen des Haushalts maßgeblichen Größen. Für die ökonomische Einschätzung der Einnahmen und Ausgaben ist der von den (zusätzlichen) Ausgaben bzw. Einnahmen ausgehende Multiplikatoreffekt von zentraler Bedeutung, denn die von den (zusätzlichen) Staatsausgaben ausgehenden Nachfrage-Effekte pflanzen sich multiplikativ fort, da die Empfänger der (zusätzlichen) Staatsausgaben diese Ausgaben ebenfalls in Nachfrage umsetzen. Im einzelnen verbergen sich hier zahlreiche Einzelprobleme der konjunkturgerechten Haushaltswirtschaft, die sich jedenfalls nur unter Verzicht auf wichtige Differenzierungen in den simplifizierenden Raster der Saldenmechanik einfangen lassen.

Die wichtige verfassungsrechtliche Konsequenz aus diesem Befund zum Nachfrageaspekt des gesamtwirtschaftlichen Gleichgewichts ist, daß Art. 109 II GG in seinem Geltungsbereich nicht allein auf die Haushaltsgesetzgebung und den Haushaltsvollzug einschließlich der im Stabilitätsgesetz zur Verfügung gestellten Instrumente beschränkt bleiben darf. Als Staatsziel enthält Art. 109 II GG generell ein Gebot, die gesamte Einnahme- und Ausgabepolitik des Staates auf ihre gesamtwirtschaftlichen Implikationen abzuklopfen. Dies bedeutet, daß die außerhalb der Haushaltsgesetzgebung angesiedelten ausgabe- und einnahmepolitischen Entscheidungen auf ihre gesamtwirtschaftlichen Wirkungen zu überprüfen sind.

3. Gesamtwirtschaftlich orientierte Einflußnahmen auf das volkswirtschaftliche Produktionspotential

a) Die Notwendigkeit staatlicher Einflußnahme auf das Produktionspotential

Der andere Schlüsselbegriff der gesamtwirtschaftlich orientierten Ausübung der Haushaltsgewalt ist das volkswirtschaftliche Produktionspotential, genauer: die Allokation der Produktionsfaktoren und deren Entwicklung in einer Volkswirtschaft gemäß den gesellschaftlichen Bedürfnissen[73]. Die Zusammensetzung der Produktionsfaktoren (Arbeit, Kapital) kann vom Marktmechanismus nicht derartig gesteuert werden, daß sie den gesellschaftlichen Bedürfnissen notwendigerweise entspricht. Eine optimale, an den gesellschaftlichen Bedürfnissen und Präferenzen orientierte Produktion könnte vom Marktmechanismus nur geleistet werden, wenn alle Konsumenten ihre Präferenzen wahrheitsgetreu am Markt „anmelden" würden[74]. Diese Funktionsbedingung des Marktmechanismuses kann jedoch nicht immer und überall unterstellt werden. Sie wird jedenfalls dann nicht vorliegen, wenn ein Konsument erwarten kann, daß ihm der Nutzen bestimmter Güter zufließt, ohne daß er einen „Preis" dafür bezahlen muß. In einer solchen Situation besteht nach der Logik des Gewinnstrebens kein Grund, die eigene Präferenz für die Produktion dieser Güter bei der „Abstimmung am Markt" wahrheitsgetreu zu äußern[75].

Das Schulbeispiel für eine solche Situation ist die äußere Sicherheit. Ist diese erst einmal durch die Bereitstellung eines Verteidigungsapparates hergestellt, dann kommt sie allen zugute. Keiner kann von den Vorteilen ausgeschlossen werden. Aufgrund dieser Tatsache läßt sich kein Marktpreis für dieses Gut ermitteln. Eine ähnliche Situation liegt bei der „sauberen Umwelt" vor. Wenn die Städte, Flüsse, Straßen, Luft erst einmal gereinigt sind, dann kommen die Vorteile daraus allen zugute[76]. Angesprochen ist mit diesen Beispielen die Problematik der „öffentlichen Güter"[77]. Dabei handelt es sich um Güter, die offensichtlich von vielen Bürgern gewollt werden, die gleichwohl jedoch nicht vom Markt produziert werden.

---

[73] Das Konzept des quantitativen Wachstums, d. h. die allein auf die Ausdehnung des Produktionspotentials („Niveaupolitik"), nicht auch auf dessen Zusammensetzung gerichtete Wachstumspolitik, wie sie in den späten 60er Jahren gehandhabt wurde, wird heute durchweg kritisch beurteilt. Vgl. etwa *F. W. Scharpf*, Wirtschafts- und Gesellschaftsstruktur in der Bundesrepublik Deutschland (1977), S. 57 ff. (64 ff.); *V. Hauff* und *F. W. Scharpf*, Modernisierung der Volkswirtschaft (1975), S. 16 ff. — Scharfe Kritik kam vom Club of Rome: *D. Meadows* et al., Die Grenzen des Wachstums (1972). Um von dem ambivalenten Begriff des Wachstums, der nicht gleichzusetzen ist mit vermehrter Wohlfahrt, wegzukommen, werden heute zunehmend die Begriffe „Strukturpolitik", „qualitatives Wachstum", neuerdings auch „humanes Wachstum" verwandt, die entscheidend auf die Zusammensetzung der Produktionsfaktoren abstellen.

[74] Vgl. zu dieser Voraussetzung *R. A. Musgrave* and *P. G. Musgrave*, Public Finance (1973), S. 6 ff.

[75] Das sog. „Ausschlußprinzip" des Marktes („exclusion principle") ist Funktionsvoraussetzung des Marktmechanismus.

[76] Dieses Beispiel wählen *R. A. Musgrave* and *P. G. Musgrave*, Public Finance (1973), S. 11 zur Illustration der Unterscheidung öffentlicher und privater Güter.

[77] Die Unterscheidung zwischen öffentlichen und privaten Gütern, ursprünglich in der angelsächsischen Literatur entwickelt, wird in der Ökonomie durchgängig getroffen, wobei die Abgrenzung nicht allein auf das hier herausgestellte Ausschlußprinzip des Marktes gestützt wird. Vgl. einführend: *W. Wittmann*, Öffentliche Güter, WiSt 1976, 19 ff.

Die Zahl der „öffentlichen Güter“ hat im Lauf der Zeit beträchtlich zugenommen. Außer der Bereitstellung der inneren und äußeren Sicherheit, die schon immer als „öffentliche Güter“ anerkannt waren, gehören die Güter dazu, die unter der Sammelbezeichnung Infrastruktur laufen[78]. Zur „technischen“ Infrastruktur zählen etwa der Straßenbau oder die Energieversorgung; zur „personellen“ Infrastruktur gehören die Bildungseinrichtungen und Umschulungsmöglichkeiten. Zunehmende Bedeutung gewinnt die „wissenschaftliche“ Infrastruktur oder der technische Fortschritt in der Sprache der Ökonomie.

Zahlreiche „öffentliche Güter“ erhalten ihren besonderen Status jedoch nicht auf Grund „natürlicher“ Eigenheiten — die „saubere Luft“ ist z. B. ein öffentliches Gut wegen ihrer natürlichen Eigenheit —, sondern aufgrund normativer Überlegungen. Die Bildungseinrichtungen könnte man z. B. den Gesetzen des Marktes unterwerfen, denn ein „Marktpreis“ ist diesbezüglich nicht undenkbar. Doch verbietet sich dies aus normativen Überlegungen[79]. Was für die Bildungseinrichtungen gesagt wurde, gilt z. B. auch für die „wissenschaftliche Infrastruktur“: Sobald der wissenschaftliche Fortschritt einmal gemacht ist, gehört er allen, denn es verbietet sich von selbst, den wissenschaftlichen Fortschritt, etwa durch den Ausbau der Patentgesetzgebung, weiter zu privatisieren.

Wenn es jedoch richtig ist, daß bei zahlreichen Gütern der Nutzen und die Kosten den einzelnen Individuen nicht eindeutig zurechenbar sind, dann bewirkt der Marktmechanismus keine optimale Bedürfnisbefriedigung. Der Grund dafür ist, daß die Privatwirtschaftssubjekte ihre Präferenzen für diese Einrichtungen aus strategischen Gesichtspunkten nicht offen legen, sondern versuchen, eine „free rider position“ einzunehmen. Dies führt zu einer Verzerrung der Allokation der Produktionsfaktoren in einer Volkswirtschaft. Sie ist nicht unbedingt an den wahren Präferenzen der Individuen orientiert. *J. K. Galbraith*'[80] Beschreibung

---

[78] Vgl. zur Infrastruktur den Sammelband von *R. Jochimsen* und *U. Simonis*, Theorie und Praxis der Infrastrukturpolitik (1970) mit zahlreichen Problem-Beispielen (insbes. S. 211 ff. und S. 379 f.) sowie *R. Jochimsen*, Theorie der Infrastruktur (1966).

[79] Vgl. dazu auch die Staatsaufgabenlehre und die leistungsstaatliche Grundrechtssicht. Eine — ökonomische — Parallele findet diese Diskussion in den sogenannten „meritorischen“ Gütern („merit wants“ — *R. A. Musgrave*), worunter solche Güter verstanden werden, die der Markt zwar produzieren könnte, aber aufgrund von Nachfrageverzerrungen bei den Konsumenten nicht im erwünschten Maß produziert, so daß die Produktion dieser Güter durch den Staat bewirkt werden soll.

[80] Vgl. *J. K. Galbraith*, The Affluent Society (1959), der die Diskrepanz von „privatem“ Reichtum und „öffentlicher“ Armut in marktwirtschaftlichen Systemen in charakteristischer sprachlicher Brillianz herausgestellt hat. Die Diskussion dauert mehr oder weniger polemisch an [vgl. die Referate von *P. Krause*, *W. Engels*, *H. G. Wehner* und *G. v. Kortzfleisch* auf einem verwal-

der öffentlichen Armut und des privaten Reichtums illustriert das Phänomen.

Auf ein anderes Argument, das gegen die vom Markt bewirkte Allokation der Produktionsfaktoren spricht, hat die wohlfahrtsökonomische Diskussion aufmerksam gemacht. Die Steuerung der Produktionsressourcen über den Markt bewirkt lediglich, daß die Ressourcen, sofern sie mobil sind, dorthin gezogen werden, wo sie momentan am meisten benötigt werden. Dies heißt nicht, daß sie sich auf einem langfristig optimalen Entwicklungspfad befinden[81]. Eine optimale ökonomische Entwicklung könnte nämlich erfordern, daß die Produktionsressourcen zunächst in Bereiche gesteuert werden, die kurzfristig einen geringen, langfristig jedoch einen hohen Nutzen bringen[82]. „Der Markt als gegenwartsbezogenes Instrument der Produktionsbestimmung kann sich auf künftige Entwicklungen nur insoweit einstellen, als diese sich bereits in heute absehbarer und kalkulierbarer Nachfrage niederschlagen[83].“ Das ist für viele Bereiche nicht der Fall. In der Terminologie der Wohlfahrtsökonomie sorgt der Markt zwar dafür, daß die Marginalbedingungen, nicht aber die Totalbedingungen des ökonomischen Wachstums erfüllt werden[84]. *H. Giersch* verglich den Markt deswegen mit einem blinden Berg-

---

tungswissenschaftlichen Seminar der Hochschule Speyer (in: Hochschule Speyer, Der Staatssektor in der sozialen Marktwirtschaft (1976)], obwohl es scheint, daß aus wissenschaftlicher Sicht bereits alles gesagt wurde. Alle Versuche, unter eindeutigen Kriterien öffentliche und private Güter voneinander abzugrenzen, müssen als gescheitert gelten. Die Ansicht ist vorherrschend, daß die „Entscheidung über Volumen und Struktur der öffentlichen Güter ... mit den Techniken unserer Wissenschaft nicht transparent gemacht werden (können)“. (*K. Mackscheidt*, Zur Theorie des optimalen Budgets [1973], S. 400). Zum gleichen Ergebnis kommt *C. Offe* aus politökonomischer Sicht, der darauf hinweist, daß „public goods“ nicht durch allgemeine Merkmale, sondern durch die „gesellschaftlichen Eigenschaften des Verwertungsprozesses ...“ bestimmt sind. (Tauschverhältnis und politische Steuerung [1972], S. 27 ff. [52 f.]).

[81] Entsprechend sind auf der Ebene der Wirtschaftstheorie die Marginal- und Partialanalysen dominierend, während Totalanalysen des marktwirtschaftlichen Prozesses mit Hilfe der bei der Wirtschaftstheorie angewandten Methoden bald auf große Schwierigkeiten stoßen. Vgl. etwa einführend: *H. Giersch*, Allgemeine Wirtschaftspolitik (1961), S. 106 ff.

[82] Wirtschaftstheoretische Ansätze, die diese Probleme der Zeitdiskontierung einbeziehen, befinden sich erst in den Anfängen. — Etwa: *G. Gäfgen*, Theorie der wirtschaftlichen Entscheidung (1968), S. 297 ff. (317).

[83] So richtig *V. Hauff, F. W. Scharpf*, Modernisierung der Volkswirtschaft (1975), S. 45.

[84] Vgl. einführend *H. Giersch*, Allgemeine Wirtschaftspolitik (1961), S. 97 ff. (weiter: *K. E. Boulding*, Einführung in die Wohlfahrtsökonomie (1965), S. 77 ff.; *E. J. Mishan*, Ein Überblick über die Wohlfahrtsökonomik 1939 - 1959 [1965], S. 110 ff.). — Plastisch wird das Problem, wenn man sich unterentwickelte Wirtschaftsregionen vorstellt. Die marktwirtschaftliche Steuerung kann die Entwicklung dieser Regionen gefährden, indem gute Arbeitskräfte und vorhandenes Kapital in bereits besser entwickelte Regionen abgezogen werden, wodurch die langfristige Entwicklung der unterentwickelten Region weiter zurückgeworfen wird.

steiger, der zwar fühlt, daß es bergauf geht, der jedoch nicht weiß, ob er auf dem Weg zum höchsten Gipfel ist[85].

Ein dritter Problembereich in bezug auf die Allokation der Produktionsfaktoren sind die „externalties"[86]. Beim marktwirtschaftlichen Tauschvorgang bleiben Interessen und Präferenzen, die außerhalb des Interessenkreises der am Tauschvorgang Beteiligten liegen, definitionsgemäß außer acht. Es liegt in der Logik individuellen Gewinnstrebens, möglichst viele Kosten abzuwälzen, sei es durch die Benutzung sogenannter „freier" Güter (Luft, Flußwasser), sei es durch die allein an der Produktion orientierte Ausnutzung von Grund und Boden[87]. Die sozialen Kosten gehen bei der Preisbildung nicht ein, so daß die Möglichkeit der Kostenexternalisierung zu einer Verzerrung der Produktionsstruktur führt.

Es läßt sich somit nachweisen, daß die Allokation der Produktionsfaktoren, wenn sie alleine von der zeit- und individualinteressenabhängigen Nachfrage über den Marktmechanismus gesteuert wird, langfristig nicht zu einer optimalen Befriedigung der gesellschaftlichen Bedürfnisse führt und somit auch langfristig nicht voll „nachgefragt" wird. Daraus folgt, daß Fehlleitungen der Produktionsfaktoren Gefahren für das gesamtwirtschaftliche Gleichgewicht bergen: Das (potentielle) Angebot wird von der Nachfrage nicht abgedeckt. Daraus ist die wichtige verfassungsrechtliche Konsequenz zu ziehen, daß das „gesamtwirtschaftliche Gleichgewicht" in Art. 109 II GG nicht nur den Auftrag zur globalen „Niveaupolitik" auf der Nachfrageseite beinhaltet, sondern auch zur Beeinflussung der Struktur des volkswirtschaftlichen Produktionspotentials.

b) Wirkungen der Haushaltspolitik auf das volkswirtschaftliche Produktionspotential

Das Gebot zur Beachtung des gesamtwirtschaftlichen Gleichgewichts beinhaltet den Auftrag, die durch das skizzierte „Marktversagen" drohenden Verzerrungen der volkswirtschaftlichen Produktionsstruktur abzufangen[88]. Dabei hat der Staat die Möglichkeit, mit Ge- und Verboten

---

[85] Vgl. *H. Giersch*, Allgemeine Wirtschaftspolitik (1961), S. 108; *F. W. Scharpf*, Planung als politischer Prozeß (1973), S. 46 ff. verdeutlichte, daß auch für den bewußt gesteuerten politischen Prozeß die Berücksichtigung zukünftiger Interessen ein Hauptproblem ist.

[86] Zur volkswirtschaftlichen Theorie der „externalties" vgl. *W. J. Baumol*, Welfare Economics and The Theory of the State (1965), S. 24 ff., 64 ff.; *R. Jochimsen*, Theorie der Infrastruktur (1966), S. 52 ff.

[87] Insbesondere für die Stadtentwicklung liegen zahllose Untersuchungen vor, die zeigen, wie marktwirtschaftlich koordinierte Entscheidungen zu Fehlentwicklungen führen können. Vgl. *R.-R. Grauhan* und *W. Linder*, Politik der Verstädterung (1974), S. 56 ff. und jetzt *H. Schulze-Fielitz*, Sozialplanung im Städtebaurecht (1977), S. 1 ff. (20 ff.).

zu arbeiten und beispielsweise durch produktionstechnische Auflagen Externalisierungen wie etwa Umweltverschmutzung zu verhindern. Im Zusammenhang mit der Korrektur der Allokation der Produktionsfaktoren interessieren hier jedoch Maßnahmen mit haushaltswirtschaftlicher Relevanz. Zahlreiche ausgabe- und einnahmepolitische Maßnahmen haben derartige Zielsetzungen. Die Subventionen und Steuererleichterungen, die diese Zielsetzung verfolgen, bestimmen maßgeblich den Inhalt der staatlichen Einnahme- und Ausgabepolitik[89].

Diese allokations-politische Aufgabe des Staates ist solange unproblematisch, als die zu befriedigenden gesellschaftlichen Bedürfnisse in sich widerspruchsfrei sind und mit den Funktionsbedingungen des allein marktwirtschaftlich koordinierten Sektors der Wirtschaft gleichläufig sind. Die Gleichläufigkeit der Befriedigung gesellschaftlicher Bedürfnisse und der Funktionserfordernisse des marktwirtschaftlich koordinierten Sektors der Wirtschaft ist jedoch nur beschränkt, was am Fall der Bildungspolitik (Produktion des „human capital“) wiederholt exemplarisch gezeigt wurde. Die sich am Arbeitsmarkt zeigenden Bedürfnisse bezüglich der Ausbildung sind keineswegs identisch mit dem, was bildungspolitisch gerne gesehen wird[90]. Die vom Arbeitsmarkt ausgehenden Bedürfnisse schimmern zunehmend als Restriktionen bei der Bildungspolitik durch. Der Staat kann, wenn er nicht bildungspolitische Folgeprobleme („akademisches Proletariat“) produzieren will, das öffentliche Gut „Bildungseinrichtungen“ nicht losgelöst von den ökonomischen Zusammenhängen herstellen.

Die gesellschaftlichen Bedürfnisse sind jedoch auch in sich nicht widerspruchsfrei. Der Bau einer neuen Verkehrsader ist nicht nur Plafond für industrielles Wachstum und Befriedigung eines gesellschaftlichen Mobilitätsbedürfnisses, sondern zugleich auch Ursache für zahlreiche Folgeprobleme wie Umweltverschmutzung und Krankenhausversorgung[91]. Dieser multi-dimensionale Problemzusammenhang macht die Entscheidung über die Bereitstellung öffentlicher Güter aus dem Staatsetat so

---

[88] Die Kopplung des Begriffs „gesamtwirtschaftliches Gleichgewicht“ mit dem Auftrag zur Einflußnahme auf die Produktionsstruktur wird in der juristischen Literatur nicht genügend betont.

[89] Zum Umfang der Subventionen vgl. den „Subventionsbericht“, der gemäß § 12 Stabilitätsgesetz von der Bundesregierung erstellt wird.

[90] Vgl. etwa: *V. Ronge / G. Schmieg*, Restriktionen politischer Planung (1974), S. 88 ff.; zur Verzahnung von Bildungs- und Finanzplanung und deren Entwicklung in der BRD: *H. Mäding*, Bildungsplanung und Finanzplanung (1974), S. 31 ff.; *K. Schmitz, R. Riehle, W. D. Narr, C. Koch, U. Albrecht*, Der Staat und die Steuerung der Wissenschaft (1976), S. 29 ff.

[91] So die zentrale These von *J. O'Connor*, Die Finanzkrise des Staates (1974), S. 22 ff. — Vgl. dazu die saloppe Formulierung von *F. W. Scharpf*, Reformpolitik im Spätkapitalismus (1973), S. 125 ff., frei nach *W. Brandt:* „Der Bauer, der von seiner Kuh ein Maximum an Milch verlangt, muß ihr auch ein Maximum an Futter liefern und ein Maximum an Mist wegräumen.“

außerordentlich komplex und „politisch". Dasselbe gilt für die direkte Förderung von Industrien, die unter den Gesetzmäßigkeiten des Marktes nicht entstehen oder sich nicht behaupten könnten, deren Produktion gleichwohl auf die Befriedigung wichtiger Bedürfnisse ausgerichtet ist. Auch hier sind stets die Folgeprobleme einzukalkulieren. So wird mit der Förderung der Kernenergie nicht nur die elektrische Stromversorgung gesichert, sondern gleichzeitig auch das Problem des atomaren Umweltschutzes mit seinen kaum abschätzbaren Kosten für den Staat produziert.

Damit wird eine langfristige, die Folgeprobleme einschließende Kompatibilitätsprüfung zwischen den aus dem Haushalt finanzierten staatlichen Einwirkungen auf die volkswirtschaftliche Produktionsstruktur und den gesellschaftlichen Bedürfnissen notwendig. Die Notwendigkeit dieser Prüfung ergibt sich schon aus der Verpflichtung der Haushaltswirtschaft auf das gesamtwirtschaftliche Gleichgewicht, die — wie gezeigt — eine produktions-strukturelle Komponente beinhaltet. Die Kompatibilitätsprüfung wird jedoch um so dringlicher, als die Restriktionen, die der Haushaltswirtschaft von der Einnahmeseite her drohen, gravierender zu werden drohen[92]. Der zur Verfügung stehende finanzielle Spielraum wächst zwar in absolute Zahlen, bleibt in Relation zum Bruttosozialprodukt („Staatsquote") jedoch relativ konstant, wie die Tabelle 3 ausweist.

Tabelle 3

Entwicklung der öffentlichen Haushalte und deren Anteil am Bruttosozialprodukt

Jahr	Bruttosozialprodukt	Öffentlicher Gesamthaushalt		Bundeshaushalt	
		DM	% des BSP	DM	% des BSP
1962	360,5	106,9	29,65	57,949	16,07
1964	419,6	127,4	30,36	65,933	15,71
1966	487,4	145,2	29,79	72,660	14,91
1968	535,2	158,9	29,69	88,479	16,53
1970	679,0	196,5	28,94	94,227	13,88
1972	827,2	252,0	30,46	112,799	13,64
1973	920,1	279,0	30,32	127,134	13,82
1974	986,9	317,6	32,18	136,433	13,82
1975	1031,1	361,1	35,02	160,079	15,52
1976	1124,9	376,9	33,50	166,415	14,79

Quelle: Finanzbericht 1978, S. 16 und 138. - DM-Beträge in Milliarden.

[92] Vgl. *J. O'Connor*, Die Finanzkrise des Staates (1974), S. 263 ff.; *V. Ronge / G. Schmieg*, Restriktionen politischer Planung (1974), S. 291 ff.; *Sachverständigenrat*, Jahresgutachten 1971, Z. 328; *Finanzwissenschaftlicher Beirat*, Gut-

Eine Erhöhung des Staatsanteils mit dem Ziel, den Problemdruck bei der Finanzierung der staatlichen Einwirkung auf die Produktionsstruktur („Strukturpolitik") zu verändern, ist nicht nur Gegenstand der politischen[93], sondern auch der wissenschaftlichen[94] Diskussion. Allgemein wird angenommen, daß zusätzlicher Spielraum allenfalls durch ein Zurückdrängen des privaten Konsums gewonnen werden kann[95]. Die Erhöhung der Verbrauchssteuern (Mehrwert-, Tabak-, Alkoholsteuer) sowie die aus der Steuerprogression zusätzlich anfallenden Mittel aus der Lohnsteuer gelten als geeignete Mittel dazu. Die legitimatorischen Anforderungen an eine solche Politik sind in einer Konkurrenzdemokratie jedoch extrem hoch. Um so dringlicher erscheint der parlamentarisch kontrollierte und legitimierte Einsatz vorhandener Finanzmittel, um von der Produktionsseite her einen Beitrag zur Wahrung des gesamtwirtschaftlichen Gleichgewichtes zu leisten.

---

achten zur Finanzierung eines höheren Staatsanteils am Sozialprodukt (1972), S. 12 f.; *A. Oberhauser*, Stabilitätspolitik bei steigender Staatsquote (1975), S. 40 ff.

[93] Vgl. das Langzeitprogramm der SPD, wo eine Erhöhung der Staatsquote von 29 auf 34 Prozent angestrebt wird. — Im ‚Orientierungsrahmen 85' fehlt allerdings die entsprechende Passage, ohne daß jedoch das mit der Erhöhung der Staatsquote angestrebte Problem aus dem Auge verloren wurde.

[94] Etwa: *Finanzwissenschaftlicher Beirat*, Gutachten zur Finanzierung eines höheren Staatsanteils am Sozialprodukt (1972); *V. Ronge / G. Schmieg*, Restriktionen politischer Planung (1974), S. 178 ff.; *F. Rahmeyer*, Ökonomische und politische Hemmnisse einer Erhöhung der Staatsquote (1975), S. 32 ff.; *F. Naschold* et al., Thesen zur mehrjährigen Finanzplanung des Bundes (1973), S. 146 (177 f.); *K. H. Raabe*, Schätzung eines „Korridors" für den Staat, in Wirtschaftsdienst 1971, 488 ff.; *A. Oberhauser*, Stabilitätspolitik bei steigender Staatsquote (1975), S. 40 ff.; *U. Harms*, Die Forderung eines konstanten Staatsanteils am Bruttosozialprodukt (1970).

[95] H. M. vgl. *A. Oberhauser*, Stabilitätspolitik bei steigender Staatsquote (1975), S. 57; *Sachverständigenrat*, Währung, Geldwert, Wettbewerb, Jahresgutachten 1971, § 72 Z. 328; vgl. auch *F. Rahmeyer*, Ökonomische und politische Hemmnisse einer Erhöhung der Staatsquote (1975), S. 151 ff.

Zweites Kapitel

Erscheinungsformen der Haushaltsgewalt und deren parlamentarische Kontrolle

§ 3. Haushaltswirtschaftliche Kontrolle im Rahmen der allgemeinen Gesetzgebung

A. Haushaltswirtschaftliche Kontrolle bei allgemeinen Gesetzen

I. Die Gesetzgebung als Erscheinungsform der Haushaltsgewalt

1. Die Bindung an den in gesetzlicher Form erzielten Konsens

Dem klassischen Verständnis zufolge waren Haushaltswirtschaft und allgemeine Gesetzgebung zwei voneinander geschiedene Sachbereiche. Tatsächlich bestanden jedoch auch schon unter der Geltung des allein auf den Schutz vor Eingriffen in Freiheit und Eigentum gerichteten Gesetzesbegriffs Verbindungslinien zwischen der Haushaltswirtschaft und der Gesetzgebung, denn der Staat hatte gesetzlich gewährte Ansprüche, die sich im Verhältnis zu den Bürgern als seine rechtlichen Verbindlichkeiten darstellten, zu beachten[1]. Aus den Gedanken der Rechtssicherheit und Rechtsklarheit folgte ein „Subordinationsverhältnis" der Haushaltswirtschaft, genauer: der Haushaltsgesetzgebung, unter die gesetzlich normierten Ansprüche[2]. Die Verabschiedung anspruchsgewährender Gesetze stellte schon immer ein Stück Ausübung von Haushaltsgewalt dar[3], da über die staatliche Einnahme- und Ausgabepolitik mitentschieden wurde.

Schwieriger ist die Frage zu beantworten, ob die Verabschiedung von Gesetzen, die dem Bürger keine Ansprüche gewähren, ebenfalls bindende Entscheidungen über Einnahmen und Ausgaben enthalten und deswegen ein Stück Ausübung von Haushaltsgewalt darstellen. Das demokratische Gesetz ist oft nur, ähnlich dem Haushaltsgesetz, „Auftrag an

---

[1] Vgl. jetzt § 3 II Haushaltsgrundsätzegesetz.

[2] *R. Mußgnug*, Der Haushaltsplan als Gesetz (1976), S. 341 ff. hebt § 3 II HGrG mit Recht der Sache nach in Verfassungsrang. — Vgl. auch *K. Lange*, Die Abhängigkeit der Ausgabewirtschaft, Der Staat 11 (1972), S. 313 (318).

[3] Mit Recht weist *R. Mußgnug*, Der Haushaltsplan als Gesetz (1976), S. 290 ff. darauf hin, daß die Ausübung der Haushaltsgewalt nicht allein durch die Ausgabebewilligung erfolge, sondern auch durch andere Formen parlamentarischer Einflußnahmen ersetzt werden könne.

die Verwaltung"[4]. Es setzt einen Rahmen, und überläßt es der Verwaltung, konkretisierende, für die Bürger relevant werdende Maßnahmen auszuarbeiten. Solche Gesetze finden sich insbesondere auf dem Gebiet der Wirtschaftsregulierung, oder, allgemein formuliert, auf Gebieten, die sich einer klaren Typifizierung aufgrund ihrer Singularität und Besonderheit entziehen[5]. Beispielhaft können etwa das „Gesetz über den Ausbauplan für die Bundesfernstraßen"[6] das „Gesetz zur Förderung des Zonenrandgebietes"[7] oder das Städtebauförderungsgesetz[8] genannt werden. Haushaltswirtschaftliche Implikationen werden in diesen gesetzlichen Verwaltungsaufträgen unterschiedlich konkret angesprochen. So werden etwa im Städtebauförderungsgesetz bestimmte Beträge genannt, die in den einzelnen Haushaltsjahren der Städtebauförderung zur Verfügung gestellt werden[9]. Im Gesetz zur Förderung der Zonenrandgebiete heißt es dagegen nur, daß die Förderung nach Maßgabe der im Haushaltsplan vorgesehenen Mittel zu erfolgen hat[10], und im § 4 des Gesetzes über den Ausbauplan für die Bundesfernstraßen ist bestimmt, daß „bei Bemessung der Mittel im Bundeshaushaltsplan in angemessener Weise auf die Entwicklung des Aufkommens der Mineralölsteuer ... Rücksicht zu nehmen" ist.

Für diesen keine Ansprüche begründenden Gesetzestypus stellt sich die alte Streitfrage nach dem Verhältnis allgemeiner Gesetzgebung und Haushaltswirtschaft. *P. Laband* begründete die rechtliche Unterordnung der Haushaltswirtschaft unter die Gesetzgebung, indem er dem die Haushaltswirtschaft feststellenden Haushaltsgesetz die Rechtsqualität absprach und folgerichtig zum Ergebnis kam, daß sich die Haushaltswirtschaft innerhalb der Rechtsordnung bewegen muß[11]. *Labands* Begründung ist für die hier aufgeworfene Frage unbefriedigend, da nach seiner Ansicht die gesetzlichen Aufträge an die Verwaltung ebenfalls kein „Recht" darstellen würden. Das aufgeworfene Problem entfällt aus dieser rechtstheoretischen Sicht.

Labands Kontrahent *A. Haenel* sah sich aufgrund seiner Ablehnung des doppelten Gesetzesbegriffs zu einer anderen Konstruktion gezwun-

---

[4] Vgl. den Aufsatz von *U. Scheuner*, Das Gesetz als Auftrag an die Verwaltung, DÖV 1969, 585; zum Gesetzesbegriff und dessen Wandel vgl. auch oben § 1 (bei Fn. 40).

[5] So das Ergebnis der Analyse von *G. Kirchhoff*, Subventionen als Instrument der Lenkung und Koordinierung (1973), S. 202 ff.

[6] BGBl. I, 1957, S. 1139.

[7] BGBl. I, 1971, S. 1237.

[8] BGBl. I, 1971, S. 239 ff.

[9] Vgl. § 71 II. In den Haushaltsjahren 1971 bis 1973 soll der Bund 450 Millionen DM bereitstellen. Danach sieht das Gesetz weitere Beiträge aus allgemeinen Deckungsmitteln vor.

[10] Vgl. § 8 dieses Gesetzes.

[11] *P. Laband*, Das Budgetrecht nach den Bestimmungen der preußischen Verfassungsurkunde (1871), S. 3 ff. — Vgl. auch oben § 1 A.

gen: Da die Gesetze von der Krone und dem Parlament gemeinsam beschlossen wurden, wäre es zu einer einseitigen Machtverschiebung gekommen, wenn das Parlament früher gefaßte Beschlüsse durch die Verweigerung der Haushaltsmittel hätte unterlaufen können[12]. Ähnlich begründet *E. W. Böckenförde*[13] die Bindung der Ausgabebewilligungen an die allgemeine Gesetzgebung. Ein jährlich neu-auflebender Haushaltsvorbehalt würde zu einem vom GG nicht gedeckten „Parlamentsabsolutismus" führen. *K. Lange*[14] kommt mit anderer Argumentation zu demselben Ergebnis: Das vom GG vorgesehene Mittel, eine Regierung zu stürzen, sei das konstruktive Mißtrauensvotum und nicht die Verweigerung der Ausgabebewilligungen. Solange kein konstruktives Mißtrauensvotum erfolgt sei, sei das Parlament verpflichtet, der Exekutive die zur Durchführung der Gesetze notwendigen Mittel bereitzustellen, damit der „Staatsapparat im Gange" gehalten werden könne.

Diese Begründungen erscheinen nicht schlüssig. Sämtliche Gesetze stehen unter dem Vorbehalt einer Gesetzesänderung. Insofern könnte durchaus von einem „Parlamentsabsolutismus" gesprochen werden. Das Problem, warum Gesetze, die keine rechtsstaatlichen Ansprüche begründen, nicht unter einem Ausgabebewilligungsvorbehalt stehen sollen, vermag der Hinweis auf einen möglichen „Parlamentsabsolutismus" nicht zu erklären. Dasselbe gilt für den Hinweis auf das konstruktive Mißtrauensvotum. Zu Recht verweist *K. Lange* darauf, daß auch der Minderheitenregierung „die Mittel an die Hand gegeben sein müssen, um zu regieren"[15]. Die Frage ist aber doch gerade, ob die Durchführung aller Gesetze dazu gehört. Im übrigen muß sich die Frage auch unabhängig von einem Konfliktsfall lösen lassen: Sollen etwa Regierung und Parlamentsmehrheit im Zusammenwirken die Möglichkeit haben, allgemeine Gesetze, denen keine korrespondierenden, subjektiv-öffentlichen Rechte gegenüberstehen, heimlich zum Erliegen zu bringen, indem keine Mittel zu deren weiteren Durchführung beantragt werden?

R. Mußgnug schließlich, der sich am ausführlichsten mit dem Problemkreis der Zuordnung von Haushaltsgesetz und allgemeiner Rechtsordnung befaßt hat, begründet die Subordination des Haushaltsgesetzes mit dem rechtsstaatlichen Gedankengut[16]. Dem Haushaltsplan fehle die Rechtsklarheit, die Öffentlichkeit sowie die Dauerhaftigkeit von Rechtssätzen und könne diese deswegen nicht ändern. Außerdem würden „die

---

[12] *A. Haenel*, Das Gesetz im formellen und materiellen Sinne (1888), S. 146 ff.

[13] Die Organisationsgewalt im Bereich der Regierung (1964), S. 111.

[14] Die Abhängigkeit der Ausgabewirtschaft der Bundesregierung, Der Staat 11 (1972), 313 (319 ff.).

[15] *K. Lange*, Die Abhängigkeit der Ausgabewirtschaft der Bundesregierung, Der Staat 11 (1972), 313 (321).

[16] Vgl. Der Haushaltsplan als Gesetz (1976), S. 341 ff.

finanziellen und wirtschaftlichen Überlegungen, wie sie der Haushaltsplan anstellt, von der Rechtsordnung grundsätzlich nirgendwo beachtet werden"[17, 18]. Das klassisch-rechtsstaatliche Gedankengut mit seinem Rekurs auf die durch das Rechtsstaatsprinzip gesicherten Ansprüche der Bürger und auf die Rechtssicherheit und Rechtsklarheit zugunsten der Bürger reicht jedoch nicht aus, um die Subordination der Haushaltswirtschaft unter gesetzliche Aufträge an die Verwaltung zu erklären. Das rechtsstaatliche Gedankengut ist allein auf das Verhältnis Staat - Bürger gerichtet. Es paßt nicht auf demokratische „Auftragsgesetze", die sich allein im Bereich von gesetzgebender Gewalt und Verwaltung abspielen[19], und vermag die Frage nach deren Geltungsgrund für die Haushaltswirtschaft nicht zu beantworten.

Im Ergebnis sind die allgemeinen Gesetze allerdings für die Ausgabewirtschaft verbindlich. Bestehende Gesetze sind Ausdruck erreichten Konsenses über grundlegende und wichtige Fragen des Gemeinwesens[20]. Wenn das Vertrauen in den Konsensbildungsprozeß und damit in den Prozeß demokratischer Herstellung staatlicher Handlungseinheit, also in die Funktion der Verfassung überhaupt[21], nicht grundsätzlich gestört werden soll, dann muß dem erreichten Konsens nicht nur ein Mindestmaß an Dauerhaftigkeit und Verbindlichkeit für die Zukunft zukommen, sondern auch ein Mindestmaß an Verfahrensrichtigkeit. Wenn von einem bestehenden gesetzlichen Konsens abgewichen werden soll, dann muß dies offen und „positiv" erfolgen, indem das Gesetz geändert oder aufgehoben wird. Eine verdeckte faktische Gesetzesauflösung durch Verweigerung der Ausgabebewilligungen verstößt gegen das Prinzip des demokratisch-öffentlichen Willensbildungsprozesses[22].

---

[17] *R. Mußgnug,* Der Haushaltsplan als Gesetz (1976), S. 345.

[18] Vgl. *R. Mußgnug,* Der Haushaltsplan als Gesetz (1976), S. 353 ff. — *Mußgnug* übernimmt explizit (S. 354) *Labands* rechtstheoretischen Ansatz, wonach es Gesetze gibt, die kein Recht sein sollen. Er steht ganz in der Tradition des rechtstheoretischen Ansatzes des staatsrechtlichen Konstitutionalismus. Seine Deutung und Problemsicht baut entsprechend auf einem umfangreichen historischen Teil auf. Dies hat Vor- und Nachteile: Einerseits wird die Kontinuität des Denkens und Argumentierens gesichert, andererseits wird das Interesse an neuen Problemsichten wenig weiterentwickelt.

[19] *R. Mußgnug,* Der Haushaltsplan als Gesetz (1976), S. 254 meint allerdings, dem Bundestag seien durch das „Gesetz über den Ausbauplan der Bundesfernstraßen" keine Ausgabenbewilligungspflichten auferlegt worden. Dies steht in einem gewissen Widerspruch zu seiner Subordinationsthese.

[20] Vgl. *U. Scheuner,* Gesetzgebung und Politik (1974), S. 889 ff. (900 ff.), der die Entwicklung zum Gesetz als soziales Gestaltungsinstrument nachzeichnet. Vgl. auch oben § 1 zum Gesetzesbegriff.

[21] Zur Herstellung staatlicher Handlungseinheit als Funktion der Verfassung: *K. Hesse,* Grundzüge des Verfassungsrechts (1977), S. 5 ff.

[22] Vgl. auch den Gedanken *Chr. Degenharts* (Systemgerechtigkeit [1976], S. 79 ff.), demnach Gesetzen als Verfassungsinhalten eine gewisse Bestandskraft innewohnt, die zu berücksichtigen ist, wenn verschiedene Ordnungen konfligieren.

Es besteht damit die Pflicht, alle gesetzlich vorgesehenen Maßnahmen und Einrichtungen angemessen zu finanzieren. Die Verabschiedung allgemeiner Gesetze stellt ein Stück Ausübung materieller Haushaltsgewalt dar. Dabei wird freilich, je nach gesetzlicher Ausgestaltung im Einzelfall, ein Entscheidungsspielraum offengelassen, der im Prozeß der weiteren staatlichen Einheitsbildung, d. h. der Feststellung des Haushaltsplanes und der anschließenden weiteren Konkretisierungen durch die Verwaltung, auszugestalten ist.

2. Die geteilte Gesetzgebungsverantwortung nach Art. 113 GG

Die gesetzgeberische Verantwortung für die Einbringung haushaltswirtschaftlicher Aspekte in die allgemeine Gesetzgebung ist durch Art. 113 GG in besonderem Maße auf Parlament und Regierung verteilt. Danach verbleibt zwar die „positive" Gesetzgebungskompetenz beim Bundestag. Die Regierung hat jedoch bei ausgabeerhöhenden und einnahmemindernden Gesetzen ein Zustimmungsrecht, das praktisch eine „Veto"-Kompetenz darstellt[23].

Die Zustimmung der Bundesregierung ist — nach dem Wortlaut des Art. 113 GG — nur für ausgabeerhöhende und einnahmemindernde Gesetze erforderlich. Vergleichsmaßstab für die Frage der Ausgabeerhöhung bzw. Einnahmeminderung ist der Haushaltsplan[24]. Da für den Haushaltsplan selbst nach h. M. ein Initiativmonopol der Regierung besteht[25], hat es diese weitgehend in der Hand, durch entsprechende Ansätze im Haushaltsplan alle haushaltsrelevanten neuen Gesetze unter ihren Zustimmungsvorbehalt zu bringen[26].

Freilich kann die Regierung ihre Zustimmung nur aus finanzwirtschaftlichen Gründen verweigern. Der finanzwirtschaftliche Beurteilungsspielraum ist auf die Wahrung des Haushaltsausgleiches gerichtet. Da der Haushaltsausgleich — materiell verstanden — eng auf die Erfordernisse des gesamtwirtschaftlichen Gleichgewichtes bezogen ist, erweist sich der Beurteilungsspielraum als außerordentlich weit und komplex. Eine Versagung der Zustimmung allein aus allgemein-politischen Gründen ist

---

[23] Zur Stellung von Art. 113 GG im Verfassungssystem vgl. *H. Karehnke*, Die Einschränkung des parlamentarischen Budgetrechts, DVBl. 1972, 811 ff.; *R. Mußgnug*, Der Haushaltsplan als Gesetz (1976), S. 202 ff.; *W. Henrichs*, Art. 113 des GG (1958), S. 227 ff.

[24] Vgl. etwa *E. A. Piduch*, Bundeshaushaltsrecht (1977), Art. 113, Rn. 8.

[25] Vgl. *E. A. Piduch*, Bundeshaushaltsrecht (1977), Art. 110 Rn. 15; *Maunz* / Dürig / Herzog, Grundgesetzkommentar (1976), Art. 110 Rn. 14; kritisch differenzierend: *R. Mußgnug*, Der Haushaltsplan als Gesetz (1976), S. 355 ff.

[26] Zur inhaltlichen Tragweite des Art. 113 GG vgl. *E. A. Piduch*, Bundeshaushaltsrecht (1977), Art. 113, Rn. 11, wonach es in das Ermessen der Regierung gestellt sei, eine „Bagatellgrenze" für Gesetze mit finanziell unbedeutenden Auswirkungen zu bestimmen.

zwar ermessensmißbräuchlich[27]. Aufgrund der stets angespannten finanzwirtschaftlichen Lage wird sich jedoch ein solcher politischer Ermessensmißbrauch praktisch kaum nachweisen lassen.

Als Grund für die Einführung des Art. 113 GG ins Verfassungsrecht wird gemeinhin das gewandelte Rollenverständnis von Parlament und Exekutive genannt[28]. Das Parlament sei — soziologisch gesehen — nicht mehr die auf Sparsamkeit dringende Instanz. Diese Rolle habe die Regierung übernommen. Die Volksvertretung neige vielmehr zur Ausgabefreudigkeit, der mit Art. 113 GG Dämme entgegengesetzt werden sollen.

Art. 113 GG ist Konsequenz des erweiterten und ausgedehnten Verständnisses der Gesetzgebung in der demokratischen Verfassungsordnung im Vergleich zur konstitutionellen Verfassungsordnung. Der Ausweitung der Verantwortungsbereiche der Volksvertretung, wie sie sich im erweiterten Gesetzesbegriff ausdrückt, enspricht eine Ausdifferenzierung der Gesetzgebungsverantwortung, die sich hier in einer Einschränkung der alleinigen Verantwortung der Volksvertretung niederschlägt. Auch wenn Art. 113 GG in der Praxis nicht oft relevant werden wird[29], spiegelt er doch die Struktur der Verfassung, die „Staatsleitung zur gesamten Hand“[30] im allgemeinen und für die Haushaltswirtschaft im besonderen, wider. Die Einbringung des haushaltswirtschaftlichen Aspektes in die allgemeine Gesetzgebung ist demnach die Aufgabe sowohl der Regierung als auch des Bundestages.

3. *Umfang der gesetzlichen Bindung der Haushaltswirtschaft*

Wenn somit die Verabschiedung allgemeiner Gesetze ein Stück Ausübung von Haushaltsgewalt ist, so erhebt sich die Frage, welche Relevanz ihr im Rahmen der gesamten Haushaltswirtschaft zukommt. Eine exakte Einschätzung empirischer Art steht wegen des Umfangs bestehender Gesetze vor erheblichen Schwierigkeiten. Es gibt einige Ansätze, die, ausgehend vom Haushaltsplan, die Bindung der Haushaltswirtschaft durch Gesetze und Verträge gewissermaßen „rückwärts“ zu ermitteln

---

[27] H. M. etwa: *E. A. Piduch*, Bundeshaushaltsrecht (1977), Art. 113, Rn. 13.

[28] Zum Wandel des Rollenverständnisses von Regierung und Parlament in der Haushaltswirtschaft: *E. A. Piduch*, Bundeshaushaltsrecht (1977), Art. 113, Rn. 2; *H. W. Baade*, Mandatory Appropriations of Executive Funds, 60 Va.L. Rev. (1974), S. 393 (395 ff.).

[29] Die praktische Bedeutung der Zustimmungsverweigerung nach Art. 113 GG ist — auch nach seiner Neufassung im Jahre 1970 — gering geblieben. Nur einmal im Jahre 1953 machte die Regierung von diesem Recht Gebrauch. Vgl. *E. A. Piduch*, Bundeshaushaltsrecht (1977), Art. 113, Rn. 3.

[30] Vgl. oben § 1. Ein „Anachronismus“ (so: *R. Mußgnug*, Der Haushaltsplan als Gesetz [1976], S. 203) ist Art. 113 GG jedenfalls nicht. Vor allem kann eine Systemfremdheit nicht daraus gefolgert werden, daß die Bundesregierung nur sehr selten von ihrem „Veto“-Recht nach Art. 113 GG Gebrauch macht bzw. machen muß.

versuchen. Diese Ansätze isolieren nicht die durch Gesetz gefällten haushaltswirtschaftlichen Entscheidungen und sind deswegen für die hiesige Fragestellung ungeeignet[31].

Wenn es auch nicht möglich ist, alle Gesetze auf ihre haushaltswirtschaftlichen Implikationen hin abzuklopfen, so können doch die in einem bestimmten Zeitraum verabschiedeten Gesetze daraufhin untersucht werden. Als Quelle bieten sich dazu die Berichte des Haushaltsausschusses des Bundestages an, die dieser gemäß § 96 GeschOBT bezüglich aller Finanzvorlagen zu erstellen hat. In der Tabelle 4 sind die neuen oder zusätzlichen Ausgaben aller Gesetze, die in der 7. Legislaturperiode des Bundestages verabschiedet wurden, zusammengefaßt. Tabelle 5 weist entsprechend alle Gesetze aus, die zu Ausgabeminderungen führten. Einnahmeerhöhende und einnahmemindernde Gesetze sind in den Tabellen 6 und 7 ausgewiesen.

Um die Relevanz der Gesetzgebung für die Festlegung der staatlichen Einnahme- und Ausgabepolitik zu bestimmen, wird eine Marginal-Betrachtung durchgeführt. Die haushaltswirtschaftlichen „Soll"-Größen laut Bundeshaushaltsplan stiegen von 120 Milliarden DM (für das Jahr 1973) auf 171 Milliarden DM (für das Jahr 1977) um 50 Milliarden DM in der 7. Legislaturperiode. Als „neue" gesetzlich erforderliche Ausgaben kamen in diesem Zeitraum 25,8 Milliarden DM hinzu, was über 50 Prozent der Steigerungsrate des Gesamtvolumens entspricht.

Die Relevanz der allgemeinen Gesetzgebung für die Festlegung der staatlichen Ausgabepolitik zeigt sich noch beeindruckender, wenn man die Steigerung der Ausgaben allgemein und die der gesetzlich erforderlichen Ausgaben für den Zeitraum von 1973 bis 1975 vergleicht. In dieser Periode stiegen die Ausgaben insgesamt um etwa 27 Milliarden DM. Fast 23 Milliarden DM waren davon auf gesetzliche Maßnahmen zurückzuführen. Die Relevanz der allgemeinen Gesetzgebung für die staatliche Ausgabepolitik wird ergänzt durch einen Blick auf das Haushaltsstrukturgesetz, das die gesetzlich erforderlichen Ausgaben um 8,6 Milliarden DM zurücknahm und damit den Anteil der gesetzlich gebundenen Ausgaben an den Gesamtausgaben für die Haushaltsjahre 1976 und 1977 im Vergleich zu den Jahren davor senkte.

Die gesetzlichen Aktivitäten auf der Einnahmeseite sind demgegenüber wesentlich geringer. Die in dem betrachteten Zeitraum verabschiedeten Gesetze führten zu Mindereinnahmen in Höhe von 8,5 Milliarden DM. Die Mehreinnahmen im Jahre 1977 betrugen demgegenüber nur 1,7 Milliarden DM, wozu freilich noch der Finanzausgleich zu zählen ist, der dem Bund in den Jahren zuvor zwischen drei und vier Milliarden

---

[31] In anderem Zusammenhang wird auf diese Ansätze zurückzukommen sein. Vgl. § 4 A I 5.

Tabelle 4: **Ausgabeerhöhende Gesetze**

DS	Stichwort	1973	1974	1975	1976	1977
219	Außenwirtschaft	gering	gering	gering	gering	gering
331	ViehzählungsG	70	70	70	70	70
332	Bergmannsprämien	500	500	500	500	500
373	Unterhaltungssicherung[1)]	23 800	30 300	30 300	30 300	30 300
520	UN-Beitrag	16 500	50 000	50 000	50 000	50 000
521	GeflügelfleischhygieneG	31	33	33	33	--
523	Eichgesetz	150	150	150	150	150
529	Ziviler Ersatzdienst	25 200	45 200	52 000	60 200	--
567	Rentenanpassung	567 000	567 000	567 000	567 000	567 000
575	Forstwirtschaftlicher Zusammenschluß	1 000	1 000	1 000	1 000	--
603	Steueränderung[1)]	1 183 000	2 576 000	3 331 000	4 096 000	--
608	Bundeskriminalamt[1)]	nicht quant.	nicht quant.	nicht quant.	nicht quant.	--
609	Bundesbesoldung	1 029 500	1 081 200	1 087 800	1 101 900	--
678	Internationales Übereink. Suchthilfe	73	68	68	68	68
679	Selbstverwaltung	5	5	5	5	5
685	Kindergeld	50 000	50 000	50 000	50 000	50 000
697	Wettbewerbsbeschränkung	1 000	3 500	3 500	3 500	3 500
787	Reichsärztekammer	200	200	200	200	300
788	SeemannsG	300	300	300	300	300
789	BaföG	12 000	53 100	101 600	109 600	109 600
790	Olivenöl-Übereinkommen	90	90	90	90	90
1021	BRRG[1)]	880	690	690	690	690
1052	Umzugs- und ReisekostenG	9 800	58 800	58 800	58 800	58 800
1107	BundesversorgungsG	--	985 900	1 108 300	1 081 800	1 081 600
1205	Internationales Kakao-Übereink.	77	310	310	310	310
1206	LastenausgleichsG	--	30 000	55 000	47 000	42 000
1210	WohngeldG	--	130 000	130 000	130 000	130 000
1212	Altershilfe für Landwirte	35 000	159 000	318 000	503 000	620 000
1222	EnergiesicherungsG	unwesentlich	unwesentlich	unwesentlich	unwesentlich	unwesentlich
1298	Kindergeld	--	50 000	50 000	50 000	50 000
1310	Entwicklungsfond	8 000	7 400	7 400	--	--
1356	Sonderzuwendungen	414 100	414 100	414 100	414 100	414 100
1425	BuPersVertrG	--	22 200	29 600	29 600	29 600
1431	Heizölkostenzuschuß	--	340 000	--	--	--
1542	BundessozialhilfeG	--	15 095	18 830	15 270	15 270
1596	Häftlingshilfe	--	500	500	--	--
1597	Schwerbeschädigtenrecht	nicht quant.	nicht quant.	nicht quant.	nicht quant.	nicht quant.
1598	Autostatistik	--	5 185	3 039	900	--
1682	Rentenanpassung	--	780 000	780 000	780 000	780 000
1683	Geflügelstatistik	--	22	22	22	22

1686	Gewerbezentralregister	--	--	--	1 100	1 100
1695	Nichtverbr. v. Kernw.	--	nicht quant.	nicht quant.	nicht quant.	nicht quant.
1754	Strafrechtsreform	--	--	55 000	55 000	55 000
1834	BundesfernstraßenG	--	20 000	20 000	20 000	20 000
1836	Zählung	--	339	--	--	--
1846	Umweltstatistik	--	2 600	2 797	2 797	2 797
1847	Ständige Vertretung in DDR	--	660	989	989	989
1894	ArzneimittelG	--	200	500	500	500
1900	Parl. Staatssekretäre[2)]	--	550	550	550	550
2034	Europäische Übereinkunft (Auskünfte)	--	125	125	125	125
2037	HeimarbeiterG	--	k. Mehrbelast.	k. Mehrbelast.	k. Mehrbelast.	k. Mehrbelast.
2082	ParteienG	--	10 400	14 700	16 900	14 300
2112	Zusatzversicherung für Arbeitnehmer	--	24 000	26 000	29 000	31 000
2189	Sparförderung	--	--	--	765 000	835 000
2190	Familienlastenausgleich	--	--	6 919 000	7 918 000	8 927 000
2191	InflationsentlastungsG	--	2 300 000	4 300 000	--	--
2199	Besoldungserhöhung[1)]	--	1 745 000	1 745 000	1 745 000	1 745 000
2201	Umweltbundesamt	--	21 800	25 000	32 500	32 800
2209	Bundesversorgung[1)]	--	201 400	738 900	724 100	709 600
2242	Wehrsold	--	101 000	99 000	98 000	98 000
2244	kohlerechtl. Vorschr.	--	--	1 500 000	1 500 000	1 500 000
2255	Lebensmittelrecht	--	--	321	211	211
2258	Flugsicherung[2)]	--	--	1 200	1 200	1 500
2289	Bafög[1)]	--	150 000	680 000	760 000	840 000
2290	Europ. Hochschulinst.	--	500	1 625	2 000	2 000
2297	DiätenG	--	90	90	90	90
2571	Volksentscheid	--	--	2 000	--	--
2615	Agrarberichterstattung	--	110	316	400	400
2627	VerstromungsG[2)]	--	nicht quant.	nicht quant.	nicht quant.	nicht quant.
2749	Änderung der VwGO	--	--	120	120	120
2751	SortenschutzG	--	--	500	500	500
2753	BundeswaldG	--	--	2 500	5 000	5 000
2771	SoldatenG[2)]	--	--	10 109	10 109	10 109
2798	Unterhaltssicherung[2)]	--	--	51 100	--	--
2899	Energieversorgung	--	--	unwesentlich	unwesentlich	unwesentlich
2900	Lastenausgleich	--	--	--	--	bis 1980 keine Kosten
2901	Betriebliche Altersversorgung	--	--	--	11 000	11 000
2908	Internationales Übereinkommen	--	--	80	80	80

Fortsetzung

DS	Stichwort	1973	1974	1975	1976	1977
2938	Pressestatistik[2)]	--	--	264	264	264
2958	Familienlastenausgleich[1)]	--	--	91 300	91 300	91 300
2960	Einkommenssteuer[1)]	--	--	--	6 000	8 000
2962	HochschulrahmenG	--	--	--	geringfügig	geringfügig
2964	Straßenstatistik	--	--	71	--	--
3012	Investitionen[2)]	--	--	30 000	30 000	30 000
3115	Datenschutzübereinkommen	--	--	200	200	200
3122	Europ. Zentr. f. Wettervorhersage[1)]	--	130	642	2 500	3 000
3126	Atomhaftungsabkommen[2)]	--	--	Gewährleist.	Gewährleist.	Gewährleist.
3127	Atomgesetz[2)]	--	--	Gewährleist.	Gewährleist.	Gewährleist.
3190	Heizölkennzeichnung	--	--	1 120	30	30
3286	Besoldung[1)]	--	--	154 700	186 100	--
3287	Sozialv. für Behinderte	--	--	34 700	66 100	83 200
3288	Rentenanpassung[1)]	--	--	--	854 000	854 000
3290	Mikrozensus[1)]	--	--	857	857	857
3297	Gerichtskosten	--	--	150	300	300
3307	SaatgutverkehrsG	--	--	600	600	600
3475	BundeswahlG	--	--	--	1 425	1 425
3485	Internationales Energieprogramm	--	--	1 500	1 500	1 500
3490	Völk. Haft. f. Weltraumgegenstände[1)]	--	--	unwahrsch.	unwahrsch.	unwahrsch.
3517	Graduiertenförderung	--	--	65 000	45 000	45 000
3541	Pflanzenschutz[2)]	--	--	350	350	350
3551	BundesversorgungsG[1)]	--	--	423 200	803 400	787 300
3628	Sitzstaatvereinbarung[2)]	--	1 000	3 000	2 225	--
3629	FuttermittelG	--	--	unwesentlich	unwesentlich	unwesentlich
3639	Schlachtgewichtstatistik	--	--	70	70	70
3641	Stud. Krankenvers.[2)]	--	--	1 600	6 800	7 000
3652	Prod. Gewerbe Stat.	--	--	1 500	1 500	1 500
3697	MarktstrukturG	--	--	2 000	2 000	2 000
3723	Kindergeld[1)]	--	--	keine Kosten	keine Kosten	keine Kosten
3724	Besoldung[1)]	--	--	1 026 220	1 026 220	1 026 220
3766	Sozialgesetzbuch	--	--	--	2 700	2 700
3797	BaföG[2)]	--	--	1 950	5 200	10 400
4085	EG-Richtlinie[2)]	--	--	--	415	390
4124	BenzinbleiG[2)]	--	--	--	geringfügig	geringfügig
4150	Abkommen mit DDR[1)]	--	--	1 400	1 400	1 400
4396	Ehe- und Familienrecht	--	--	--	--	1
4405	Abkommen von Lomé[1)]	--	--	--	130 000	245 000
4450	Beamtenversorgung	--	--	--	keine Kosten	keine Kosten
4451	Interamerik. EntwicklungsB	--	--	--	63 000	63 000

4539	Bundesgrenzschutz[1]	--	--	--	7 500	16 100
4579	Jugendarbeitsschutz	--	--	--	8 000	8 000
4633	Kreditwesen[2]	--	--	--	1 000	1 125
4660	Int. Abkommen Pflanzenschutz	--	--	--	34	34
4732	AltölG	--	--	--	gering	gering
4733	Polenabkommen	--	--	--	220 000	215 000
4769	GWB-Änderung[2]	--	--	--	300	300
4843	Zivildienst[2]	--	--	--	60 000	60 000
4900	Personenbeförderung	--	--	--	63 000	63 000
4934	Entwicklungshelfer	--	--	--	660	850
4961	Berufsausbildung[1]	--	--	--	--	8 000
4998	Altershilfe für Landwirte[1]	--	--	--	2 100	908 700
4999	BundesversorgungsG[1]	--	--	--	418 700	818 200
5000	Asiat. Entwicklungsbank	--	--	--	45 300	12 200
5006	Fernunterricht	--	--	--	--	300
5026	Arzneimittelrecht[2]	--	--	--	1 000	6 527
5173	Landschaftspflege	--	--	--	2 000	unbestimmt
5180	Internationaler Patentschutz	--	--	--	--	3 000
5240	Energieeinsparung	--	--	--	2 500	2 500
5243	Personennahverkehr[2]	--	--	--	1 000	1 000
5281	Int. Kaffee-Übereinkommen	--	--	--	280	300
5295	Atomgesetz	--	--	--	--	5 000
5302	Beamtenrecht[1]	--	--	--	--	Kost. erst 79
5345	Datenschutz	--	--	--	--	nicht quant.
5346	SteuerreformG	--	--	--	--	--
5348	Besoldung[1]	--	--	--	814 700	882 400
5443	Wohnungsmodernisierung	--	--	--	--	93 000
5444	Europ. Weltraumübereinkommen	--	--	--	360 000	360 000
5449	Krankenvers. d. Rentner	--	--	--	80	80
5450	Seefischerei	--	--	--	29	29
5451	Ehrenamtl. Richter	--	--	--	2 800	28 000
5452	Deutsch-Italienisches Abkommen	--	--	--	2 000	3 000
5453	Beschwerdeausschuß	--	--	--	80	80
5454	DiätenG	--	--	--	keine Kosten	keine Kosten
5467	Hilfswerk für behinderte Kinder	--	--	--	50 000	--
5468	Psychotrope Stoffe[2]	--	--	--	--	Kost. erst 79
5544	AusbildungsplatzförderungsG	--	--	--	--	8 000
5548	Meeresverschmutzung	--	--	--	20	20
5560	Kindergeld	--	--	--	18 000	54 000
5928	Rechte d. Mitgl. d. BT	--	--	--	--	23 900
		2 195 276	9 432 922	22 981 923	24 288 718	25 834 898

1) Zur Mitberatung überwiesen
2) Zur Mitberatung überwiesen, jedoch kein Bericht an den federführenden Ausschuß
Beträge in Tausend DM.

Tabelle 5: **Gesetzliche Ausgabeminderungen**

DS	Stichwort	1973	1974	1975	1976	1977
373	Unterhaltssicherung	--	10 200	10 200	10 200	10 200
1900	Parl. Staatssekretäre	--	250	250	250	250
4243	Haushaltsstruktur G	--	--	--	5 941 400	8 653 700
4618	Auflösung der Mühlenstellen	--	--	--	3 854	--
			10 450	10 450	5 955 704	8 664 150

Tabelle 6: **Gesetzliche Einnahmeerhöhungen**

DS	Stichwort	1973	1974	1975	1976	1977
1426	Steuerreform	--	--	183 000	183 000	183 000
2189	Eink. und Lohnsteuer	--	--	612 000	1 120 000	1 565 000
4397	Einkommenssteuer	--	--	--	3 000	34 000
4399	Finanzausgleich	--	--	3 313 000	4 032 000	--
5928	Rechte d. Mitgl. d. BT	--	--	--	--	5 500
				4 108 000	5 338 000	1 787 500

Tabelle 7: **Gesetzliche Einnahmeminderungen**

DS	Stichwort	1973	1974	1975	1976	1977
332	Bergmannsprämien	30 000	30 000	30 000	30 000	30 000
1426	Steuerreform	--	--	242 000	242 000	242 000
1540	Konjunktur	--	115 000	--	--	--
1732	Finanzausgleich	--	1 974 000	2 758 500	2 992 500	--
1893	Steueränderung	--	17 000	104 000	129 000	--
2189	Eink. und Lohnsteuer	--	--	4 877 000	6 048 000	6 765 000
2776	Entwicklungshilfe	--	92 000	37 000	86 000	116 000
2959	Umsatzsteuer	--	--	254 000	254 000	254 000
3012	Investition u. Besch.	--	--	185 000	1 930 000	1 115 000
3461	Erdölvorräte	--	--	3 000	3 000	3 000
4658	Kapitalverkehrssteuer	--	--	--	4 700	4 700
4730	Steuerreform	--	--	--	140 000	47 000
		30 000	2 228 000	8 490 500	11 859 200	8 576 700

DM brachte. Der Staat profitiert von der „Automatik“ des Steuersystems, das von selbst für höhere Steuereinnahmen sorgt.

Gegen diese empirischen Feststellungen spricht zwar methodisch, daß die hier ausgewiesenen neuen „gesetzlichen“ Ausgaben keineswegs „neue“ Ausgaben darstellen. Sie können auch schon vorher im Rahmen der gesetzesfreien Ausgabepolitik getätigt worden sein. Der Vergleich der neuen „gesetzlichen“ Ausgaben mit den „neuen“ Ausgaben des Staates ist deswegen schief, und es müßte insofern ein systematischer „lag“ in die Betrachtung eingebaut werden. Vor allem ist auch zu bedenken, daß der Grad der gesetzlichen Ausgaben am Gesamtvolumen höher ist. Die notwendigen Ausgaben aufgrund früherer Gesetze beanspruchen ebenfalls einen Teil des Ausgabenzuwachses, da ihre Administration schon aufgrund der allgemeinen Preissteigerung, aber auch aufgrund erhöhter qualitativer Ansprüche an die Gesetzesvollziehung kostspieliger wird[32]. Außerdem ist die die Ausgaben und Einnahmen isoliert betrachtende Vorgehensweise schon deswegen fragwürdig, weil Ausgabeerhöhungen und Einnahmeminderungen funktionsäquivalent sein können.

Das zusammengestellte Zahlenmaterial illustriert dennoch, wie sehr mit der allgemeinen Gesetzgebung materielle Haushaltsgewalt ausgeübt wird. Die Festlegung der Einnahmen und Ausgaben erfolgt zu einem ganz überwiegenden Teil durch die allgemeine Gesetzgebung. Dementsprechend darf sich die Kritik und Kontrolle des Bundestages bei der allgemeinen Gesetzgebung nicht nur auf deren „politischen“ Aspekt beschränken, sondern muß den haushaltswirtschaftlich-ökonomischen Aspekt mitumfassen.

II. Der haushaltswirtschaftliche Aspekt in den Beratungen des Bundestages

1. *Die Geschäftsordnungsvorschriften*

Die Meinungsbildung des Bundestages erfolgt auf drei institutionellen Ebenen[33]. Auf der Ebene der Fraktions-Arbeitsgemeinschaften findet die intraparteiliche Willensbildung statt, die auf der Ebene der Ausschußberatungen in die inter-parteiliche Willensbildung übergeht[34]. Zwischen

[32] Insgesamt ist davon auszugehen, daß etwa 90 Prozent der Ausgaben gesetzlich und/oder vertraglich gebunden sind (vgl. unten § 4 A I 5).

[33] Zur Willensbildung des Bundestages im Spannungsfeld von Partei, Fraktionen und Ausschüsse vgl. *F. Schäfer*, Der Bundestag (1975), S. 133 ff.

[34] Zu der zentralen Stellung der Fraktionen im Bundestag: *F. Schäfer*, Der Bundestag (1975), S. 144 ff. — Alle drei im Bundestag vertretenen Fraktionen haben Arbeitskreise gebildet, in denen haushaltswirtschaftliche Entscheidungen vorbereitet werden (Arbeitskreis V — öffentliche Finanzwirtschaft bei der SPD; Arbeitskreis III — Haushalt, Steuern, Geld und Kredit bei der CDU; Arbeitskreis II — Wirtschafts-, Finanzpolitik und Landwirtschaft bei der

diesen beiden Ebenen bestehen enge Wechselbeziehungen. Überlagert wird die Fraktions- und Ausschußwillensbildung von der Plenumsdiskussion, der jedoch im parlamentarischen Regierungssystem eher eine Ratifizierungsfunktion als eine Informations- und Abklärungsfunktion bezüglich des Willensbildungsprozesses zukommt. Vor allem aber ist der Adressat der Plenumsdiskussion weder der politische Freund noch der politische Gegner, sondern die allgemeine Öffentlichkeit[35]. Die Außenorientierung der Plenumsdiskussion läßt die kritische und kontrollierende Willensbildung des Bundestages nur in grob gezeichneten Rastern zutage treten. Bei der Analyse der Gesetzgebungsberatungen kann deswegen die Plenumsdiskussion weitgehend unberücksichtigt bleiben.

Die haushaltswirtschaftlichen Aspekte bei der Beratung der allgemeimeinen Gesetze können zunächst von den die Gesetze federführend beratenden Fachausschüssen eingebracht werden. Deren Beratungsrecht ist umfassend und deckt auch die haushaltswirtschaftliche Perspektive ab. Zentral für die Einbringung der haushaltswirtschaftlichen Aspekte ist jedoch der Haushaltsausschuß zuständig[36]. Die Geschäftsordnung des Bundestages bietet für die Einbeziehung des Haushaltsausschusses in die allgemeine Gesetzgebung drei Wege an: Die schwächste Form der Einschaltung ist die gutachtliche Stellungnahme. Gemäß § 60 II Satz 3 GeschOBT haben die Ausschüsse jederzeit das Recht, Fragen aus ihrem jeweiligen Zuständigkeitsbereich aufzugreifen und zu beraten[37]. Ein aus-

---

FDP). Diese Arbeitskreise sind noch in Arbeitsgemeinschaften untergliedert. Vgl. *F. Schäfer*, Der Bundestag (1975), S. 351 ff. — Eine systematische, empirische Erforschung der parlamentarischen Ausschußarbeit ist auch von den Politikwissenschaften in der BRD noch nicht geleistet worden. *J. Hirschs* Arbeit (Parlament und Verwaltung [1968]), stellt den wichtigsten Beitrag dazu dar, beschränkt sich jedoch auf die Arbeit des Haushaltsauschusses an der Haushaltsgesetzgebung. Die Arbeit des Rechnungsprüfungsausschusses ist Gegenstand der empirischen Analysen von *S. Hoffmann*, Die Kontrolle der Regierung (1970), S. 62 ff. und *S. Tiemann*, Die Finanzkontrolle des Bundes, ZParl. 1977, 93 ff. Die amerikanische Politologie widmet dagegen der empirischen Erforschung der Arbeitsweise der Parlamentsausschüsse ganze Bibliotheken. Vgl. die Klassiker von *R. Fenno*, The Power of the Purse (1966); *J. Manley*, The Politics of Finance (1970) und allgemein *R. Fenno*, Congressmen in Committee (1973).

[35] Vgl. *L. Kißler*, Die Öffentlichkeitsfunktion des Bundestages (1976), S. 335 ff. Die Plenumsdiskussion dient damit eher der Legitimitätserzeugung als der politischen Willensbildung der Parlamentarier. *U. Lohmar*, Das Hohe Haus (1975), S. 89 bezeichnet das Plenum als „öffentliches Notariat" des Bundestages.

[36] Vgl. *B. Bußmann*, Der Haushaltsausschuß (1974); *H. C. Korff*, Haushaltspolitik (1975), S. 121 ff.; *F. Schäfer*, Aufgaben und Arbeitsweise des Haushaltsausschusses (1964), S. 251 ff.; *W. Hoffmann*, Porträt des Haushaltsausschusses, Die Zeit, Nr. 21, 1976, S. 18. Zur Dogmatik des Ausschußwesens: *H. Frost*, Die Parlamentsausschüsse, ihre Rechtsgestalt und ihre Funktionen, AöR 95 (1970), S. 38 ff. (74 ff.); *H. Steiger*, Organisatorische Grundlagen (1973), S. 119 ff.

[37] Kritisch zur Verfassungsmäßigkeit dieser Norm: *H. Steiger*, Organisatorische Grundlagen (1973), S. 132 f.

drücklicher Überweisungsbeschluß des Plenums ist nicht notwendig. Entsprechend kann der Haushaltsausschuß zu allen Gesetzen, die sich in den Fach-Ausschußberatungen befinden, gutachtliche Stellungnahmen abgeben[38].

Der Haushaltsausschuß kann jedoch auch Gesetze zur Mitberatung vom Plenum überwiesen bekommen. Die Überweisung zur gleichzeitigen Beratung eines Gesetzes an mehrere Ausschüsse soll nach § 79 I Satz 2 GeschOBT nur in besonderen Fällen erfolgen, wobei der federführende Ausschuß vom Plenum zu bestimmen ist. Der Unterschied zwischen federführender und mitberatender Einschaltung der Ausschüsse in die Gesetzgebung ist verfahrensrechtlicher Natur. Inhaltlich stehen dem federführenden und dem mitberatenden Ausschuß gleiche Beratungsrechte zu. Nur der federführende Ausschuß hat jedoch das Recht, dem Plenum zu berichten. Der mitberatende Ausschuß dagegen muß seine Stellungnahme dem federführenden Ausschuß übermitteln, der diese bei seinen Beratungen zu berücksichtigen und in seinen Bericht aufzunehmen hat[39]. Darin liegt auch zugleich der Unterschied der Mitberatung zur gutachtlichen Stellungnahme: Der federführende Ausschuß hat in bezug auf die Berücksichtigung der gutachtlichen Stellungnahmen mehr Freiheiten als in bezug auf die Stellungnahmen mitberatender Ausschüsse. Die Überweisung allgemeiner Gesetze an den Haushaltsausschuß zur Mitberatung ist fakultativ.

Der Haushaltsausschuß wird schließlich aber auch obligatorisch in die allgemeine Gesetzgebung eingeschaltet. Gemäß § 96 II GeschOBT werden dem Haushaltsausschuß alle Finanzvorlagen überwiesen[40]. Finanzvorlagen sind „alle Vorlagen, Gesetzentwürfe und sonstige Anträge sowie Entschließungsanträge und Anträge zu Großen Anfragen, die wegen ihrer grundsätzlichen Bedeutung oder ihres finanziellen Umfangs geeignet sind, auf die öffentlichen Finanzen des Bundes oder der Länder erheblich einzuwirken ...“ (§ 96 I GeschOBT). Der Haushaltsausschuß hat zu diesen Finanzvorlagen gemäß § 96 V GeschOBT einen Bericht zu erstatten, in dem die Vereinbarkeit der Finanzvorlagen mit den „laufenden und künftigen Haushalten“ geprüft wird und in dem ein „Vorschlag zur Deckung der Mindereinnahmen oder Mehrausgaben“ unterbreitet wird.

---

[38] Die gelegentlich geübte Kritik an den gutachtlichen Stellungnahmen (etwa: H. C. *Korff*, Haushaltspolitik [1975], S. 125) ist unberechtigt. Das verfassungsrechtliche Leitbild des Abgeordnetenstatus (dazu: *P. Häberle*, Freiheit, Gleichheit und Öffentlichkeit des Abgeordnetenstatus, NJW 1976, 537 ff.) gewährt dieses (Mindest-)Teilhaberecht am parlamentarischen Willensbildungsprozeß; vgl. auch BVerfG NJW 1977, 1967 (1968).

[39] Vgl. *H. Trossmann*, Parlamentsrecht (1977), § 79, Rn. 5.

[40] Vgl. zu der Regelung des § 96 die Kommentierung von *H. Trossmann*, Parlamentsrecht (1977).

Das Beratungsrecht nach § 96 GeschOBT ist zugleich enger und weiter als das Mitberatungsrecht[41]. Es ist enger, indem es inhaltlich auf die Prüfung der Vereinbarkeit der Finanzvorlage mit der Haushaltswirtschaft beschränkt ist, während das Mitberatungsrecht umfassend ist und auch die politischen Sinnbezüge umfaßt[42]. Es ist jedoch insofern weiter, als dem Ausschuß das Recht verliehen wird, direkt an das Plenum zu berichten und gegebenenfalls ein „Veto" gegen die Finanzvorlage einzulegen, das nur in einem komplizierten Verfahren überstimmt werden kann[43].

2. *Bestandsaufnahme der haushaltswirtschaftlichen Kritik und Kontrolle*

In der 7. Legislaturperiode wurden insgesamt 179 Gesetze bzw. Gesetzesänderungen verabschiedet, die der Bundestag als „Finanzvorlage" behandelte[44]. Die Fachausschüsse machten dabei haushaltswirtschaftliche Überlegungen — soweit dies aus den Ausschußberichten hervorgeht — nur partiell zum Gegenstand ihrer Beratungen, indem sie die Kosten des Gesetzentwurfs in ihren Berichten auswiesen. Diese Kostenschätzung stammt in aller Regel von der Regierung. Ein Vergleich der regierungsamtlichen Kostenschätzungen, wie sie in den Begründungen der eingebrachten Gesetzentwürfe zu finden sind, mit den Kostenschätzungen der Fachausschüsse in den Ausschußberichten zeigt, daß nur in vier der 179 Fälle der Fachausschuß höhere Kosten annahm als die Regierung[45].

In der großen Mehrzahl übernahm der Fachausschuß die Regierungsschätzung. Dies liegt vor allem an den Schwierigkeiten einer sinnvollen Kosten-Prognose. Besonders problematisch ist die sachgerechte Schätzung von Personal- und Verwaltungskosten bei neuen Gesetzen. Diesbezüglich sind im Bundestag bereits Sorgen geäußert worden. Die Bundesregierung wurde beispielsweise aufgefordert, sich um neuere und bessere Schätzverfahren zu bemühen[46].

In den Beschlüssen der Fachausschüsse wird nur selten ein ausdrücklicher Bezug von den Kosten des vorliegenden Gesetzentwurfs zu allge-

---

[41] Vgl. *F. Schäfer*, Der Bundestag (1975), S. 123; *H. Trossmann*, Parlamentsrecht (1977), § 96, Rn. 8.3.

[42] Zur Unterscheidung von politischen und ökonomischen Sinnbezügen vgl. oben § 2 A II 2 und § 2 A II 3.

[43] § 96 GeschOBT verleiht dem Haushaltsausschuß gegenüber dem Plenum eine ähnliche, wenn auch weniger stark ausgeprägte „Brems"-Funktion wie Art. 113 GG der Regierung gegenüber dem Parlament (vgl. *Trossmann*, Parlamentsrecht [1977], § 96 Vorbem.) § 96 VI GeschOBT hat diese Funktion automatisch für Änderungsanträge in der zweiten Lesung.

[44] Vgl. oben die Tabellen 4 - 7.

[45] Vgl. die Ausschußberichte BT-Drcks. Nr. 269, 364, 1038, 1992 mit den ihnen zugrundeliegenden Regierungsentwürfen.

[46] Vgl. die BT-Drcks. 7/2599 und 7/5182.

meinen haushaltswirtschaftlichen Problemen hergestellt. Einmal lehnte die Koalitionsmehrheit einen „im Grundsatz" berechtigten Antrag der Opposition auf Erhöhung des Kindergeldes ab[47]. Ein anderes Mal wurde ein Antrag der Opposition abgelehnt, um kein Präjudiz in anderen Sozialbereichen zu schaffen, die dann den Bundeshaushalt erheblich belasten würden[48]. Ein drittes Mal wurde einem Vorschlag des Bundesrates aus haushaltswirtschaftlichen Gründen nicht gefolgt, obwohl sich der Fachausschuß darin einig war, „daß bei künftigen Besoldungserhöhungen eine Möglichkeit gefunden werden soll, um den auch von ihm für richtig gehaltenen Vorschlag des Bundesrates zu entsprechen"[49].

Die haushaltswirtschaftliche Dimension der einzelnen Gesetze wird von den Fachausschüssen demnach nur selten angesprochen. Von einer systematischen Erörterung kann keine Rede sein. So ist auch nicht ersichtlich, warum in den genannten Beispielsfällen die haushaltswirtschaftliche Argumentation benutzt wurde, um bestimmte Anträge zurückzuweisen, während in anderen Fällen kostenerhöhende Änderungen am Regierungsentwurf akzeptiert wurden, ohne daß haushaltswirtschaftliche Überlegungen im Bericht auftauchten.

Die Ausblendung haushaltswirtschaftlicher Überlegungen in den Fachausschußberatungen ist teilweise zwangsläufige Konsequenz der organisatorischen Fragmentierung innerhalb des Bundestages. Die einzelnen Fachausschüsse haben keinen Überblick über die haushaltswirtschaftliche Gesamtlage und deren Entwicklung, wie sie sich z. B. aus den in verschiedenen Fachausschüssen in Beratung befindlichen Gesetzen, der volkswirtschaftlichen Entwicklung usw. abzeichnet.

Die spezifisch haushaltswirtschaftliche Kontrolle kann deswegen in systematischer Form nur vom Haushaltsausschuß in die allgemeine Gesetzgebung eingebracht werden. Von den 179 Gesetzentwürfen, die in der 7. Legislaturperiode die Ausschüsse als Finanzvorlagen durchliefen, wurden dem Haushaltsausschuß 59 zur „Mitberatung" überwiesen[50]. Damit wurde dem Haushaltsausschuß die Möglichkeit gegeben, zu einem sehr frühen Zeitpunkt haushaltswirtschaftliche Überlegungen in die allgemeine Gesetzgebung einfließen zu lassen.

Aus den Berichten der federführenden Ausschüsse geht jedoch hervor, daß der Haushaltsausschuß von dieser frühzeitigen Einwirkungsmöglichkeit recht wenig Gebrauch macht. Nur in 22 Fällen hatte der Haushaltsausschuß so rechtzeitig beraten, daß seine Stellungnahme vom Fach-

---

[47] Vgl. BT-Drcks. 7/655, S. 2.

[48] Vgl. BT-Drcks. 7/115 (27. Lastenausgleichsänderungsgesetz).

[49] BT-Drcks. 7/5296 (Bundesbesoldungsgesetz).

[50] Vgl. oben Tabelle 4, in der die zur Mitberatung überwiesenen Finanzvorlagen besonders gekennzeichnet sind.

ausschuß mitberücksichtigt werden konnte[51]. In den übrigen Fällen erstattete der Fachausschuß dem Plenum seinen Bericht, ohne die Stellungnahme des Haushaltsausschusses abzuwarten.

Aber auch in den Fällen, in denen der Haushaltsausschuß rechtzeitig zur Sache beraten hatte, schlägt sich sein Beratungsergebnis nur selten in Form von spezifisch haushaltswirtschaftlichen Anregungen oder Mahnungen in den Berichten der Fachausschüsse nieder. Gelegentlich werden Gesichtspunkte beigesteuert, die für die Kosten der Gesetze von Bedeutung sind. So äußerte der Haushaltsausschuß bei dem die studentische Krankenversicherung regelnden Gesetzentwurf Bedenken gegen die dort vorgenommene Abgrenzung des Personenkreises[52]. Diese Anregung des Haushaltsausschusses hat auf die Kosten dieses Gesetzentwurfs Einfluß, sagt jedoch nichts über die haushaltswirtschaftliche Einschätzung des Gesetzentwurfes aus.

Das Beratungsrecht des Haushaltsausschusses nach § 96 GeschOBT ist als das „spezielle" Institut zur Einbringung der haushaltswirtschaftlichen Dimension in die allgemeine Gesetzgebung gedacht. Eine Durchsicht der Berichte nach § 96 GeschOBT zeigt, daß der Haushaltsausschuß auch hier die Kosten des Gesetzentwurfs als Ausgangspunkt nimmt. Bei der Schätzung der Kosten ist er etwas vorsichtiger als die Fachausschüsse: In einer Reihe von Fällen setzte der Haushaltsausschuß die Kosten höher an als die Fachausschüsse. In anderen Fällen quantifizierte er Kosten, die bis dahin als „nicht quantifizierbar" galten[53]. Diese Kontrolle ist jedoch, was die Zahl und die Summe der angebrachten Korrekturen bei der Kostenschätzung anbetrifft, insgesamt relativ unbedeutend.

Der Haushaltsausschuß gibt neben der Kostenschätzung eine Stellungnahme ab, ob die betreffende Vorlage mit der Haushaltslage vereinbar ist. Mit dieser Stellungnahme sind die Bezüge zur Gesamthaushaltslage, d. h. dem Stand und der Entwicklung aller übrigen Einnahmen und Ausgaben herzustellen. Der Haushaltsausschuß rückte dabei die Frage nach den Deckungsmitteln in den Mittelpunkt seiner Beratungen. Er beantwortete sie für alle finanzwirksamen Gesetzentwürfe positiv[54]. Nur in zwei Fällen gab der Haushaltsausschuß zu einem Gesetzentwurf der Re-

---

[51] Diese Fälle sind in Tabelle 4 ebenfalls besonders gekennzeichnet.

[52] Vgl. BT-Drcks. 7/3690, S. 2.

[53] Vgl. die Kostenschätzung in den Drucksachen 377, 575, 697, 787, 788, 1052, 1310, 1596, 1686, 2201, 2297, 3287, 3288, 3297, 3461, 3475, 3693, 3517, 4729, 4843 mit den Kostenschätzungen in den entsprechenden Fachausschußberichten und Regierungsentwürfen.

[54] Eventuell negative Berichte nach § 96 GeschOBT entfielen, da die Finanzvorlagen nach dem Stand der Beratungen in den Fachausschüssen dem Plenum nicht zur Annahme empfohlen werden sollten. Vgl. dazu die BT-Drcks. 1152, 1544, 1730, 1870, 2200, 2903, 3123, 3350, 4403, 4676, 5005, 5317. Vgl. dazu *H. Trossmann*, Parlamentsrecht (1977), § 96 Rn. 8.4.

gierung einen negativen Bericht ab: Das Hochschulrahmengesetz wurde vom Haushaltsausschuß mit der Haushaltslage für unvereinbar erklärt. Der Gesetzentwurf wurde mit der Begründung zurückgewiesen, die Regierung beziffere nicht die den Ländern entstehenden Kosten[55]. Der zweite Fall bezog sich auf das von den drei Fraktionen des Bundestages eingebrachte Handwerkszählungsgesetz. Der Gesetzentwurf wurde abgelehnt, da die Kosten nicht genügend konkret feststellbar gewesen sein sollten. Außerdem seien die Wirkungen außerhalb des öffentlichen Bereichs nicht abschließend zu übersehen und schließlich behindere dieses Gesetz die Koordinierungsbemühungen im Bereich der Bundesstatistik[56].

Die Begründung, mit der der Haushaltsausschuß das Vorhandensein von Deckungsmitteln in allen anderen Fällen behauptet hat, variiert. In etlichen Fällen verweist er auf Mittel, die im laufenden Haushalt bereits ausgewiesen sind[57]. Andere Gesetze verursachen keine neuen Kosten, da sie bisher gesetzesfrei verwaltete Aufgaben fortführen[58]. In einer Vielzahl von Fällen bezieht sich der Ausschuß auf die Finanzplanung der Bundesregierung. Wenn die Ausgaben dort vorgesehen sind, ist die Dekkungsfrage für den Haushaltsausschuß positiv beantwortet[59].

Es gibt jedoch auch fragwürdigere Beurteilungen bezüglich der Vereinbarkeit des Gesetzes mit der Finanzlage. So heißt es „Für ... Millionen DM wird Deckung im Rahmen des Gesamthaushalts gefunden werden“[60]. Bei anderen Vorlagen erklärt der Haushaltsausschuß das anstehende Gesetz mit der Haushaltslage für vereinbar und verweist darauf, daß dieses Gesetz bei der Finanzplanung „hinfort“ zu berücksichtigen ist[61]. Allgemein ist festzustellen, daß auch früher noch nie ein negativer Bericht des Haushaltsausschusses nach § 96 GeschOBT zu einer Regierungsvorlage abgegeben wurde[62]. Diese Bilanz läßt vermuten, daß das

---

[55] Vgl. BT-Drcks. 7/2905. — Die Koalitionsfraktionen stellten daraufhin gemäß § 96 V GeschOBT den Antrag, die Finanzvorlage mit dem Bundeshaushalt für vereinbar zu erklären, da die Kosten in der Finanzplanung berücksichtigt seien. Dieser Antrag passierte sodann den Haushaltsausschuß, ohne daß das Problem der Kosten für die Länder erneut diskutiert wurde. Vgl. BT-Drcks. 2962, 2947; *H. Trossmann*, Parlamentsrecht (1977), § 96, Rn. 2.2.

[56] Vgl. BT-Drcks. 7/5517; auch in diesem Fall wurde das „Veto“ des Ausschusses aufgrund eines Antrages aller drei Fraktionen schließlich „überstimmt“.

[57] Vgl. z. B. die BT-Drcks. 7/1298, 1683.

[58] Vgl. etwa BT-Drcks. 7/88. Die „Vorreiterfunktion“ der freien Ausgaben für die demokratische Gesetzgebung, wie sie von der Parteienfinanzierung über die Ausbildungsförderung (Honnefer Modell) bis zum Umweltbundesamt bekannt ist, wird in diesen Fällen deutlich.

[59] Vgl. etwa die BT-Drcks. 678, 685, 2201.

[60] Vgl. BT-Drcks. 7/1210, 2082, 2627.

[61] Etwa BT-Drcks. 7/609, 697, 789, 1021, 1052, 1732. Das von *R. Mußgnug*, Der Haushaltsplan als Gesetz (1976), S. 257 bezüglich der Finanzplanung behauptete „noli me tangere“ hält einer empirischen Überprüfung nicht stand.

[62] Vgl. *H. Trossmann*, Parlamentsrecht (1977), § 96, Rn. 2.2.

Verfahren nach § 96 GeschOBT kein sehr scharfes Schwert zur Kontrolle der haushaltswirtschaftlichen Dimension der allgemeinen Gesetzgebung darstellt.

Andererseits gibt es jedoch auch Fälle, in denen der Haushaltsausschuß „drohte", von seinem Recht, dem Plenum einen negativen Bericht nach § 96 GeschOBT vorzulegen, Gebrauch zu machen. So ist den Kurzprotokollen[63] des Haushaltsausschusses aus früheren Legislaturperioden beispielsweise zu entnehmen, daß im Rahmen der Notstandsgesetzgebung (Selbstschutzgesetz, Zivilschutzkorps, Zivilschutz) der damalige Ausschußvorsitzende *Schoettle* mit einem negativen Bericht drohte, wenn die betreffenden Fachausschüsse nicht die vom Haushaltsausschuß vorgeschlagenen Änderungen berücksichtigten[64]. Auch bei der Änderung des 18. Lastenausgleichsgesetzes hatte der Ausschuß beschlossen, nur dann einen positiven Bericht nach § 96 GeschOBT zu verfassen, wenn der Fachausschuß den vom Haushaltsausschuß vorgetragenen Änderungen zustimmt. Zugrunde lagen Änderungsvorschläge des Fachausschusses, die die Ausgaben von 1,8 Milliarden DM (Regierungsvorlage) auf 8,6 Milliarden DM gehoben hätten. Der Haushaltsausschuß schlug dann seinerseits Änderungen vor, die die Mehrausgaben auf 5,5 Milliarden DM senken sollten[65]. Diese — zufällig — bekanntgewordenen Beispiele verdeutlichen, daß der Haushaltsausschuß sein Recht nach § 96 GeschOBT auf einer informellen, politischen Ebene als Waffe einsetzen kann, was diesem Verfahren eine möglicherweise höhere Kontrolleffektivität verleiht, als es dem äußeren Anschein nach der Fall ist.

Auffallend ist jedoch, daß die Prüfung der Finanzvorlage auf die „Vereinbarkeit mit dem laufenden und künftigen Haushalten" (§ 96 V Satz 1 GeschOBT) allein auf die Frage der Deckungsfähigkeit abgestellt ist. In einem einzigen Fall, dem Gesetz zur Förderung der Investition und der Beschäftigung, wurde im Bericht darauf eingegangen, welche Wirkungen dieses Gesetz auf die gesamtwirtschaftliche Entwicklung und über diesen Umweg auch auf den Haushalt haben wird. Eine Minderheit im Ausschuß hielt die Kosten dieses Gesetzes mit der Haushaltslage nicht für vereinbar. Sie konnte sich jedoch nicht durchsetzen, da die Mehrheit der Ansicht war, daß der mit Hilfe dieser Ausgaben induzierte gesamtwirtschaftliche Aufschwung und die damit verbundenen Mehreinnahmen die Ausgaben letzlich überwiege[66].

---

[63] Die Kurzprotokolle des Haushaltsausschusses sind der Öffentlichkeit nur beschränkt zugänglich, so daß eine systematische Auswertung unmöglich war.

[64] Vgl. Kurzprotokolle des Haushaltsausschusses 186/11 f.

[65] Vgl. Kurzprotokolle des Haushaltsausschusses 190/21.

[66] Vgl. BT-Drcks. 7/3012.

3. *Die Unzulänglichkeit der kritischen Beachtung haushaltswirtschaftlicher Aspekte bei der allgemeinen Gesetzgebung*

Bei der Einschätzung, ob der Bundestag seiner Kritik- und Kontrollfunktion in bezug auf die haushaltswirtschaftlichen Aspekte bei der allgemeinen Gesetzgebung gerecht wird, muß eine Einschränkung vorweggeschickt werden. Selbst die allgemeine Gesetzgebung ist nicht „frei" und „autonom". Es bestehen normative Bindungen bezüglich der Verabschiedung der Gesetze. Diese beruhen nicht nur auf verfassungsrechtlichen[67], sondern auch auf einfach-gesetzlichen Normen: Das bekannteste Beispiel ist § 1272 I Reichsversicherungsordnung. Danach sind die Renten der gesetzlichen Versicherungen bei Änderung der allgemeinen Bemessungsgrundlage durch Gesetz anzupassen. Die gesetzliche Dynamisierung der Rente stellt einen der wichtigsten „Brocken" bei der gesetzlichen Determinierung der Haushaltswirtschaft dar[68]. Bezüglich derartig gesetzlich vorstrukturierter, ausgabenwirksamer Gesetze ist die Einbringung haushaltswirtschaftlicher Überlegungen politisch außerordentlich schwierig[69]. Es stellt sich überhaupt die Frage, ob bei den in Konkretisierung der Reichsversicherungsordnung zu erlassenden Rentenanpassungsgesetzen ein rechtlicher Entscheidungsspielraum grundsätzlicher Art noch besteht[70].

Die Einbringung der haushaltswirtschaftlichen Kontrollperspektive durch den Haushaltsausschuß im Rahmen der allgemeinen Gesetzgebung leidet darunter, daß sie allzu einseitig auf die Frage der Deckungsfähigkeit abgestellt ist. Die Entwicklung der Haushaltsstruktur, wie sie von der allgemeinen Gesetzgebung bestimmt wird und wie sie angesichts der gesamtwirtschaftlichen Entwicklung erforderlich ist, bleibt unthematisiert. Die Entwicklung der investiven Staatsausgaben, der konsumtiven Staatsausgaben, des außenwirtschaftlichen Beitrags etc. wird nicht sichtbar gemacht und zur Gesamtwirtschaft in Beziehung gesetzt. Auch in funktionaler Hinsicht werden keine Haushaltsstrukturen explizit ausgewiesen. So ist es durchaus interessant zu wissen, auf welche Funktionen sich die Ausgaben verteilen und wie sich der Funktionenplan durch die neuen Gesetze verändert. Nur durch die ständige und andauernde Herstellung der Beziehung zwischen den einzelnen Gesetzen und den haushaltswirt-

---

[67] Die leistungsstaatlichen Verfassungsnormen sind vom Gesetzgeber zu aktualisieren. Vgl. *P. Häberle*, Grundrechte im Leistungsstaat, VVDStRL 30 (1972), 43 ff. (46 f.).

[68] Vgl. oben Tabelle 4.

[69] Vgl. das Rentendekabel der SPD/FDP-Koalition zu Beginn der 8. Legislaturperiode. Wenn schon die Spitzenpolitiker der beteiligten Parteien nicht genügend politische Potenz haben, um haushaltswirtschaftliche Überlegungen durchzusetzen, kann man auch vom Haushaltsausschuß und den zuständigen Fachausschüssen nicht erwarten, daß sie derartig „heiße" Themen angehen.

[70] Vgl. dazu auch oben § 3 A I 1; zur Selbstbindung des Gesetzgebers durch Gesetze vgl. *Chr. Degenhart*, Systemgerechtigkeit (1976), S. 32 ff.

schaftlichen Strukturen, dem ständigen Wechselspiel zwischen globalen, haushaltswirtschaftlichen Zielgrößen und — aus haushaltswirtschaftlicher Sicht — partikularen Einzelmaßnahmen läßt sich eine konjunktur- und wachstumsgerechte Haushaltswirtschaft entwickeln und kontrollieren. Diese Aufgabe wird im Rahmen der allgemeinen Gesetzgebung vom Bundestag nicht aktualisiert.

Die Arbeit des Haushaltsausschusses ist auf zu detaillierter, „mikroskopischer" Ebene angesiedelt. Die Haushaltsstrukturen können nur aus der „Vogel-Perspektive" beobachtet werden und müssen dem Haushaltsausschuß fast zwangsläufig verborgen bleiben, wenn er sich mit Einzelproblemen beschäftigt. Bemerkungen wie „Der Haushaltsausschuß geht ... davon aus, daß eine Doppelförderung der französischen überseeischen Departements vermieden wird" oder „Der Haushaltsausschuß geht davon aus, daß die Bundesregierung ihm den Haushaltsplan des Europäischen Hochschulinstituts und den Prüfungsbericht nach Art. 23 des Übereinkommens vorlegt"[71], die in Berichten gemäß § 96 GeschOBT zu finden sind, illustrieren das Problem: Der Ausrichtung der Haushaltswirtschaft am gesamtwirtschaftlichen Gleichgewicht bzw. deren kritischen Kontrolle wird mit einer derartigen Problemsicht nicht gedient.

Aber selbst in bezug auf das Ziel eines ausgeglichenen Haushaltes übt der Haushaltsausschuß bei seinen Beratungen nach § 96 GeschOBT keine effektive Kontrolle aus. Bezüglich der „Deckungsmittel" kennt der Haushaltsausschuß zwei Typen von Antworten: Entweder sind die Ausgaben bereits im laufenden Haushaltsplan oder in der Finanzplanung ausgewiesen. In diesen Fällen fühlt sich der Haushaltsausschuß jeder weiteren Argumentationspflicht enthoben, denn nach dem bisherigen Stand der Planung und des Wissens sind Deckungsmittel vorhanden. Oder die Ausgaben sind im Finanzplan bzw. im Haushaltsplan bisher nicht vorgesehen. In diesen Fällen behauptet der Haushaltsausschuß trotzdem, Deckungsmittel seien vorhanden bzw. werden sich finden lassen.

Die Praxis mag dem Haushaltsausschuß zwar recht geben: Aller Wahrscheinlichkeit nach lassen sich noch Deckungsmittel im gegenwärtigen Haushaltsplan finden. Auch werden in der Finanzplanung genügend Flexibilitäten eingebaut sein, um eine solche Vorgehensweise abzufangen. Gleichwohl liegt ein Bruch in dem Verständnis der Finanzplanung und Haushaltsplanung vor. Entweder wird die Finanzplanung und Haushaltsplanung beachtet, so daß ein Verweis auf diese Pläne bei der Prüfung nach § 96 GeschOBT statthaft ist. Änderungen in diesen Plänen können dann jedoch nur in dem für diese Planungen vorgesehenen Verfahren vorgenommen werden. Oder man prüft im Einzelfall, ob genügend Deckungsmittel vorhanden sind und verzichtet auf die Finanzpla-

[71] BT-Drcks. 7/4405 und 7/2290.

nung und Haushaltsplanung. Beide Vorgehensweisen lassen sich nicht vereinen, ohne daß Inkonsistenzen auftreten und ohne daß das Prüfungsverfahren unglaubwürdig wird!

Geht man davon aus, daß das Hinzuziehen der Finanzplanung das bessere Verfahren darstellt, dann erhebt sich die Frage, ob der Bundestag und sein Haushaltsausschuß die Finanzplanung der Exekutive übernehmen dürfen, um diese zur Grundlage der Einbringung des haushaltswirtschaftlichen Aspektes bei der allgemeinen Gesetzgebung zu machen. Die parlamentarische Kritik- und Kontrollfunktion verbietet ein solches Vorgehen. Solange die Finanzplanung nicht öffentlich parlamentarisch diskutiert ist[72], kann der ständige Verweis auf die Finanzplanung nicht als adäquate, kritische Kontrolle des haushaltswirtschaftlichen Aspektes der allgemeinen Gesetzgebung angesehen werden. Die Finanzplanung „verklammert" haushaltswirtschaftliche Überlegungen und allgemeine Gesetzgebung[73] und übt damit einen präjudizierenden Effekt auf die allgemeine Gesetzgebung aus. Dieser darf wegen seiner Wesentlichkeit nicht parlamentarisch unkontrolliert bleiben[74].

Von dieser Kritik an der „Struktur" der Beratungen des Haushaltsausschusses abgesehen, läßt sich ein weiterer Kritikpunkt anbringen, der mehr „immanenter" Natur ist. Zwar hat die Bestandsaufnahme ergeben, daß der Haushaltsausschuß in einer Reihe von Fällen die voraussichtlichen Kosten der Gesetzentwürfe berichtigt. Die ausgeübte Kritik scheint jedoch nicht ausreichend zu sein. Das Haushaltsvolumen stieg zwischen 1973 und 1977 um etwa 50 Milliarden DM. Als neue gesetzliche Ausgaben kamen in diesem Zeitraum 25,8 Milliarden DM hinzu. Geht man mit empirischen Erhebungen davon aus, daß der gesetzliche Bindungsgrad der Haushaltswirtschaft zwischen 75 und 95 Prozent liegt, dann erhebt sich der Verdacht, daß bei der Kostenschätzung der ausgabewirksamen Gesetze eine systematische Unterbewertung stattfindet, der auch der Haushaltsausschuß nicht genügend entgegenwirkt.

---

[72] Zur Notwendigkeit der parlamentarischen Kontrolle der Finanzplanung: *K. Gresser*, Probleme der mehrjährigen öffentlichen Finanzplanung (1974), S. 183 ff.; vgl. auch *P. Badura*, Buchbesprechung, AöR 95 (1970), S. 491 ff. (494); *ders.*, Verfassungsfragen der Finanzplanung (1971), S. 1 ff. (11 ff.); — *R. Schmidt*, Wirtschaftspolitik und Verfassung (1971), S. 168 ff. (170, Fn. 93) plädiert deswegen für einen gemeinsamen Finanzplanungsausschuß von Bundestag und Bundesregierung.

[73] Zu dem „kompetenzverklammernden Effekt" der Planung allgemein: *F. Ossenbühl*, Anforderungen (1974), B. 72 ff.

[74] Abzulehnen ist die Ansicht von *K. H. Friauf* und *B. Stephan*, die Planung sei eine genuin exekutive Tätigkeit (Die verfassungsrechtliche Problematik einer politischen Ziel- und Mittelplanung (1970), S. 607 ff. (652 f.).

4. Probleme der Geschäftsordnung

Bei der Einbringung der haushaltswirtschaftlichen Perspektive in die allgemeine Gesetzgebung stellen sich — unter Berücksichtigung der Praxis — zwei Probleme auf der Ebene der Geschäftsordnung. Zum einen ist zu fragen, ob der Haushaltsausschuß seinen Aufträgen zur Mitberatung formell gerecht wird. Zum anderen ist die Tragweite des Beratungsauftrags nach § 96 dem Wortlaut der Geschäftsordnung nicht eindeutig zu entnehmen.

Dem Haushaltsausschuß werden zahlreiche Gesetze zur Mitberatung überwiesen. Dies läßt zunächst Zweifel daran aufkommen, ob die in § 79 I GeschOBT ausgesprochene Voraussetzung zur Mitberatung („in besonderen Fällen") stets beachtet wird. Im Prinzip besteht im Bundestag eine Tendenz, die Zahl der mitberatenden Ausschüsse möglichst niedrig zu halten, um die Ausschußberatungen nicht „zu schwerfällig" werden zu lassen[75]. Der Haushaltsausschuß — und der Rechtsaussschuß — werden aufgrund ihrer Querschnittskompetenz jedoch in der Praxis von dieser restriktiven Tendenz nicht betroffen. Laut Ältestenratbeschluß können der Haushaltsausschuß und der Rechtsausschuß stets als mitberatende Ausschüsse bestimmt werden[76]. Dieser Dehnung des Wortlautes der GeschOBT bis an dessen äußerste Grenzen wird man angesichts der Bedeutung der allgemeinen Gesetzgebung für die Haushaltswirtschaft[77] zustimmen müssen. In den Fachausschüssen beratene und abgeschlossene politische „Pakete" lassen sich zu einem späteren Zeitpunkt des Gesetzgebungsverfahrens praktisch nicht mehr „aufschnüren". Haushaltswirtschaftliche Überlegungen müssen deswegen möglichst früh in das Gesetzgebungsverfahren eingebracht werden. Dies geschieht am besten im Wege der Mitberatung[78].

Erscheint somit die Überweisung zahlreicher Gesetze an den Haushaltsausschuß zur Mitberatung nicht nur rechtlich zulässig, sondern auch sachlich geboten, so ist die Art und Weise, in der sich der Ausschuß seines Beratungsauftrages entledigt, starken Bedenken ausgesetzt. Nur in weniger als der Hälfte der ihm überwiesenen Gesetzesvorlagen beriet der Haushaltsausschuß die Vorlagen so rechtzeitig, daß das Beratungsergebnis vom Fachausschuß vor Berichterstattung zur Kenntnis genommen werden konnte. In allen anderen Fällen fertigte der Fachausschuß seinen

---

[75] Vgl. *H. Trossmann*, Parlamentsrecht (1977), § 79, Rn. 4.

[76] Vgl. *H. Trossmann*, Parlamentsrecht (1977), § 79, Rn. 4, der auf den Ältestenratsbeschluß verweist. Vgl. auch *F. Schäfer*, Der Bundestag (1975).

[77] Vgl. oben § 3 A I 3.

[78] Die zeitliche Reihenfolge der Beteiligung an politischen Entscheidungen hatte auch bei der Neufassung des Art. 113 GG und beim Problem der Beteiligung des Parlamentes an der politischen Planung zentrale rechtliche Beachtung gefunden.

Bericht ans Plenum an, ohne die Stellungnahme des Haushaltsausschusses abzuwarten. Dieses Vorgehen des federführenden Fachausschusses ist zulässig. Nach § 60 IV GeschOBT haben die mitberatenden Ausschüsse dem federführenden Ausschuß innerhalb einer „angemessenen Frist" ihr Beratungsergebnis mitzuteilen. Kommt keine Vereinbarung zustande oder hält sich der mitberatende Ausschuß nicht an die Vereinbarung, so kann der federführende Ausschuß Bericht erstatten, ohne den mitberatenden Ausschuß zu hören[79].

Das Institut der Mitberatung geht jedoch davon aus, daß der mitberatende Ausschuß dem federführenden Ausschuß berichtet, wobei der mitberatende Ausschuß die Problematik des anstehenden Gesetzentwurfes unter seinem spezifischen Zuständigkeits-Blickwinkel ausleuchten soll. Insgesamt wird von einem solchen Zusammenwirken ein ausgewogenes Ganzes erwartet. Dieses mit der Mitberatung verfolgte Ziel wird vom Haushaltsausschuß unterlaufen, wenn er die Mitberatung nahezu systematisch erst nach Abschluß der Beratungen im Fachausschuß aufnimmt, oder, was auch schon vorgekommen ist, auf die Mitberatung nachträglich „verzichtet"[80]. Offensichtlich will der Haushaltsausschuß die Gesetzesvorlage nur einmal beraten und dann sowohl „mitberatend" als auch nach § 96 GeschOBT. Die Bedeutung der „Mitberatung" liegt für den Haushaltsausschuß dann allein in der inhaltlichen Ausdehnung des Beratungsauftrages nach § 96 GeschOBT.

Dieser „Trick" stößt auf Bedenken, da der Ausschuß auf diese Weise das Beratungsverfahren ändert. Letztlich entscheidend für die Rechtmäßigkeit dieses Vorgehens ist, ob das Plenum mit der Überweisung einer Vorlage den Ausschuß zur Beratung lediglich ermächtigt oder aber verpflichtet. Ein Beratungsrecht, dessen Wahrnehmung in das Ermessen des Ausschusses gestellt ist, stellt allein § 60 II Satz 3 GeschOBT dar[81]. Mit einer Überweisung an bestimmte Ausschüsse kommt das Plenum seiner Aufgabe nach, seine Willensbildung in einem ausgewogenen, repräsentativen Verfahren herbeizuführen. Diese vom Plenum getragene Entscheidung darf ein Ausschuß nicht faktisch aufheben. Bei überwiesenen Gesetzesvorlagen ist deswegen eine Beratungspflicht anzunehmen[82]. Die systematische Aushöhlung der ordnungsgemäßen Mitberatung bzw. der

---

[79] Vgl. die Kommentierung von *H. Trossmann*, Parlamentsrecht (1977), § 60, Rn. 1. Danach geht die GeschOBT davon aus, daß eine Einigung zustande kommt.

[80] Der Innenausschuß stellt in BT-Drcks. 7/719 (neu) lakonisch fest, der Haushaltsausschuß habe auf die Mitberatung „nachträglich verzichtet".

[81] Zur Problematik dieser Norm: *H. Steiger*, Organisatorische Grundlagen (1973), S. 132 f.; vgl. aber BT-Drcks. 5/4373, S. 8.

[82] Vgl. insbesondere BVerfGE 1, 154 f. *Trossmann*, Parlamentsrecht (1977), § 60 Rn. 6. — Bei der Frage, wie die Ausschüsse inhaltlich dieser Pflicht nachkommen, besteht allerdings eine gewisse Entscheidungsfreiheit.

nachträgliche „Verzicht" auf die Mitberatung sind demnach rechtlich unzulässig.

Die Beratungen des Haushaltsausschusses nach § 96 GeschOBT werden in der Praxis auf die Frage der Finanzierbarkeit der Vorlage beschränkt. § 96 V Satz 2 GeschOBT, wonach der Haushaltsausschuß einen Deckungsvorschlag zu unterbreiten hat, legt eine solche Deutung des Beratungsauftrages prima facie nahe[83]. Zu bedenken ist jedoch, daß das Beratungsgebot des § 96 V Satz 1 weitergefaßt ist. Danach hat der Haushaltsausschuß jede Finanzvorlage auf ihre Vereinbarkeit „mit dem laufenden Haushalt und künftigen Haushalten" zu prüfen. Da die Haushaltswirtschaft nach Art. 109 II GG stets am gesamtwirtschaftlichen Gleichgewicht zu orientieren ist, muß auch bei der Prüfung der einzelnen Finanzvorlagen auf ihre Vereinbarkeit mit den Haushalten eine gesamtwirtschaftliche Perspektive eingebracht werden[84]. Da der formelle Haushaltssaldo — der Haushaltsausgleich ist ein Spezialfall desselben — zu einem überwiegenden Teil Erwartungsparameter ist, der von der volkswirtschaftlichen Entwicklung abhängig ist[85], kann letztlich auch die Frage der Deckungsfähigkeit nur unter Beachtung einer gesamtwirtschaftlichen Perspektive beantwortet werden.

Gestützt wird diese Interpretation des § 96 GeschOBT auch durch die Entstehungsgeschichte. Bei der Einführung des „gesamtwirtschaftlichen Gleichgewichts" als Verfassungsziel sah sich der Bundestag veranlaßt, § 96 GeschOBT zu ändern, um auch auf unter-verfassungsrechtlicher Ebene der Verfassungsänderung Rechnung zu tragen[86]. Bei der Beratung nach § 96 GeschOBT ist deswegen nicht nur einseitig auf das Vorhandensein von Deckungsmitteln abzustellen, sondern auch eine gesamtwirtschaftliche Perspektive einzubringen. Dies gebietet ein materielles Verständnis des Haushaltsausgleichs. Danach hängt schon die Definition des Haushaltsausgleichs von der gesamtwirtschaftlichen Entwicklung ab[87].

Die Geschäftsordnung des Bundestages bietet demnach de lege lata noch Reserven, die haushaltswirtschaftlichen Aspekte im Rahmen der allgemeinen Gesetzgebung verstärkt einzubringen bzw. zu kontrollieren. Der Haushaltsausschuß schöpft seinen Beratungsauftrag sowohl in verfahrensrechtlicher als auch in materieller Hinsicht nicht voll aus.

---

[83] In diese Richtung auch *H. Trossmann*, Parlamentsrecht (1977), § 96 Rn. 2.2.

[84] § 96 V Satz 2 bezieht sich deswegen nur auf einen Teilausschnitt der Beratungspflicht nach § 96 V Satz 1.

[85] Vgl. oben § 2 C II 2.

[86] Vgl. den Bericht des Rechtsausschusses, BT-Drcks. 5/4518.

[87] Vgl. Art. 115 GG; oben § 2 A (Fn. 14) sowie § 2 C.

B. Die haushaltswirtschaftliche Kontrolle bei Haushaltsstrukturgesetzen

I. Der Gesetzestypus

Einen Sonderfall der allgemeinen Gesetzgebung stellt die Verabschiedung von Haushaltsstrukturgesetzen — auch Haushaltssicherungs- bzw. Finanzplanungsgesetze genannt — dar. Dieser Gesetzestypus[88] ist relativ neuer Natur und eine innere Konsequenz des gewandelten Gesetzesbegriffs. Bisher wurden vom Bundestag vier Gesetze, die diesem Typus zuzurechnen sind, beraten und verabschiedet[89]. Weniger die Zahl der Gesetze als vielmehr deren politische und haushaltswirtschaftliche Bedeutung rechtfertigt es, die parlamentarische Kontrolle dieser vier Gesetze besonders hervorzuheben: Die ersten drei Haushaltsstrukturgesetze beinhalteten jeweils Einsparungen in Höhe von etwa drei Milliarden DM im ersten Jahr nach Verabschiedung. Das Haushaltsstrukturgesetz 1975 führte zu rund 6,7 Milliarden DM an Ausgabekürzungen im ersten Jahr nach Verabschiedung.

Charakterisiert ist dieser Gesetzestypus durch seine Zielsetzung, die in der Wahrung des Haushaltsausgleichs und in der Herstellung einer ökonomisch ausgewogenen Haushaltsstruktur besteht. Der Haushaltsausgleich und die Haushaltsstruktur, wie sie durch die Art. 110 I, 109 II, 115 I GG geboten sind, wurden in der Vergangenheit durch die allgemeine Gesetzgebung gefährdet. Diese bedurfte der haushaltswirtschaftlichen Korrektur, die in Form von Haushaltsstrukturgesetzen geleistet wurde. Dabei ging es nicht allein um die Herstellung irgendeines Haushaltsausgleichs, sondern vielmehr um die Sicherstellung eines ökonomisch sinnvollen, ausgeglichenen Haushalts, in dem investive und konsumtive, kurzfristig manipulierbare und langfristig gebundene Ausgaben und Einnahmen in einem ausgewogenen Verhältnis zueinander stehen. Es sollte demnach nicht allein der Haushaltsausgleich sichergestellt werden, sondern gleichzeitig eine an den Erfordernissen des gesamtwirtschaftlichen Gleichgewichts orientierte Haushaltsstruktur hergestellt werden[90].

Mit dieser Zielsetzung hebt sich der Typus des Haushaltsstrukturgesetzes deutlich von anderen Gesetzestypen ab, die entweder auf die inhaltliche Regelung bestimmter politischer Sachbereiche, auf die verfah-

---

[88] Zur (analytisch notwendigen) Entwicklung von Gesetzes„typen“: *P. Häberle*, „Leistungsrecht“ im sozialen Rechtsstaat (1972), S. 453 ff.

[89] Vgl. das „Haushaltssicherungsgesetz“ (BGBl. I, 1965, S. 2065), das „Finanzplanungsgesetz“ (BGBl. I, 1966, S. 697), das „Finanzänderungsgesetz“ (BGBl. I, 1967, S. 1259) und das „Haushaltsstrukturgesetz“ (BGBl. I, 1975, S. 3091).

[90] Vgl. § 5 I StabG; dazu die Erläuterung bei Stern / Münch / *Hansmeyer*, Stabilitätsgesetz (1972), S. 216.

rensrechtliche Ausgestaltung bestimmter Lebensbereiche, die Organisationsform staatlichen Handelns etc. abgestellt sind[91]. Das Haushaltsstrukturgesetz hat im Vergleich zu anderen allgemeinen Gesetzen — bildlich gesprochen — einen Querschnittscharakter. Es berührt zahlreiche ausgabe- und einnahmewirksame Gesetze, diese jedoch in erster Linie unter ökonomischen Zielsetzungen[92].

Die bisher verabschiedeten Haushaltsstrukturgesetze beinhalteten zwischen 21 und 42 Artikel, wobei jeder Artikel eine oder mehrere Änderungen in sachlich zusammengehörigen Gesetzeskomplexen anordnete. Dabei haben sich bestimmte Sachbereiche herausgeschält, die in allen vier Haushaltsstrukturgesetzen angesprochen wurden und die für gesetzliche Fehlentwicklungen unter haushaltswirtschaftlichen Gesichtspunkten besonders anfällig zu sein scheinen[93]. Sowohl das öffentliche Dienstrecht[94], als auch das Sozialversicherungswesen[95], die Ausbildungsförderung im weitesten Sinne (einschließlich des Schülergehaltes)[96], der Wohnungsbau und das Wohnungsgeld[97] sowie Finanzierung und Planung der Bundesfernstraßen (Zweckbindung der Mineralölsteuer)[98] waren Gegenstand aller bisherigen Haushaltsstrukturgesetze.

II. Der haushaltswirtschaftliche Aspekt in den Beratungen des Bundestages

Die Haushaltsstrukturgesetze wurden entsprechend ihrer primär haushaltswirtschaftlichen Zielsetzung vom Haushaltsausschuß federführend beraten und geschäftsordnungsmäßig als „Haushaltsvorlagen" im Sinne des § 94 GeschOBT angesehen[99]. Das Verfahren nach § 96 GeschOBT war

[91] Vgl. *P. Häberle*, „Leistungsrecht" im sozialen Rechtsstaat (1972), 453 ff. (455 ff.).

[92] Die Notwendigkeit der Verabschiedung von Haushaltsstrukturgesetzen dokumentiert in sinnfälliger Weise die Berechtigung der oben unter A II 3. geübten Kritik an der Kontrolle des haushaltswirtschaftlichen Aspekts bei der allgemeinen Gesetzgebung.

[93] Im Haushaltsstrukturgesetz 1975 bezogen sich 25 der 42 Artikel auf Gesetze, die in derselben Legislaturperiode erlassen oder zuletzt geändert wurden und in der Regel von der Exekutive initiiert waren. Dies wirft gleichzeitig ein bezeichnendes Licht auf die Finanzplanung der Exekutive. Allgemein zur Kritik an der Finanzplanung in der Regierung: *E. Wille*, Die Finanzplanung am Scheideweg, FA N. F. 35 (1977), S. 66 ff.

[94] Vgl. Art. 12, 14 Haushaltssicherungsgesetz; Art. 11, 12 - 15 Finanzplanungsgesetz; Art. 9 Finanzänderungsgesetz; Art. 1 - 16 Haushaltsstrukturgesetz.

[95] Vgl. die Art. 3, 5, 7 Haushaltssicherungsgesetz; Art. 1 - 5, 8 Finanzplanungsgesetz, Art. 2, 4 Finanzänderungsgesetz; Art. 17 Haushaltsstrukturgesetz.

[96] Art. 6 Haushaltssicherungsgesetz; Art. 20 Finanzplanungsgesetz; Art. 8 Finanzänderungsgesetz; Art. 18 - 20 Haushaltsstrukturgesetz.

[97] Vgl. Art. 20 Haushaltssicherungsgesetz; Art. 21 Finanzplanungsgesetz; Art. 16 Finanzänderungsgesetz.

[98] Vgl. Art. 8, 9, 18 Haushaltssicherungsgesetz; Art. 14 Finanzplanungsgesetz; Art. 35 Haushaltsstrukturgesetz.

[99] Vgl. die BT-Drucksachen *zu* 5/84; 5/1203; *zu* 5/2341, 7/4243; *H. Trossmann*,

damit nicht anwendbar[100], was allerdings nur bei Änderungsanträgen in der zweiten Lesung (§ 96 VII GeschOBT) und im Falle eines negativen Berichts gemäß § 96 V GeschOBT zu praktisch werdenden Verfahrensunterschieden führt.

Mit Ausnahme des „Haushaltssicherungsgesetzes" des Jahres 1965, das allein vom Haushaltsausschuß beraten wurde, waren bei den drei anderen Haushaltsstrukturgesetzen zahlreiche weitere Ausschüsse mitberatend beteiligt. Die Voraussetzungen gemäß § 79 GeschOBT lagen dafür vor. So waren bei dem „Finanzänderungsgesetz" des Jahres 1967 dreizehn Ausschüsse mitberatend beteiligt. Beim Haushaltsstrukturgesetz 1975 waren acht Ausschüsse mit der Mitberatung beauftragt. Darüber hinaus nahmen im Jahre 1975 zwei weitere Ausschüsse gutachtlich Stellung[101].

Die Bilanz der vom Bundestag an den Regierungsvorlagen angebrachten Kritik und Kontrolle läßt sich dahin zusammenfassen, daß die Einsparungsvorschläge der Regierung in der Summe im wesentlichen eingehalten wurden. Bei den Haushaltsstrukturgesetzen von 1965 und 1975 wurden sogar zusätzliche Einsparungen vom Bundestag beschlossen[102]. Daneben wurden noch „Ungereimtheiten"[103] beseitigt, die in den Regierungsentwürfen enthalten waren und die zu zahlreichen Änderungen innerhalb der einzelnen Artikel der Haushaltsstrukturgesetze führten.

Von den Fachausschüssen wurden auch Anregungen, die das Ziel der Haushaltsstrukturgesetze gefährdet hätten, eingebracht[104]. Der Haushaltsausschuß zeigte sich, anders als im Verfahren nach § 96 GeschOBT, in der Lage, die Vorschläge der Fachausschüsse zu verarbeiten, ohne die haushaltswirtschaftliche Konzeption der Haushaltsstrukturgesetze zu gefährden. Er verstand es stets, ausgabeerhöhende Anträge durch zusätzliche Sparmaßnahmen auszugleichen[105].

Im Rahmen der „nicht-gesetzlichen"[106] Kontrolltätigkeit verabschiedete der Bundestag bei den Beratungen des Haushaltsstrukturgesetzes 1975 zwei Entschließungsanträge des Haushaltsausschusses, in denen die Bun-

---

Parlamentsrecht (1977), § 94, Rn. 94.5.

[100] So auch *H. Rehm*, Kritik und Analyse (1975), S. 138.

[101] Vgl. die BT-Drcks. *zu* 5/2341; 7/4248. — Die sonst übliche Beschränkung der Mitberatung wurde hier zugunsten einer breiten Partizipation und damit auch Legitimationsbasis aufgegeben.

[102] Vgl. die Ausschußberichte BT-Drcks. *zu* 5/87, S. 1 sowie BT-Drcks. 7/4243, S. 18 ff. Die vom Parlament vorgenommenen Einsparungen beim Haushaltsstrukturgesetz 1975 machten sich allerdings erst ab 1977 bemerkbar.

[103] So die Regierung zu ihrem Entwurf des Haushaltsstrukturgesetzes 1975. Vgl. BT-Drcks. 7/4127, S. 32.

[104] Vgl. den Bericht des Haushaltsausschusses, BT-Drcks. *zu* 5/2341, S. 2. — Auch die Anträge der Opposition (etwa BT-Drcks. 7/4257 und 7/4358) gefährdeten teilweise das Ziel der Haushaltsstrukturgesetze.

desregierung aufgefordert wurde, das Reisekosten-Zuschuß-Recht auf Einsparungen hin zu überprüfen sowie die durch das Haushaltsstrukturgesetz vorgenommenen Änderungen im öffentlichen Dienstrecht auch im tarifvertraglichen Bereich durchzusetzen[107]. Im Bericht zum Finanzänderungsgesetz des Jahres 1968 findet sich die Anregung an die Adresse der Bundesregierung, die Verordnung über die Gewährung von Trennungsgeld zum Zwecke weiterer Einsparungen zu ändern[108].

Die Beratungen des Bundestages zu den Haushaltsstrukturgesetzen standen stets unter außerordentlichem Zeitdruck. Es verstrichen nie mehr als sechs Wochen zwischen der Einbringung der Gesetzentwürfe und den die Beratungen im wesentlichen abschließenden Anträgen des Haushaltsausschusses. Das Haushaltssicherungsgesetz 1965, das 21 bestehende Gesetze änderte, wurde in weniger als vierzehn Tagen „durchgezogen“[109].

Bei einer Einschätzung der ausgeübten parlamentarischen Kontrolle ist zunächst auf den Bedingungszusammenhang hinzuweisen, unter dessen Geltung die Haushaltsstrukturgesetze verabschiedet wurden. Unmittelbarer Anlaß für die Einbringung der Haushaltsstrukturgesetze war stets die Schwierigkeit, einen ausgeglichenen Haushaltsplanentwurf aufzustellen[110]. Parlament und Regierung hatten sich durch die allgemeine Gesetzgebung in eine haushaltswirtschaftliche Krise manövriert, die bei der Erstellung des Haushaltsplanentwurfs zutage trat und die mit dem Haushaltsstrukturgesetz behoben werden sollte. In einer solchen Krisensituation herrscht eine günstige Bedingungskonstellation für die Beschneidung partikularer Interessen[111]. Die durch die Krise erzeugte po-

---

[105] Vgl. insbesondere die Übersicht in BT-Drcks. 7/4243. — Diese Bilanz läßt Zweifel an der Behauptung, „die Regierung ist nicht mehr das aufwendige Staatsorgan ... vielmehr ist es jetzt die Volksvertretung, die ... Ausgabeerhöhungen beschließt“ (*Maunz* / Dürig / Herzog, Grundgesetzkommentar [1976], Art. 110, Rn. 3), aufkommen. Vgl. auch oben § 3 A I 3.

[106] Zum Konzept der „nicht-gesetzlichen“ Kontrolltechniken parlamentarischer Organe vgl. insbesondere *M. Kirst*, Government without passing law (1970); *K. A. Sellmann*, Der schlichte Parlamentsbeschluß (1966) und weiter unten § 4 A III 3; § 5 C.

[107] Vgl. den Entschließungsantrag BT-Drcks. 7/4224.

[108] Vgl. BT-Drcks. 5/2341.

[109] Der von *R. Mußgnug*, Der Haushaltsplan als Gesetz (1976), S. 249, geprägte Ausdruck „Dezembergesetze“ läßt das Trübe an diesem Vorgang erahnen. Immerhin wurde das Haushaltsstrukturgesetz 1975 schon im November abschließend beraten.

[110] Die bisherigen Haushaltsstrukturgesetze wurden am 26. Nov. 1965; 2. Nov. 1966, 20. Okt. 1967 und 8. Okt. 1975 von der Regierung eingebracht. Das Finanzplanungsgesetz 1967 wurde dabei gleichzeitig mit dem Haushaltsgesetz eingebracht.

[111] Zum Zusammenhang zwischen Krisensituation und Konsensbildungsfähigkeit in der Demokratie vgl. *A. Etzioni*, The Active Society (1968), S. 294, 397 ff.; *F. W. Scharpf*, Planung als politischer Prozeß (1973), S. 71; auch *A. Zunker*, Finanzplanung (1972), S. 141 (Fn. 59).

litische Priorität, ließ es zu, daß die Abgeordneten ihre gesamte Aufmerksamkeit den Haushaltsstrukturgesetzen zuwandten. Der hohe Prioritätsgrad glich damit weitgehend den Mangel der beschränkten Beratungszeit aus. Gleichzeitig erzeugte die Krise eine hohe Konsensbereitschaft zugunsten haushaltswirtschaftlicher Überlegungen, die von den entsprechenden „Instanzen" in der Regierung und im Bundestag genutzt wurde.

Die Kontrolle des Bundestages, verstanden als Konsistenzkontrolle, erwies sich bei den Haushaltsstrukturgesetzen als besonders effektiv. Die auf Regierungsseite in Eile zusammengestellten Gesetzentwürfe enthielten etliche gesetzestechnische und auch inhaltliche Unsauberkeiten, die im Rahmen des Gesetzgebungsverfahrens — auch dank zahlreicher Anregungen der im Bundesrat zu Wort gekommenen Länderbürokratie — beseitigt wurden.

Die Kritik, verstanden als die Prüfung des haushaltswirtschaftlichen Konzepts der Regierung, war weniger ausgeprägt. Die parlamentarischen Beratungen folgten im Prinzip den Entwürfen der Regierung. Die Notwendigkeit der Verabschiedung der vorgelegten Haushaltsstrukturgesetze oder eine konzeptionelle Änderung an den Regierungsentwürfen standen innerhalb der Mehrheitsparteien nicht zur Debatte. Die von der Opposition vorgelegten Anträge hatten durchweg nur den Charakter einer symbolischen Kritik an der haushaltswirtschaftlichen Konzeption der Regierung und der Parlamentsmehrheit. So wurde beantragt, die Überschrift des „Gesetzes zur Verbesserung der Haushaltsstruktur" in „Erstes Gesetz zur Verbesserung ..."[112] umzuwandeln.

C. Die haushaltswirtschaftliche Kontrolle bei Gesetzen in politisch verflochtenen Systemen

I. Das Phänomen der Politikverflechtung

Eine weitere Gruppe allgemeiner Gesetze und deren haushaltswirtschaftliche Kontrolle durch den Bundestag bedarf der besonderen Beachtung. Diese Gesetze sind durch ihre Einbindung in politisch verflochtene Systeme gekennzeichnet[113]. In diesem Bereich ist die Gesetzgebung nicht mehr ein Problem, das allein im Spannungsfeld von Parlament und

[112] Vgl. BT-Drcks. 7/4256; in ähnliche Richtung auch der Entschließungsantrag, BT-Drcks. 7/4266, in dem die Bundesregierung aufgefordert wird, die Zahl der parlamentarischen Staatssekretäre, der politischen Leitungsbüros und der Mittel für die Öffentlichkeitsarbeit auf den Stand von 1969 zurückzuführen.

[113] Zum Phänomen der Politikverflechtung vgl. *F. W. Scharpf, B. Reissert, F. Schnabel,* Politikverflechtung (1975) mit weit. Lit.; *Schriftenreihe der Hochschule Speyer,* Politikverflechtung (1972); *F. W. Scharpf,* Problemverstaatlichung und Politikverflechtung (1977), S. 104 ff.

Regierung angesiedelt ist. Sie ist vielmehr zugleich ein Problem zwischen dem Bund und anderen, ganz oder teilweise verselbständigten Entscheidungsträgern, die aufgrund rechtlicher und/oder faktischer Bedingtheiten die Gesetzgebungsautonomie des Bundes binden[114].

In der Bundesrepublik ist der institutionell verfestigte Bereich der Politikverflechtung stark ausgeprägt[115]. Die Einbindung des Bundes „nach unten" mit den Ländern zum kooperativen Föderalismus[116] und „nach oben" mit den Nachbarstaaten zu den Europäischen Gemeinschaften[117] sind dabei die herausragenden Elemente. Aber auch die Verbindung des Bundes zu anderen Institutionen des „ministerialfreien Raums"[118] sind diesem Bereich zuzuordnen. Die Vorteile der „Politikverflechtung" für das gesamte politische System liegen in der Stabilisierung: In politisch stark verflochtenen Systemen besteht keine Allzuständigkeit. Alle Kompetenzen sind restringiert und restringieren sich gegenseitig. Der Nachteil ist die Kehrseite des Vorteils: Politisch stark verflochtene Systeme können zur Handlungs- und Wandlungsunfähigkeit infolge übergroßer Stabilität führen[119].

Für den Bundestag stellt sich das Problem, wie er in dieses System integriert werden kann[120]. Gesetze, die den Bereich der Politikverflechtung betreffen und in diesem Bereich wirken sollen, sind das Ergebnis

---

[114] Die Definition bleibt notwendigerweise abstrakt, da sie sehr unterschiedliche Erscheinungsformen (vgl. auch weiter unten § 4 B) abdecken soll.

[115] In den USA (vgl. auch unten § 6 A II 1) und anderen westlichen Industriestaaten ist der Grad der Politikverflechtung niedriger. Vgl. *F. W. Scharpf*, Theorie der Politikverflechtung (1975), S. 13.

[116] Statt aller: *K. Hesse*, Aspekte des kooperativen Föderalismus (1970), S. 141 ff.

[117] Statt aller: *H. P. Ipsen*, Europäisches Gemeinschaftsrecht (1972), S. 207 ff. — vgl. allgemein auch: *M. Zuleeg*, Zum Standort des Verfassungsstaates im Geflecht der internationalen Beziehungen, DÖV 1977, 462 (465); auch die Staatsrechtslehrertagung 1977 hatte diese Problematik zum Beratungsgegenstand.

[118] Vgl. etwa *E. Klein*, Die verfassungsrechtliche Problematik des ministerialfreien Raums (1974).

[119] Zur Analyse der Eigenschaften des politisch verflochtenen Entscheidungsprozesses, dessen Bedingungen und Restriktionen sowie dessen Vor- und Nachteile: *F. W. Scharpf*, Theorie der Politikverflechtung (1975), S. 13 ff. mit zahlreichen weiteren Lit.-Angaben; *ders.*, Problemverstaatlichung und Politikverflechtung (1977), S. 104 ff. Vgl. auch die zahlreichen amerikanischen Untersuchungen zu den „politics", die im angelsächsischen Sprachgebrauch die verfahrensmäßige Komponente der Politik ausleuchten und im Gegensatz zu Untersuchungen über einzelne Politikinhalte („policy") stehen. Einführend: *Ch. E. Lindblom*, The Policy Making Process (1968) und das Werk von *A. Etzioni*, The Active Society (1968).

[120] Das von *W. Leisner*, Schwächung der Landesparlamente durch grundgesetzlichen Föderalismus, DÖV 1968, 389 ff. schon früh für die Landtage konstatierte Problem stellt sich auch für den Bundestag. Vgl. auch *A. Zunker*, Consequences Of The Federal System For Parliamentary Control (1976), S. 46 ff. (49, 57).

von Verhandlungsprozessen zwischen den beteiligten Entscheidungsträgern und sind, zumindestens faktisch, nicht mehr der alleinigen Herrschaft des Bundes unterworfen. Der Bund ist von zahlreichen anderen Entscheidungsträgern „eingebunden", deren Situation und Interessen bei der Gesetzgebung ebenso zu sichern sind wie deren Kooperationsbereitschaft[121], um zu sachgerechten staatlichen Handlungsstrategien zu kommen.

In den zwischen den Entscheidungsträgern notwendig werdenden Konsensbildungsprozessen wird der „Bund" von der Bundesregierung vertreten. Sie hat in dem dichtgespannten Netz der Konsensbildung direkte Kommunikationskanäle zu den beteiligten Entscheidungsträgern. Der Bundestag kann nur über die Bundesregierung an dem Willensbildungsprozeß teilnehmen. Er läuft Gefahr, die Kontrolle über dieses System, insbesondere über die von der Bundesregierung in diesem System gespielte Rolle, zu verlieren und zunehmend in eine „Ratifizierungslage" bezüglich der Gesetzgebung abgedrängt zu werden. Dieser Sachverhalt rechtfertigt es, die Kontrolle des haushaltswirtschaftlichen Aspektes bei der Gesetzgebung, die politisch stark verflochtene Bereiche tangiert, gesondert darzustellen.

II. Der haushaltswirtschaftliche Aspekt in den Beratungen des Bundestages

1. *Allgemeine Außenpolitik*

Die Tabelle 8 enthält einen Auszug aus Tabelle 4. In ihr sind alle finanziellen Verpflichtungen zusammengestellt, die sich aus internationalen Bindungen ergeben und die im Bundestag in der 7. Legislaturperiode zur gesetzlichen Ratifizierung anstanden. Diese Verpflichtungen sind, sowohl was ihre politische Brisanz als auch ihre haushaltswirtschaftlichen Implikationen betrifft, sehr unterschiedlich und decken das gesamte außenpolitische Spektrum vom Polen-Abkommen (finanzielle Konsequenz im Haushaltsjahr 1977: 215 Millionen DM) bis zum Internationalen Übereinkommen zum Pflanzenschutz (finanzielle Konsequenz für das Jahr 1977: 34 000 DM) ab.

Die parlamentarische Kontrolle bei den meisten dieser internationalen finanziellen Verpflichtungen erfolgt allein durch das Ratifizierungsgesetz, für dessen Behandlung die allgemeinen Vorschriften der Geschäftsordnung gelten. Auch wenn man die völkerrechtliche Frage, ob das Parlament rechtlich verpflichtet ist, die von der Bundesregierung ausgehandelten bi- und multilateralen Übereinkünfte zu ratifizieren, außer acht läßt[122], so kann doch kein Zweifel darüber bestehen, daß der Bundestag

[121] Deswegen auch „kooperativer" Föderalismus!

[122] Zu den verschiedenen völkerrechtlichen Theorien bezüglich dieser Frage: *Maunz* / Dürig / Herzog, Grundgesetzkommentar (1976), Art. 59, Rn. 28 ff.

die ausgehandelten Übereinkommen aus politischen Gründen in der Regel ratifizieren muß und insofern eine gegenüber der allgemeinen Gesetzgebung besondere Lage vorliegt, die die haushaltswirtschaftliche Kontrolle beeinträchtigt.

Das Ratifizierungsgesetz entspricht dem Modell der nachträglichen Kontrolle. Die mitschreitende Kontrolle, d. h. die Kontrolle durch „Zusammenwirken" und die Steuerung durch Gesetze, wird damit nicht bewirkt[123]. Die „eigentliche" Ausübung der Haushaltsgewalt erfolgt beim Abschluß dieser internationalen Übereinkommen. Der Bundestag wird erst nachträglich eingeschaltet[124].

Tabelle 8

In der 7. Legislaturperiode gesetzlich ratifizierte internationale Finanzverpflichtungen

BT-Drcks.	Stichwort	Finanz. Auswirkung (in Tausend DM)
520	Charta der UN	50 000
678	Internationales Übereinkommen Suchthilfe	68
790	Internationales Übereinkommen Olivenöl	90
1205	Internationales Übereinkommen Kakao	310
1310	Afrikanischer Entwicklungsfond	7 400
1695	Nichtverbreitung von Kernwaffen	nicht quant.
2034	Europäische Übereinkunft (Auskünfte)	125
2290	Europäisches Hochschulinstitut	2 000
2980	Internationales Haftungsübereinkommen	80
3115	Washingt. Datenschutzübereinkommen	200
3122	Europäisches Zentrum für Wettervorhersage	3 000
3126	Atomhaftungsabkommen	Gewährleistungspflicht
3485	Internationales Energieprogramm	1 500
3490	Völkerr. Haft. f. Schäden d. Weltraumgegenst.	unwahrscheinlich
3628	Sitzstaatvereinbarung	keine Kosten
4150	Abkommen mit der DDR	1 400
4405	Abkommen von Lomé	245 000
4660	Internationales Pflanzenschutzabkommen	34
4733	Polenabkommen	215 000
5000	Asiatische Entwicklungsbank	12 200
5180	Internationales Patentabkommen	3 000
5281	Internationales Kaffeeabkommen	1 000
5452	Deutsch-Italienisches Abkommen	2 000
5468	Psychotrope Stoffe	Kosten erst ab 78
5548	Übereinkommen ü. d. Verschmutzung d. Meere	20

[123] Zu den verschiedenen Kontrollkonzepten vgl. oben § 1 A II.

Eine Ausnahme dazu stellte das Gesetz über den Beitritt zu der Charta der Vereinten Nationen dar[125], das die Voraussetzungen zur Mitgliedschaft in den Vereinten Nationen schuf. Bei dieser Gelegenheit konnten auch die mit dem Beitritt zu den Vereinten Nationen entstehenden finanziellen Verpflichtungen erörtert werden. Erst nach Verabschiedung des Gesetzes wurde der Antrag auf Mitgliedschaft in die Vereinten Nationen gestellt.

Die Verteilung der Kompetenzen auf die Bundesregierung und den Bundestag ist nach dem Grundgesetz unzweifelhaft so, daß die Bundesregierung die auswärtige Politik für die Bundesrepublik vertritt[126]. Da sie dabei jedoch gleichzeitig wesentliche Entscheidungen über die Haushaltswirtschaft fällt, wäre eine grundsätzliche Kritik und Kontrolle mitschreitender Art durch den Bundestag angebracht[127]. So liegt beispielsweise der Entwicklungshilfepolitik der Bundesrepublik die grundsätzliche Entscheidung zugrunde, 0,3 Prozent des Bruttosozialprodukts für diese Zwecke aufzuwenden. Von dieser Grundentscheidung aus werden dann Einzelabkommen wie die Unterstützung des Afrikanischen Entwicklungsfonds, der Asiatischen Entwicklungshilfe und anderer Programme — auch im Rahmen des Nord-Süd-Dialogs — gefällt. Zumindestens bezüglich solcher haushaltswirtschaftlich relevanter, außenpolitischer Grundentscheidungen müßten Formen der mitschreitenden Kontrolle und Kritik durch den Bundestag gefunden werden.

2. *EG-Finanzierung*

Die finanzielle Verflechtung der Bundesrepublik mit den Europäischen Gemeinschaften barg zahlreiche Probleme der parlamentarischen Kontrolle, da die Haushaltswirtschaft der EG über die nationalen Haushalte abgewickelt wurde. Mit der Realisierung des Ministerratsbeschlusses vom 21. April 1970 erhielten die Europäischen Gemeinschaften jedoch ihre „eigenen Einnahmen“ und ihre eigene Haushaltswirtschaft[128].

[124] Zu einigen Versuchen, die Kontrolle in die Verhandlungsphase vorzuverlagern: *G. Herbst*, Die parlamentarische Ausgabenkontrolle über die internationalen Finanzverpflichtungen (1964), S. 28 f.

[125] Vgl. BT-Drcks. 7/154, 520.

[126] Zur parlamentarischen Kontrolle der auswärtigen Gewalt allgemein: *S. Weiß*, Auswärtige Gewalt und Gewaltenteilung (1971), S. 118 ff.; *R. Mußgnug*, Der Haushaltsplan als Gesetz (1976), S. 279 f.; *G. Herbst*, Die parlamentarische Ausgabenkontrolle über die internationalen Finanzverpflichtungen (1964).

[127] Vgl. das von *F. Schäfer*, Der Bundestag (1975), S. 274 geäußerte Unbehagen über die Kontrolle des Parlaments auf dem internationalen Sektor der Haushaltswirtschaft. Vgl. auch *G. Herbst*, Die parlamentarische Ausgabenkontrolle über die internationalen Finanzverpflichtungen (1964), S. 123 ff.

[128] Zur neuen (eigenen) EG-Haushaltswirtschaft vgl. *M. Schüler*, Die vierte Ebene, Eur.Arch. 1974, S. 45 ff.; *E. Reister*, Haushalt und Finanzen der Europäischen Gemeinschaften (1975).

Zusammen mit der Aufwertung der haushaltswirtschaftlichen Befugnisse des Europäischen Parlamentes[129] stellt diese Maßnahme sicher, daß eine — verbesserte — parlamentarische Kontrolle der EG-Haushaltswirtschaft erreicht wird.

Aber auch nach Einführung des autonomen EG-Haushaltes werden die Beziehungen zwischen den nationalen Haushalten und dem EG-Haushalt nicht abreißen. Zu denken ist an einen Finanzausgleich, in dem die Mitgliedsstaaten eventuelle Defizite im EG-Haushalt abdecken. Auch die Problematik einer gemeinsamen Konjunkturpolitik kann Maßnahmen besonderer Art notwendig machen[130]. Ein Beispiel für eine derartige Maßnahme stellt der EG-Ministerratsbeschluß zur Aufnahme einer „Gemeinschaftsanleihe“ dar, mit Hilfe derer denjenigen Mitgliedern der EG Hilfestellung gewährt werden sollte, die unter ölpreisbedingten Zahlungsbilanzdefiziten litten. Die Mitgliedsstaaten sollten die Bürgschaft für diese Anleihe übernehmen[131].

Die Umsetzung derartiger EG-Ministerratsbeschlüsse bedarf — soweit die Bundesrepublik betroffen ist — eines Gesetzes. Im Beispielsfall ist eine gesetzliche Ermächtigung gemäß Art. 115 I GG notwendig. Der Bundestag ist beim Erlaß derartiger Gesetze wiederum in der typischen Ratifizierungslage. Zumindestens politisch ist es dem Bundestag kaum möglich, die von der eigenen Regierung im Ministerrat der EG ausgehandelten Beschlüsse zu Fall zu bringen. In Antizipation dieses Problems schrieb der Bundestag in das Zustimmungsgesetz zu den Römischen Verträgen eine Bestimmung, die die Bundesregierung verpflichtet,

„Bundestag und Bundesrat über die Entwicklung im Rat der Europäischen Gemeinschaften und im Rat der Europäischen Atomgemeinschaft laufend zu unterrichten. Soweit durch den Beschluß eines Rates innerdeutsche Gesetze erforderlich werden oder in der Bundesrepublik Deutschland unmittelbar geltendes Recht geschaffen wird, soll die Unterrichtung vor der Beschlußfassung des Rates erfolgen[132].“

Die Beschränkung der parlamentarischen Kontrolle auf die Mitwirkung bei der innerstaatlichen Umsetzung des Ministerratsbeschlusses erschien dem Bundestag, als er mit der Ratifikation der Römischen Verträge die Tür für ein eng verflochtenes politisches System öffnete, nicht

---

[129] Vgl. die Entschließung des Bundestages, BT-Drcks. 7/1780; — *M. Schüler*, Die vierte Ebene, Eur.Arch. 1974, 45 ff. (52); *E. Reister*, Haushalt und Finanzen der Europäischen Gemeinschaften (1975), S. 118 ff.

[130] Vgl. *M. Schüler*, Die vierte Ebene, Eur.Arch. 1974, S. 45 ff. (50); *E. Reister*, Haushalt und Finanzen der Europäischen Gemeinschaften (1975), S. 94 ff.

[131] Vgl. BT-Drcks. 7/2961.

[132] Vgl. Art. 2 des Zustimmungsgesetzes zu den Römischen Verträgen, BGBl. II 1957, 753; dazu die Untersuchung von *H. J. Oetting*, Bundestag und Bundesrat (1973), S. 36 ff.; *Chr. Sasse*, Regierungen, Parlamente, Ministerrat (1975), S. 80 ff.

ausreichend. Art. 2 des Zustimmungsgesetzes zu den Römischen Verträgen institutionalisierte deswegen ein Informations- und Beratungsrecht des Parlamentes, mit Hilfe dessen die parlamentarische Kontrolle vorverlegt werden soll: Der Bundestag ist vor der Beschlußfassung im Europäischen Ministerrat zu konsultieren.

Mit dieser Regelung wird zum einen ein enger Kontakt zur Exekutive und den für EG-Fragen zuständigen Ministerialbeamten hergestellt. Der Bundestag kann somit „informell" den zuständigen Einheiten in der Exekutive seine politischen Anliegen verdeutlichen[133]. Zum anderen versucht das Parlament mit Hilfe schlichter Parlamentsbeschlüsse, den ihm wichtigen politischen Anliegen in formalisierter Weise Nachdruck zu verleihen, ohne der Regierung starre rechtliche Bindungen aufzuerlegen. Solche Beschlüsse können ein sehr wirksames Kontroll-(Steuerungs-)Instrument darstellen, da dezidierte Äußerungen des Bundestages die Verhandlungsposition der Bundesregierung stärken können: Die Vertreter der übrigen Staaten müssen die politischen Bindungen der Bundesregierung als Faktum in den Verhandlungen berücksichtigen[134].

Der Bundestag macht von der Möglichkeit schlichter Parlamentsbeschlüsse in bezug auf die Politik der Europäischen Gemeinschaften relativ häufigen Gebrauch[135] und versucht dabei auch, haushaltswirtschaftlichen Überlegungen Geltung zu verschaffen. Die erwähnte Gemeinschaftsanleihe nahm der Bundestag zum Anlaß, gleich sechs Grundsätze der zu beachtenden Wirtschaftspolitik zu formulieren[136]. In einem anderen Fall wird die Bundesregierung dezidiert aufgefordert, „bei den Verhandlungen im EG-Ministerrat den Vorschlag der EG-Kommission abzulehnen ... einen Betrag von 1 Million Dollar ... zur Verfügung zu stellen"[137]. Der Haushaltsausschuß hat mit der Einrichtung eines Unterausschusses für EG-Fragen eine organisatorische Vorkehrung getroffen, um dieser Entwicklung Rechnung zu tragen. Da sich die Kontrolle weitgehend in einem informellen, nicht-gesetzlichen Rahmen bewegt, ist eine Einschätzung der tatsächlich ausgeübten Kontrolle außerordentlich schwer.

---

[133] Vgl. *H. J. Oetting*, Bundestag und Bundesrat (1973), S. 61 f.

[134] Zur theoretischen Begründung *F. W. Scharpf*, Theorie der Politikverflechtung (1975), S. 18 ff.

[135] Experten schätzen, wie *Chr. Sasse*, Regierungen, Parlamente, Ministerrat (1975), S. 86 berichtet, daß sich bereits 10 bis 15 Prozent der Tagungsordnungspunkte im Deutschen Bundestag und Bundesrat auf „europäische Fragen" beziehen.

[136] Vgl. BT-Drcks. 7/2961; weitere Entschließungen, die die europäische Haushaltswirtschaft betreffen und die vom Haushaltsausschuß in der 7. Legislaturperiode beantragt wurden: BT-Drcks. 1780 (Stärkung der Haushaltsbefugnisse des Europäischen Parlaments); 4126 (Nachtragshaushalt der EG); 4191 (Finanzordnung der EG); 4192 (Haushalt der EG); 5127 (EG-Rat und Kommission).

[137] BT-Drcks. 7/3889.

3. Gesetzgebung im kooperativen Föderalismus

Der Prototyp der Politikverflechtung ist nach dem Verfassungssystem der Bundesrepublik das „funktionale" Zusammenwirken von Bundesgesetzgebung und Länderverwaltung. Auf dieser Ebene materialisiert sich der kooperative Föderalismus stärker noch als in den „Sonderfällen" Gemeinschaftsaufgaben und Investitionshilfen[138], wobei es zu haushaltswirtschaftlich besonders schwierigen Kontrollproblemen kommt. Einerseits ist nämlich die Haushaltswirtschaft von Bund und Ländern getrennt (Art. 109 I GG), andererseits bestehen jedoch auch diesbezüglich überaus wichtige Beziehungen zwischen dem Bund und den Ländern.

Die Schlüsselnorm ist Art. 104 a GG. Danach haben Bund und Länder jeweils die zur Erfüllung der ihnen zugewiesenen Aufgaben notwendigen Ausgaben selbständig zu tragen. Der „Aufgaben"begriff entscheidet somit über die Ausgaben von Bund und Ländern[139]. Das GG kennt keine einheitliche „Aufgaben"kompetenzverteilung zwischen Bund und Ländern. Art. 30 GG weist den Ländern „die Erfüllung der staatlichen Aufgaben" zu, soweit das GG keine andere Regelung getroffen hat oder zuläßt. In den Art. 70 ff. GG ist die Hauptlast der Aufgabe „Gesetzgebung" dem Bund zugewiesen und in Art. 83 ff. GG ist das Schwergewicht der Aufgabe „Verwaltung" den Ländern überantwortet. Der Aufgabenbegriff in Art. 104 a I GG ist somit nur in dem Fall eindeutig, in dem Gesetzgebungs- und Verwaltungsaufgabe zusammenfallen[140]. Fallen Gesetzgebungs- und Verwaltungsaufgabe auseinander, dann stellt sich die Frage, an welche dieser beiden Aufgabenbegriffe die Finanzierungskompetenz des Bundes anknüpft.

Diese Frage war vor Verabschiedung der Finanzreform umstritten[141]. Nach der Verfassungsänderung wurde bisher einhellig die Verwaltungszuständigkeit als Bestimmungsmerkmal herangezogen[142]. Dies hat für die Haushaltswirtschaft eine bedeutende Konsequenz. Die vom Bund erlassenen Gesetze sind von den Ländern zu verwalten. Die Ausgaben, die von den Ländern zu tragen sind, werden demnach zum Teil vom Bund mitbestimmt. Der (Mindest-)Umfang der durch die allgemeine Ge-

---

[138] Vgl. *F. W. Scharpf*, Theorie der Politikverflechtung (1975), S. 21.

[139] Zur Konnexität von Aufgaben und Ausgaben: *H. U. Erichsen*, Die Konnexität von Aufgaben- und Finanzierungskompetenz (1968).

[140] So sehr klar *Vogel / Kirchhof*, in BK: Art. 104 a, Rn. 27.

[141] Außer der Gesetzgebungs- und der Verwaltungsaufgabe wurde auch ein eigenständiger Aufgabenbegriff für die Finanzverfassung konstruiert (Sachverantwortungstheorie bzw. Veranlassungsprinzip von *Köttgen* bzw. *Maunz*). Siehe *Vogel / Kirchhof*, in BK: Art. 104 a, Rn. 28 ff.

[142] Vgl. etwa *Vogel / Kirchhof*, in BK: Art. 104 a I, Rn. 554; *Erichsen*, Die Konnexität von Aufgaben und Finanzierungskompetenz (1968), S. 37 ff.; *J. Müller-Volbehr*, Die Investitionshilfekompetenz des Bundes (1976), S. 93 ff.; so auch die Rspr. des BVerfG E 26, 338.

setzgebung in der 7. Legislaturperiode den Ländern aufgebürdeten Ausgabenlast geht aus Tabelle 9 hervor. In der Tabelle sind die den Ländern entstehenden Kosten ausgewiesen, die sich entweder in den Berichten des Haushaltsausschusses gemäß § 96 GeschOBT oder in den Berichten der federführenden Fachausschüsse fanden.

Daß in den Berichten die den Ländern durch Bundesgesetz aufgebürdeten Kosten voll ausgewiesen sind, kann jedoch nicht unterstellt werden[143]. Es wird sogar die Meinung vertreten, daß es nicht Sache des Bundes ist, haushaltswirtschaftliche Probleme der Länder mitzuberaten. Deswegen soll der Haushaltsausschuß bei seinen Beratungen nach § 96 GeschOBT auch nicht damit beauftragt sein, die den Ländern entstehenden Kosten in seine Überlegungen einzubeziehen[144]. Bereits dies zeigt, daß der Bundestag bei Verabschiedung ausgabewirksamer Gesetze, die von den Ländern zu tragen sind, haushaltswirtschaftliche Aspekte weitgehend unbeachtet läßt.

Die Ansicht, die GeschOBT stünde einer Berücksichtigung der den Ländern aufgebürdeten Lasten bei den Gesetzesberatungen entgegen, ist jedoch abzulehnen. In § 96 I und II GeschOBT ist statuiert, daß alle Finanzvorlagen — auch solche, die nur auf die Länder- und Gemeindehaushaltspläne Auswirkungen haben, — dem Haushaltsausschuß zur Beratung zu überweisen sind. Der Deckungsvorschlag, den der Haushaltsausschuß gemäß § 96 V Satz 2 zu unterbreiten hat, bezieht sich selbstverständlich nur auf die Auswirkungen auf den Bundeshaushalt. Alle anderen Auswirkungen der Finanzvorlagen sind jedoch unter gesamtwirtschaftlichen Gesichtspunkten zu würdigen. Dazu gehört insbesondere auch die mit der ausgabewirksamen Gesetzgebung festgelegte Gesamtbelastung der öffentlichen Haushalte[145]. Art. 109 I GG steht dem nicht entgegen. Die Selbständigkeit der Haushaltswirtschaft von Bund und Ländern wird nicht tangiert, wenn der Bund die gesamtwirtschaftlichen Implikationen bei seiner Gesetzgebung mitberücksichtigt.

Die haushaltswirtschaftliche Verflechtung von Bund und Ländern macht sich besonders gravierend bei der Einnahmepolitik bemerkbar. Alle wesentlichen Steuern stehen nach Art. 106 GG Bund und Ländern gemeinsam zu. Doch während Art. 106 III GG die Aufteilung der Körperschafts- und Einkommenssteuer auf Bund und Länder zu je einer Hälfte festlegt, bleibt die Aufteilung der Mehrwertsteuer im Grundge-

[143] Vgl. *H. Trossmann*, Parlamentsrecht (1977), § 96, Rn. 2.2. der darauf verweist, daß in der Praxis die Auswirkungen der Gesetze auf die Länderhaushalte in der Regel nicht beraten werden.

[144] So *H. Trossmann*, Parlamentsrecht (1977), § 96, Rn. 2.2.

[145] Im Gegensatz zu *H. Trossmann*, Parlamentsrecht (1977), § 96, Rn. 2.2., ist allenfalls eine Klarstellung in dem hier dargestellten Sinn als verfassungskonforme Fortentwicklung des Parlamentsrechts angebracht.

Tabelle 9: **Die die Haushaltswirtschaft der Länder und Gemeinden berührenden Bundesgesetze**

A. Ausgabeerhöhungen

DS	Stichwort	1973	1974	1975	1976	1977
331	ViehzählungsG	2 300	2 300	2 300	2 300	2 300
789	Ausbildungsförderung	6 500	28 600	30 700	35 000	– –
1021	BRRG	nicht quant.	nicht quant.	nicht quant.	nicht quant.	nicht quant.
1052	Reise- und UmzugskostenG	72 500	72 500	72 500	72 500	72 500
1210	WohngeldG	– –	130 000	130 000	130 000	130 000
1222	EnergiesicherungsG	unwesentl.	unwesentl.	unwesentl.	unwesentl.	unwesentl.
1431	Heizölkostenzuschuß	– –	270 000	– –	– –	– –
1598	Autostatistik	– –	7 126	7 126	7 126	– –
1683	Geflügelstatistik	– –	224	224	224	224
1754	Strafrechtsreform	– –	– –	12 500	12 500	12 500
1836	Zählung	– –	1 428	– –	– –	– –
1846	Umweltstatistik	– –	3 300	3 300	4 400	4 400
1894	ArzneimittelG	– –	unbestimmt	unbestimmt	unbestimmt	unbestimmt
2190	Familienlastenausgleich	– –	15 000 000	15 000 000	15 000 000	15 000 000
2191	InflationsentlastungsG	– –	3 100 000	5 700 000	– –	– –
2199	Besoldungserhöhung	– –	nicht quant.	nicht quant.	nicht quant.	nicht quant.
2289	Ausbildungsförderung	– –	80 000	370 000	410 000	450 000
2615	Agrarberichterstattung	– –	580 000	580 000	580 000	580 000
2753	BundeswaldG	– –	– –	2 500	5 000	5 000
2899	Energieversorgung	– –	geringfügig	– –	– –	– –
2901	Betriebliche Altersversorgung	– –	– –	– –	77 000	77 000
2958	Familienlastenausgleich	– –	– –	– –	298 000	298 000
2960	Einkommenssteuer	– –	– –	– –	2 000	2 000
2962	HochschulrahmenG	– –	– –	– –	nicht quant.	nicht quant.
2964	Straßenstatistik	– –	– –	964	– –	– –
3012	BeschäftigungsG	– –	– –	– –	30 000	30 000
3012	Investitionsprämie	– –	– –	– –	55 000	90 000

3127	AtomG	--	--	Gewährleist.	Gewährleist.	Gewährleist.
3286	Besoldung	--	--	60 800	117 800	191 800
3287	Sozialversicherung f. Behind.	--	--	34 700	66 100	83 200
3290	Mikrozensus	--	--	8 814	8 814	8 814
3297	Gerichtskosten	--	--	nicht quant.	nicht quant.	nicht quant.
3517	Graduiertenförderung	--	--	21 600	15 000	15 000
3628	Sitzstaatvereinbarung	--	--	3 000	--	--
3629	FuttermittelG	--	--	nicht quant.	nicht quant.	nicht quant.
3639	Schlachtgewichtstatistik	--	--	457	457	457
3641	Stud. Krankenversicherung	--	--	900	3 500	3 700
3652	Stat. Prod. Gewerbe	--	--	6 800	6 800	6 800
3679	MarktstrukturG	--	--	1 400	1 400	1 400
3724	Besoldung	--	--	2 826 550	2 826 550	2 826 550
3797	BaföG	--	--	1 050	3 800	5 600
4208	Strafvollzug	--	--	--	--	52 000
4396	Ehe- und Familienrecht	--	--	--	--	12 505
4579	Jugendarbeitsschutz	--	--	--	9 000	9 000
4732	Altöl	--	--	--	gering	gering
4900	Personenbeförderung	--	--	--	390 000	390 000
4903	EisenbahnG	--	--	--	20 000	20 000
4998	Altershilfe für Landwirte	--	--	--	--	14 000
5006	Fernunterricht	--	--	--	--	500
5026	Arzneimittelrecht	--	--	--	35 000	15 000
5161	AbwasserabgabenG	--	--	--	60 000	60 000
5240	Energieeinsparung	--	--	--	148 000	148 000
5255	Vereinfachungsnovelle	--	--	--	--	6 900
5315	Steuerbeamtenausbildung	--	--	--	--	10 851
5347	Unterhaltsrenten	--	--	--	11 000	11 000
5348	Besoldung	--	--	--	1 171 600	2 332 100
5451	Ehrenamtliche Richter	--	--	--	95 000	95 000
5467	Hilfswerk f. behind. Kinder	--	--	--	1 500	1 500
5494	Rechtspflegerausbildung	--	--	--	24 200	2 800

B. Ausgabeminderungen

DS	Stichwort	1973	1974	1975	1976	1977
2189	Kinderlastenausgleich	--	--	1 654 000	2 422 000	4 691 000
2189	Sparförderung	--	--	--	765 000	850 000
4243	HaushaltsstrukturG	--	--	--	820 000	1 721 000
5255	Vereinfachungsnovelle	--	--	--	--	20 000
5560	Kindergeld	--	--	--	nicht quant.	nicht quant.

C. Einnahmeerhöhungen

DS	Stichwort	1973	1974	1975	1976	1977
522	Steuerreform	750 000	750 000	750 000	750 000	750 000
1355	Erbschaftssteuer	200 000	200 000	200 000	200 000	200 000
2189	Eink. und Lohnsteuer	--	--	611 000	1 119 000	1 564 000
2189	Vermögenssteuer	--	--	890 000	1 010 000	1 310 000
2246	Rehabilitierung	58 500	nicht quant.	--	--	--
4397	Einkommensteuer	--	--	--	3 000	12 000

Beträge in Tausend DM

setz offen. Sie ist durch ein Bundesgesetz, das der Zustimmung des Bundesrates bedarf, zu regeln, wobei gemäß Art. 106 III Nr. 1 GG sowohl der Bund als auch die Länder einen Anspruch „auf Deckung ihrer notwendigen Ausgaben“ haben. Außerdem heißt es in Art. 106 IV GG, daß den Ländern in Form einer gesetzlichen Finanzzuweisung ein Ausgleich gewährt werden kann, wenn ihnen durch Bundesgesetze zusätzliche Ausgaben aufgebürdet wurden. Bei Fragen des Finanzausgleichs wird somit von der Verfassung gefordert, daß sich der Bundesgesetzgeber mit den Länderausgaben beschäftigt.

Die haushaltswirtschaftliche Verflechtung, die in der Trennung der Kompetenzen für die Verabschiedung der (ausgabewirksamen) Gesetzgebung und Verwaltung der (ausgabewirksamen) Gesetzgebung angelegt ist, bedarf deswegen bei der Aufteilung der Steuern einer gemeinsam von Bund und Ländern getragenen Lösung. In der Exekutive bestehen ansatzweise Institutionen, die die haushaltswirtschaftliche Kooperation von Bund und Ländern sicherstellen sollen. Zu nennen ist insbesondere der Finanzplanungsrat[146], in dem Bund und Länder versuchen, ihre Finanzplanungen zu koordinieren und aufeinander abzustimmen. Wenn auch im Finanzplanungsrat keine verbindlichen Beschlüsse gefaßt werden, so findet doch eine Vorformung der Willensbildung statt. Die eigentlichen Entscheidungen, insbesondere bei der Neuverteilung der Steuern und beim Finanzausgleich, werden von den Regierungschefs des Bundes und der Länder ausgehandelt.

Der Bundestag steht ganz am Rande dieses haushaltswirtschaftlich außerordentlich wichtigen Willensbildungsprozesses. Zwar verbleibt ihm das Gesetzgebungsrecht und damit auch die letzte Entscheidungshoheit, doch sieht er sich faktisch außerstande, Korrekturen oder auch nur kritische Anmerkungen zu der von der Regierung eingenommenen Verhandlungsposition anzubringen[147]. Das labile Gleichgewicht der oft nur mühsam zwischen Bund und Ländern ausgehandelten Kompromisse soll nicht gefährdet werden. So heißt es lapidar auf dem Übersichtsblatt eines entsprechenden Fachausschußberichtes: „Alternativen: wurden nicht erörtert[148].“ Selbst die von der Verfassung gebotene Voraussetzung für die Neuverteilung des Finanzaufkommens, nämlich die gleichmäßige Dekkung der notwendigen Ausgaben von Bund und Ländern, wird in den Berichten nicht näher begründet. Die parlamentarische Kontrolle dieser zentral im Bereich der Politikverflechtung von Bund und Ländern an-

[146] Zu dessen Stellung, Aufgaben und Arbeitsweise: *D. Hosse*, Aufbau und Ablauf der Kommunikation im Arbeitsbereich des Finanzplanungsrates (1975), S. 261 ff.; *H. P. Schechinger*, Konjunkturrat und Finanzplanungsrat (1973), S. 96 ff.

[147] Vgl. BT-Drcks. 7/1731, 7/4398.

[148] BT-Drcks. 7/4398.

gesiedelten haushaltswirtschaftlichen Fragen bleibt faktisch ausgespart, auch wenn dem Bundestag mit seiner Gesetzgebungsgewalt ein formell scharfes Kontrollinstrument diesbezüglich zur Verfügung steht.

4. Das parlamentarische Kontrolldefizit in politisch verflochtenen Systemen

Die unmittelbare Folge der Politikverflechtung liegt auf der Hand: Das Parlament hat teils aus rechtlichen, teils aus faktischen Gründen nur beschränkte Möglichkeiten, eine effektive Kontrolle der Gesetzgebung in politisch verflochtenen Entscheidungsbereichen auszuüben. Die Verkümmerung der parlamentarischen Einflußmöglichkeiten fängt der Bundestag im Beziehungsfeld zu den Europäischen Gemeinschaften mit Hilfe neuer Kontrollformen, wie sie in Artikel 2 des Zustimmungsgesetzes zu den Römischen Verträgen verankert sind, zumindestens partiell auf. Durch frühzeitige Einwirkungen sucht der Bundestag die Exekutive vorbeugend zu steuern. Er zieht seine Kontrolle zeitlich vor, um nicht in die Position, in der es nur vollendete Tatsachen zur Kenntnis zu nehmen gilt, abgedrängt zu werden.

Eine solche Vorverlagerung der Kontrolle hat auf dem Gebiet der Haushaltswirtschaft schon mehrmals stattgefunden. Die Institute der Planstellenbewilligung und der Verpflichtungsermächtigungen im Haushaltsplan dienen dazu, die Effektivität der Ausgabebewilligungen zu sichern, die ansonsten im Bereich der Personalwirtschaft und des nichthoheitlichen, vertraglichen Tätigwerdens des Staates aus rechtsstaatlichen Gründen rein formaler Natur wären[149]. Selbst der Wandel des Gesetzesbegriffs, von reinen Schutzgesetzen zu auch haushaltswirtschaftlich steuernden Gesetzen kann als eine solche Vorverlagerung der parlamentarischen Einwirkung gedeutet werden[150]. Insgesamt erscheint die im Bezugsfeld zu den Europäischen Gemeinschaften entwickelte Vorverlagerung der parlamentarischen Einflußnahme als eine glückliche Lösung der mit der Politikverflechtung aufgeworfenen Problematik.

Eine ähnliche „Vorverlagerung" der parlamentarischen Kontrolle hat im Bereich der Politikverflechtung zwischen Bund und Ländern nicht stattgefunden, obwohl die Situation durchaus vergleichbar ist: Der Bundestag sieht sich sowohl gegenüber den Beschlüssen des EG-Ministerrates als auch gegenüber den von den Regierungschefs des Bundes und der Länder gefaßten Beschlüssen in einer Ratifizierungslage, die nur in Ausnahmefällen eine eigene politische Stellungnahme des Bundestages zuläßt. Die Kritik und Kontrolle des Bundestages steht bei diesen wichtigen haushaltswirtschaftlichen Beschlüssen nur auf dem Papier, da die

---

[149] Vgl. dazu unten § 4.

[150] Vgl. oben § 1 und § 3 A.

parlamentarische Einwirkung im Zeitpunkt des Gesetzgebungsverfahrens zu spät erfolgt. Dasselbe gilt für die Ratifizierungsgesetze im Bereich der allgemeinen Außenpolitik.

Auf der Ausgabeseite sieht sich die Gesetzgebung im Bund-Länder-Verhältnis nicht in derselben „harten" Ratifizierungslage wie auf der Einnahmeseite, da die ausgabewirksamen Gesetze von den Regierungen des Bundes und der Länder nicht bis ins Detail vorgeformt werden. Der Bundestag könnte somit bei seinen Beratungen die mit den Gesetzen induzierten haushaltswirtschaftlichen Folgen bei den Ländern und damit auch beim „gesamtwirtschaftlichen Gleichgewicht" berücksichtigen. Dies unterbleibt jedoch weitgehend, womit die in der Geschäftsordnung gegebenen Möglichkeiten der haushaltswirtschaftlichen Kontrolle im Bund-Länder-Verhältnis nicht voll ausgeschöpft werden.

§ 4. Haushaltswirtschaftliche Kontrolle im Rahmen der Haushaltsgesetzgebung

A. Haushaltswirtschaftliche Kontrolle und Haushaltsgesetzgebung

I. Die Haushaltsgesetzgebung als Erscheinungsform der Haushaltsgewalt

1. Die Pflicht zur Haushaltsgesetzgebung

Das Verhältnis von Haushaltsgesetzgebung zur Haushaltsgewalt ist das klassische Problem des Haushaltsverfassungsrechts. Es fehlte in der staatsrechtlichen Diskussion nicht an Versuchen, Haushaltsgesetzgebung und Haushaltsgewalt voneinander zu scheiden[1]. Augenfälliges Beispiel ist die Qualifizierung des Haushaltsgesetzes als ein nur formelles Gesetz. Mit Hilfe des Haushaltsgesetzes konnte danach praktisch keine verbindliche Gewalt über den Haushalt ausgeübt werden. Zumindest auf abstrakt rechtstheoretischer Ebene ist inzwischen eine Annäherung der Positionen zu verzeichnen. Die Haltbarkeit der Lehre vom formellen Gesetzesbegriff wird weitgehend abgelehnt[2]. *R. Mußnug* prägte die Formel vom Haushaltsgesetz als einem Gesetz „wie jedes andere auch“[3]. Für das Haushaltsgesetz gelten freilich einige verfassungsrechtliche Besonderheiten.

Eine erste Besonderheit ist die Pflicht zur Haushaltsgesetzgebung. Zwar ist die Geltungsdauer des einzelnen Haushaltsgesetzes befristet. Damit wird jedoch nicht die Dauerhaftigkeit der haushaltsgesetzlich geregelten Materie berührt, denn die Haushaltsgesetze sind in der zeitlichen Dimension trotz ihrer jeweiligen Befristung vollständig. Sie müssen kontinuierlich aneinander anknüpfen. Eine haushaltsgesetzlose Zeit darf es gemäß Art. 111 GG nur für Übergangsperioden geben. Die Verfassung konstituiert damit eine terminlich gebundene Pflicht zur Haushaltsge-

---

[1] Vgl. die historischen Analysen von *K. H. Friauf*, Der Staatshaushalt im Spannungsfeld zwischen Parlament und Regierung (1968), S. 249 ff.; *R. Mußgnug*, Der Haushaltsplan als Gesetz (1976), S. 149 ff.; vgl. oben § 1 A.

[2] Insbesondere zum Gesetzescharakter des Haushaltsgesetzes: *R. Hoffmann*, Haushaltsvollzug und Parlament (1972), S. 29 ff.; *K. M. Hettlage*, Zur Rechtsnatur des Haushaltsplanes (1974), S. 391 (394); *R. Mußgnug*, Der Haushaltsplan als Gesetz (1976), S. 353.

[3] Der Haushaltsplan als Gesetz (1976), S. 355 ff. — Der Verdacht liegt allerdings nahe, daß die sachlich unterschiedlichen Grundpositionen unter dem Mantel der terminologischen Übereinstimmung weiterleben. Vgl. die scharfe Kritik von *K. M. Hettlage*, Zur Rechtsnatur des Haushaltsplanes (1974), S. 391 ff. und *R. Mußgnug*, Der Haushaltsplan als Gesetz (1976), S. 377 ff. an der Position von *R. Hoffmann*, Haushaltsvollzug und Parlament (1972).

setzgebung[4]. Die Dauerhaftigkeit der allgemeinen Gesetze wird ersetzt durch die Pflicht, sich immer wiederkehrend mit der Materie der Haushaltsgesetzgebung auseinanderzusetzen[5]. Die Beschränkung der gesetzgeberischen Freiheiten durch die Konstituierung einer Gesetzgebungspflicht ist dem Verfassungsrecht[6] und der Verfassungsrechtsprechung[7] nicht fremd. Es handelt sich um eine Konsequenz der verfaßten, demokratischen Ordnung, in der auch die Gesetzgebung nicht absolut frei ist.

Aus Art. 113 und 110 III GG wird mit Recht gefolgert, die Erstellung eines Haushaltsgesetzentwurfes sei Sache der Regierung[8]. War dies im konstitutionellen Staat ein Recht des Monarchen, so ist das sogenannte Initiativmonopol in der Verfassungsordnung des Grundgesetzes eine Pflicht der Regierung[9]. Der Pflicht zur Einbringung eines Haushaltsgesetzentwurfs entspricht auf seiten des Bundestages die Pflicht, ein Haushaltsgesetz zu verabschieden. Die pauschale Etatablehnung[10], die keinerlei Hinweise enthält, wie eine neue Regierungsvorlage aussehen müßte und der haushaltswirtschaftlich fremde Überlegungen zugrunde liegen, ist unzulässig[11]. Aus seiner Verantwortung für die Haushaltswirtschaft und für eine ordnungsgemäße Staatsleitung ist der Bundestag gehalten, das ihm Mögliche zur Verabschiedung eines Haushaltsgesetzes beizutragen. Die rein politische Haushaltsverweigerung ist Relikt konstitutionellen Denkens, in dem das Parlament nur negativ-ausgrenzende, nicht aber positiv gestaltende Verantwortung trug[12]. Rechtliche Sanktionen sind an etwaige Pflichtverstöße der Regierung oder des Bundestages im Verfahren der Haushaltsgesetzgebung insoweit nicht geknüpft. Wohl aber stellt die Verfassung mit Art. 111 GG ein Institut bereit, das über eine (rechtswidrige) Haushaltsverweigerung des Parlamentes hinweghilft[13].

---

[4] So jetzt ausdrücklich: BVerfG NJW 1977, 1387, LS. 2; vgl. auch *Fricke*, Über die Pflicht zu Haushaltsgesetzgebung, DVBl. 1975, S. 604; *P. Feuchte*, Der Nothaushalt, AöR 97 (1972), S. 538 (561); *E.-A. Piduch*, Bundeshaushaltsrecht (1977), Art. 110, Rn. 60.

[5] Vgl. oben § 2 A I.

[6] Vgl. z. B. Art. 29, 117 GG sowie die zahlreichen Verweise auf nähere gesetzliche Regelungen (z. B. Art. 21, 38 etc.).

[7] Vgl. z. B BVerfGE 15, 337 (348 ff.); 33, 1 ff.

[8] H. M. Vgl. etwa: *E. A. Piduch*, Bundeshaushaltsrecht (1977), Art. 110, Rn. 15, 72; *Maunz* / Dürig / Herzog, Grundgesetzkommentar (1976), Art. 110, Rn. 14.

[9] Vgl. *E. Fricke*, Über die Pflicht zur Haushaltsgesetzgebung, DVBl. 1975, 604 (604).

[10] Vgl. die Etatablehnung im April 1972; Verhandlungen des Deutschen Bundestages, Stenographische Berichte, 6. Wahlperiode, Bd. 79, S. 10787 ff.

[11] Vgl. *E. Fricke*, Über die Pflicht zur Haushaltsgesetzgebung, DVBl. 1975, 604 (605 f.).

[12] a. A. wohl *Chr. Sasse*, Haushaltsvollzug ohne Haushalt, JZ 1973, 189, Fn. 3.

[13] Wenn die Regierung Art. 111 GG in Anspruch nimmt, ohne vorher einen Haushaltsgesetzentwurf vorgelegt zu haben, wird man eine Verwirkung ihres Initiativrechts annehmen müssen. Der Bundestag kann dann ein Haushalts-

Die Pflicht zur Haushaltsgesetzgebung dokumentiert deren Rang als Institut der Haushaltsgewalt: Da von der Haushaltsgesetzgebung losgelöste haushaltswirtschaftliche Entscheidungen nur in Ausnahmefällen[14] statthaft sind, muß eine Pflicht zur Haushaltsgesetzgebung angenommen werden. Diese entspricht dem gewandelten Gesetzesverständnis. Das Haushaltsgesetz dient nicht der Kontrolle der bei der Exekutive liegenden Haushaltsgewalt, sondern ist selbst als Steuerungs- und Gestaltungsinstrument die (Haupt-)Erscheinungsform der Haushaltsgewalt.

2. *Der Inhalt des Haushaltsgesetzes*

Der Inhalt des Haushaltsgesetzes ist zuvörderst die Feststellung des Haushaltsplanes (Art. 110 II GG). Damit soll eine verbindliche Bestandsaufnahme der staatlichen Einnahme- und Ausgabepolitik und zugleich — in Form von Ausgabebewilligungen — die finanzwirtschaftliche Verantwortlichkeit der Verwaltung sachgerecht begründet werden. Außerdem soll die Ausgabe- und Einnahmepolitik im Rahmen der Manövriermasse auf die gesamtwirtschaftliche Zielsetzung ausgerichtet werden[15]. Darüber hinaus beinhaltet der Haushaltsplan die Bewilligungen für Planstellen und Verpflichtungsermächtigungen, die nach der Bundeshaushaltsordnung die Voraussetzung für die Einstellung von Beamten und das Eingehen von Verpflichtungen sind[16]. Die Entwicklung dieser Institute ist eine verfassungsgerechte Ausgestaltung des Begriffes „Haushaltsplan". Zwar wird der Haushaltsplan in Art. 110 GG mit Einnahmen und Ausgaben, also mit Zahlungsvorgängen[17], in Verbindung gebracht, doch ist der Zusammenhang zwischen der Verleihung eines Amtes bzw. der Eingehung einer Verpflichtung so eng damit verbunden, daß eine Ausdehnung des Bewilligungsrechts und der Haushaltsplanfeststellung auf die den Ausgaben vorgelagerten Institute der Planstellen und Verpflichtungsermächtigungen sachgerecht ist[18].

---

gesetz verabschieden, um das Recht der Regierung zur Haushaltswirtschaft nach Art. 111 GG abzuschneiden. Vgl. auch die Überlegungen bei *R. Mußgnug*, Der Haushaltsplan als Gesetz (1976), S. 358 ff.

[14] Vgl. die Art. 111, 112 GG sowie das StabG.

[15] Zu den Zielen von Haushaltsplan und Ausgabebewilligung vgl. oben § 2. — Zum Zusammenhang von Haushaltsgesetz und Haushaltsplan: BVerfGE 20, 56; *W. Schick*, Haushaltsplan und Haushaltsgesetz vor Gericht, JZ 1967, 271 (272).

[16] Vgl. § 49 und § 38 BHO.

[17] Anknüpfend an die finanzwirtschaftliche Budgettheorie kann zwischen der Entstehung einer rechtlichen Verbindlichkeit, in klassisch-französischer Terminologie „l'engagement", der Festsetzung der genauen Forderungssumme („la liquidation"), der Zahlungsanweisung („l'ordonnancement") und der Bezahlung („le payment") unterschieden werden. Der Begriff der Ausgabe knüpft an die beiden letzten Phasen an. Vgl. *H. Rehm*, Zusammenhänge zwischen der zeitlichen Erfassung von Einnahmen und Ausgaben, DÖV 1977, 312 ff.

[18] Vgl. § 23 HGrG; die „appropriations" im amerikanischen Haushaltsrecht sind vergleichbar mit Verpflichtungsermächtigungen. Vgl. dort die Unterscheidung zwischen „budget authority" und „budget outlays".

Neben der Feststellung des Haushaltsplanes dürfen nach Art. 110 IV GG in das Haushaltsgesetz nur solche Vorschriften aufgenommen werden, „die sich auf die Einnahmen und Ausgaben des Bundes und auf den Zeitraum beziehen, für den das Haushaltsgesetz beschlossen wird". Der Zweck dieses sogenannten „Bepackungsverbotes" war im Konstitutionalismus der Schutz des Monarchen[19]. Dem Parlament sollte die Möglichkeit genommen werden, die Rechte des Monarchen zu verkürzen, indem es ihm genehme Gesetze mit dem Haushalt koppelte und den Monarchen, der auf den Haushalt angewiesen war, zur Annahme dieser Gesetze zwang[20].

Diese Lehre wurde von *A. v. Portatius* für die Verfassungsordnung des GG neu aktualisiert[21]. Das Bepackungsverbot diene der Wahrung der Rechte des Bundesrates. Das Haushaltsgesetz sei nur Einspruchsgesetz und würde durch die Bepackung mit einer zustimmungsbedürftigen Norm zum Zustimmungsgesetz. In dem Haushaltsgesetzgebungsverfahren seien jedoch die Rechte des Bundesrates im Vergleich zur normalen Gesetzgebung verkürzt. Könnte das Haushaltsgesetz zulässigerweise mit einer zustimmungsbedürftigen Norm „bepackt" werden, dann würden die Rechte des Bundesrates beschnitten. Der Bundesrat könnte außerdem, unter dem Druck stehend, das Haushaltsgesetz verabschieden zu müssen, über die zustimmungsbedürftige Norm nicht frei entscheiden. Um diese Situation zu verhindern, müsse die Betonung in Art. 110 IV GG auf Einnahmen und Ausgaben „allein" des Bundes[22] gelegt werden, denn Vorschriften, die sich auf die Einnahmen und Ausgaben der Länder (mit-)beziehen, seien zustimmungsbedürftig und somit im Haushaltsgesetz unzulässig.

Die herrschende Meinung[23] interpretiert das Bepackungsverbot weniger rigide. Danach genügt es, wenn die in das Haushaltsgesetz aufgenommenen Vorschriften einen Bezug zur Einnahme- bzw. Ausgabepolitik erkennen lassen. Das Bepackungsverbot soll den Charakter des Haushaltsgesetzes als eines „Zeit"gesetzes wahren und darüber hinaus soll es das Haushaltsgesetz vor einer Überfrachtung mit budgetfremden Materien bewahren.

Der Argumentation von *v. Portatius* ist folgendes entgegenzuhalten: Das Grundgesetz besagt in Art. 104 a IV Satz 2, daß der Bund den Län-

---

[19] Vgl. zum Bepackungsverbot (damals: Bedingungsverbot) im Konstitutionalismus: *v. Portatius*, Das haushaltsrechtliche Bepackungsverbot (1975), S. 18f.

[20] Vgl. *P. Laband*, Das Budgetrecht (1871), S. 17.

[21] Vgl. *A. v. Portatius*, Das haushaltsrechtliche Bepackungsverbot (1975), S. 58 ff.

[22] Vgl. *A. v. Portatius*, Das haushaltsrechtliche Bepackungsverbot (1975), S. 73.

[23] Vgl. etwa: *E.-A. Piduch*, Bundeshaushaltsrecht (1975), Art. 110, Rn. 82 f.; *Maunz* / Dürig / Herzog, Grundgesetzkommentar, Art. 110, Rn. 15; *R. Mußgnug*, Der Haushaltsplan als Gesetz (1976), S. 360 f.

dern für besonders bedeutsame Investitionen Finanzhilfen gewähren darf. Die Finanzierung dieser Investitionen ist normalerweise Sache der Länder, denn es handelt sich dabei um Aufgaben und damit auch Ausgaben der Länder. Die Investitionshilfe gemäß Art. 104 a IV Satz 2 GG wird erst aufgrund einer Ermächtigung im Haushaltsgesetz als Ausgabe des Bundes zulässig. Diese vom GG im Haushaltsgesetz vorgesehene Regelung bezieht sich ihrem materiellen Inhalt nach auf eine „integrierte" Sicht von Länder- und Bundesausgaben, indem sie Mischfinanzierungstatbestände zuläßt[24]. Art. 110 IV GG kann deswegen nicht so verstanden werden, daß nur Regelungen, die allein die Ausgaben des Bundes betreffen, ins Haushaltsgesetz aufgenommen werden dürfen. Der rigiden Interpretation, die das Schwergewicht der Interpretation des Art. 110 IV GG auf die Worte „Ausgaben des Bundes" legt, sind deswegen Bedenken entgegenzubringen, die nur dadurch beseitigt werden könnten, daß man Art. 104 a IV Satz 2 GG als Ausnahme zur Regel des Art. 110 IV GG interpretieren würde.

Wenn auch der Ansatz von *A. v. Portatius* die Dogmatik um eine verblüffende Idee bereichert hat, so trifft er doch das verfassungspolitische Anliegen des Art. 110 IV GG nicht voll. Das Bepackungsverbot des Art. 110 IV GG hat aufgrund seiner Weite letztlich nur ein verfassungspolitisches Anliegen: Es dient der Normenklarheit, wenn Rechtsmaterien nicht auf allgemeine Gesetze und Haushaltsgesetze aufgesplittert werden. Sie sollen in dem Verfahren geändert werden, in dem sie auch erlassen wurden[25]. Das Bepackungsverbot steht als Mahnung, diese Grundsätze zu beachten und das Haushaltsgesetz nicht mit budgetfremden Materien zu belasten. Art. 110 IV GG soll damit, positiv gewendet, eine Konzentration auf die mit der Haushaltsplanfeststellung und Ausgabebewilligung verbundenen Probleme bewirken.

3. *Die Anwendbarkeit des Art. 113 GG auf das Haushaltsgesetz*

Die Verantwortung für das Haushaltsgesetz, wie auch für die allgemeinen Gesetze, fällt der Regierung und dem Bundestag gemeinsam zu, denn die Regierung ist mit ihrer „Veto"kompetenz gemäß Art. 113 GG auch am Haushaltsgesetzgebungsverfahren beteiligt[26]. Die Anwendbarkeit des Art. 113 GG auf die Haushaltsgesetzgebung wird freilich von *R. Mußgnug*[27] bestritten. Das Verfahren der Haushaltsgesetzgebung wür-

---

[24] Zur Interpretation des Art. 104 a IV GG vgl. die entsprechende Kommentierung von *Vogel / Kirchhof* im BK.

[25] Diese Gedanken werden von *A. v. Portatius*, Das haushaltsrechtliche Bepackungsverbot (1975), S. 88 ff. ebenfalls herausgestellt und gehen auf Überlegungen von *J. Heckel*, Einrichtung und rechtliche Bedeutung des Reichshaushaltsgesetzes, S. 386 zurück; vgl. *ders.*, Die Budgetverabschiedung, S. 394.

[26] Vgl. oben § 3 A I 2.

[27] Der Haushaltsplan als Gesetz (1976), S. 206 ff.

de mit „gravierenden Komplikationen" belastet, wenn das zeitraubende Aufschiebeverfahren des Art. 113 GG bei ausgabeerhöhenden Beschlüssen eingeleitet werden müßte. Außerdem — so argumentiert *R. Mußgnug* — sei die Regierung auf Art. 113 GG nicht angewiesen, um ihrer finanzwirtschaftlichen Verantwortung nachzukommen. Sie könne ausgabeerhöhenden Beschlüssen des Bundestages dadurch ihre Wirkung nehmen, daß sie diese nicht lückenlos befolge[28].

Dieser Argumentation sind dogmatische Einwände entgegenzuhalten. Aufgrund des Vorherigkeitsgebotes des Art. 110 II GG besteht zwar ein Zeitdruck bei Verabschiedung des Haushaltsgesetzes. Dieser Zeitdruck kann jedoch nur die Folge haben, daß es die Pflicht von Regierung und Parlament ist, den Haushaltsplan so rechtzeitig einzubringen und zu beraten, daß das Verfahren der Haushaltsgesetzgebung ordnungsgemäß durchgeführt werden kann. Der Zeitdruck kann nicht dazu führen, daß verfahrensmäßige Rechte und Pflichten uminterpretiert werden. Der Wortlaut, die Entstehungsgeschichte und die systematische Stellung des Art. 113 GG sprechen jedenfalls eindeutig für die Anwendung dieser Vorschrift auch auf das Haushaltsgesetz[29].

Eine solche klare Regelung könnte allenfalls aus zwingenden Gründen uminterpretiert werden. *R. Mußgnug* macht dementsprechend geltend, ein von der Regierung eingeleitetes Verfahren nach Art. 113 GG führe zu „gravierenden Komplikationen". Dies ist jedoch nicht der Fall. Ein nach Art. 113 GG eingeleitetes Verfahren entbindet weder das Parlament noch die Regierung von der Pflicht, ein Haushaltsgesetz zu verabschieden, in dem alle notwendigen Ausgaben bewilligt sind[30]. Die Aussetzung des Verfahrens kann sich deswegen bei einer an der Gesamtheit aller verfassungsrechtlichen Gesichtspunkte orientierten Interpretation nur auf die im Streite stehenden Titelansätze beziehen und auch da nur insoweit, als das Parlament den von der Regierung vorgeschlagenen Betrag erhöhen will. Dieser Erhöhungsbeschluß müßte ausgesetzt werden. Erforderte das Aussetzungsverfahren nach Art. 113 GG mehr Zeit, als für eine rechtzeitige Verabschiedung des Haushaltsgesetzes zur Verfügung steht, so müßte das Haushaltsgesetz ohne den streitigen Erhöhungs-

---

[28] Vgl. *R. Mußgnug*, Der Haushaltsplan als Gesetz (1976), S. 208; diese Argumentation ist bedenklich, da sie die durch das Haushaltsgesetz ausübbare Haushaltsgewalt von vornherein beschränkt. Vgl. auch unten § 4 A I 4.

[29] Auch das BVerfG (NJW 1977, 1387 [1389 sub D I 1]) geht ersichtlich von der Anwendbarkeit des Art. 113 bei der Haushaltsgesetzgebung aus. Ebenso die h. M.: vgl. *E. A. Piduch*, Bundeshaushaltsrecht (1977), Art. 113, Rn. 9; *Maunz* / Dürig / Herzog, Grundgesetzkommentar (1976), Art. 113, Rn. 3. — Die alte Fassung des Art. 113 GG bezog sich ebenfalls auch auf die Haushaltsplanfeststellung. Vgl. *W. Henrichs*, Art. 113 des Grundgesetzes (Diss. 1958), S. 292. Mit der Neufassung sollte die Vorschrift effektiviert, nicht aber in ihrem Geltungsbereich eingeschränkt werden.

[30] Vgl. oben § 3 A I 1; § 4 A I 1.

beschluß verabschiedet werden. Über den Erhöhungsbeschluß wäre in einem Nachtrag zu befinden[31].

Allein diese Interpretation läßt der Wortlaut und die systematische Stellung des Art. 113 GG zu. Der Hinweis *R. Mußgnugs* auf den bloßen Ermächtigungscharakter des Haushaltsplanes und der daraus gefolgerten mangelnden Notwendigkeit für eine Anwendung des Art. 113 GG ist nicht schlüssig. Genausogut kann umgekehrt argumentiert werden: Art. 113 GG muß anwendbar sein, da das Haushaltsgesetz auch verpflichtenden Charakter haben kann[32]. Der — angeblich — nur ermächtigende Charakter des Haushaltsgesetzes ist auf Verfassungsebene nirgendwo statuiert und kann somit nicht zur Begründung der Nicht-Anwendbarkeit des Art. 113 GG auf das Haushaltsgesetz herangezogen werden.

Mit der h. M. ist davon auszugehen, daß Art. 113 GG auf das Haushaltsgesetz anwendbar ist. Ausgabeerhöhende Beschlüsse des Parlamentes bedürfen deswegen der Zustimmung der Bundesregierung. Darunter fallen nicht nur solche Beschlüsse, die die Haushaltssumme erhöhen, sondern auch solche, die aufgrund von Saldierungen innerhalb des Einzelplanes oder zwischen den Einzelplänen ausgeglichen werden können[33].

Dem Zustimmungsrecht der Regierung korrespondiert die Pflicht, entsprechenden Beschlüssen des Parlamentes zu widersprechen, wenn die Regierung dies aus finanzwirtschaftlichen Gründen für notwendig erachtet: Das Vertrauen in die Verfahrensrichtigkeit demokratischer Auseinandersetzungen würde erschüttert, wenn ein politisch diskutierter und politisch entschiedener Ausgabebeschluß einseitig und in einem nicht-öffentlichen Verfahren konterkariert werden könnte[34].

4. *Die Rechtswirkungen des gesetzlich festgestellten Haushaltsplanes*

Die konkrete Rechtswirkung des Haushaltsgesetzes, insbesondere die Vollzugsverbindlichkeit des gesetzlich festgestellten Haushaltsplanes, stellt das klassische Problem des Haushaltsverfassungsrechts dar, an dem

---

[31] Allerdings heißt es in Art. 113 I GG, daß die Beschlußfassung über das „Gesetz" auszusetzen ist. Dies kann beim Haushaltsgesetz nicht erfolgen, da hier eine Pflicht zur rechtzeitigen Gesetzgebung besteht. Eine die verschiedenen Gesichtspunkte in „praktische Konkordanz" (*Hesse*) bringende Interpretation führt deswegen zu dem hier vorgeschlagenen Verfahren, was dem besonderen Charakter des Haushaltsgesetzes als Mantelgesetz entspricht.

[32] Diese Argumentation wird von *R. Mußgnug*, Der Haushaltsplan als Gesetz (1976), S. 208 durchaus gesehen. Er entscheidet sich dann aber „aus Gründen der besseren Praktikabilität" für die Nicht-Anwendbarkeit des Art. 113 GG auf das Haushaltsgesetz, was im Widerspruch zu seiner Grundthese vom Haushaltsgesetz als einem Gesetz „wie jedes andere" steht.

[33] Vgl. *E. A. Piduch*, Bundeshaushaltsrecht (1977), Art. 113, Rn. 9; *E. Moeser*, Die Bindung an den Staatshaushalt, DVBl. 1977, 479 (483).

[34] Vgl. dazu auch *E. Moeser*, Die Bindung an den Staatshaushalt, DVBl. 1977, 479 (483).

sich zeigen muß, ob tatsächlich eine Annäherung der Positionen erreicht wurde[35]. Während einerseits die Vollzugsverbindlichkeit des Haushaltsplanes grundsätzlich abgelehnt wird, wobei auf § 3 des Haushaltsgrundsätzegesetzes verwiesen wird[36], behauptet eine Mindermeinung unter Hinweis auf den Gesetzesbegriff[37], daß eine Vollzugsverbindlichkeit bezüglich des Haushaltsplanes möglich sein müsse. Der sich in Gesetzesform manifestierende Wille der obersten Staatsorgane beansprucht rechtliche Gültigkeit[38]. Dieser Geltungsanspruch ist umfassend und erfährt nur durch die Verfassung eine Grenzziehung. In den Fällen, in denen der im Haushaltsplan zum Ausdruck kommende Wille des Haushaltsgesetzgebers sich auf die verbindliche Vollziehung bestimmter Ausgabeansätze richtet, beansprucht dieser Wille wegen seiner Transformation in den Rang eines Gesetzes rechtliche Geltung[39].

Dieser Wille gilt bei der gesetzlichen Feststellung des Haushaltsplanes nur im staatsinternen Bereich[40]. In den an Ansprüchen und Verbindlichkeiten orientierten Außenbereich reicht der Haushaltsplan nicht hinein. Insofern sind die Bedenken unbegründet, eine Verbindlichkeitserklärung von einzelnen Haushaltstiteln würde den „Haushaltsvollzug dann über kurz oder lang von der Regierung auf die Gerichte übergehen“[41] lassen. Normen des objektiven Rechts führen schon seit jeher nicht unbedingt zu subjektiv-öffentlichen Ansprüchen[42].

Problematisch ist jedoch die Einordnung des § 3 Haushaltsgrundsätzegesetzes, in dem es heißt, der Haushaltsplan „ermächtige“ die Verwaltung

---

[35] Vgl. oben bei Fn. 3; praktisch wird dieser Konflikt in einem parlamentarischen Regierungssystem selten auftreten. Vgl. aber den Streit um das „Panzerschiff A“ (dazu: *C. D. Schumann*, Rechtswirkungen des Haushaltsplanes (1964), S. 51 ff. m. weit. Nachw.) oder die Situation einer Minderheitenregierung. Zu einem solchen Fall: *E. Moeser*, Die Bindung an den Staatshaushalt, DVBl. 1977, 479 ff.

[36] Vgl. zuletzt *R. Mußgnug*, Der Haushaltsplan als Gesetz (1976), S. 207 f., 315 f., 377; *K. M. Hettlage*, Zur Rechtsnatur des Haushaltsplanes (1974), S. 391 ff.

[37] Vor allem *R. Hoffmann*, Haushaltsvollzug und Parlament (1972), S. 50; sich *R. Hoffmann* anschließend: *E. Moeser*, Die Bindung an den Staatshaushalt, DVBl. 1977, 479 ff.

[38] So schon das rechtshistorische Konzept *A. Haenels*. Vgl. oben § 1 A.

[39] Auf dieses Axiom läßt sich der Ansatz von *R. Hoffmann*, Haushaltsvollzug und Parlament (1972) (passim), zurückführen mit der Maßgabe, daß *Hoffmann* nicht exakt genug die Organe (Parlament und Regierung) und die Funktionenträger (Haushaltsgesetzgeber) auseinanderhält. Gesetzgebung ist, wie Art. 113 GG dokumentiert, nicht alleinige Sache des Parlamentes!

[40] Ganz h. M. — Vgl. *R. Mußgnug*, Der Haushaltsplan als Gesetz (1976), S. 310 ff.

[41] *R. Mußgnug*, Der Haushaltsplan als Gesetz (1976), S. 317; vgl. auch BVerfGE 38, 121 (dazu kritisch: *R. Klenke*, Die Vorlagefähigkeit des Haushaltsgesetzes nach Art. 100 I GG, JuS 1976, 369).

[42] Eine Organstreitigkeit des Parlamentes gegen die Bundesregierung auf Vollzug bestimmter Ausgaben wäre jedoch denkbar!

zur Leistung von Ausgaben[43]. Diese Norm wird einerseits als konstitutiv-kompetenzbegründende Vorschrift aufgefaßt, die die Verwaltung ermächtige, Ausgaben zu leisten, die jedoch über die darüber hinausgehende Frage, ob die Verwaltung aus demokratiestaatlichen Gründen nicht auch verpflichtet sei, die Ausgaben zu leisten, nichts aussage[44]. Eine Interpretation des § 3 HGrG, die einen verpflichtenden Charakter des Haushaltsgesetzes grundsätzlich ausschließe, verstoße gegen das verfassungsrechtliche Delegationsverbot: Der Gesetzgeber dürfe sich nicht selbst und für eine unbegrenzte Anzahl von Fällen der Möglichkeit berauben, einzelne Beschlüsse im Haushaltsplan für die Regierung bindend auszugestalten[45]. Die h. M. freilich interpretiert § 3 HGrG als Ermächtigungsnorm, die einen verpflichtenden Charakter einzelner Ausgabeansätze ausschließe. Es könne dem Parlament nicht verwehrt sein, die eigene Rolle in bezug auf die Haushaltswirtschaft zu beschränken und auf die Möglichkeit, den Haushaltsplan in einzelnen Teilen verpflichtend zu machen, zu verzichten. Dies entspreche der im GG vorgeformten Aufgabenverteilung[46].

Dieser Streit ist zugunsten der Auffassung zu entscheiden, § 3 HGrG sei eine konstitutiv-kompetenzbegründende Norm zur Tätigung von Ausgaben und sage über einen etwaigen Verpflichtungscharakter einzelner Ausgabentitel nichts aus. Nur eine solche Interpretation „paßt" in das Verfassungsgefüge und in das rechtstheoretische Konzept des demokratischen Gesetzes. Aber auch aus Gründen der Verfassungssystematik muß dieser Meinung gefolgt werden. Art. 113 GG wäre sonst unverständlich[47].

Die Gesetzessystematik des Haushaltsgrundsätzegesetzes gebietet ebenfalls eine Interpretation in diesem Sinne. Das Haushaltsgrundsätzegesetz ermöglicht „globale Minderausgaben" im Haushaltsplan[48]. „Globale Minderausgaben" werden angesetzt, wenn dem Haushaltsgesetzgeber nicht genügend Deckungsmittel für die geplanten Ausgaben zur Verfügung stehen, er jedoch — mit Recht — davon ausgeht, daß aus nicht vorhersehbaren Gründen manche Ausgaben ausfallen werden. Man behilft

[43] Auf die unterschiedliche Interpretation dieser Norm läßt sich der gegenwärtige Streitstand um den Bindungscharakter des Haushaltsplanes zurückführen. Vgl. R. *Hoffmann*, Parlament und Haushaltsvollzug (1972), S. 50 einerseits und K. M. *Hettlage*, zur Rechtsnatur des Haushaltsplanes (1974), S. 391 (393 ff.) andererseits.

[44] Vgl. R. *Hoffmann*, Haushaltsvollzug und Parlament (1972), S. 50.

[45] So die auf ihren Kern reduzierte Argumentation R. *Hoffmanns*, Parlament und Haushaltsvollzug (1972), S. 52 ff.

[46] Vgl. zuletzt K. M. *Hettlage*, Zur Rechtsnatur des Haushaltsplanes (1974), S. 391 (393 ff.).

[47] Vgl. E. *Moeser*, Die Bindung an den Staatshaushalt, DVBl. 1977, 479 (482 ff.), vgl. auch oben bei Fn. 32.

[48] Vgl. die Obergruppe 97 im Gruppierungsplan.

sich in einem solchen Fall mit einer „globalen Minderausgabe“, die den Haushaltsplan zahlenmäßig ausgleicht. Materiell macht die „globale Minderausgabe“ den Haushaltsplan nur dann ausgeglichen, wenn die die Ausgaben bewirtschaftenden Instanzen dazu verpflichtet sind, entsprechende Einsparungen zu erwirtschaften. Eine solche Verpflichtung folgt aus dem Ausgleichsgebot (Art. 110 I GG). Die Erwirtschaftung der globalen Minderausgabe kann deswegen nicht in das Ermessen der Regierung gestellt sein. Das Haushaltsgrundsätzegesetz sieht also selbst einen Titel im Haushaltsplan vor, der nicht nur „ermächtigenden“, sondern — wohl unzweifelhaft — „verpflichtenden“ Charakter hat. Die Annahme verpflichtender Ausgabeansätze im Haushaltsplan ist deswegen nicht so systemfremd, wie es gelegentlich dargestellt wird[49].

Ein auf die Vollzugsverbindlichkeit gerichteter Wille des Haushaltsgesetzgebers hat jedoch Art. 114 II GG zu beachten, der einen Entscheidungsspielraum der Exekutive beim Vollzug des Haushaltsgesetzes voraussetzt[50]. Der Exekutive muß das Recht eingeräumt sein, die zur Wahrnehmung einer wirtschaftlichen Haushaltsführung notwendigen Kompetenzen auszuüben. Daraus ist vor allem zu folgern, daß die Regierung nicht verpflichtet werden kann, Geld auszugeben, wenn das Ziel auch mit weniger Mitteln als vorhergesehen erreichbar ist. Auch eine generelle Verbindlichkeitserklärung des Haushaltsplanes ist mit Art. 114 II GG unvereinbar, denn in diesem Fall würden die wechselseitigen Bedingtheiten zahlreicher Haushaltspositionen, die mit dem Gebot zur wirtschaftlichen Haushaltsführung beachtet werden sollen, abgeschnitten[51]. Art. 114 II GG läßt erkennen, daß der Haushaltsgesetzgeber nur einzelne Positionen für vollzugsverbindlich erklären kann[52]. Für welche Titel dies der Fall ist, muß interpretatorisch ermittelt werden, wobei von einem erklärten Willen während der Haushaltsgesetzgebung auszugehen ist. Wie bei jeder (Gesetzes-)Interpretation ist dieser jedoch kein absoluter Fixpunkt: Triftige, nicht vorhersehbare Gründe können eine Abweichung vom historischen Willen des Haushaltsgesetzgebers ermöglichen[53].

---

[49] Vgl. R. *Mußgnug*, Der Haushaltsplan als Gesetz (1976), S. 317 f.

[50] Vgl. P. *Kirchhof*, Buchbesprechung, AöR 98 (1973), S. 458 (459 f.) in Auseinandersetzung mit der Schrift *R. Hoffmanns; E. Moeser*, Die Bindung an den Staatshaushalt, DVBl. 1977, 479 (483).

[51] Der Vorschlag *R. Frömels*, Der Haushaltsplan im Kräftefeld von Parlament und Regierung, DVBl. 1974, 65 (67) ist aus diesem Grund nicht durchführbar.

[52] Im Ergebnis ebenso: *F. Schäfer*, Der Bundestag (1975), S. 271 f.; *A. Hamann*, Das Grundgesetz (1966), S. 449.

[53] Auch der Rekurs auf den Willen des Haushaltsgesetzgebers ist dem Haushaltsverfassungsrecht nicht so systemfremd, wie es gelegentlich dargestellt wird (vgl. *K. M. Hettlage*, Zur Rechtsnatur des Haushaltsplans (1974), S. 381 (402 f.): Bei der Prüfung des Merkmals „unvorhergesehen“ im Rahmen des

Insgesamt eröffnet die hier zugrunde liegende Interpretation des Haushaltsgesetzes eine juristische Konstruktion, die dem demokratischen Primat der Gesetzgebung sowie der notwendigen Flexibilität während des Haushaltsvollzuges gleichermaßen zur Geltung verhilft. Dieser umfassende Geltungsanspruch läßt das Haushaltsgesetz zu einem zentralen Instrument der Haushaltsgewalt werden.

5. *Der Umfang der freien Ausgaben im Haushaltsplan*

Die Relevanz der gesetzlichen Haushaltsplanfeststellung liegt zum einen in der re-integrativen Funktion des Haushaltsplanes, die in ihren Wirkungen auf alle weiteren staatlichen Entscheidungsprozesse gerichtet ist[54]. Zum anderen liegt die Bedeutung der Haushaltsplanfeststellung in der Ausgabebewilligung, mit deren Hilfe die finanzwirtschaftliche Verantwortlichkeit der Verwaltung begründet wird[55]. Die Bedeutung dieser beiden Funktionen der Haushaltsgesetzgebung entzieht sich einer Quantifizierung. Sie sind jedoch unverzichtbar für eine geordnete Haushaltswirtschaft.

Der Haushaltsgesetzgebung kommt darüber hinaus für die am gesamtwirtschaftlichen Gleichgewicht zu orientierende Einnahme- und Ausgabepolitik eine gewisse Bedeutung zu, da in ihr auch über „freie", gesetzlich nicht gebundene Ausgaben verfügt wird. Der Umfang der freien Ausgaben ist unter der Geltung des „demokratischen" Gesetzesbegriffes zurückgegangen[56]. Damit ist die wirtschaftspolitische Instrumentalisierbarkeit des Haushaltsgesetzes beschränkt worden, ohne daß freilich Klarheit besteht, welche „Manövriermasse" bei den Ausgaben im Rahmen der Haushaltsgesetzgebung besteht.

Es sind mehrere Versuche unternommen worden, die empirische Größenordnung der „freien" Ausgaben festzustellen. Im Unterschied zu dem oben eingeschlagenen Weg versuchen diese Ansätze die rechtlich gebundenen Ausgaben aus dem Haushaltsplan „herauszulesen"[57]. Nach den

Art. 112 GG ist nach einhelliger Ansicht so vorzugehen! Auch das OVG Münster, DÖV 1975, 503 geht davon aus, daß die „Vorgänge, die zur Feststellung des in den Haushaltsplan übernommenen Finanzbedarfs führten", von der Verwaltung zu beachten sind.

[54] Vgl. dazu oben § 2 A.

[55] Vgl. dazu oben § 2 B.

[56] Es ist nicht richtig, auf Grund dieser Tatsache von einer „Krise des Ausgabebewilligungsrechts" (*R. Mußgnug*, Der Haushaltsplan als Gesetz [1976], S. 235 ff.) zu sprechen. Das Ausgabebewilligungsrecht behält seine Bedeutung bei der Begründung finanzwirtschaftlicher Verantwortlichkeiten der Verwaltung.

[57] Vgl. oben § 3 A I 3. — Der Unterschied ist allerdings nicht nur methodischer, sondern auch sachlicher Art. Die hier kurz zu referierenden Ansätze suchen die „rechtlich" gebundenen Ausgaben zu bestimmen, was nicht identisch ist mit dem Versuch, die „gesetzlich" gebundenen Ausgaben zu bestimmen.

im Finanzbericht 1965[58] gemachten Angaben sollen 75 Prozent der Ausgaben gesetzlich oder vertraglich festliegen. In neuerer Zeit beschäftigte sich der Finanzplanungsrat mit dieser Frage[59]. Er ermittelte einen „Minimum-" und einen „Maximumwert": Der „Minimumwert" enthielt nur die Ausgabenansätze, die im Finanzplanungsrat unumstritten als gebunden angesehen wurden, während der „Maximumwert" auch die Ausgaben enthielt, bei denen es umstritten war, ob sie rechtlich gebunden waren oder nicht. Danach soll der Anteil der gebundenen Ausgaben zwischen minimal 79,9 Prozent und maximal 95,5 Prozent liegen. In der öffentlichen Diskussion und in anderen wissenschaftlichen Untersuchungen werden ebenfalls Zahlen genannt, die in dieser Größenordnung liegen[60].

Schon die Streubreite der Angaben zeigt an, daß es nicht einfach ist, die rechtlich gebundenen Ausgaben im Haushaltsplan zu identifizieren. Man ist auf Pauschalierungen angewiesen. Ein Blick auf die Erhebungsmethoden zeigt folgendes: Alle genannten Untersuchungen stufen die Personalausgaben, den sächlichen Verwaltungsaufwand, den Zinsaufwand und die Tilgungsausgaben für Kredite als „gebunden" ein. Während der Finanzbericht 1965 und die Untersuchung von *D. Ewringmann* die gesamten Verteidigungsausgaben, einschließlich der militärischen Beschaffungen, pauschal als fixiert bezeichnen[61], im übrigen aber nur die Ausgaben als gebunden einstufen, bei denen sich ein entsprechender Hinweis in den Erläuterungen des Haushaltsplanes findet, geht der Finanzplanungsrat noch stärker pauschalierend vor: Er qualifiziert auch Ausgaben für die Abdeckung von Defiziten der Verkehrsunternehmen, für wissenschaftliche Forschung außerhalb der Hochschulen, für Subventionen der Landwirtschaft und für die Gemeinschaftsaufgaben als gebunden.

Dieser Blick auf die Erhebungsmethoden läßt eines als sicher erscheinen: Fünf bis zehn Prozent der Ausgaben sind bei der Haushaltsgesetzgebung im Sinne einer gesamtwirtschaftlich orientierten Ausgabepolitik disponibel. Aufgrund der Institute der Planstellenbewilligung, der Verpflichtungsermächtigung, der Kredit- und Bürgschaftsermächtigung ist

---

[58] Bundesministerium der Finanzen, Finanzbericht 1965, S. 526.

[59] Die Ergebnisse der Untersuchung des Finanzplanungsrates sind nicht veröffentlicht. Sie werden hier nach *D. Ewringmann*, Die Flexibilität öffentlicher Ausgaben (1975), S. 66 ff. berichtet.

[60] Vgl. *D. Ewringmann*, Die Flexibilität öffentlicher Ausgaben (1975), S. 73; *K. M. Hettlage*, Zur Rechtsnatur des Haushaltsplanes (1974), S. 404; *H. C. Korff*, Haushaltspolitik (1975), S. 52; *J. Maaß*, Die Flexibilität der Staatsausgaben (1973), S. 7, 225 ff.

[61] Hier scheinen entsprechende internationale Verständigungen vorzuliegen. *A. Zunker*, Finanzplanung (1972), S. 139 f. berichtet, daß der Bundeskanzler eine Fernsehansprache, in der Kürzungen im Verteidigungshaushalt begründet werden sollten, u. a. auf Vorhaltungen des befreundeten Auslandes abgesagt habe.

der im Rahmen der gesetzlichen Haushaltsplanfeststellung langfristig vorhandene Entscheidungsspielraum jedoch größer. Die Personalausgaben werden zu einem nicht unerheblichen Umfang durch die Planstellenbewilligung gesteuert. Etwa 16 Prozent der Gesamtausgaben werden jährlich aufgrund von eingegangenen Vertragsverpflichtungen fällig, die über das Institut der Verpflichtungsermächtigung teilweise mitgesteuert wurden. Der Schuldendienst, d. h. Zinsausgaben und Tilgungszahlungen, beläuft sich auf etwa drei Prozent der Ausgaben und steht in direkter Korrelation zu den im Haushaltsgesetz ausgesprochenen Kreditermächtigungen[62].

Die Haushaltsgesetzgebung ist bei der Bewilligung von Planstellen, Verpflichtungsermächtigungen etc. nicht autonom. Sie hat den gesetzlich vorgegebenen Rahmen zu beachten. Dennoch besteht hier eine „Feinsteuerungsmöglichkeit", die später bei der Ausgabebewilligung nicht mehr gegeben ist. Die im Rahmen der Haushaltsgesetzgebung geleistete Entscheidungsarbeit ist somit jedenfalls umfangreicher, als es ein Blick auf die „freie" Ausgabenwirtschaft vermuten läßt. Allerdings ist der kurzfristig der gesamtwirtschaftlichen Manipulierung zur Verfügung stehende ausgabenpolitische Entscheidungsspielraum mit fünf bis zehn Prozent „freier" Ausgaben relativ klein. Dieser empirische Befund rechtfertigt, die Haushaltsgesetzgebung — ganz abgesehen von der re-integrativen Funktion des Haushaltsplanes und den Funktionen der Ausgabebewilligungen — auch wegen ihrer Bedeutung für die Ausgabepolitik als bedeutsames Instrument der Haushaltsgewalt anzusehen.

II. Das Haushaltsgesetz in den Beratungen des Bundestages

1. *Vorschriften der Geschäftsordnung*

Das Haushaltsgesetz wird als Haushaltsvorlage im Sinne des § 94 GeschOBT behandelt und kann damit erst nach obligatorischer Vorberatung durch den Haushaltsausschuß im Plenum zur Abstimmung gestellt werden[63]. Indem der Haushaltsausschuß das Haushaltsgesetz dem Plenum abstimmungsreif vorzulegen hat, wächst ihm eine beträchtliche faktische Machtfülle zu. Erstens kann das Haushalts„paket" bei den abschließenden Plenumsberatungen auf Grund seiner inhaltlichen Fülle weniger noch als andere Gesetzesvorlagen „aufgeschnürt" werden, und zweitens steht das Plenum bei der Verabschiedung des Haushaltsgesetzes unter Zeitdruck. Es könnte allenfalls in Ausnahmesituationen die

[62] Zum Umfang der Verpflichtungsermächtigungen: *D. Ewringmann*, Die Flexibilität öffentlicher Ausgaben (1975), S. 88 ff. — Zum Umfang der Personal- und Zinsausgaben vgl. oben Tabelle 2 (§ 2 A II 3).

[63] Zur Auslegung des § 94 GeschOBT: *H. Trossmann*, Parlamentsrecht (1977), § 94.

Ausschußvorlage zu weiteren, ergänzenden Beratungen rückverweisen. Die Entscheidungen des Haushaltsausschusses sind deswegen faktisch gleichbedeutend mit den Entscheidungen des Parlamentes. „Der Haushaltsausschuß ist der einzige Ausschuß, in dem ein Abgeordneter noch Macht ausüben kann[64]."

Die Fachausschüsse des Bundestages können an der Haushaltsgesetzgebung im Rahmen der Mitberatung teilnehmen. Diese Möglichkeit sollte durch die Neufassung des § 94 GeschOBT nicht berührt werden[65]. Eine Zuweisung zur Mitberatung durch das Plenum unterbleibt jedoch regelmäßig[66]. Lediglich der Verteidigungsausschuß wird zu den Beratungen des Verteidigungsetats herangezogen, was auf Grund der Geheimhaltungsvorschriften und vor allem auch auf Grund von Art. 87 a GG notwendig ist. Die gutachtliche Stellungnahme zu Problemen, die die Einzelpläne „ihrer" Ministerien betreffen, bleibt den Fachausschüssen selbstverständlich vorbehalten.

Die Beratungen des Haushaltsausschusses folgen nur teilweise dem allgemeinen Öffentlichkeitsprinzip, das insbesondere für die parlamentarische Beratung des Etats weitgehend als konstituierend angesehen wird[67]. Lediglich einer „Parlaments-Öffentlichkeit" sind die Ausschußberatungen zugänglich. Parlamentarier, die nicht im Haushaltsausschuß vertreten sind, können als Zuhörer, in besonderen Fällen auch mit beratender Stimme an den Ausschußsitzungen teilnehmen[68]. Dieses Mindestgebot folgt aus dem Status der Freiheit und Gleichheit der Abgeordneten[69].

Die Parlaments-Öffentlichkeit wird erweitert, indem Vertreter der Exekutive von ihrem Recht nach Art. 43 II GG Gebrauch machen und den Ausschußberatungen beiwohnen. Außer den Vertretern des Bun-

---

[64] MdB *D. Sperling*, zitiert nach DIE ZEIT, Nr. 21 vom 14. Mai 1976, S. 18.

[65] Die alte Fassung des § 94 GeschOBT lautete „Soweit der Bundestag nicht anderes beschließt, werden alle Haushaltsvorlagen dem Haushaltsausschuß zur Beratung überwiesen." Die neue Formulierung des § 94 GeschOBT, wonach die Haushaltsvorlagen dem Haushaltsausschuß „grundsätzlich" überwiesen werden, soll inhaltlich der alten Regelung entsprechen (vgl. BT-Drcks. 5/4518, S. 3). § 94 GeschOBT tangiert deswegen nicht die allgemeine Regelung der Mitberatung.

[66] Vgl. *H. Trossmann*, Parlamentsrecht (1977), § 94, Rn. 4; *F. Schäfer*, Der Bundestag (1975), S. 115.

[67] Die „Öffentlichkeit" gilt als eines der klassischen Budgetprinzipien: Vgl. *K. Heinig*, Das Budget (1948), S. 2; *E. H. Stahr*, Die Öffentlichkeit der öffentlichen Haushalte (1967), S. 44 f. *G. Schmölders*, Finanzpolitik (1970), S. 138.

[68] Vgl. § 79 VII und VIII GeschOBT; zur Problematik aus der Sicht Bundestagsabgeordneter: *F. Schäfer*, Der Bundestag (1975), S. 127 f. und *U. Lohmar*, Das Hohe Haus (1975), S. 101 ff.; *E. Majonica*, Ein Parlament im Geheimen? (1969), S. 114 ff. (126 ff.).

[69] Zur Status-Lehre der Abgeordneten: *P. Häberle*, Freiheit, Gleichheit und Öffentlichkeit des Abgeordnetenstatus, NJW 1976, 537 ff.

desfinanzministeriums machen auch die einzelnen Fachressorts von dieser Möglichkeit Gebrauch, wenn ihre Einzelpläne zur Beratung anstehen. Der Bundesbeauftragte für Wirtschaftlichkeitsfragen, d. h. der Präsident des Bundesrechnungshofes, hat ebenfalls das Recht, einen (ständigen) Vertreter an den Ausschußberatungen teilnehmen zu lassen[70].

Die Beratungen im Haushaltsausschuß[71] werden mit einer Grundsatzaussprache eröffnet, in der einige Entscheidungen getroffen werden, die durchgängig bei den Beratungen der Einzelpläne beachtet werden sollen[72]. Die Beratung der Einzelpläne wird sodann durch Berichterstatter gemäß § 70 GeschOBT vorbereitet. Die großen Einzelpläne werden von fünf bis sechs Berichterstattern vorabgeprüft, wobei die Opposition in Form von Mitberichterstattern beteiligt ist. Dabei werden weniger bedeutende Probleme abgeschichtet, so daß sich der Ausschuß auf die politisch sensitiven Fragen konzentrieren kann[73].

Die abschließenden Beratungen und Beschlußfassungen im Ausschuß erfolgen nach Einzelplänen getrennt. Die Ausschußberatungen erfuhren während der Haushaltsgesetzgebung 1976 insofern eine Neuerung, als die Beratungen der Personaltitel aller Einzelpläne zusammengezogen wurden, um diesbezüglich eine einheitliche Politik zu erreichen[74]. Damit wurde erstmals eine „sachliche" und nicht institutionelle Gliederung der Haushaltsplanberatungen gewählt. Insgesamt werden sowohl vom Gesamtausschuß als auch von den Berichterstattern durchschnittlich zwanzig Tage für die Beratungen aufgewandt[75].

---

[70] Die Anwesenheitsliste in den Protokollen des Haushaltsausschusses weist oft zwischen fünfzig und sechzig Beratungsteilnehmer aus. — Diese Quasi-Öffentlichkeit funktioniert möglicherweise recht gut: Sie erlaubt eine Kontrolle, ohne daß sich der Kontrolleur verführt sieht, um des politischen Effekts willen „Spektakuläres" aufdecken zu müssen, und ohne daß sich der Kontrollierte genötigt sieht, aus Angst vor Boulevard-Polemik zur „Schönmalerei" greifen zu müssen; vgl. zur differenzierten Beurteilung der Öffentlichkeit: *P. Häberle*, Öffentliches Interesse (1970), S. 90 ff.; *L. Kißler*, Die Öffentlichkeitsfunktion des Deutschen Bundestages (1976), S. 328 ff.

[71] Zum Beratungsablauf vgl. die Berichte des HHA in der 7. Legislaturperiode (Drcks. Nr. 761, 2026, 3202, 5104), sowie die Darstellungen bei *H. C. Korff*, Haushaltspolitik (1975), 121 ff., *F. Schäfer*, Der Bundestag (1975), S. 128 ff.; *B. Bussmann*, Der Haushaltsausschuß (1974).

[72] Vgl. die in Fn. 71 genannten Drucksachen des Bundestages.

[73] Vgl. *F. Schäfer*, Der Bundestag (1975), S. 129.

[74] Die Abgeordneten *Kirst* und *Leicht* hoben diese Änderung der Beratungsweise in ihrem Bericht zum Haushaltsgesetz ausdrücklich hervor. BT-Drcks. 7/5104.

[75] Vgl. die in Fn. 71 zitierten BT-Drcks. Dieser ungewöhnlich große Zeitaufwand wird auch als Bürde empfunden, da er die Ausschußmitglieder vom sonstigen „politischen Leben" abzuschneiden droht. Vgl. *A. Leicht* und *V. Kirst*, BT-Drcks. 7/5104.

2. *Bestandsaufnahme der parlamentarischen Einwirkungen auf das Haushaltsgesetz*

a) Änderungen an den Ausgabebewilligungsanträgen der Regierung

Die Ausgabebewilligungen geben den Betrag an, der in dem Rechnungsjahr für bestimmte, in den jeweiligen Titel-Dispositiven und Titelerläuterungen angegebenen Zwecke von der die Titel bewirtschaftenden Verwaltungseinheit ausgegeben werden darf. Die Tabelle 10 weist die Veränderungen aus, die der Bundestag im Rahmen der Haushaltsgesetzgebung der Jahre 1971 bis 1977 jeweils an dem beantragten Gesamtvolumen der Ausgabebewilligungen vorgenommen hat[76]. Dabei ist zwischen den Änderungsbeträgen, die vom Haushaltsausschuß „autonom" vorgenommen wurden, und den zwangsläufigen Änderungen an der Regierungsvorlage, die aufgrund neuer Schätzungen der rechtlich gebundenen Ausgaben erforderlich waren, unterschieden worden. Diese Unterscheidung war möglich, da in den Berichten des Haushaltsausschusses die zwangsläufigen Änderungen gesondert ausgewiesen werden[77]. Die Tabelle zeigt, daß die vom Haushaltsausschuß autonom vorgenommenen Änderungen an der Summe der Ausgabebewilligungen minimal sind. Sie reichen von einer 2,4prozentigen Kürzung bis zu einer 0,0005prozentigen Aufstockung des Gesamtvolumens.

In der Tabelle 11 ist eine erste Disaggregierung vorgenommen worden, indem nicht mehr die Änderungen am Gesamtvolumen des Haushaltsplans, sondern an den Einzelplänen ausgewiesen werden. Eine solche Disaggregierung ist notwendig, um die in Tabelle 10 aufgrund der Saldierung von ausgabeerhöhenden und ausgabemindernden Beschlüssen „versteckt" gebliebenen Einwirkungen sichtbar zu machen. In dem betrachteten Sechs-Jahres-Zeitraum wurden die Einzelpläne nur in elf Fällen um mehr als 100 Millionen DM gekürzt bzw. aufgestockt. Es handelt sich dabei um autonome Änderungen, die auf dieser Disaggregationsstufe noch ausgewiesen werden konnten[78]. Die Tabelle zeigt, daß unterhalb des Gesamtvolumens, auf der Ebene der Einzelpläne, beachtenswerte Verschiebungen stattfinden. Wurden die Änderungen des Haushaltsausschusses am Gesamtvolumen der Ausgabebewilligungsanträge meist erst an zweiter Stelle „hinter dem Komma" sichtbar, so schlagen

[76] Die „Bestandsaufnahme" kann nur exemplarischer Natur sein. Das Ziel ist die Illustration und plastische Vorführung dessen, was im Haushaltsgesetzgebungsverfahren vor allem vom Haushaltsausschuß beraten wird.

[77] Vgl. die BT-Drcks. zu 6/1757; zu 6/3376; 7/776; 7/2026; 7/3202; 7/5104; 8/577.

[78] Entgegen J. *Hirsch,* Parlament und Verwaltung (1968), S. 116 ist die Unterscheidung von autonomen Entscheidungen des HHA und von durch Nachschiebelisten der Bürokratie bewirkten Änderungen am Regierungsentwurf zumindestens auf dieser groben Gliederungsebene noch möglich. Mit Beginn des Haushaltsgesetzes 1975 erläuterte der HHA die von ihm getroffenen Entscheidungen von besonderer Wichtigkeit gesondert. Vgl. Drcks. 7/3202, 7/5104.

Tabelle 10: **Änderungen des Bundestages am Gesamtvolumen des von der Regierung beantragten Haushaltsplanes**

	1971	1972	1973	1974	1975	1977
Haushaltsvolumen	100 144,6	109 281,5	120 236,2	136 391,7	153 950,7	168 089,00
Änderungen durch den HHA	– 235,9 (0,23 %)	– 34,1 (0,03 %)	+ 19,1 (0,01 %)	– 81,1 (0,06 %)	+ 0,76 (0,0005 %)	– 4 042,43 (2,40 %)
„Zwangsläufige" Änderungen	+ 235,9	+ 2 711,5	– 172,9	+ 2 072,8	– – –	– – –

Beträge in Millionen DM. Zusammengestellt nach den Bundestagsdrucksachen: zu 6/1757; zu 6/3376; 7/761; 7/2026; 7/3203; 7/5104

Tabelle 11: **Vom Haushaltsausschuß vorgenommene Änderungen an den Ausgabebewilligungsanträgen der Regierung auf der Ebene der Einzelpläne**

	1971 Änderungen durch den HHA		1972 Änderungen durch den HHA		1973 Änderungen durch den HHA		1974 Änderungen durch den HHA		1975 Änderungen durch den HHA		1976 Änderungen durch den HHA		1977 Änderungen durch den HHA	
	in Mill.	in %	in Mill.	in %	in Mill.	in %	in Mill.	in %	in Mill.	in %	in Mill.	in %	in Mill.	in %
01 Bundespräsident	--	--	– 0,09	0,94	– 0,38	0,84	– 0,18	1,54	– 0,25	2,21	– 0,35	2,84	– 0,34	2,77
02 Bundestag	--	--	+ 7,26	4,47	+ 7,38	3,64	+ 3,88	1,78	+ 0,86	0,37	+ 5,99	2,48	+ 5,06	1,82
03 Bundesrat	--	--	+ 1,00	16,79	+ 0,57	7,61	+ 0,47	5,71	– 0,01	0,11	+ 0,23	2,78	+ 0,04	0,45
04 Bundeskanzler	– 7,89	3,32	– 1,35	0,50	– 4,20	1,53	+ 0,08	0,02	+ 1,38	0,45	+ 0,34	0,10	– 2,10	0,64
05 Auswärtiges	+ 20,68	2,28	– 7,72	0,75	– 3,52	0,33	– 1,85	0,15	+ 32,06	2,56	+ 2,41	0,18	+ 4,72	0,32
06 Inneres	– 24,49	1,95	– 11,53	0,67	+ 32,93	1,67	+ 19,95	0,99	+ 14,50	0,65	– 12,04	0,52	+ 7,16	0,28
07 Justiz	– 1,19	0,70	– 3,11	1,60	– 0,82	0,39	+ 0,73	0,31	– 3,66	1,39	– 2,83	1,03	+ 5,52	1,91
08 Finanzen	– 2,49	0,17	– 0,21	0,01	– 8,04	0,48	– 10,30	0,57	– 36,40	1,69	+ 341,78	13,70	– 4,89	0,19
09 Wirtschaft	– 47,15	3,04	– 7,38	0,42	+ 200,26	9,12	– 2,16	0,07	– 0,70	0,02	– 15,33	0,57	– 2,17	0,07
10 Ernährung	– 5,50	0,07	+ 65,00	1,39	+ 31,77	0,58	– 0,14	0,003	– 30,52	0,53	+ 59,82	1,09	– 20,62	0,36
11 Soziales	– 5,18	0,02	+ 44,76	0,20	– 56,14	0,24	– 165,58	0,60	+ 79,06	0,27	– 1 747,32	4,65	– 97,35	0,25
12 Verkehr	+ 78,43	0,67	– 4,40	0,03	– 9,96	0,06	– 11,87	0,06	– 63,58	0,33	+ 64,53	0,32	+ 1 029,83	4,76
13 Post	--	--	--	--	--	--	+ 3,00	1,65	+ 3,00	1,65	– 0,001	0,00	--	--
14 Verteidigung	– 110,73	0,50	– 10,52	0,04	– 129,43	0,48	+ 404,15	1,40	– 82,29	0,26	– 75,85	1,94	– 78,51	0,23
15 Gesundheit	– 8,51	0,20	– 28,53	0,63	+ 0,99	0,02	+ 11,49	0,22	– 3,59	0,02	– 395,25	2,72	– 264,22	1,80
19 BVerfG	--	--	– 0,05	0,92	+ 0,31	4,79	--	--	– 0,01	0,11	– 0,09	1,17	+ 0,06	0,71
20 BRH	+ 10,43	35,95	--	--	– 0,09	0,39	--	--	– 0,07	0,24	+ 0,04	0,14	--	--
23 Entw.-Hilfe	– 31,53	1,27	– 16,29	0,63	– 10,90	0,39	– 71,07	2,37	– 9,54	0,29	– 13,72	0,45	+ 44,58	1,38
25 Städtebau	--	--	– 108,18	3,20	– 8,58	0,24	+ 95,45	2,42	– 20,37	0,49	– 112,78	3,05	– 4,55	0,11
27 Innerdeutsch	--	--	+ 73,30	21,81	– 1,05	0,26	– 6,93	1,75	+ 0,82	0,20	+ 0,15	0,39	+ 1,06	0,26
30 Forschung	--	--	--	--	– 33,58	1,07	+ 107,30	2,91	– 26,04	0,63	– 6,66	0,69	– 13,29	0,31
31 Wissenschaft	– 21,44	0,52	– 25,97	0,49	– 8,24	0,24	+ 16,01	0,41	– 77,00	1,75	+ 12,10	0,31	+ 45,80	1,19
32 Bundesschuld	--	--	--	--	--	--	--	--	+ 714,69	10,45	– 1 249,77	14,87	– 125,27	1,28
33 Versorgung	– 55,00	1,34	--	--	--	--	– 47,96	0,74	– 147,50	2,04	– 10,22	0,13	– 5,20	0,06
35 Vert.-lasten	– 3,11	0,48	--	--	--	--	--	--	– 13,00	1,41	--	--	--	--
36 Ziv. Verteidigung	– 16,30	4,26	– 0,18	0,26	+ 3,75	1,00	– 0,97	0,16	– 2,66	0,46	+ 6,70	1,27	– 0,05	0,00
60 Allgemeines Finanzwesen	--	--	--	--	+ 16,00	0,11	– 424,70	3,10	– 327,40	2,42	– 894,56	7,62	– 1 316,62	10,13
Summe der Kürzungen	340,51	0,34	225,51	0,20	274,93	0,22	743,71	0,54	844,61	0,55	4 536,79	2,77	1 935,18	1,13
Summe der Aufstockungen	109,54	0,11	191,42	0,17	293,96	0,24	662,51	0,48	846,37	0,55	494,36	0,30	1 143,83	0,67

Quelle: Vgl. Tabelle 10

Tabelle 12: **Vom Haushaltsausschuß vorgenommene Änderungen der Ausgabebewilligungsanträge der Regierung innerhalb von fünf Einzelplänen**

		Gruppe 3			Gruppe 6			Gruppe 7 und 8			Gruppe 5– 8		
		Ansatz	Kürz.	Aufst.	Ansatz	Kürz.	Aufst.	Ansatz	Kürz.	Aufst.	Ansatz	Kürz.	Aufst.
Wirtschaft: Einzelplan 09	1973	72,51	0,56	0,03	1077,67	3,42	205,10	881,93	0,79	4,12	2032,09	4,77	209,24
			(0,78)	(0,03)		(0,32)	(19,03)		(0,09)	(0,47)		(0,23)	(10,30)
	1974	92,75	1,79	2,11	1532,18	167,44	17,00	1255,13	3,63	306,00	2880,06	172,86	325,11
			(1,92)	(2,27)		(1,07)	(1,11)		(0,29)	(24,38)		(6,00)	(11,28)
	1975	88,82	1,78	2,23	1197,27	125,78	60,87	1502,12	120,94	214,96	2788,02	248,50	278,05
			(2,00)	(2,50)		(10,50)	(5,08)		(8,05)	(14,31)		(8,91)	(9,97)
	1976	89,58	3,34	0,04	1117,74	40,73	120,65	1264,55	61,78	0,56	2471,85	270,51	121,24
			(3,72)	(0,05)		(3,64)	(10,79)		(4,89)	(0,04)		(10,94)	(4,90)
Landwirtschaft: Einzelplan 10	1973	63,21	0,35	2,09	3900,87	32,46	73,50	1360,35	--	0,32	5324,41	33,59	75,91
			(0,55)	(3,51)		(0,83)	(1,88)		--	(0,02)		(0,63)	(1,43)
	1974	78,95	1,54	12,22	3650,49	416,02	398,54	1488,98	0,52	110,04	5218,42	418,08	520,80
			(1,99)	(15,48)		(11,39)	(10,92)		(0,03)	(7,39)		(8,01)	(9,98)
	1975	87,44	3,21	0,94	3727,64	61,42	177,41	1492,24	40,48	65,92	5307,02	105,11	244,26
			(3,68)	(1,08)		(1,65)	(4,75)		(2,71)	(4,41)		(1,98)	(4,60)
	1976	88,31	8,05	2,88	3876,77	23,49	152,05	1338,35	136,15	64,08	5303,41	167,67	219,00
			(9,11)	(3,27)		(0,61)	(3,90)		(10,17)	(4,79)		(3.16)	(4,13)
Soziales: Einzelplan 11	1973	25,81	1,04	--	22324,07	68,25	17,97	95,22	4,33	--	22445,10	73,59	17,97
			(4,01)	--		(0,31)	(0,08)		(4,55)	--		(0,33)	(0,08)
	1974	31,65	1,82	4,73	26929,40	190,02	4,88	126,99	3,50	26,35	27088,04	195,34	35,96
			(5,75)	(14,94)		(0,71)	(0,02)		(2,76)	(20,75)		(0,72)	(0,13)
	1975	36,71	1,78	0,13	28014,62	275,67	200,00	619,62	6,05	--	--	--	--
			(3,20)	(0,35)		(0,98)	(0,71)		--	--	--	--	--
	1976	--	--	--	37671,07	1976,65	178,13	233,02	3,50	78,00	--	--	--
		--	--	--		(5,25)	(0,47)		(1,50)	(33,45)	--	--	--

Verkehr: Einzelplan 12	1973	702,09	1,97	0,59	7441,17	4,55	176,45	7769,84	18,70	35,58	15913,09	25,20	212,59
			(0,28)	(0,08)		(0,06)	(2,37)		(0,24)	(0,46)		(0,16)	(1,34)
	1974	786,96	1,38	1,86	8772,36	0,05	812,68	8874,69	109,81	104,09	18384,01	111,24	918,63
			(0,18)	(0,23)		(0,00)	(9,31)		(1,23)	(1,17)		(0,61)	(4,99)
	1975	892,12	92,19	88,69	8562,66	44,90	44,20	8777,16	515,60	13,06	18231,94	652,69	145,95
			(10,33)	(9,94)		(0,52)	(0,52)		(5,87)	(0,03)		(3,58)	(0,80)
	1976	994,41	5,46	3,41	8555,04	4,18	0,16	9327,79	0,94	80,25	18877,24	10,57	83,80
			(0,55)	(0,34)		(0,05)	(0,00)		(0,01)	(0,86)		(0,06)	(0,44)
Forsch. u. Techn.: Einzelplan 30	1973	12,54	1,41	0,39	2157,71	100,33	19,80	939,81	6,87	6,88	3110,07	108,59	27,05
			(11,23)	(3,14)		(4,65)	(0,92)		(0,73)	(0,73)		(3,49)	(0,87)
	1974	10,28	1,91	0,25	2517,57	124,59	236,29	1074,83	25,99	46,37	3602,68	152,49	282,91
			(18,57)	(2,43)		(4,95)	(9,38)		(2,42)	(4,31)		(4,23)	(7,85)
	1975	12,60	0,44	0,27	3052,57	15,10	99,50	976,71	23,51	22,14	4041,84	38,97	121,91
			(3,52)	(2,14)		(0,49)	(3,26)		(2,41)	(2,27)		(0,96)	(3,02)
	1976	14,36	0,23	3,97	3088,20	11,45	89,96	873,17	10,75	25,04	3975,71	22,40	117,96
			(1,57)	(27,65)		(0,37)	(2,88)		(1,23)	(2,87)		(0,56)	(2,94)

Beträge in Millionen DM. – Die in Klammer gesetzten Zahlen geben den prozentualen Anteil der Änderung an den Gesamtausgaben der jeweiligen Gruppe an. – *Quelle:* Anträge des Haushaltsausschusses zu den jeweiligen Einzelplänen.

sich die in Tabelle 11 gezeigten prozentualen Änderungen an den Anträgen der Einzelpläne oft schon „vor dem Komma“ nieder.

In der Tabelle 12 wurde eine weitere Disaggregierung vorgenommen, um von der „Makro“ebene des Gesamtvolumens nun in die „Mikro“-ebene einzelner Ausgabebewilligungen einzudringen. Die vom Haushaltsausschuß vorgenommenen Änderungen an fünf Einzelplänen wurden für die 7. Legislaturperiode von allen sich gegenseitig aufhebenden Saldierungen befreit. Gewählt wurden dabei solche Einzelpläne, die nicht durch ihre Verwaltungslastigkeit — wie etwa der des Justizministeriums — gekennzeichnet sind. In den ausgesuchten Einzelplänen spielen sowohl Verwaltungsausgaben, als auch Transfers an den gesellschaftlichen Bereich sowie Investitionen eine bedeutende Rolle.

Die Tabelle 12 ist nach den Ausgabearten des Gruppierungsplans gegliedert. Die unter der Gruppe 5 ausgewiesenen Änderungen beziehen sich auf sächliche Verwaltungsausgaben. Die Änderungen in der mit „Gruppe 6“ überschriebenen Spalte stellen die Kürzungen bzw. Aufstockungen der „Zuschuß“-Titel dar, aus denen die Ministerien ihre Klientel „bedienen“. Die unter Gruppe 7 und 8 dargestellten Änderungen beziehen sich auf die investive Tätigkeit. Diese Unterteilung wurde vorgenommen, um eventuelle empirische Anhaltspunkte für die Behauptung, das Parlament beschäftige sich nur mit den Verwaltungsaufgaben und lasse die großen Subventions- und Investitionsausgaben weitgehend unberücksichtigt[79], zu finden. Für diese Behauptung ergeben sich jedenfalls aus der Tabelle 3 keine Anhaltspunkte. Die Änderungen innerhalb der Einzelpläne beziehen sich auf alle drei Ausgabearten. Zu beachten ist allerdings, daß im Jahre 1974 ein Großteil der Verschiebungen auf Änderungen beruhen dürften, die von der Regierung nachgeschoben wurden[80] und die auf dieser Disaggregierungsstufe nicht mehr gesondert ausgewiesen werden konnten.

b) Sonstige Änderungen im Haushaltsplan und Haushaltsgesetz

Die Institute der Planstellenbewilligung und Verpflichtungsermächtigung geben dem Bundestag Gelegenheit, auf die Ausgaben für Personal und auf Ausgaben zur Erfüllung langfristiger Verpflichtungen einzuwirken. Die Institute dienen dazu, den Haushaltsgesetzgeber aus der Ratifizierungslage zu befreien, in die er bei einer Beschränkung seiner Kom-

[79] So *J. Hirsch*, Parlament und Verwaltung (1968), S. 117 f.; *K. H. Friauf*, Parliamentary Control of the Budget (1976), S. 66 ff. (79).

[80] Dabei handelte es sich nicht um „korrigierte“ Schätzungen der notwendigen Ausgaben, sondern um ein „konjunkturelles Sonderprogramm“, das — wie die Opposition verlangte (vgl. BT-Drcks. 7/2026) — in einem formellen Nachtrag zum Haushalt hätte eingebracht werden sollen. Aus Zeitgründen „schob“ es die Regierung jedoch in die laufenden Haushaltsberatungen ein. — Vgl. auch unten 3.

petenz auf Zahlungsvorgänge geraten würde. Die vom Haushaltsausschuß vorgenommenen Änderungen an den beantragten Verpflichtungsermächtigungen sind in Tabelle 13 ausgewiesen. Alle Aufstockungen und Kürzungen sind dort für die 7. Legislaturperiode nach Einzelplänen getrennt ausgewiesen. Ein im Vergleich zu den Ausgabebewilligungen unterschiedlicher „Trend" scheint ablesbar. Aufstockungen und Kürzungen gleichen sich auf der Ebene der Einzelpläne nicht aus, wie dies bei den Ausgabebewilligungen weitgehend der Fall war. Eine Tendenz zur Aufstockung der Regierungsansätze ist herauslesbar.

Eine umgekehrte Tendenz zeichnet sich bei der Bewilligung von Planstellen ab. Die vom Haushaltsausschuß vorgenommenen Änderungen sind in Tabelle 14 zusammengestellt. Die Planstellenbewilligung ist in Zusammenhang mit den „k. w."-Vermerken zu sehen, die der Haushaltsausschuß anzubringen pflegt. „K. w." bedeutet „künftig wegfallend" und ist das Mittel des Bundestages, Kürzungen, die kurzfristig nicht möglich sind, auf längere Sicht dennoch durchzusetzen. Diese Vermerke können bei allen Titeln angebracht werden, befinden sich jedoch überwiegend bei den Personaltiteln. Im Haushaltsplan 1976 hat der Haushaltsausschuß allein 1 159 Planstellen unter einen „k. w."-Vermerk gestellt[81].

Die sonstigen Einwirkungen des Parlamentes sind, soweit sie den Haushaltsplan betreffen, von geringerer Bedeutung[82]. Der Haushaltsausschuß fügt dem Haushaltsplan einige gegenseitige Deckungsvermerke ein, die die Flexibilität der Ausgabewirtschaft innerhalb einzelner Programmstrukturen steigern sollen. Veränderungen der Zweckbestimmungen oder der Erläuterungen zu den einzelnen Titeln zum Zwecke der Präzisierung der finanzwirtschaftlichen Verantwortungsbereiche erfolgen nur in verschwindend wenig Einzelfällen und haben darüber hinaus oft nur redaktionellen Charakter. Desgleichen fügt der Haushaltsausschuß dem Haushaltsplan nur wenig neue Titel ein, wobei die meisten neu eingefügten Titel keine neuen Programme enthalten, sondern beantragte Globaltitel auf Einzelfälle spezifizieren.

Größere Bedeutung kommt den sonstigen Einwirkungen des Haushaltsausschusses auf das Haushaltsgesetz zu. An erster Stelle sind dabei die Einwirkungen auf den der Exekutive zur Verfügung gestellten Kreditrahmen sowie auf den dem Finanzminister zur Verfügung gestellten Rahmen, innerhalb dessen sich die der Wirtschaft gewährten Sicherheitsleistungen bewegen müssen, zu nennen[83].

---

[81] Vgl. den Bericht der Abgeordneten *Kirst* und *Leicht* zum Haushaltsgesetz 1976, BT-Drcks. 7/5104, S. 2.

[82] Die „Politik der qualifizierten Sperrvermerke" wird unten in § 5 gesondert behandelt.

[83] Gemäß Art. 115 I GG sind sowohl der Kredit- als auch der Bürgschaftsrahmen durch Gesetz festzulegen, was traditionell im Haushaltsgesetz erfolgt.

Tabelle 13: **Vom Haushaltsausschuß beschlossene Kürzungen (-) und Aufstockungen (+) der von der Regierung beantragten Verpflichtungsermächtigungen**

Einzelplan	Haushaltsplan 1973			Haushaltsplan 1974			Haushaltsplan 1975			Haushaltsplan 1976		
	GS	(+)	(-)	GS	(+)	(-)	GS	(+)	(-)	GS	(+)	(-)
01 Bund.-präs.	80	80	--	--	--	--	503	--	--	--	--	--
02 Bundestag	--	--	--	3 750	3 000	--	8 410	--	--	2 416	1 400	--
03 Bundesrat	800	800	--	--	--	--	--	--	--	--	--	--
04 Bund.-kanz.	48 430	45 000	--	12 957	--	--	12 833	3 981	--	6 187	--	--
05 Auswärtiges	293 044	4 615	--	265 171	2 000	--	355 958	49 122	--	264 197	88 416	--
06 Inneres	590 201	23 340	56 300	576 660	9 800	14 050	691 278	244 860	4 077	448 353	5 050	6 028
07 Justiz	8 442	1 878	--	23 221	1 956	--	37 265	11 979	130	10 225	2 941	2 740
08 Finanzen	352 811	220	26 342	308 089	--	--	334 463	42 000	--	339 755	6 254	--
09 Wirtschaft	3 212 840	--	--	1 230 566	7 118	--	3 763 639	1 023 500	--	2 660 196	281 700	40 600
10 Ernährung	815 612	9 663	1 163	999 436	35 000	--	885 576	15 000	--	978 673	7 300	101 641
11 Soziales	135 946	21 475	4 536	241 508	--	--	200 803	22 331	500	208 749	8 600	800
12 Verkehr	3 937 667	--	--	4 327 355	93 927	2 000	5 145 366	1 017 000	320 000	4 157 050	74 000	--
13 Post	5 000	--	--	5 000	--	--	5 000	--	--	10 000	--	--
14 Verteidigung	9 436 654	153 030	850 000	10 792 090	460 000	489 800	14 048 197	1 201 000	950	22 168 395	14 727 000	207 400
15 Gesundheit	66 330	18 030	--	125 569	3 000	9 600	90 906	1 016	--	155 879	9 391	4 749
23 Entw.-hilfe	3 043 977	63 510	150	3 660 900	247 100	3 160	5 553 000	1 376 000	29 200	3 131 500	77 000	77 500
25 Städtebau	2 943 288	2 500	--	355 695	1 800	22 500	3 859 528	--	27 450	3 349 607	12 400	6 000
27 Innerdeutsch	47 975	--	--	57 383	765	--	48 594	--	3	57 403	805	--
30 Forschung	2 424 636	51 037	34 844	3 078 974	--	18	2 935 828	796 200	8 620	3 726 843	961 165	29 340
31 Bildung	701 220	94 000	100	768 050	1 000	--	815 300	--	4 300	741 650	410 000	1 800
35 Verteid.-last	50 000	--	--	60 800	--	--	45 000	--	--	40 300	--	--
36 Ziv. Vert.	187 462	3 935	4 890	245 879	5 600	4 569	231 480	1 382	--	147 968	--	46
60 Allg. Finanz.	20 625	--	--	4 000	--	--	5 900	--	1 900	4 000	--	--
Summe:	28 323 040	493 113	927 625	28 021 900	869 066	545 697	39 074 827	5 805 371	397 130	42 507 176	16 673 422	478 644

Beträge in Tausend DM. – GS = Summe der Verpflichtungsermächtigungen in den jeweiligen Einzelplänen. – *Quelle:* Nach den Anträgen des Haushaltsausschusses zu den Haushaltsgesetzen 1973–1976 zusammengestellt.

Tabelle 14

Vom Haushaltsausschuß beschlossene Kürzungen (−) und Aufstockungen (+) der Planstellenbewilligungsanträge der Regierung

Einzelplan	Haushaltspl. 1973 (+)	Haushaltspl. 1973 (−)	Haushaltspl. 1974 (+)	Haushaltspl. 1974 (−)	Haushaltspl. 1975 (+)	Haushaltspl. 1975 (−)	Haushaltspl. 1976 (+)	Haushaltspl. 1976 (−)
Bund.-präs.	1	-	1	-	1	-	-	-
Bund.-tag	-	-	-	-	2	11	1	18
Bund.-rat	6	-	-	-	-	2	1	3
Bund.-kanzler	75	-	2	7	-	6	2	-
Auswärtiges	-	-	5	5	3	3	-	23
Inneres	144	39	15	13	2	287	-	157
Justiz	8	3	5	18	5	20	-	14
Finanzen	1	1	7	247	10	339	-	164
Wirtschaft	21	-	45	1	33	9	-	3
Ernährung	1	1	-	-	-	-	-	1
Soziales	-	-	51	2	-	8	-	1
Verkehr	-	-	104	211	-	136	-	16
Post	-	-	-	1	45	47	-	-
Verteidigung	14	6	166	772	-	-	-	-
Gesundheit	-	-	2	1	-	1	-	-
BVerfG	3	-	-	-	-	1	-	1
BRH	-	-	4	-	-	-	-	3
Entw.-hilfe	20	1	-	17	-	8	-	2
Städtebau	22	-	-	5	1	2	-	1
Innerdeutsch	-	2	1	11	-	-	-	2
Forschung	2	34	6	-	-	-	-	-
Wissenschaft	3	3	8	-	-	6	-	-
Bundesschuld	-	-	-	3	2	-	-	-
Versorgung	-	-	-	-	-	-	-	-
Verteid.-lasten	-	-	-	-	-	-	-	-
Ziv.Verteidigung	-	-	-	-	-	-	-	2
Allg. Fin.-verw.	-	-	-	-	-	-	-	-
	321	90	422	1313	104	886	4	411

Quelle: Nach den Anträgen des Haushaltsausschusses zu den Haushaltsgesetzen 1973–1976 zusammengestellt.

Die Tabelle 15 macht deutlich, daß der Kreditermächtigungsrahmen in den letzten Jahren teilweise erheblich geändert worden ist. Bis auf das Jahr 1973, als der Kreditermächtigungsrahmen gesenkt wurde, führte die Behandlung des Haushaltsgesetzes im Parlament jeweils zu einer Erhöhung des Kreditermächtigungsrahmens in Höhe von mehreren Milliarden DM. Dies ist nicht auf erhöhte Ausgabenansätze des Bundestages

Tabelle 15: **Änderungen des Bundestages an der von der Regierung beantragten Kreditermächtigung**

	1971	1972	1973	1974	1975	1976
Änderung durch den Bundestag	+ 1 032	+ 2 623	− 1 938	+ 5 305	+ 6 946	− 5 837
Kreditrahmen	3 720	7 339	1 862	7 640	22 558	32 746

Beträge in Millionen DM. Zusammengestellt nach den Bundestagsdrucksachen: 6/1757; 6/3376; 7/748; 7/1938; 7/3168; 7/5058

Tabelle 16: **Änderungen des Bundestages an den von der Regierung beantragten Sicherheitsleistungs-Ermächtigungen**

	1971	1972	1973	1974	1975	1976
Änderung des Bundestages	+ 3 000	+ 1 000	± 0	+ 3 000	+ 8 000	+ 3 000
Auslandsbürgschaften	33 000	34 000	35 000	40 000	48 000	75 000
Änderung des Bundestages	+ 1 300	+ 400	± 0	+ 500	± 0	− 408
Inlandsbürgschaften	24 300	28 700	33 700	32 400	33 800	39 725

Beträge in Millionen DM. Zusammengestellt nach den Bundestagsdrucksachen: 6/1757; 6/3376; 7/748; 7/1938; 7/3168; 7/5058

zurückzuführen[84]. Die Erhöhung des Kreditrahmens beruht entweder auf den „Nachschiebelisten“ der Regierung (vgl. das Jahr 1974!) oder auf erheblich revidierten, d. h. vorsichtigeren Schätzungen der Einnahmen[85], was ein recht interessantes Phänomen ist. Im Laufe der Bundestagsberatungen werden diese Schätzungen — wohl von Regierungsseite — berichtigt, da dies Voraussetzung für eine entsprechende Kreditermächtigung ist, ohne die die geplanten Ausgaben nicht realisiert werden können. Erleichtert wird diese „Strategie“ durch das Vorgehen des Haushaltsausschusses. Die Kreditermächtigung wird von ihm als abhängige Variable der Beratungen konzipiert. Dokumentiert wird dies durch eine Bemerkung im Bericht des Haushaltsausschusses:

„Die Kreditermächtigung wurde dem Beratungsergebnis angepaßt[86].“

Allerdings zeigen die intensiven Beratungen der Kreditermächtigungen in den Haushaltsgesetzen 1975 und 1976, daß sich der Ausschuß der Gefahr bewußt ist, die in der Konzipierung der Kreditermächtigung als einer vom übrigen Beratungsergebnis abhängigen Variablen liegt. Entsprechend versucht er, die Kontrolldichte der Beratungen zu effektivieren und die Kreditermächtigung zunehmend als relativ autonom zu bestimmende Variable anzusehen[87].

Auch die Ermächtigung zur Gewährung von Sicherheitsleistungen wird traditionell im Haushaltsgesetz ausgesprochen. Der Grund ist der enge Zusammenhang zwischen Ausgaben und Gewährung von Sicherheitsleistungen: Aus der Sicht eines Subventionsempfängers ist es gleichgültig, ob er die Subvention vom Bund erhält oder ob der Bund ihm eine Zinssubvention plus Bürgschaft gewährt, mit der er bei jedem Kreditinstitut ein Darlehen erhält. Ausgaben und Sicherheitsleistungen sind unter ökonomischen Gesichtspunkten teilweise funktionsäquivalent[88].

---

[84] Als Beleg vgl. die Änderungen am Gesamtausgabevolumen durch das Parlament, die oben in Tabelle 10 zusammengestellt sind.

[85] Vgl. insbesondere die Beratungen zum Haushaltsgesetz 1975, für die die Abgeordneten *Kirst* und *Leicht* in ihrem Bericht (BT-Drcks. 7/3202, S. 2) dies ausdrücklich feststellen. Zu beachten ist allerdings die gesamtwirtschaftliche Entwicklung im betrachteten Zeitraum, in dem eine Rezession stattfand.

[86] Vgl. den Bericht des Abgeordneten *Leicht* zum Haushaltsgesetz-Entwurf 1971, *zu* BT-Drcks. 6/1757, S. 4.

[87] Vgl. die Berichte der Abgeordneten *Kirst* und *Leicht* zu den Haushaltsgesetzentwürfen 1975 und 1976 (BT-Drcks. 7/3202 und 7/5104).

[88] So wurden auch schon Subventionen, die früher ganz über den Bundeshaushalt abgewickelt wurden, auf eine Bürgschaftsgewährung plus Zinssubvention umgestellt. (Vgl. *H. C. Korff*, Haushaltspolitik [1975], S. 159). Diese Funktionsäquivalenz von Bürgschaftengewährung plus Zinssubvention mit direkten Ausgabebewilligungen macht eine Einbeziehung der Bürgschaftspolitik in gesamtwirtschaftliche Analysen der Haushaltspolitik unabdinglich. Vgl. dazu *H. Rehm*, Kritische Analyse des neuen Bundeshaushaltsrechts (1975), S. 169 ff.

Tabelle 16 bezieht sich auf den Bürgschaftsrahmen, der ebenfalls vom Parlament meist erhöht wurde. Bezüglich des Bürgschaftsrahmens stellt sich zunehmend das Problem verstärkter parlamentarischer Kontrollen, denn die Ermächtigungen zur Vergabe von Bürgschaften haben mittlerweile das Volumen des Haushaltsplanes überschritten und stellen, insbesondere für die Außenwirtschaft, ein wichtiges Instrument der Wirtschaftspolitik dar[89].

Von Bedeutung sind schließlich einige weitere Bepackungen des Haushaltsgesetzes, die vom Bundestag eingefügt werden. Wichtig sind dabei insbesondere die Einfügung von Zustimmungsvorbehalten zugunsten des Haushaltsausschusses. Aufgrund deren spezieller Problematik werden die Zustimmungsvorbehalte an anderer Stelle gesondert behandelt[90].

c) Die nicht-gesetzlichen Kontrollen des Haushaltsausschusses

Unter nicht-gesetzliche Kontrollen sollen solche Maßnahmen verstanden werden, die keinen Niederschlag im Haushaltsplan oder Haushaltsgesetz finden. Gleichwohl kommt diesen Maßnahmen große Bedeutung zu, da sie weiteren Aufschluß über die geplante Haushaltswirtschaft geben sollen und manche Beschlüsse in bezug auf die Ausgabebewilligung erst inhaltlich auffüllen.

Eine erste Gruppe von solchen nicht-gesetzlichen Maßnahmen sind die Einflußnahmen auf Wirtschaftspläne. Im Haushaltsplan finden sich Hinweise wie „Die Ausgaben werden nach einem vom Haushaltsausschuß genehmigten Wirtschaftsplan bewirtschaftet"[91]. Gelegentlich wird der Verweis noch verstärkt, wenn „die Planstellen und Einzelansätze für die Verwaltung bindend"[92] erklärt werden oder wenn es heißt, daß „die im Straßenbauplan enthaltenden Vermerke für die Bewirtschaftung verbindlich" sind[93]. Eine nähere Aufschlüsselung der über die Kontrolle solcher Wirtschaftspläne ausgeübten nicht-gesetzlichen Einflußnahme kann nicht geleistet werden, da diese Pläne — oft aus Gründen der nationalen Sicherheit (Wirtschaftsplan des Bundesnachrichtendien-

[89] Das Gesamtvolumen des Haushaltsplanes 1977 betrug 171,8 Milliarden DM; der Bürgschaftsrahmen erreichte die Rekordhöhe von 150 Milliarden DM. Bei der Diskussion um die finanziellen staatlichen Ressourcen (vgl. § 2 bei Fn. 93 - 95) wird dieser Aspekt bei weitem nicht genügend thematisiert.

[90] Vgl. unten § 5.

[91] Ähnliches gilt für die Verweise auf die „vertraulichen Erläuterungen", in denen Globaltitel weiter aufgeschlüsselt werden. Vgl. etwa die im Kapitel 2302 für die Förderung von Entwicklungsländern vorgesehenen Titel (68601 - 68606), die alle nach vertraulichen Erläuterungen und Austauschplänen bewirtschaftet werden.

[92] So die ständige Praxis beim Haushalt des Bundesnachrichtendienst. Vgl. Kap. 0404 der Haushaltspläne.

[93] Vgl. Kap. 1210 Titel 83101 oder Anlage zu Kap. 1210, Titel 76110 (Haushaltsplan 1974, S. 1896).

stes) oder der außenpolitischen Sensitivität (z. B. die vertraulichen Erläuterungen in verschiedenen Titeln des Entwicklungsministeriums) — der Öffentlichkeit nicht zugänglich sind.

Eine zweite Gruppe der nicht-gesetzlichen Einflußnahme sind Informationsgesuche. Im Zusammenhang mit den Beratungen über eine neue Planstelle „ersuchte" der Haushaltsausschuß das betreffende Ministerium um einen Bericht:

„1, Aus welchen Gründen sind die Versuche einer Koordinierung der Weinbaukontrollanstalten der Länder nicht geglückt. . .[94]"

Gelegentlich wird auch der Bundesbeauftragte für die Wirtschaftlichkeit in der Verwaltung um Informationen ersucht. Aus Anlaß der Beratungen des Einzelplans des Auswärtigen Amtes wurde ein Gutachten in Auftrag gegeben, in dem die Möglichkeiten zur Vereinfachung der Verwaltung bei kleineren Vertretungen des Bundes in Afrika untersucht werden sollten[95].

Solche Informationsgesuche stehen in einem Zusammenhang mit der späteren Ausgabebewilligung. Informationssuche ist zielgerichtet[96]. Bereits mit der Fragestellung werden bestimmte Bedenken angedeutet. Eine an der Bewilligung von Ausgaben interessierte Verwaltung wird sich aus eigenem Interesse um solche Winke kümmern. Informationsgesuche erweisen sich damit als mittelbare Kontroll- und Steuerungsinstrumente.

Deutlicher wird der angedeutete Zusammenhang zwischen nicht-gesetzlichen Einwirkungen und Ausgabebewilligungen bei einer weiteren Gruppe nicht-gesetzlicher Kontrollen, nämlich der Beschäftigung des Haushaltsausschusses mit Verwaltungsrichtlinien. So regte der Ausschuß beispielsweise an, die zur Stützung der Fischerei angesetzten Fangprämien zugunsten der mittleren und kleineren Seefischerei neu aufzuteilen und die entsprechenden Richtlinien zu ändern[97]. Der Ausschuß nahm später die geänderten Richtlinien zustimmend zur Kenntnis[98]. Die mit solchen „Anregungen" verbundene Effektivität tritt im folgenden Beispiel zutage:

„Die Ausgaben für die Förderung hochbegabter Studenten sind vom Haushaltsausschuß wegen der erfolgten Verbesserung der Vergaberichtlinien um 4 000 000 DM auf 19 850 000 DM erhöht worden[99]."

---

[94] Vgl. Kurzprotokolle des HHA, 7. Legislaturperiode 35/38 - 39.

[95] Vgl. Kurzprotokolle des HHA, 7. Legislaturperiode 27/36.

[96] Kurz und prägnant zum Unterschied von „data" und „information" *A. Wildavsky*, The Politics of the Budgetary Process (1974), S. 131. Daten sind „any bit that can be collected, ranging from laundry lists to telephone directories", während Informationen solche Daten sind, die nach einer Theorie, die Mittel zu Zielen in Beziehung setzt, gesammelt werden.

[97] Kurzprotokoll des HHA, 7. Legislaturperiode, 162/82.

[98] Kurzprotokoll des HHA, 7. Legislaturperiode, 182/12 ff. (27).

Der hier sichtbar werdende Zusammenhang zwischen Vergaberichtlinien und Ausgabebewilligungen gilt auch für die übrigen nicht-gesetzlichen Einwirkungen. Der Ausschuß kann durch Kürzung von Ausgabebewilligungsanträgen seinen nicht-gesetzlichen Anregungen Nachdruck verleihen[100].

Einen ähnlichen Charakter wie die Beschäftigung mit den Vergaberichtlinien der Verwaltung haben die Fälle, in denen der Haushaltsausschuß die „Tatbestandsvoraussetzungen" der Ausgabebewilligungen näher umschreibt und der Exekutive Interpretationshilfen für die Auslegung von Haushaltsplan und Haushaltsgesetz erteilt.

„... Der Haushaltsausschuß hat beschlossen, daß der Bund sich bis zur Neuregelung der Finanzierung der beruflichen Bildung auch an den laufenden Kosten überbetrieblicher Ausbildungsstätten jeweils bis zur Dauer von höchstens vier Jahren beteiligen kann, wenn diese Ausbildungsstätten infolge mangelnder Finanzkraft andernfalls nicht errichtet oder zur Zeit leerstehende Ausbildungsstätten auf andere Weise nicht genutzt werden können. Er hat einen Leertitel für diese laufenden Kosten ausgebracht, aus dem die Ausgaben bis zur Höhe von Einsparungen bei dem Investitionstitel geleistet werden dürfen[101]."

„Der Haushaltsausschuß erwartet bei den nach § 14 HG 1974 vorzunehmenden Stelleneinsparungen, daß im Verhältnis zu den im Haushaltsplan 1974 bewilligten Stellen für Beamte und Angestellte gleichwertige Planstellen und Stellen eingespart werden."

Dieser Beschluß des Haushaltsausschusses ist im Ministerialblatt des Bundesministers der Finanzen mit dem Hinweis abgedruckt[102], daß die Einhaltung dieses Beschlusses „sicherzustellen" ist. Der Grund für die Beflissenheit der Exekutive, solchen Beschlüssen nachzukommen, liegt in der Möglichkeit des Ausschusses, seinen Erwartungen und Richtlinien in Form von Ausgabekürzungen auch gesetzlichen Nachdruck zu verleihen.

---

[99] Bericht des Abgeordneten Dr. *Enders* zum Einzelplan 31 (Haushaltsgesetz 1971), *zu* BT-Drcks. 6/1751, S. 2.

[100] Vgl. etwa folgendes Beispiel (Kurzprotokolle, 5. Legislaturperiode, 188/23 ff.): Bei der Beratung für die Bewilligung einer „Akademie für zivile Verteidigung" erklärte der Vertreter der Exekutive, daß die Akademie als Parallele der Führungsakademie der Bundeswehr gedacht sei. Die vom Haushaltsausschuß gewünschte Zusammenarbeit der Akademien sei durch Vereinbarung der beiden Ministerien sichergestellt. Der Haushaltsausschuß beschloß: „Der Ausschuß ist sich einig, daß die Akademie für zivile Verteidigung mit der militärischen Akademie vereinigt werden muß" (S. 24). Um dem Beschluß Nachdruck zu verleihen, wurde die beantragte Stelle gestrichen.

[101] Bericht des Abgeordneten *Althammer* zu Einzelplan 09. — Hier handelt es sich um eines der zahlreichen Beispiele, bei denen die Regelung allgemeiner Gesetze im Rahmen der Haushaltsplanfeststellung versuchsweise vorweggenommen wird (vgl. auch z. B. die Parteienfinanzierung, das „Honnefer Modell"). „Vorwirkungen auf den Gesetzgeber" [dazu: *M. Kloepfer*, Vorwirkung von Gesetzen (1974), S. 36; *P. Häberle*, Zeit und Verfassung, ZfP 1974, S. 111 ff. (130)] gehen auch vom Haushaltsgesetz aus.

[102] Jg. 1974, S. 411; in späteren Jahren (1975; 1976) wurde dieser Beschluß in den Text des Haushaltsgesetzes aufgenommen.

Eine weitere wichtige, regelmäßige wiederkehrende Interpretationshilfe leistet der Haushaltsausschuß zu den Bürgschaftsermächtigungen, die dem Finanzminister erteilt werden. Während im Haushaltsgesetz nur der Gesamtrahmen der Ermächtigung auftaucht, wird im Bericht des Haushaltsausschusses dieser Gesamtbetrag auf einzelne Wirtschaftszweige aufgeteilt[103]. Diese Spezifizierung ist selbstverständlich als Leitlinie gedacht, die bei der Vergabe der Bürgschaften zu beachten ist und stellt eine nicht-gesetzliche Einflußnahme par excellence dar.

d) Anträge der Fraktionen

Die Einwirkungen der Regierungsmehrheit auf die Haushaltsgesetzgebung manifestieren sich vor allem in den Beschlüssen des Haushaltsausschusses. Die Kopplung von Ausschuß und Mehrheitsfraktion ist im Bundestag so eng, daß sichergestellt ist, daß der Haushaltsausschuß die Hauptanliegen der Mehrheitsfraktionen verwirklicht, so wie er umgekehrt auch keine Beschlüsse treffen wird, die die Mehrheitsfraktionen aus politischen Gründen nicht mittragen können[104]. In der gesamten 7. Legislaturperiode haben die Regierungsfraktionen nur drei Änderungsanträge zur 2. Lesung des Haushaltsgesetzes beantragt. In zwei von diesen drei Anträgen ging es darum, die notwendigen Änderungen auf Grund zwischenzeitlicher Entwicklungen nach Abschluß der Ausschuß-Beratungen noch zu berücksichtigen[105]. Der dritte Änderungsantrag bezog sich auf einen qualifizierten Sperrvermerk, den der Haushaltsausschuß bei den Titeln der ständigen Vertretung in Ost-Berlin angebracht hatte. Die Regierungsfraktionen beantragten, diese qualifizierte Sperre aufzuheben[106].

Auch die nicht-gesetzlichen Initiativen in Form von Entschließungsanträgen zur Haushaltsgesetzgebung sind an einer Hand abzuzählen. Es handelt sich dabei einmal um eine allgemeine Erklärung zur Haushaltspolitik, in der die Politik der Regierung begrüßt wird[107]. Ein zweiter Entschließungsantrag bezog sich auf den Wasserstraßenanschluß im

---

[103] Vgl. die BT-Drcks. 761, 2026, 3202, 5104 aus der 7. Legislaturperiode.

[104] Als Beleg eine Formulierung aus einem Bericht zu den Ergebnissen der Beratungen des Haushaltsausschusses (BT-Drcks. 7/5085, S. 1): „Auf Antrag der Koalitionsfraktionen hat der Ausschuß eine durchgreifende Verbesserung der Hilfen ... beschlossen".

[105] Vgl. die BT-Drcks. 7/3394 und 7/5151, die sich auf eine Liquiditätshilfe an die Bundesanstalt für Arbeit bzw. auf den Tarifabschluß des Jahres 1976 bezogen.

[106] Vgl. BT-Drcks. 7/813. — Dieser Antrag kann durchaus als Indiz gewertet werden, daß die Regierungsfraktionen als „Berufungsinstanz" gegen Ausschuß-Beschlüsse „angerufen" werden können und somit eine Kontrolle der Ausschußtätigkeit durch die Gesamtfraktionen besteht. Vgl. zu der Politik der qualifizierten Sperrvermerke auch § 5.

[107] BT-Drcks. 7/5226.

Saarland. Auch hier wurde das Konzept der Regierung „begrüßt"[108]. Eine „Erwartung" sprach der dritte Entschließungsantrag aus: Die Regierungsfraktionen nahmen die Beratungen des Einzelplanes 23 (wirtschaftliche Zusammenarbeit) zum Anlaß, ihr Konzept und ihre Hoffnungen für die Welthandelskonferenz, die gerade stattfand, in einem Entschließungsantrag richtlinienartig zusammenzufassen[109].

Anders als die Regierungsmehrheit hat die Opposition allen Grund, ihre Initiativen vor die Öffentlichkeit des Plenums zu bringen. Zwar hat auch sie die Möglichkeit, im Haushaltsausschuß ihre Vorstellungen zur Geltung zu bringen. In politisch sensitiven Bereichen werden diese Vorstellungen jedoch von der Ausschußmehrheit abgeblockt, so daß dann als weiterer Weg die Inanspruchnahme der Plenaröffentlichkeit bleibt, um die eigenen haushaltswirtschaftlichen Vorstellungen wenigstens zu dokumentieren[110].

In der 7. Legislaturperiode hat die Opposition insgesamt 42 Änderungsanträge zur 2. Lesung der jeweiligen Haushaltsgesetze gestellt[111]. Diese Anträge hatten eine unterschiedliche „Qualität". Eine erste Gruppe von Anträgen ist politisch „spektakulär": So wurde die Streichung der Bewilligung für den Minister für besondere Angelegenheiten im Auswärtigen Amt gefordert[112], was den Unmut der Opposition über die damalige Ostpolitik der Bundesregierung dokumentieren sollte. Der Antrag zur Streichung des Bundeskanzleramtsministers, der vier Tage nach dem Rücktritt der Regierung Brandt gestellt wurde[113], hat ähnlichen Charakter.

Zwölf Anträge bezogen sich auf die Öffentlichkeitsarbeit, die die Opposition gekürzt sehen wollte[114]. Davon waren nicht nur das Presse- und Informationsamt der Bundesregierung betroffen, sondern auch andere Ministerien. Sogar das Kraftfahrt-Bundesamt in Flensburg, von dessen Öffentlichkeitsarbeit behauptet wurde, sie diene weniger der Verkehrssicherheit als der „Regierungspropaganda"[115], unterlag heftiger Kritik. Diese Kürzungsanträge wurden ergänzt durch einen Antrag zum Haushaltsgesetz. Die im Haushaltsgesetz gewährte Flexibilität sollte danach

[108] BT-Drcks. 7/838.

[109] BT-Drcks. 7/5163.

[110] In den zusammenfassenden Berichten des Haushaltsausschusses zum Haushaltsgesetz werden ebenfalls die besonderen Bedenken der Opposition erwähnt. (Vgl. BT-Drcks. 7/761, 2026, 3202, 5104).

[111] Vgl. die BT-Drcks. (7. Legislaturperiode) Nr. 804 - 812, 826 - 831, 2133 - 2142, 2287 - 3392, 5152 - 5157, 5166.

[112] Vgl. BT-Drcks. 808, 2134.

[113] BT-Drcks. 2133 vom 21. Mai 1974.

[114] Vgl. die BT-Drcks. 807, 3389, 3390, 5152, 5153, 5155.

[115] So die Begründung in BT-Drcks. 3390.

für die Titelgruppe „531", in der die Öffentlichkeitsarbeit untergebracht ist, nicht gelten[116]. Die zur Öffentlichkeitsarbeit gestellten Anträge fallen hauswirtschaftlich kaum ins Gewicht. Sie haben symbolischen Charakter und entsprachen der Grundsatzposition der Opposition, die der Öffentlichkeitsarbeit der Regierung kritisch gegenüberstand und diese auf mehreren Ebenen angriff[117].

Einen etwas anderen Charakter haben die von der Opposition beantragten „Akzentverschiebungen". Als Beispiel sei ein Antrag zum Verteidigungsetat genannt, in dem eine verstärkte Förderung der Maßnahmen zugunsten der Luftstreitkräfte gefordert wurde. Die Mittel sollten vom Beschaffungsprogramm für Phantomjäger und Hubschrauber abgezogen werden[118]. Ein anderes Beispiel ist die von der Opposition beantragte Aufstockung der Mittel für die Meeresforschung, die aus einem anderen Förderungsprogramm des Ministeriums für Technologie genommen werden sollten[119]. Anträge zugunsten eines bestimmten Klientelkreises finden sich ebenfalls. Gedacht ist dabei vor allem an die Anträge, die die Landwirtschaft oder ganz bestimmte landwirtschaftliche Regionen begünstigen[120]. Umgekehrt wünschte die Opposition, die Zuschüsse für bestimmte Organisationen, z. B. die Förderung des SHB aus dem Bundesjugendplan, zu streichen[121].

Die haushaltswirtschaftlich bedeutsamsten Anträge sind die globalen Minderausgaben, die die Opposition in Milliarden-Höhe im Einzelplan 60 ausbringen wollte. Diese globalen Minderausgaben hätten den Bundesfinanzminister verpflichtet, für Ersparnisse beim Haushaltsvollzug zu sorgen und erzielte Ersparnisse nicht durch eine großzügige Handhabung des Notbewilligungsrechts praktisch zu beseitigen[122].

Die elf Entschließungsanträge, die die Opposition in der 7. Legislaturperiode einbrachte, beziehen sich auf qualitativ völlig unterschiedliche Dinge. So soll die Regierung aufgefordert werden, den Deutschen Verkehrssicherheitsrat angemessen zu unterstützen[123]. Auch der Steinkohlebergbau sei mehr zu fördern[124]. Die Opposition legte schließlich Wert dar-

---

[116] BT-Drcks. Nr. 3393.

[117] Vgl. auch das von der Opposition angestrengte Urteil des BVerfG (NJW 1977, 751 ff.) zur Öffentlichkeitsarbeit der Bundesregierung.

[118] Vgl. BT-Drcks. 812.

[119] BT-Drcks. 828.

[120] Vgl. BT-Drcks. 809, 810.

[121] Vgl. BT-Drcks. 836.

[122] Vgl. BT-Drcks. 2142 (neu). Die globale Minderausgabe sollte um zwei Milliarden DM erhöht werden, nicht zuletzt um das im Jahre 1973 eklatant ausgeuferte Notbewilligungsrecht des Bundesfinanzministers einzuschränken (vgl. BT-Drcks. 2142, S. 2). Auch hier verfolgte die Opposition ihre Kritik an der Regierung auf mehreren Ebenen, wie die Klage vor dem Bundesverfassungsgericht zur Auslegung des Art. 112 GG zeigte.

[123] BT-Drcks. 834.

auf, daß der Ausbau des Streckennetzes der Deutschen Bundesbahn im Haushaltsplan gesondert ausgewiesen wird[125].

Auf eine strukturelle Ebene der Haushaltswirtschaft beziehen sich die Entschließungsanträge, in denen die Bundesregierung aufgefordert werden sollte, ein weiteres Absinken des Anteils der Verteidigungsausgaben am Gesamthaushalt zu vermeiden, solange der Warschauer Pakt seine Verteidigungsausgaben steigert[126]. Die Ausgaben für Bildung und Wissenschaft sollten wieder auf die in der Finanzplanung 1971 vorgesehenen Höhe gebracht werden[127]. Außerdem sollte die in der Finanzplanung vorgesehene Kürzung der Ausgaben für den Ausbau der Hochschulen nicht vorgenommen werden[128].

3. *Die Haushaltsgesetzgebung als Verwaltungskontrolle*

Die Rolle des Bundestages bei der Haushaltsgesetzgebung wird oft kritisch beurteilt[129]. Der Bundestag besitze nicht die fachliche Qualifikation und Kapazität, um mit den Problemen moderner Haushaltsgesetzgebung fertig zu werden. Man verschwende mehr Energien auf die Geldbewilligung für die Auto-Waschanlage im Justizministerium als auf die Bewilligung für die „politischen" Sachprogramme[130]. Demgegenüber stehen selbstbewußte Äußerungen von Bundestagsabgeordneten („Man weiß sehr schnell, wenn etwas faul ist")[131].

Die Schwierigkeit einer sinnvollen Einschätzung der Rolle des Bundestages bei der Haushaltsgesetzgebung liegt darin begründet, daß die Rolle des Bundestages zu allen drei „Inhalten" der Haushaltsgewalt in Beziehung gebracht werden muß, da das Haushaltsgesetz alle drei zum Gegenstand hat. Zum einen soll eine Re-Integration der staatlichen Einnahme- und Ausgabepolitik durch Feststellung des Haushaltsplanes geleistet werden, um eine Perspektive für die zukünftige Einnahme- und

---

[124] Vgl. BT-Drcks. 2144.

[125] Vgl. BT-Drcks. 835.

[126] Vgl. BT-Drcks. 2146; vgl. auch die Behandlung dieses Antrags im Verteidigungsausschuß (BT-Drcks. 7/3189).

[127] Vgl. BT-Drcks. 818.

[128] Vgl. BT-Drcks. 819.

[129] Vgl. etwa *J. Hirsch*, Parlament und Verwaltung (1968), S. 114; *H. Boldt*, Haushaltsverfassung im Wandel (1972), S. 281 ff.; *R. Glaeser*, Finanzpolitische Willensbildung (1964), S. 25 ff.; *H. C. Korff*, Haushaltspolitik (1975), S. 123 ff.

[130] *J. Hirsch*, Parlament und Verwaltung (1968), S. 118 spricht davon, daß der „faktische parlamentarische Einfluß doch nur auf weniger wichtige Randbezirke sich erstreckt".

[131] Der Abgeordnete *v. Bülow*, zitiert nach DIE ZEIT v. 14. Mai 1976, Nr. 21, S. 18; vgl. auch die Einschätzung des Haushaltsausschusses bei anderen Mitgliedern des Deutschen Bundestages: *F. Schäfer*, Der Bundestag (1975), S. 128 f.; *U. Lohmar*, Das Hohe Haus (1975), S. 118; *A. Leicht*, Diskussionsbeitrag, ZParl. 1977, S. 105 f.

Ausgabepolitik zu gewinnen. Zum anderen soll eine Verwaltungskontrolle durch die Ausgabebewilligungen geleistet werden, indem sachgerechte finanzwirtschaftliche Verantwortungsbereiche innerhalb der Verwaltung begründet werden, die gleichermaßen den Geboten der Flexibilität als auch der effektiven Rechnungsprüfung genüge tun. Schließlich soll auch der ausgabe- und einnahmepolitische Entscheidungsspielraum der Haushaltsgesetzgebung im Sinne einer gesamtwirtschaftlichen Stabilisierung genutzt werden[132]. Die Rolle des Bundestages in bezug auf die Kontrolle dieser drei Aspekte der Haushaltsgesetzgebung ist durchaus unterschiedlich zu beurteilen.

Die re-integrative Funktion des Haushaltsplanes, d. h. die Herausarbeitung der haushaltswirtschaftlichen Strukturen unter funktionellen und ökonomischen Gesichtspunkten und deren Einordnung in den politischen und ökonomischen Kontext, bleibt weitgehend unbeachtet. Der Funktionenplan ist an keiner Stelle Gegenstand der Beratungen des Bundestages. Veränderungen der ökonomischen Haushaltsstruktur werden zwar gelegentlich festgestellt und moniert. So war die Verschiebung der Ausgaben von dem investiven auf den konsumtiven Bereich regelmäßig ein Kritikpunkt der Opposition während der Plenardiskussionen im betrachteten Zeitraum. Diese Ansätze wurden jedoch nicht weiter ausgebaut. Gelegentliche Entschließungsanträge der Opposition und auch der Regierungsfraktionen deuten darauf hin, daß strukturelle Fragen und deren Sichtbarmachung durch den Haushaltsplan die Parlamentarier zwar beschäftigen, daß dies jedoch mehr zufällig als systematisch erfolgt.

Der Grund dafür liegt unter anderem auch im gewandelten Verständnis der Gesetzgebung. Der Haushaltsplan ist weitgehend durch die allgemeine Gesetzgebung vorbestimmt. Die Strukturen können mit Hilfe der Ausgabebewilligung kaum beeinflußt werden. Angesichts dieses Befundes wird es für den Bundestag weitgehend uninteressant, die re-integrative Funktion des Haushaltsplanes im Rahmen der Haushaltsgesetzgebung zu aktualisieren. Es ist zudem nicht unbedingt erforderlich, anläßlich der Beratungen zu den Ausgabebewilligungen die strukturellen Fragen der Haushaltswirtschaft mitzuerörtern. Diese Fragen stehen unter den Bedingungen des demokratischen Gesetzes in einem inneren Zusammenhang mit der allgemeinen Gesetzgebung, in der über die Struktur des Haushaltes entschieden wird.

Die Beratungen des Bundestages sind auf die Durchleuchtung der Ausgabebewilligungsanträge angelegt. Diese Auffassung wird durch das Ergebnis der Beratungen, wie es sich in den Änderungsanträgen des Haushaltsausschusses niederschlägt, bestätigt. Innerhalb der einzelnen Ministerien und Bundesoberbehörden werden zahlreiche Mittel umgesetzt,

---

132 Vgl. zur Erläuterung der unterschiedlichen Zielsetzungen oben § 2.

wobei der Gesamtrahmen der Ausgabebewilligungen im wesentlichen unverändert bleibt. Diese Tätigkeit ist als ein Bemühen um die Begründung von sachgerechten finanzwirtschaftlichen Verantwortungsbereichen zu deuten, die sowohl den Bedürfnissen einer effektiven Rechnungsprüfung als auch der Verwaltungssteuerung genügen soll. Ganz in diese Richtung geht auch die Beschäftigung des Bundestages mit Vergaberichtlinien, Wirtschaftsplänen etc., die der Konkretisierung der finanzwirtschaftlichen Verantwortung der Verwaltung dient.

Das Verständnis der Haushaltsgesetzgebung als Verwaltungskontrolle ist dominierend. Dokumentiert wird dies schließlich auch durch die Bewilligungspolitik bei den Planstellen und den zahlreichen „k. w." Vermerken, die von einer sensibiliserten Aufmerksamkeit des Bundestages in bezug auf sich selbst verwaltende Bürokratien zeugt.

Gesamtwirtschaftlich orientierte Überlegungen des Bundestages bei den Haushaltsgesetzgebungsberatungen konnten allenfalls rudimentär festgestellt werden. Bezeichnend ist der Satz, daß der Kreditrahmen dem Beratungsergebnis angepaßt wurde. Die Frage des wirtschaftspolitisch erforderlichen und vertretbaren Kreditrahmens wurde nicht geprüft. Aber auch bezüglich des Investitions- und Subventionshaushalts konnten explizite Überlegungen zur Wachstums- und/oder Konjunkturgerechtigkeit nicht festgestellt werden. Hier scheint der Bundestag der Konzeption der Bundesregierung weitgehend ungeprüft zu folgen.

Insgesamt ist deswegen festzustellen, daß der Bundestag nur in bezug auf die mit der Haushaltsgesetzgebung verfolgte Zielsetzung der Verwaltungskontrolle eine ausreichende Kontrolle ausübt. Die beiden anderen Inhalte des Haushaltsgesetzes, die Aktualisierung der re-integrativen Funktionen des Haushaltsplanes und eine gesamtwirtschaftlich orientierte Einnahme- und Ausgabepolitik im Rahmen der „Manövriermasse", bleiben weitgehend unthematisiert.

Auch die von der Opposition in das Verfahren eingebrachte Kritik — soweit sie sich in Fraktions-Anträgen niederschlägt — aktualisiert die re-integrative Funktion des Haushaltsplanes und die gesamtwirtschaftliche Funktion der durch das Haushaltsgesetz festgelegten Ausgabenpolitik allenfalls ansatzweise. Die Anträge zum Anteil der Verteidigungsausgaben und der Bildungsausgaben zielen allerdings auf die Haushaltsstruktur und kommen damit der Aktualisierung der re-integrativen Funktion des Haushaltsplanes nahe. Der Antrag zur Ausbringung einer globalen Minderausgabe in Milliarden-Höhe hat einen gesamtwirtschaftlichen Aspekt, der jedoch nicht weiter ausgebaut wurde. Insgesamt gesehen versäumte es die Opposition, mit Entschließungsanträgen eine grundsätzliche haushaltswirtschaftliche Kritik an der Regierung und der sie tragenden parlamentarischen Mehrheit zu verdeutlichen.

4. *Geschäftsordnungsprobleme bei den Beratungen zum Haushaltsgesetz*

a) Beginn der Ausschußberatungen

In dem Bericht des Haushaltsauschusses zu dem Haushaltsgesetz 1973 findet sich folgende Passage:

„Der Haushaltsausschuß hatte es sich zum Ziel gesetzt, den Haushalt 1973 bis zur Sommerpause zu verabschieden. Um dieses Ziel zu erreichen, hat er bereits vor der offiziellen Einbringung mit einer informellen Beratung begonnen, die dort gefaßten Beschlüsse nach der Überweisung bestätigt ...[133]"

Die Problematik ergibt sich auf unter-verfassungsrechtlicher Ebene aus § 60 II GeschOBT, der ersichtlich davon ausgeht, daß die Ausschüsse zur Erledigung der ihnen „überwiesenen" Aufgaben verpflichtet sind. Die Voraussetzungen des § 60 GeschOBT für ein Tätigwerden des Ausschusses scheint deswegen im vorliegenden Fall nicht vorzuliegen.

Auf verfassungsrechtliche Ebene transponiert, ist zu fragen, ob das Prinzip der funktionalen Abhängigkeit des Ausschusses vom Plenum gewahrt bleibt, wenn die Ausschüsse von sich aus bei den Gesetzesberatungen tätig werden[134]. Auch das Initiativrecht der Bundesregierung zur Einbringung des Haushaltsgesetzentwurfes könnte tangiert sein. Der Haushaltsausschuß selbst scheint Bedenken gegen seine eigene Praxis zu hegen, wie der Hinweis auf die Bestätigung der inoffiziell gefaßten Beschlüsse nach Überweisung ahnen läßt[135].

Solche Bedenken sind jedoch unbegründet. Auf der Ebene der Geschäftsordnung des Bundestages läßt sich argumentieren, daß der Haushaltsausschuß gemäß § 94 grundsätzlich für die Beratung des Haushaltsgesetzes zuständig ist. Das Parlament hat die Beratung des Haushaltsgesetzes insofern standardisiert, als der federführende Auschuß von vornherein feststeht. Dies kann bei anderen Gesetzen durchaus zweifelhaft sein, was dem Vorbehalt des § 60 II Satz 1 GeschOBT, wonach eine ordnungsgemäße Überweisung durch das Plenum die Voraussetzung für die Gesetzes-Beratung durch die Ausschüsse ist, seinen Sinn verleiht. Darüber hinaus ist zu bedenken, daß der Bundestag verpflichtet ist, das Haushaltsgesetz rechtzeitig zu verabschieden. Wenn der Haushaltsausschuß Maßnahmen ergreift, die geeignet sind, das parlamentarische Verfahren zu beschleunigen, so löst dies zwar rechtliche Bedenken im Verhältnis Plenum — Ausschuß aus, diese werden jedoch dadurch aufgeho-

---

[133] BT-Drcks. 7/761 (Bericht des Abgeordneten *Kirst*).

[134] *H. Steiger*, Organisatorische Grundlagen (1973), S. 129 ff. erhebt grundsätzliche Bedenken gegen ein eigenständiges Tätigwerden der Ausschüsse. — Ein Gesetzesinitiativrecht steht den Ausschüssen nicht zu. Vgl. *H. Trossmann*, Parlamentsrecht (1977), § 60, Rn. 7.4.

[135] Vgl. BT-Drcks. 7/761.

ben, daß mit dieser Maßnahme dem Gebot der rechtzeitigen Verabschiedung des Haushaltsgesetzes gedient wird. Bei der Suche nach einer „praktischen Konkordanz“ in diesem Konflikt sind dem Vorgehen des Haushaltsausschusses jedenfalls keine durchgreifenden rechtlichen Bedenken entgegenzubringen.

b) Das Lancieren von Nachschiebelisten

Ein verfahrensrechtliches Problem besonderer Art wirft das Lancieren von „Nachschiebelisten“ durch die Bundesregierung auf. Die Bestandsaufnahme zeigte, daß zahlreiche im Haushaltsgesetzgebungsverfahren vom Parlament hinzugefügte Ausgaben auf Vorschläge der Bundesregierung zurückzuführen sind. Ebenso sind Berichtigungen auf der Einnahmeseite des Haushaltsplanes auf Initiativen der Bundesregierung zurückzuführen. „Technisch“ erfolgt dies dadurch, daß die Regierung über informierte Abgeordnete des Haushaltsausschusses entsprechende Änderungsanträge stellen läßt[136].

Die Problematik dieses Vorgehens liegt in der Pflicht der Regierung, einen ausgeglichenen Haushaltsentwurf einzubringen. Sie „erleichtert“ sich diese Arbeit, wenn sie einige zusätzliche Ausgaben während der parlamentarischen Beratungen „nachschiebt“, sowie einige überhöhte Steuerschätzungen nachträglich korrigiert[137]. Nun wäre die Behauptung, alle „Nachschiebelisten“ wären vorsätzlich zustande gekommen, da zunächst einmal ein ausgeglichener Regierungsentwurf vorzulegen war, eine unlautere und unbeweisbare Unterstellung. Auch wenn ein solches Vorgehen nicht unterstellt wird, bleiben die Nachschiebelisten bedenklich. Die Bedenken rühren nicht daher, daß der Haushaltsplan berichtigt und ergänzt wird — eine Berichtigung der Schätzungen erscheint angesichts des Wahrheitsgebotes sogar verfassungsrechtlich geboten —, sondern beziehen sich auf die Transparenz der politischen Verantwortung bezüglich dieser Berichtigungen und Ergänzungen[138]. Der Ausweis der Nachschiebelisten in einem Ergänzungshaushalt der Regierung erscheint deswegen angebracht[139] und ist in anderen Regierungssystemen üblich[140].

---

[136] Vgl. *F. Schäfer*, Der Deutsche Bundestag (1975), 130; *J. Hirsch*, Parlament und Verwaltung (1968), S. 115.

[137] Vgl. *J. Hirsch*, Parlament und Verwaltung (1968), S. 115 f.; vgl. oben bei Fn. 84.

[138] *E. A. Piduch*, Bundeshaushaltsrecht (1977), § 32, Rn. 3 übersieht dies, wenn er behauptet, die Einbringung des Ergänzungshaushaltes würde „praktisch zu keiner anderen Behandlung im Haushaltsausschuß ... als die unmittelbare Unterrichtung“ führen. Das mag zwar richtig sein, doch hat der Ergänzungshaushalt die Vorteile der öffentlichen und transparenten Verantwortungsverteilung für sich!

[139] § 32 BHO sieht dies auch ausdrücklich vor. Die Rechtfertigung der Bundesregierung (vgl. *E. A. Piduch*, Bundeshaushaltsrecht [1977], § 32 Rn. 3), „Nachschiebelisten“ statt Ergänzungsvorlagen aus Gründen der Zeitersparnis

c) Die Zulässigkeit nicht-gesetzlicher Kontrolltechniken bei den Beratungen zum Haushaltsgesetz

Im Rahmen der Haushaltsgesetz-Beratungen wendet der Haushaltsausschuß eine Reihe von nicht-gesetzlichen Kontrolltechniken an, deren Rechtmäßigkeit zum Teil bestritten wird. So wird die Prüfung der Vergaberichtlinien für unzulässig gehalten. Auch soll der Haushaltsausschuß die Wirtschaftspläne von Einheiten in der Exekutive keiner Prüfung unterziehen dürfen. Der Grund für die Unzulässigkeit solcher Maßnahmen wird einerseits in der Ministerverantwortlichkeit, die durch die Einmischung des Parlaments in originär exekutive Befugnisse tangiert werde[141], und andererseits in der funktionalen Abhängigkeit der Parlamentsausschüsse vom Plenum gesehen: Der unmittelbare Sachzusammenhang mit der Gesetzesvorlage, die zur Beratung überwiesen worden ist, sei nicht mehr gewahrt[142].

Die Zulässigkeit der Beratung von Wirtschaftsplänen, beispielsweise desjenigen des Bundesnachrichtendienstes, folgt daraus, daß es sich dabei materiell eindeutig um Beratungen zum Zwecke von Ausgabebewilligungen handelt[143]. Gleiches gilt für die Beratungen der Bewirtschaftungspläne für bestimmte Titel im Entwicklungshilfeministerium. Wenn die Wirtschaftspläne dort nicht in Form von detaillierten Ausgabebewilligungs-Titeln im Haushaltsplan erscheinen, so hat das seine Gründe in nationalen Sicherheitsinteressen oder außenpolitischen Sensitivitäten. Dies kann jedoch nicht dazu führen, daß das Recht des Parlamentes, über Ausgabebewilligungen zu entscheiden, geschmälert wird.

Problematischer erscheint die Technik der Kenntnisnahme (und Einflußnahme) auf Verwaltungsrichtlinien. Hier kann es zweifelhaft sein, ob der Aspekt der Ausgabebewilligung, d. h. sachgerechte Begründung von finanzwirtschaftlichen Verantwortlichkeiten, oder der Aspekt der sonstigen Verwaltungsführung im Vordergrund steht. *K. Kröger* deutet diese Einwirkungen als Eingriffe in die Ministerverantwortlichkeit. Die Verfassung gehe davon aus, daß die Minister ihre Geschäftsbereiche eigenverantwortlich führen und daß diese Geschäftsführung vom Bundestag nur nachträglich kontrolliert werden könne. Die Struktur der staatlichen

---

einzubringen, überzeugt nicht: Der Haushaltsausschuß kann direkt benachrichtigt weren, und außerdem können die Öffentlichkeit und der Bundesrat in Form des Ergänzungshaushaltes über die Vorgänge unterrichtet werden. Die umfangreichen Nachschiebelisten für das Haushaltsgesetz 1974 (vgl. BT-Drcks. 7/2026, S. 3 ff.) verstießen gegen den Geist des § 32 BHO und sind von der Opposition mit Recht gerügt worden (vgl. BT-Drcks. 7/2026, S. 2).

[140] Vgl. zum „updating“ in der amerikanischen Regierungspraxis unten § 6.

[141] Vor allem *K. Kröger*, Die Ministerverantwortlichkeit (1972), S. 99 ff. (104).

[142] Vgl. *H. Steiger*, Organisatorische Grundlagen (1973), S. 133.

[143] Vgl. aber *K. Kröger*, Die Ministerverantwortlichkeit (1972), S. 100 (Fn. 127), S. 104.

Entscheidungsfindung werde gestört, wenn das Parlament „mitregiere“[144].

Das *Kröger*sche Kontroll-Konzept knüpft an konstitutionelles Gedankengut an, indem es das Parlament auf eine nachträgliche, im parlamentarischen Regierungssystem relativ wirkungslose Kontrollposition zurückdrängt[145]. Darüber hinaus ist das Argument in den hier diskutierten Fällen inkonsistent: Die Entscheidungsfreiheit verbleibt beim Minister. Der Minister ist weder bei nicht-gesetzlichen Einflußnahmen parlamentarischer Ausschüsse noch bei solchen beispielsweise seiner Partei in seiner rechtlichen Entscheidungsfreiheit tangiert und kann jederzeit auch die Vorlage von Verwaltungsrichtlinien oder deren Änderung verweigern.

Derartige nicht-gesetzliche Einflußnahmen könnten aber, wenn schon nicht aus Gründen des Verhältnisses der Legislative zur Exekutive, so doch aus Gründen des Verhältnisses des Plenums zu seinen Ausschüssen unzulässig sein: Das Beratungsrecht nach § 60 GeschOBT könnte den Explorationen der Ausschüsse Grenzen ziehen. Sedes materiae ist § 60 II GeschOBT. Danach haben die Ausschüsse als „vorbereitende Beschlußorgane“ die Pflicht, „dem Bundestag bestimmte Beschlüsse zu empfehlen, die sich nur auf die ihnen überwiesenen Vorlagen und Anträge oder mit diesen in unmittelbarem Sachzusammenhang stehenden Fragen beziehen dürfen“. Die Reform der Geschäftsordnung des Bundestages[146] ergänzte diese Vorschrift: „Sie können jedoch auch andere Fragen aus ihrem Geschäftsbereich beraten.“ Einigkeit dürfte darüber bestehen, daß die neueingefügte Erweiterung der Ausschußzuständigkeiten auch im Rahmen der Beratung überwiesener Gesetzentwürfe gilt. Wenn also im Rahmen der Beratung von Gesetzen irgendwelche Probleme aus dem Geschäftsbereich der Ausschüsse akut werden, so kann der Ausschuß diese mitberaten, obwohl sie in keinem „unmittelbaren Sachzusammenhang“ mit der überwiesenen Vorlage stehen[147].

Die Tragweite des Beratungsrechts der Ausschüsse wird mit diesen Formeln jedoch keineswegs eindeutig erhellt. Es wird deswegen auf die hinter diesen Formeln stehenden Überlegungen zurückgegriffen, die auf

---

[144] *K. Kröger*, Die Ministerverantwortlichkeit (1972), S. 104.

[145] Vgl. oben § 1 A II, in dem das hier zugrunde liegende Kontroll-Konzept expliziert wurde.

[146] Vgl. zu der Reform der Geschäftsordnung den Bericht des Geschäftsordnungsausschusses, BT-Drcks. 5/4373. — Vgl. allgemein zu § 60 GeschOBT die Kommentierung von *H. Trossmann*, Parlamentsrecht (1977).

[147] Davon zu unterscheiden ist die Frage, ob die Ausschüsse auch Anträge aus den Bereichen stellen dürfen, auf die sie im Rahmen des selbständigen Beratungsrechts gestoßen sind. Dies ist zu verneinen. Der Antrag der Ausschüsse muß sich auf die überwiesene Vorlage und die damit in unmittelbarem Sachzusammenhang stehenden Fragen beschränken. Vgl. *H. Trossmann*, Parlamentsrecht (1977), Rn. 7.2.

einem Argument von *J. Hirsch* beruhen. *Hirsch* behauptet, zwar effektiviere der Haushaltsausschuß mit Hilfe dieser Techniken seine Kontrolle über die Exekutive. Dies gehe jedoch auf Kosten des Gesamtparlamentes[148]. *H. Steiger* hat dieses Argument ausgebaut und den Gedanken der funktionalen Abhängigkeit der Parlamentsausschüsse vom Plenum betont, der bei den sich abzeichnenden Verselbständigungstendenzen der Ausschüsse gefährdet sei[149].

Das Verhältnis von Ausschuß zum Plenum ist jedoch nicht als „Null-Summen-Spiel" zu begreifen, in dem das Plenum das verliert, was die Ausschüsse gewinnen. Ausschuß und Plenum stehen vielmehr in einem Ergänzungsverhältnis. Die vom Ausschuß ausgeübte Kontrolle wird weder der Form noch dem Inhalt nach vom Plenum ausgeübt. Sie ist andersartig[150]. Während die Plenumsberatung von den Parlamentariern zur Mobilisierung ihrer Anhänger genutzt wird, ist die Debatte im Ausschuß der inter- und intraparteilichen Auseinandersetzung gewidmet. Wenn diese Funktion der Ausschüsse nicht untergraben werden soll, darf das Erfordernis der „funktionalen Abhängigkeit" von Plenum und Ausschüssen nicht übersteigert werden[151].

Das selbständige Beratungsrecht der Ausschüsse ist deswegen extensiv auszulegen und deckt die bei der Bestandsaufnahme vorgefundenen nicht-gesetzlichen Techniken der Kontrolle und Einflußnahme ab. Die Grenze zum Unzulässigen ist erst erreicht, wenn der Ausschuß gegen konkrete Beschlüsse und Weisungen des Plenums verstößt. Die Vorschriften der Geschäftsordnung restringieren damit nicht die Kontrollmöglichkeiten der Bundestagsausschüsse mit Hilfe nicht-gesetzlicher Kontrolltechniken[152].

---

[148] Vgl. Parlament und Verwaltung (1968), S. 141. — Dieses Argument ist von zahlreichen Autoren wiederholt worden. z. B. *H. Steiger*, Organisatorische Grundlagen (1973), S. 138; *W. Berg*, Zur Übertragung von Aufgaben, Der Staat 9 (1970), S. 21 (39 ff.); a. A. aber: *W. Kewenig*, Staatsrechtliche Probleme (1970), S. 55; *H. Boldt*, Zum Verhältnis von Parlament, Regierung und Haushaltsausschuß, ZParl. 1973, S. 534 ff. (545 ff.).

[149] Vgl. *H. Steiger*, Organisatorische Grundlagen (1973), S. 129 ff.

[150] Vgl. die Urteile zahlreicher Bundestagsabgeordneter: *F. Schäfer*, Der Bundestag (1975), S. 131; *U. Lohmar*, Das Hohe Haus (1975), S. 89 f.; *E. Majonica*, Ein Parlament im Geheimen? (1969), S. 114 ff. Deutlich wird die Andersartigkeit von Plenum und Ausschüssen in dem Verständnis des Bundestages als „Rede- *und* Arbeitsparlament". Vgl. *L. Kißler*, Die Öffentlichkeitsfunktion des Deutschen Bundestages (1976), S. 384 ff.

[151] Richtig jedoch *H. Steigers* (Organisatorische Grundlagen [1973], S. 135) Hinweis, daß das Plenum den Ausschüssen verstärkte Berichterstattungspflichten auferlegen sollte.

[152] Vgl. auch *H. Schmelter*, Rechtsschutz gegen nicht zur Rechtsetzung gehörende Akte der Legislative (1977), S. 19 ff.

B. Besondere Probleme aus dem Bereich der Politikverflechtung

I. Die Haushaltsgesetzgebung im politisch verflochtenen Bereich

Die parlamentarische Kontrolle der Haushaltsgesetzgebung sieht sich im politisch verflochtenen Bereich vor besonders schwierige Probleme gestellt. Der Bereich der Politikverflechtung zeichnet sich dadurch aus, daß der „Bund" nicht mehr der alleinige Herr des Entscheidungsverfahrens ist. Er muß sich vielmehr der Kooperationsbereitschaft anderer Entscheidungsträger versichern und mit diesen gemeinsame Problemlösungsstrategien erarbeiten. Die Einschaltung des Bundestages in diesen Prozeß bereitet Schwierigkeiten, die im Prinzip identisch mit den Schwierigkeiten der Einschaltung des Bundestages bei der „allgemeinen" Gesetzgebung in politisch verflochtenen Systemen sind[153].

Im Rahmen der Haushaltsgesetzgebung stellt sich diese Problematik insbesondere bei der Finanzierung der Gemeinschaftsaufgaben, bei den Finanzhilfen des Bundes an die Länder gemäß Art. 104 a IV GG, bei den großen Sondervermögen des Bundes sowie bei der Entlohnung der dem Tarifvertragsrecht unterstehenden Bediensteten des Bundes. In all diesen Fällen treten die Querverbindungen dieser im Bereich „zwischen" dem Bund und anderen Entscheidungsträgern angesiedelten Probleme zu der Haushaltsgesetzgebung deutlich zutage, ohne daß diese Verbindungslinien in ihrer rechtlichen Qualität gleich zu beurteilen sind. Gemeinsam ist dieser Problematik lediglich, daß der Bundestag mit diesen für das Gemeinwesen und für die Haushaltswirtschaft des Bundes wichtigen Entscheidungen in der Haushaltsgesetzgebung konfrontiert wird und dabei in seiner Willensbildungsfreiheit rechtlichen und/oder faktischen Bindungen unterliegt.

II. Die parlamentarische Kontrolle der Ausgaben in politisch verflochtenen Bereichen

1. *Die Finanzierung der Gemeinschaftsaufgaben*

Art. 91 a IV GG sieht vor, daß die zur Erfüllung der Gemeinschaftsaufgaben benötigten Mittel der Feststellung durch den Haushaltsplan „vorbehalten" bleiben. Daraus wird von der h. M. gefolgert, die Ausgabebewilligung für die Gemeinschaftsaufgaben sei rechtlich in das Belieben des Parlamentes gestellt[154]. Der Rigidität der h. M. kann nach dem hier vertretenen Ansatz[155] nicht gefolgt werden. Durch Verweigerung

---

[153] Vgl. oben § 3 C.

[154] Etwa: *R. Mußgnug*, Der Haushaltsplan als Gesetz (1976), S. 255; *Maunz* / Dürig / Herzog, Grundgesetzkommentar (1976), Art. 91 a, Rn. 20.

[155] Vgl. oben § 3 A I 1.

der finanziellen Mittel darf der Bundestag die in der Verfassung und in Gesetzen vorgesehenen Gemeinschaftsaufgaben nicht auf „heimlichem" Weg abschaffen. Ein Mindestmaß an finanzieller Ausstattung muß der Bundestag für die Gemeinschaftsaufgaben bereitstellen und unterliegt damit bei der Ausgabebewilligung nicht nur faktischen, sondern auch rechtlichen Bindungen. Gestützt wird diese Meinung auch durch den Grundsatz der Bundestreue, an den das Parlament gebunden ist und aus dem ebenfalls äußerste Grenzen der Entscheidungsfreiheit bei der Ausgabebewilligung für die Gemeinschaftsaufgaben abzuleiten sind[156].

Unbestritten hat das Parlament jedoch das Recht, einzelne Änderungen an den Ausgabebewilligungsanträgen vorzunehmen. Die Anträge werden durch einen Planungsausschuß erarbeitet[157], der paritätisch aus Vertretern der Bundesregierung und der Länderregierungen besetzt ist. In diesem Gremium werden die Projektanmeldungen der verschiedenen Landesregierungen, die von den zuständigen Bundesministerien gesammelt und mit Bundesvorschlägen versehen weitergeleitet wurden, zu einem „Rahmenplan" zusammengeschweißt. Der Abstimmungsschlüssel trägt dafür Sorge, daß weitgehender Konsens zwischen den Bundes- und Landesvertretungen hergestellt werden muß. Sowohl die Bundes- als auch die Länderregierungen sind sodann bei der Einbringung ihrer Haushaltsplanentwürfe an die Rahmenpläne gebunden und haben entsprechende Ausgabebewilligungsanträge zu stellen.

Der Willensbildungsfreiheit des Bundestages im Rahmen seines Ausgabebewilligungsrechts sind angesichts dieser Sachlage Grenzen gezogen, denn der Bundestag kann die mühsam im Planungsausschuß gefundenen Kompromisse nicht ohne besonders triftige Gründe gefährden. Entsprechend wurden die angeforderten Beträge für die Gemeinschaftsaufgabe Förderung der Wirtschaftsstruktur bisher stets bewilligt. Die vom Haushaltsausschuß im Jahre 1975 vorgenommene Änderung geht auf den Planungsausschuß zurück und war erforderlich, um zwischenzeitlich gefaßten Beschlüssen des Planungsausschusses Rechnung zu tragen[158]. Die Bilanz in bezug auf die Gemeinschaftsaufgabe Neubau von Hochschulen sieht ebenso aus.

Die für die Gemeinschaftsaufgabe Förderung der Agrar- und Küstenstruktur vorgesehenen Mittel wurden dagegen vom Haushaltsausschuß wiederholt geringfügig geändert. In einem Fall kürzte der Haushaltsaus-

---

[156] Vgl. *H. C. F. Liesegang* und *R. Plöger*, Schwächung der Parlamente durch den kooperativen Föderalismus?, DÖV 1971, 228 ff. (233); kritisch zu diesem Argument: *Maunz* / Dürig / Herzog, Grundgesetzkommentar (1976), Art. 91 a, Rn. 20.

[157] Vgl. zu dem Verfahren der Rahmenplanung die zu Art. 91 a GG erlassenen Ausführungsgesetze.

[158] Vgl. den Bericht des Abgeordneten *Röhner* zum Einzelplan 09, Haushaltsgesetz 1975, BT-Drcks. 7/3221.

schuß die Mittel sogar in einer Weise, daß der im Planungsausschuß ausgehandelte Schlüssel zur Mittelverteilung auf die Länder nicht mehr zu verwirklichen war. Der Haushaltsausschuß bedrohte mit dieser Kürzung das gesamte Planungskonzept[159]. Auch bei den Beratungen zum Haushaltsgesetz 1976 kürzte der Bundestag die Ausgabebewilligung für diese Gemeinschaftsaufgabe um 10 Prozent und nahm damit eine Maßnahme, die von der Bundesregierung erst für das Haushaltsjahr 1977 angestrebt wurde, vorweg[160].

Die letzten Beispiele zeigen, daß das Ausgabebewilligungsrecht bezüglich der Gemeinschaftsaufgaben nicht nur auf dem Papier steht, sondern vom Bundestag gegebenenfalls auch aktualisiert wird. Das kann jedoch nicht darüber hinwegtäuschen, daß die haushaltswirtschaftliche Kontrolle des Bundestages hier in seiner Effektivität bedroht ist und nur die Funktion einer politischen Notbremse hat[161].

Der Bundestag versucht deswegen, sich — ähnlich wie bei der durch die EG bewirkten Politikverflechtung — eine „vorgelagerte" Einflußnahme auf die Rahmenplanung zu sichern[162]. Die Grundlage dazu wurde in einer parlamentarischen Anfrage gelegt, in der es darum ging, ob die Bundesregierung bereit sei, das Parlament über die Rahmenplanung rechtzeitig zu informieren. Die Bundesregierung sagte dies damals zu[163]. Bezüglich der Rahmenplanung erfolgt seitdem eine regelmäßige Unterrichtung des Bundestages.

Dennoch wurde im Bundestag die Sorge geäußert, dem Parlament werde nicht rechtzeitig Gelegenheit gegeben, die Vorhaben zu diskutieren. Die Unterrichtung nach Erstellung der Rahmenpläne — aber vor der Bewilligung der Haushaltsmittel — sei zu spät für eine effektive Einwirkung auf den Entscheidungsprozeß. Die Bundesregierung wurde deswegen ersucht, dem Bundestag frühzeitigere Kenntnis zu verschaffen[164].

---

[159] Davon berichten *B. Reissert / F. Schnabel*, Fallstudien zum Planungs- und Finanzierungsverbund von Bund, Ländern und Gemeinden (1975), S. 120. Das Konzept des Planungsausschusses konnte dennoch „gerettet" werden, denn die Bundesregierung stockte die gekürzten Mittel im Rahmen eines Konjunkturprogrammes wieder auf.

[160] Vgl. den Finanzbericht 1977, S. 132 f.

[161] Die *Troeger* Kommission hatte schon bemerkt, daß „die Macht der Verhältnisse, die den Willen zur gemeinschaftlichen Ordnung eines Lebensbereichs hervorgerufen hat, groß genug sein" wird, um „die Parlamente zur Bewilligung der finanziellen Mittel für die Ausführung der Gemeinschaftsaufgabe zu veranlassen". (Gutachten, Tz. 160.)

[162] Einige Landtage haben der vorgelagerten Kontrolle bereits feste Formen gegeben. Die von den Landesregierungen zur Rahmenplanung angemeldeten Projekte müssen dem Landtag vorgelegt werden, der über die Projekte berät und Beschluß faßt. Vgl. dazu *A. Böhringer*, Zur Mitwirkung der Landesparlamente, ZParl. 1 (1969), 173 ff.; *H. C. F. Liesegang*, Die Beteiligung der Parlamente, ZParl. 3 (1972), 162 ff.

[163] Vgl. BT-Drcks. 6/705.

[164] Vgl. die BT-Drcks. 7/949; soweit ersichtlich hat sich an dem Zeitpunkt der Unterrichtung durch die Bundesregierung nichts geändert.

Daneben wurde auch inhaltlich zu einzelnen Problemen der Rahmenpläne Stellung genommen. So wurden Zweifel geäußert, ob die in den Rahmenplänen vorgesehenen Maßnahmen überhaupt den verfassungsrechtlichen Anforderungen des Art. 91 a I GG genügen[165]. Es wurde darauf gedrängt, bestimmte Abgrenzungskriterien „sehr sorgfältig" anzuwenden[166], und es wurde ein Bericht über die Wirksamkeit von Förderungsgrundsätzen angefordert[167]. Verbunden wurden diese in Ausschuß-Berichten geäußerten Bedenken mit entsprechenden Entschließungen des Bundestages. Diese vorgezogenen Kontrollversuche des Bundestages betreffen auch die haushaltswirtschaftlichen Aspekte der Rahmenpläne. Die Unterrichtungen der Bundesregierung werden dem Haushaltsausschuß zur Mitberatung überwiesen. Trotz der Vorverlagerung der Kontrolle durch die nicht-gesetzlichen Kontrolltechniken bestehen für den Bundestag nur geringe Einwirkungsmöglichkeiten realistischer Art bei der Finanzierung der Gemeinschaftsaufgaben.

2. *Investitionshilfen des Bundes an die Länder*

Gemäß Art. 104 a IV GG kann der Bund den Ländern unter bestimmten Voraussetzungen Investitionshilfen gewähren[168]. Außer in den drei Fällen, in denen die Finanzhilfe aufgrund von Gesetzen gemäß Art. 104 a IV GG erfolgt[169], leistet der Bund jährlich weitere Finanzhilfen auf der Basis von Verwaltungsvereinbarungen. Nach der Regelung des Art. 104 a IV GG darf sich die Bundesregierung in Verwaltungsvereinbarungen nur zur Leistung von Finanzhilfen verpflichten, wenn eine vorherige Ermächtigung im Haushaltsgesetz und im Haushaltsplan ausgesprochen wurde. Die Regelung des Art. 104 a IV GG bezüglich der parlamentarischen Mitwirkung ist demzufolge genau umgekehrt wie die Regelung bei den Gemeinschaftsaufgaben: Dort werden erst die Aufgaben festgelegt und sodann der Bundestag im Rahmen seines Ausgabebewilligungsrechts eingeschaltet. Hier darf die Regierung mit den Ländern erst dann Verwaltungsvereinbarungen abschließen, wenn der Bundestag zuvor im Haushaltsgesetz und im Haushaltsplan sein Plazet gegeben hat.

Der Bundestag befindet sich bei diesem Modell der Mitwirkung — rechtlich gesehen — in einer wesentlich besseren Position als bei dem Modell, das für die Gemeinschaftsaufgaben gewählt wurde. Diese Regelung wurde vom Vermittlungsausschuß im Rahmen der Grundgesetzän-

---

[165] BT-Drcks. 7/4153.

[166] BT-Drcks. 7/3842.

[167] BT-Drcks. 7/3842.

[168] Vgl. allgemein zu Art. 104 a IV: *J. Müller-Volbehr*, Fonds- und Investitionshilfekompetenz (1975). *F. Klein*, Die Regelung der Gemeinschaftsaufgaben von Bund und Ländern, Der Staat 11 (1972), 289 ff.

[169] Durch Gesetz wurden die Investitionshilfen für den Städtebau, den Gemeindeverkehr und die Krankenhaussicherung geregelt.

derung zu Art. 104 a IV GG eingeführt[170]. Damit sollte vermieden werden, daß Verwaltungsvereinbarungen abgeschlossen wurden, die später vom Bundestag aus politischen Gründen hätten honoriert werden müssen. Die Regelung sollte die Schwächung des Parlamentes durch die ansonsten für den Bereich der Politikverflechtung typische Ratifizierungslage vermeiden[171].

Das Bundesverfassungsgericht hat mittlerweile jedoch in zwei Entscheidungen[172] strenge Anforderungen an die Verwaltungsvereinbarungen gestellt. Der Bund müsse die Verwaltungsvereinbarungen mit allen gleichermaßen betroffenen Ländern schließen und im Prinzip sei Einstimmigkeit erforderlich. „Angesichts des prinzipiellen Erfordernisses allseitiger Zustimmung müssen alle Länder — rechtzeitig — Gelegenheit erhalten, das Programm auf seine Eignung und Erforderlichkeit ... zu überprüfen[173]."

Die stärkeren Anforderungen formeller und inhaltlicher Art, die nunmehr an die Verwaltungsvereinbarungen zu stellen sind, machen langwierige Verhandlungen zwischen Bund und Ländern notwendig[174]. Dies bedeutet eine Einschränkung der faktischen Einwirkungsmöglichkeiten des Bundestages, da die von ihm kontrollierte Bundesregierung weniger „Herr des Verfahrens" ist, als sie es unter der zunächst geübten Praxis war und als relativ kurzfristig abschließbare, bilaterale Vereinbarungen zwischen dem Bund und einzelnen Ländern getätigt wurden. Auch hier stellt sich deswegen — parallel zur Problematik bei den Gemeinschaftsaufgaben — die Frage, ob der Bundestag die politische Potenz hat, eine zwischen Ländervertretungen und der Bundesregierung aufgrund der formellen Voraussetzung des Art. 104 a IV GG zwar noch nicht abgeschlossene, jedoch im Vorbereitungsstadium befindliche Verwaltungsvereinbarung zu gefährden.

Dem mehrjährigen Investitionsprogramm, das die Bundesregierung im März als Ergänzungsvorlage in die Beratungen zum Haushaltsgesetz 1977 einbrachte und das auf eine Vereinbarung von Bund und Ländern hinzielte[175], wurde vom Haushaltsausschuß zugestimmt. Im Bericht des Haushaltsausschusses heißt es lapidar, daß das Programm „in den Haus-

---

[170] Vgl. BT-Drcks. 5/3896, Seite 4.

[171] So auch *F. Klein*, Die Regelung der Gemeinschaftsaufgaben von Bund und Ländern, Der Staat 11 (1972), 289 ff. (307).

[172] Vgl. BVerfGE 39, 96 zum Städtebauförderungsgesetz und E 41, 291 speziell zu den Verwaltungsvereinbarungen aufgrund von Art. 104a IV GG.

[173] BVerfGE 41, 291 (308).

[174] Zeitungsmeldungen zufolge (vgl. FAZ vom 24. 3. 1977, S. 1) drohten Baden Württemberg und Bayern noch in den letzten Tagen vor der formellen Beschlußfassung der Bundesregierung aus dem 16 Milliarden Investitionsprogramm des Bundes im März 1977 auszuscheren.

[175] Vgl. BT-Drcks. 8/270.

haltsentwurf 1977 eingearbeitet" wurde[176]. Die Zurückhaltung des Ausschusses in dieser Frage ist um so auffälliger, als es sich bei dem Investitionsprogramm um eine aktuelle wirtschaftspolitische Maßnahme handelte, in der weitgehend über „freie" Ausgabemittel verfügt wurde. Zwar schlug sich nur ein Teil des 16-Milliarden-DM-Programms im Haushaltsplan des Jahres 1977 nieder, doch dies allein erklärt die Kontroll-Abstinenz des Haushaltsausschusses nicht ausreichend. Offensichtlich sah es der Ausschuß als überflüssig an, kommentierende Bemerkungen anzubringen oder gar Veränderungen an diesem Programm vorzunehmen, da dies nur die Bund-Länder-Vereinbarung gefährdet hätte. Außerdem war das Programm auch schon vor Einschaltung des Bundestages „in den zuständigen EG-Gremien konsultiert und positiv aufgenommen"[177] worden. Angesichts dessen kann eine Verweigerung der Ausgabebewilligungen und der Ermächtigung zu diesen Verwaltungsvereinbarungen nur eine äußerste „Notbremse" darstellen, was das mit Art. 104 a IV 2. Halbsatz GG eingerichtete parlamentarische Kontrollinstitut in seiner Wirksamkeit relativiert.

3. *Die Sondervermögen des Bundes*

Die rechtliche Stellung der Deutschen Bundesbahn und der Deutschen Bundespost als den wichtigsten Sondervermögen des Bundes[178] ist im Bundesbahngesetz und im Postverwaltungsgesetz geregelt[179]. In diesen Gesetzen werden die Bundesbahn und die Post zu Sondervermögen des Bundes erklärt, d. h. der Bund haftet nur mit dem diesen Sondervermögen zugewachsenen Beträgen[180]. Verwaltet werden diese Sondervermögen von Verwaltungsräten, die gegenüber der Bundesregierung eine gewisse Autonomie haben. Der Verwaltungsrat der Deutschen Bundesbahn ist an „keinerlei Aufsicht oder Weisungen gebunden" (§ 10 IV 2 BBahnG). Gleiches gilt für die Mitglieder des Verwaltungsrates bei der Post (§ 5 III 1 PostVerwG). Die Verwaltungsräte haben weitgehende, haushaltswirtschaftlich relevante Befugnisse: So beschließen die Verwaltungsräte über die Aufnahme von Krediten, über Fragen des Personalwesens und nicht zuletzt über den Wirtschaftsplan.

---

[176] Vgl. BT-Drcks. 8/577, S. 3.

[177] Vgl. die Begründung der Bundesregierung zu diesem Programm. BT-Drcks. 8/270, S. 11. Die „doppelte" Politikverflechtung „nach oben" mit den EG und „nach unten" mit den Ländern beschränkt die Autonomie des Bundes weiter.

[178] Nicht minder bedeutsam sind das ERP-Sondervermögen (Marshall-Plan) und andere „Schattenhaushalte". Vgl. *H. C. Korff*, Haushaltspolitik (1975), S. 163 ff.

[179] Vgl. das Bundesbahngesetz vom 13. 12. 1951 (BGBl. I S. 155) und das Postverwaltungsgesetz vom 24. 7. 1953 (BGBl. I S. 676).

[180] Auf der Ebene des Verfassungsrechts kommt die Ausgliederung der Sondervermögen in Art. 110 I GG zum Ausdruck, wonach nur die „Zuführungen" und „Ablieferungen" in den Haushaltsplan eingestellt werden müssen.

Die unmittelbar parlamentarisch verantwortlichen Ministerien sind in unterschiedlicher Weise an der Willensbildung bezüglich der Deutschen Bundesbahn und der Deutschen Bundespost beteiligt. Der Verkehrsminister muß, in Abstimmung mit dem Finanzminister, den Wirtschaftsplan der Deutschen Bundesbahn genehmigen[181]. Der Bundespostminister nimmt die Aufgaben wahr, die bei der Bundesbahn der Vorstand inne hat, so daß er an der Politik der Deutschen Bundespost nicht nur als Genehmigungs-, sondern auch als Initiativinstanz beteiligt ist[182].

Der Bundestag wird in diesen Willensbildungsprozeß nur insofern eingeschaltet, als die an den Bund abgeführten Überschüsse bzw. die vom Bund geleisteten Zuschüsse im Haushaltsplan auszuweisen sind. Der Bundestag hat bei formal-rechtlicher Betrachtungsweise das Recht, Ausgabebewilligungen für die Bundesbahn zu verweigern oder diese zu kürzen. Faktisch muß der Bundestag die von den Verwaltungsräten im Einvernehmen mit den Ministerien festgesetzten Wirtschaftspläne hinnehmen, ohne an deren Entwicklung kontrollierend teilnehmen zu können. Das Bedenkliche daran wird bei Vergegenwärtigung der Summen deutlich, die der Bundestag abdecken muß. Der Zuschuß an die Deutsche Bundesbahn betrug für das Jahr 1975 fast zehn Milliarden DM oder annähernd das Dreifache dessen, was für Wissenschaft und Forschung bewilligt wurde.

Das der ursprünglichen Konzeption der Sondervermögen zugrundeliegende Prinzip, wonach die Sondervermögen für ihre Einnahmen selbständig zuständig sein sollen und deswegen auch über ihre Ausgaben eigenständig verfügen sollen, ist durch die Praxis, zumindestens was die Bundesbahn betrifft, längst seiner Grundlage beraubt worden. Die Ernennung von Beamten, die Aufnahme von Krediten usw., die für jede andere Bundesbehörde der parlamentarischen Ermächtigung bedürfen, werden bei den Sondervermögen von Verwaltungsräten vorgenommen. Dem Deutschen Bundestag verbleibt die Finanzierung der Defizite, ohne über Kontrollmöglichkeiten zu verfügen. Die zur Kenntnisnahme vorgelegten Wirtschaftspläne sind nur ein unzulänglicher Ansatz zur parlamentarischen Kontrolle[183].

---

[181] Zu der rechtlichen Stellung des Bundesverkehrsministers zur Deutschen Bundesbahn: *E. Klein*, Die verfassungsrechtliche Problematik (1974), S. 92 f.

[182] Vgl. *E. Klein*, Die verfassungsrechtliche Problematik (1974), S. 94 f.

[183] So auch *H. C. Korff*, Haushaltspolitik (1975), S. 165; *ders.*, Die Betriebsverwaltungen des Bundes (1975), S. 94. Auch ‚parlamentarische Ersatzrechte' (*E. Klein*, Die verfassungsrechtliche Problematik [1974], S. 119 ff.) wie die personelle Integration einzelner Bundestagsabgeordneter in die Verwaltungsräte können nicht genügen.

4. *Die Tarifverträge der öffentlichen Hand*

Die Tarifverträge für die im öffentlichen Dienst Beschäftigten werden zu Beginn des Kalender- und Haushaltsjahres vom Bundesinnenminister mit den zuständigen Gewerkschaften ausgehandelt. Der Bundesinnenminister verhandelt auf der Grundlage eines Kabinettsbeschlusses[184]. Der Verhandlungsspielraum des Bundesinnenministers ist nach außen nicht erkennbar, da die für die Gehaltserhöhungen vorgesehenen Finanzmittel zwar im veröffentlichten Regierungsentwurf zum Haushaltsgesetz eingeplant, dort jedoch „versteckt" sind. Sie befinden sich in verschiedenen Titeln der allgemeinen Finanzverwaltung und werden von dort nach Abschluß der Tarifverhandlungen als Personalverstärkungsmittel in die entsprechenden Einzelpläne umgesetzt.

Das Parlament hat bezüglich der Tarifverhandlungen gegenwärtig keine Kontrollmöglichkeiten[185]. Der Bundestag ist rechtlich gezwungen, die Tarifverträge im Haushaltsplan mit entsprechenden Titelbewilligungen zu honorieren[186]. Außerdem haben die Tarifverhandlungen einen präjudizierenden Effekt für das Bundesbesoldungsgesetz, in dem der Bund ähnliche Gehaltserhöhungen für die Beamten im öffentlichen Dienst beschließen muß[187]. Die außerordentliche Bedeutung dieses Bereichs für die Haushaltswirtschaft kann nicht fraglich sein. Dennoch besteht keine parlamentarische Kontrolle. Der Bundestag befindet sich diesbezüglich in einer Ratifizierungslage ohne Möglichkeit zur kontrollierenden Einflußnahme.

5. *Die Unzulänglichkeit der parlamentarischen Kontrolle in politisch verflochtenen Bereichen*

Die Bestandsaufnahme zeigte, daß die parlamentarische Kontrolle haushaltswirtschaftlicher Fragen im politisch verflochtenen Bereich, soweit sie mit Hilfe des Haushaltsgesetzes zu erfolgen hat, teils aus rechtlichen, teils aus faktischen Gründen kaum möglich ist. Die Ausgabebewilligung durch das Haushaltsgesetz steht am Ende langwieriger Entscheidungsprozesse, die von der Bundesregierung und den Ländern etc.

---

[184] Vgl. § 24 HaushaltsgrundsätzeG und § 40 BHO: Danach bedarf der Abschluß von Tarifverträgen der Zustimmung des Bundesfinanzministers.

[185] Das Recht zu kleinen und großen Anfragen besteht selbstverständlich. Den Tarifabschluß 1974 nutzte die Opposition beispielsweise zu einer kleinen Anfrage. Vgl. BT-Drcks. 7/1742.

[186] Vgl. sehr anschaulich die „Personalverstärkungsmittel", die im Haushaltsplan 1974 eingesetzt werden mußten (vgl. BT-Drcks. 7/2026), als es der Gewerkschaft entgegen allen Planungen gelang, eine Gehaltserhöhung mit einer „zehn vor dem Komma" durchzusetzen.

[187] Das HaushaltsstrukturG 1975 sorgte allerdings für eine umgekehrte Konstellation: Der Bundestag forderte die Bundesregierung auf, dafür Sorge zu tragen, daß im tariflichen Bereich des öffentlichen Dienstrechts ähnliche Kürzungen durchgesetzt werden wie im gesetzlichen. Vgl. oben § 3 B II.

getragen werden. Eine Verweigerung der beantragten Mittel kommt nur in Notfällen in Betracht, falls sie rechtlich überhaupt möglich ist. Für weniger gravierende, gleichwohl aber kritisch zu beurteilende Entwicklungen erweist sich das Ausgabebewilligungsrecht als ein zu scharfes und zu grobes Schwert.

Der Bundestag versucht bei den Gemeinschaftsaufgaben seine Einflußnahme auf eine informelle Weise vorzuverlagern und beschreitet damit einen ähnlichen Weg, wie er aus Art. 2 des Zustimmungsgesetzes zu den Römischen Verträgen bekannt ist[188]. Damit kann jedoch nur ein Teil des Verlusts an Kontrollmöglichkeiten im Bereich der Politikverflechtung aufgefangen werden. Die vorgelagerte Einschaltung des Bundestages im Rahmen der Finanzhilfen des Bundes an die Länder gemäß Art. 104 a IV GG zeigt deutlich, daß auch bei formeller Vorverlagerung der Kontrollmöglichkeiten des Bundestages der durch die Politikverflechtung erzeugte Kontrollverlust bei der Ausgabebewilligung nur gemildert, nicht jedoch ausgeglichen werden kann.

Aber auch die Vorverlagerung der Einflußnahme des Bundestages ist kein überall gültiges Rezept, was sich am Beispiel der Tarifverhandlungen zeigen läßt. Eine vorgelagerte Einflußnahme des Bundestages auf die Verhandlungsführung des Ministers würde bestenfalls dazu führen, daß der bewilligte Spielraum von der Gegenseite voll ausgeschöpft werden würde[189]. Gerade im Bereich des Tarifvertragsrechts wäre es deswegen naheliegender, die Verhandlungsführung des Bundesinnenministers unter einen nachträglichen Genehmigungsvorbehalt durch die Bundesregierung und den Bundestag zu stellen und für den Bund das zu proklamieren, was für die Gewerkschaftsseite selbstverständlich ist: Das Verhandlungsergebnis von der „Basis", d. h. hier: vom Bundestag, genehmigen zu lassen. Damit wäre wenigstens rechtlich eine Kontrollmöglichkeit für den Bundestag geschaffen. Auch wenn faktisch von einer solchen Einschaltung des Bundestages keine großen Änderungen gegenüber dem jetzigen Zustand zu erwarten sind, entspricht eine solche Beteiligung des Bundestages angesichts der Relevanz der Tarifabschlüsse für die Haushaltswirtschaft der Stellung des Bundestages im Regierungssystem. Ähnliches gilt für die Wirtschaftspläne der großen Sondervermögen des Bundes, die dem Bundestag nur zur Kenntnisnahme vorgelegt werden. Auch diese sind für die Haushaltswirtschaft des Bundes so wesentlich, daß eine rechtliche Beteiligung durch gesetzgebende Körperschaften angebracht ist.

[188] Vgl. oben § 3 C II.

[189] Darauf weist *R. Mußgnug*, Der Haushaltsplan als Gesetz (1976), S. 251 mit Recht hin.

§ 5. Besondere Formen der Beteiligung des Bundestages an der Haushaltsgewalt

A. Die qualifizierten Sperrvermerke

I. Die qualifizierten Sperrvermerke als Erscheinungsform der Haushaltsgewalt des Bundestages

1. Erscheinungsformen der qualifizierten Sperrvermerke

Die allgemeine Gesetzgebung und die Haushaltsgesetzgebung als die beiden zentralen Institute der Haushaltsgewalt stehen dem Bundestag und der Bundesregierung gemeinsam „zur gesamten Hand" zu[1]. Daneben haben sich einige Institute entwickelt, die speziell der haushaltswirtschaftlichen Kontrolle des Bundestages dienen. An erster Stelle sind die qualifizierten Sperrvermerke zu nennen, die im Rahmen der Beratungen zum Haushaltsgesetz an einzelnen Titeln des Haushaltsplanes ausgebracht werden. Der im Sperrvermerk angegebene Teil des Titels darf erst nach einem Entsperrungsbeschluß durch den Bundestag in Anspruch genommen werden[2]. In der Praxis wird der Entsperrungsbeschluß allerdings zugunsten des Haushaltsausschusses ausgebracht.

Die mit der Ausbringung von qualifizierten Sperrvermerken verfolgten Kontrollzwecke betreffen trotz des einheitlichen äußeren Erscheinungsbildes unterschiedliche Tatbestände[3]. Eine Gruppe von qualifizierten Sperrvermerken findet sich bei neuen Ausgabeprojekten der Regierung, die die Regierung bei Einbringung des Haushaltsgesetzentwurfs selbst noch nicht spezifizieren konnte. Als markantes Beispiel aus dieser Gruppe kann ein qualifizierter Sperrvermerk bei einem Globaltitel für energiepolitische Maßnahmen im Einzelplan 09 (Wirtschaft) aufgeführt werden. Die Regierung hatte für „noch nicht feststehende Maßnahmen im Energiebereich" 340 Millionen DM beantragt. Nachdem die Regierung diesen Globaltitel bis auf 100 Millionen spezifizierte, stellte der

[1] Vgl. oben § 3 A I; § 4 A I.

[2] Vgl. §§ 22, 36 Satz 2 BHO.

[3] Die Bestandsaufnahme der „Politik der qualifizierten Sperrvermerke" stößt auf beträchtliche erhebungstechnische Schwierigkeiten, da nur auf die der Öffentlichkeit zugänglichen Materialien zurückgegriffen werden kann. Die Kurzprotokolle des Haushaltsausschusses, die mehr Aufschluß über Hintergründe und Zweck der Sperrvermerke geben könnten, sind nicht allgemein zugänglich und konnten nur sporadisch eingesehen werden.

Haushaltsausschuß diese 100 Millionen DM unter einen qualifizierten Sperrvermerk[4].

Offensichtlich war der Ausschuß der Ansicht, daß eine Globalbewilligung für unspezifizierte und nicht näher erläuterte Maßnahmen mit einer verantwortungsbewußten parlamentarischen Ausgabebewilligung nicht vereinbar sei. Andererseits wollte er den Titel nicht streichen, um den im Laufe des Jahres zu entwickelnden Vorhaben nicht jede Chance der Realisierung zu nehmen. Der Sperrvermerk verfolgt den Zweck, die — informierte — parlamentarische Ausgabebewilligung zu sichern. Mit der Sperre wird die Exekutive gezwungen, die zur verantwortungsbewußten Ausgabebewilligung notwendigen Informationen und Spezifikationen nachzuschieben.

Einen etwas anderen Zweck verfolgt eine zweite Gruppe von qualifizierten Sperrvermerken. Dem Haushaltsausschuß erscheint der im Regierungsentwurf angesetzte Betrag zu hoch. Gleichwohl kann sich der Ausschuß nicht entschließen, eine entsprechende Kürzung vorzunehmen. Die Sperre wird in diesen Fällen als ein „Minus" zur Kürzung eingesetzt. Zur Verdeutlichung ein Beispiel aus dem Bericht des Haushaltsausschusses zum Einzelplan 09 (Wirtschaft):

„Auch für die Verbraucherunterrichtung (Titel 0902 - 68401) sah der Regierungsentwurf ... eine erhebliche Steigerung gegenüber dem Jahr 1974 vor. Jedoch hat der Haushaltsausschuß insoweit den Entwurf nicht voll akzeptiert. Die Bundesregierung wurde aufgefordert, die große Zahl geförderter Institutionen zu überprüfen und deren Tätigkeit innerhalb der Ressorts zu koordinieren. Aus diesem Grunde ist in Höhe von 1,5 Millionen DM eine qualifizierte Sperre vorgesehen worden[5]."

Bei einer dritten Gruppe von qualifizierten Sperrvermerken geht es dem Haushaltsausschuß noch deutlicher darum, bestimmte Maßnahmen der Regierung zu erzwingen.

Beispiel: Der Haushaltsausschuß hatte beschlossen, daß ihm eine Konzeption zur Koordinierung der in den letzten Jahren explosionsartig angewachsenen Datenverarbeitungssysteme vorgelegt werden sollte bzw. von der Bundesregierung erarbeitet werden sollte. Damit sollte die effiziente Ausnutzung der verschiedenen Datenverarbeitungssysteme sichergestellt werden. Die Bundesregierung kam dem Wunsch nicht nach. Daraufhin verhängte der Haushaltsausschuß diesbezüglich eine globale Sperre in Höhe von 20 Prozent bis zur Erstellung der notwendigen Konzeption bzw. bis zur Erstattung des gewünschten Berichts[6].

---

[4] Vgl. den Regierungsentwurf zum Haushaltsgesetz 1975, Kap. 0902 und den Bericht des Abgeordneten *Röhner,* BT-Drcks. 7/3221, S. 2. Ganz ähnlich die Sperre im Haushaltsgesetz 1974, Kap. 0902, Tit. 69708 (Kohlehaldenfinanzierung). Aus dem Bericht des Abgeordneten *Röhner* (BT-Drcks. 7/2047, S. 2): „Der Ansatz für die Haldenfinanzierung soll qualifiziert gesperrt werden, da nicht sicher ist, ob das bisherige Konzept ... beibehalten wird."

[5] Vgl. den Bericht des Abgeordneten *Röhner,* BT-Drcks. 7/3221, S. 5.

[6] Vgl. Ministerialblatt des Bundesministers der Finanzen vom 20. Februar 1976, Nr. 4, S. 282; Kurzprotokoll des Haushaltsausschusses, 7. Legislaturperiode 104/18 ff.

An diesem Beispielsfall zeigt sich das Spannungsfeld zwischen Ausgabebewilligung und allgemeiner Verwaltungsführung, zu der die Koordination der verschiedenen Datenverarbeitungssysteme zu zählen ist.

Deutlich wird das Spannungsverhältnis zwischen Ausgabebewilligungsrecht (des Parlaments) und der Organisationsgewalt (der Exekutive) auch im folgenden Beispielsfall.

Beispiel: Der Haushaltsausschuß hatte wiederholt darauf bestanden, daß der „Deutschlandfunk" und die „Deutsche Welle" zum Zwecke der Kostenersparnis räumlich zusammengelegt werden. Die Entsperrung der Mittel für den Erwerb eines neuen Grundstücks wurde mit der Begründung verweigert, die räumliche Vereinigung der beiden Anstalten, auf die der Ausschuß gedrängt hatte, sei noch nicht in Angriff genommen worden[7].

Die tatsächliche Relevanz der „Politik der qualifizierten Sperrvermerke" wird in der Tabelle 17 angedeutet. Im Haushaltsplan 1975 waren 130 Titel mit einem Gesamtvolumen von etwa 323 Millionen DM gesperrt[8]. In dieser Zusammenstellung sind die qualifizierten Sperrvermerke bei den Planstellen sowie bei den Verpflichtungsermächtigungen nicht berücksichtigt. Bei der Einschätzung dieser Summe ist zu bedenken, daß zahlreiche Sperren bei neuen Maßnahmen angebracht worden sind, d. h. die Sperren beziehen sich oft auf besonders kontrollbedürftige Maßnahmen.

Tabelle 17

Summe der gesperrten Ausgabeansätze	Zahl der Titel	Summe der gesperrten Augaben der Art. 685	Summe der gesperrten Ausgaben der Art. 532	Summe der gesperrten Ausgaben der Art. 811
323 349 950 DM	130	101 534 200 DM (bei 53 Titeln)	14 275 800 DM (bei 20 Titeln)	461 650 DM (bei 13 Titeln)

Die meisten und bedeutendsten Ausgabesperren wurden bei Ausgaben der Kennziffer 685 im Gruppierungsplan angebracht. Es handelt sich dabei um „sonstige Zuschüsse für laufende Zwecke im Inland". Dahinter verbergen sich Zuschüsse an private Gesellschaften, Unternehmen und andere Institutionen des gesellschaftlichen Bereichs, die von den verschiedenen Ministerien gezahlt werden. Die qualifizierten Sperren bei der Ausgabegruppe 532 sollten Druck ausüben, die Forschungsaufträge der verschiedenen Ministerien besser zu koordinieren. Entsprechend wur-

---

7 Vgl. Kurzprotokolle des HHA aus der 5. Legislaturperiode 188/39 (41).

8 Dabei wurde davon ausgegangen, daß im Regierungsentwurf keine qualifizierten Sperrvermerke enthalten waren, so daß die Zahl und das Volumen der von qualifizierten Sperrvermerken betroffenen Titel aus den Änderungsanträgen des Haushaltsausschusses ermittelt werden konnten (vgl. BT-Drcks. 7/3141 - 3168).

de auch bei zahlreichen Ministerien ein Teil der für die Forschungsaufträge vorgesehenen Beträge gekürzt[9]. Die Sperren bei den Titelansätzen 811 betreffen den Wagenpark der Bundesministerien. Durch drastische Kürzungen sowie begleitende Sperren reduzierte der Haushaltsausschuß den Dienstwagenpark des Bundes um ein Fünftel und zwang damit die Ministerien, die Dienstwagen teilweise zu „poolen“[10].

Eine Sonderform des Instituts der qualifizierten Sperrvermerke findet sich seit dem Haushaltsjahr 1975 im Haushaltsgesetz. Dort ist ein genereller Einwilligungsvorbehalt zugunsten des Haushaltsausschusses für alle Zahlungen an Zuwendungsempfänger ausgebracht, deren Wirtschaftsplan bei Aufstellung des Haushaltsgesetzes vom Bundesfinanzminister noch nicht gemäß § 23 BHO genehmigt war und die mehr als 200 000 DM an Zuwendungen aus dem Bundeshaushalt erhalten sollen. Es ist gerechtfertigt, diesen Tatbestand als eine Sonderform des Instituts der qualifizierten Sperrvermerke aufzufassen, da der Bundestag denselben Einfluß über die Ausbringung von qualifizierten Sperrvermerken bei den betreffenden Titeln hätte erreichen können.

2. *Die mit den qualifizierten Sperrvermerken geleistete Kontrolle*

Die Intensität der tatsächlich mit dem Institut der qualifizierten Sperrvermerke geleisteten Kontrolle ist schwierig einzuschätzen. Dies liegt vor allem daran, daß der Akt der Entsperrung durch den Haushaltsausschuß vorgenommen wird und darüber keine öffentlich zugänglichen Protokolle existieren. Das Festhalten des Haushaltsausschusses trotz wiederholt geäußerter Kritik an der rechtlichen Zulässigkeit dieses Kontrollinstituts deutet jedoch darauf hin, daß zumindestens der Haushaltsausschuß selbst die mit Hilfe der qualifizierten Sperrvermerke ausgeübte Kontrolle für unverzichtbar hält[11].

Die qualifizierten Sperrvermerke haben aus der Sicht des Bundestages einige Vorteile. Dem Parlament wird mit diesem Institut eine Kontrollform an die Hand gegeben, die differenziertere Lösungen zuläßt als das Institut der Ausgabebewilligung. Der Regierung und der Verwaltung können damit diejenigen Titel angezeigt werden, bei denen der Bundestag Bedenken hat, ohne daß der Bundestag die Exekutive in dem Maß desavouieren muß, wie das bei einer endgültigen Ablehnung der Regierungsanträge der Fall wäre. Angesichts der engen Verflechtung und gegenseitigen Abhängigkeit von Parlamentsmehrheit und Exekutive im

---

[9] Vgl. den Bericht der Abgeordneten *Kirst* und *Leicht* zum Haushaltsgesetz 1975, S. 2 (BT-Drcks. 7/3202).

[10] Vgl. den Bericht der Abgeordneten *Kirst* und *Leicht* zum Haushaltsgesetz 1975, S. 2 (BT-Drcks. 7/3202).

[11] Vgl. die Einfügung dieses Instituts in die BHO durch den Bundestag (BT-Drcks. 5/4378, S. 10).

parlamentarischen Regierungssystem besteht ein Bedürfnis nach Kontrollformen, die die „Abarbeitung" von Problemen zulassen und die die scharfe Konfrontation des „entweder-oder" vermeiden. Diesem Bedürfnis wird mit dem Institut der qualifizierten Sperrvermerke gedient. Es ermöglicht dem Bundestag und der Exekutive einen „doppelten" Arbeitsgang bei der Entscheidung über die Ausgabebewilligung.

Gleichzeitig entsprechen die qualifizierten Sperrvermerke einem Bedürfnis, das in der komplizierten Umwelt, in der die Haushaltswirtschaft zu operieren hat, seinen Ursprung hat. Im Zeitpunkt der Haushaltsplanfeststellung sind aus technischen und/oder politischen Gründen nicht alle Anträge entscheidungsreif. Das Institut der qualifizierten Sperrvermerke eröffnet in diesen Fällen die Möglichkeit, einen dem Stand des Entscheidungsprozesses entsprechenden Parlamentsbeschluß zu fassen[12]. Der mit diesem „doppelten" Arbeitsgang etablierte Entscheidungsprozeß ermöglicht auch die Berücksichtigung der der Haushaltsgesetzgebung „nachgelagerten" Entwicklungen.

Die haushaltswirtschaftliche Qualität der mit diesem Institut geleisteten Kontrolle ist freilich auf die Begründung und Ausgestaltung der finanzwirtschaftlichen Verantwortungsbereiche in der Verwaltung beschränkt. Sowohl unter dem Gesichtspunkt einer gesamtwirtschaftlich orientierten Ausgabepolitik als auch unter dem Gesichtspunkt der Re-Integrationsfunktion des Haushaltsplanes kommt den qualifizierten Sperrvermerken keine wesentliche Bedeutung zu. In bezug auf die Kontrolle der finanzwirtschaftlichen Verantwortungsbereiche kann dieses Institut jedoch von außerordentlicher Bedeutung sein, da meist neue Bereiche sowie die in der Kritik stehenden Ausgaben davon betroffen sind.

II. Die rechtliche Problematik der qualifizierten Sperrvermerke

1. *Die Verfassungsmäßigkeit der Regelung in der Bundeshaushaltsordnung*

Die rechtliche Zulässigkeit der qualifizierten Sperrvermerke als spezielles parlamentarisches Kontrollinstitut ist umstritten[13]. Dogmatischer

---

[12] Ähnlich *F. Schäfer*, Der Bundestag (1975), S. 131, wenn er den qualifizierten Sperrvermerk in die Nähe der Ausgabebewilligung unter einer aufschiebenden Bedingung rückt.

[13] *H. Goltz*, Mitwirkung parlamentarischer Ausschüsse, DÖV 1965, 605 ff. sprach das Problem erstmals an. Seitdem beschäftigten sich unter anderen *F. Lichterfeld*, Der Wandel der Haushaltsfunktionen (1968); *W. Kewenig*, Staatsrechtliche Probleme (1970); *W. Berg*, Zur Übertragung von Aufgaben, Der Staat (1970), S. 21 ff.; *K. Kröger*, Die Ministerverantwortlichkeit (1972), S. 99 ff.; *ders.*, Zur Mitwirkung des Bundestages am Haushaltsvollzug, DÖV 1973, 439 ff.; *H. Steiger*, Organisatorische Grundlagen (1973), S. 135 ff.; *R. Pietz-*

Ausgangspunkt der Erörterungen haben § 22 BHO, der die Ausbringung von qualifizierten Sperrvermerken regelt, sowie § 36 Satz 2 BHO, der die Aufhebung der qualifizierten Sperren betrifft, zu sein. Die Verfassungsmäßigkeit dieser Vorschriften ist Zweifeln ausgesetzt. Der Bundestag nehme über die Sperrvermerke an dem der Exekutive zustehenden Haushaltsvollzug teil. Er zwinge die Regierung, mit detaillierten Ausgabeplänen während des Haushaltsvollzuges zum Bundestag zu gehen, und gewähre ihr nicht das Recht, in einem gegebenen, im Haushaltsplan festgelegten Rahmen frei zu wirtschaften. Damit werde der Regierung die funktionsnotwendige Freiheit vorenthalten[14]. Diese Argumentation wird entweder im Prinzip der Ministerverantwortlichkeit[15] oder im Gewaltenteilungsprinzip[16] verankert.

Dem ist entgegengehalten worden, die gesperrten Mittel gehörten eben nicht zu dem Rahmen, innerhalb dessen sich die Regierung frei bewegen darf. Die Entsperrung sei ein Akt der parlamentarischen Bewilligung und nicht ein Akt des Haushaltsvollzuges[17]. Dieser Einwand ist begrifflich-formal zwar richtig, trifft jedoch nicht ganz die Bedenken, die gegen die Aufstückelung der Ausgabebewilligung von den genannten Autoren vorgebracht werden[18]. Die Bedenken beruhen auf dem angeblichen Erfordernis einer strikten Trennung von Haushaltsgesetzgebung und Haushaltsvollzug, die faktisch nur dann gegeben ist, wenn die gesetzliche Ausgabebewilligung *uno actu* erfolgt. Jede „Aufstückelung" der Ausgabebewilligung auf Teilbewilligungen weicht diese scharfe Trennung von Haushaltsgesetzgebung und Haushaltsvollzug auf.

Die Frage der Zulässigkeit einer solchen „Aufstückelung" hat an der parlamentarischen Verantwortung für die Ausgabebewilligung anzusetzen. Zwar geht Art. 110 I GG davon aus, daß die Ausgabebewilligungen vollständig und uno actu erteilt werden[19]. Die unzweifelhaft aner-

---

ner, Petitionsausschuß und Plenum (1974), S. 76 ff.; *R. Kunz*, Die Ausgabeermächtigung durch den HHA (1975); *R. Mußgnug*, Der Haushaltsplan als Gesetz (1976), S. 375 ff., ausführlich mit dieser Frage.

[14] Vgl. die Argumentation bei *K. Kröger*, Zur Mitwirkung des Bundestages, DÖV 1973, 439 (441); *F. Lichterfeld*, Der Wandel der Haushaltsfunktionen (1968), S. 183 ff.

[15] So *K. Kröger*, Die Ministerverantwortlichkeit (1972), S. 99 ff.; *ders.*, Zur Mitwirkung des Bundestages, DÖV 1973, 439 (441 f.).

[16] So *H. Goltz*, Mitwirkung parlamentarischer Ausschüsse, DÖV 1965, 605 (612); *F. Lichterfeld*, Der Wandel der Haushaltsfunktionen (1968), S. 211 ff.

[17] So der Einwand *R. Mußgnugs*, Der Haushaltsplan als Gesetz (1976), S. 370 ff.; *A. Leicht*, Die Haushaltsreform (1970), S. 165.

[18] Vgl. auch die Diskussion dieses Argumentes bei *W. Kewenig*, Staatsrechtliche Probleme (1970), S. 36 f.

[19] Vgl. das Vollständigkeitsgebot des Art. 110 I GG sowie den Grundsatz der Haushaltseinheit. *Maunz* / Dürig / Herzog. Grundgesetzkommentar (1976), Art. 110, Rn. 19. Das BVerfG (NJW 1977, 1387 [1388]) sieht jedoch ausdrücklich die Möglichkeit von Nachtrags-, Ergänzungs- und Teilhaushaltsplänen vor.

kannte Möglichkeit, zwischenzeitlichen Entwicklungen mit einem Nachtragshaushaltsgesetz Rechnung zu tragen, zeigt, daß dieses Gebot nicht starr verstanden werden darf. Wenn sich der Bundestag nicht in der Lage sieht, auf Grund sachlich-haushaltswirtschaftlicher Bedenken die Ausgabebewilligungen uno actu vorzunehmen, dann muß ihm die Möglichkeit gegeben sein, die Ausgabebewilligungen schrittweise und den Haushaltsvollzug begleitend vorzunehmen. Die — zwangsläufige — Verwischung der Trennung zwischen Haushaltsplanfeststellung und Haushaltsplanvollziehung ist Konsequenz der verteilten Verantwortungsbereiche.

Wenn somit die qualifizierten Sperrvermerke auch nicht gegen den in der Verfassung vorgesehenen Entscheidungsprozeß verstoßen, so können jedoch insofern Bedenken bestehen, als mit Hilfe der Sperrvermerke in sachlich der Exekutive zustehende Kompetenzbereiche übergegriffen wird. Die qualifizierten Sperrvermerke sollen die Exekutive zu einem bestimmten Verhalten veranlassen. Das Geld wird, untechnisch gesprochen, mit einer „Auflage" bewilligt[20]. Diese kann darin bestehen, daß Informationen nachgeliefert werden, daß eine bessere Koordinierung erzwungen werden soll oder daß die Räumlichkeiten in bestimmter Weise genutzt werden sollen. In allen Fällen besteht ein Zusammenhang zwischen dem Ausgabebewilligungsrecht des Parlamentes und dem verlangten Verhalten. Dieser Zusammenhang ist unterschiedlich evident, droht aber, vom Bereich der Ausgabebewilligung in andere Bereiche überzugreifen.

Das Abstellen auf die Ministerverantwortlichkeit erfaßt jedoch nur die halbe Problematik. Nicht nur das Recht des Ministers zur verantwortlichen Führung seines Geschäftsbereiches ist von der Verfassung garantiert, sondern auch das Recht (und die Pflicht) des Parlamentes zu einer verantwortungsbewußten Ausgabebewilligung[21]. Zwischen beiden Aspekten besteht ein Spannungsverhältnis, was sich bei der Politik der qualifizierten Sperrvermerke dokumentiert. Dieses Spannungsverhältnis ist im Einzelfall und differenziert zu lösen. Dabei kommt es darauf an, ob mit den qualifizierten Sperrvermerken primär auf haushaltswirtschaftliche oder primär auf organisatorische oder andere, der Regierung zustehende Kompetenzen eingewirkt wird.

So ist beispielsweise die qualifizierte Sperre bei dem erwähnten energiepolitischen Titel, dessen Verwendungszweck bei Verabschiedung des

---

[20] Vgl. *F. Schäfer*, Der Bundestag (1975), S. 131 sowie die Bestandsaufnahme oben unter I.

[21] Der Ansatz *K. Krögers*, Die Ministerverantwortlichkeit (1972), S. 103, nicht das allgemeine Gewaltenteilungsprinzip, sondern das konkretere Prinzip der Ministerverantwortlichkeit als Ausgangspunkt zu wählen, ist durchaus richtig. Nur bezieht *Kröger* die Rechte des Bundestages in bezug auf eine verantwortungsbewußte Ausgabebewilligung zu wenig in seine Argumentation ein.

Haushaltsgesetzes noch nicht feststand, verfassungsgemäß. Der Bundestag konnte seiner Verantwortung für die Ausgabebewilligungen nur nachkommen, indem er diesen Titel qualifiziert sperrte[22]. In diesem Fall ist der Verantwortung des Parlamentes für die Ausgabebewilligung der Vorzug zu geben vor der eigenverantwortlichen Führung seines Geschäftsbereiches durch den Minister. Anders ist das Spannungsverhältnis in dem geschilderten Rundfunk-Fall-Beispiel zu lösen. Dort wurde die qualifizierte Sperre als Hebel benutzt, um auf die Organisationsgewalt der Regierung Einfluß zu nehmen[23]. Ausgabewirtschaftliche Verantwortungen des Parlamentes können hier im Vergleich zur verantwortlichen Geschäftsführung durch den Minister nicht überwiegen. Das Spannungsverhältnis zwischen den beiden Verantwortungsbereichen ist in diesem Fall zugunsten des Ministers zu lösen, denn es geht dem Parlament hier weniger um die Ausgabebewilligung als um bestimmte Einflußnahmen auf die Organisation der Regierung. In solchen Fällen ist die qualifizierte Sperre verfassungswidrig.

Diese verfassungskonforme Interpretation des § 22 BHO, die die qualifizierten Sperrvermerke nicht „per se" aus Gründen der Gewalten(ver)teilung für verfassungswidrig erklärt, findet im Wortlaut des § 22 BHO einen weiteren Anhaltspunkt. Die qualifizierten Sperrvermerke sollen danach nur in „Ausnahmefällen" ausgebracht werden. Diese Tatbestandsvoraussetzung ist materiell und nicht rein quantitativ zu verstehen[24]. Bei der Auslotung, ob ein „Ausnahmefall" im Sinne des § 22 BHO vorliegt, sind die Rechte und Pflichten des Parlamentes im Rahmen seiner Budgetbewilligung mit den Rechten und Pflichten des Ministers zur eigenverantwortlichen Führung seines Geschäftsbereiches abzuwägen und im Einzelfall einer differenzierenden Lösung zuzuführen.

2. *Die Delegation der Entsperrung auf den Haushaltsausschuß*

In der Praxis wird die Entsperrung der qualifizierten Sperrvermerke gemäß dem Vermerk im Haushaltsplan durch den Haushaltsausschuß vorgenommen. Diese Praxis verstößt gegen den in § 36 Satz 3 BHO niedergelegten Grundsatz, nach dem die Entsperrung durch den Bundestag zu erfolgen hat. Unter „Bundestag" ist stets das Plenum des Bundestages zu verstehen, wie insbesondere ein Blick in den Verfassungstext zeigt. Dort wird zwischen dem Bundestag, den Ausschüssen etc. sorgfältig unterschieden[25]. Eine Auslegung des Begriffes „Bundestag" als Oberbegriff für das Plenum und für die Ausschüsse des Bundestages ist

[22] Vgl. oben bei Fn. 4.

[23] Vgl. oben bei Fn. 7.

[24] Ansätze dazu bei *E. A. Piduch*, Bundeshaushaltsrecht (1977), § 22, Rn. 3.

[25] Vgl. insbesondere *A. Kreutzer*, Zuständigkeitsübertragungen, Der Staat 7 (1968), S. 183 ff. (191).

als sprachlicher Kunstgriff unzulässig. Da im Haushaltsplan die bestehende Gesetzeslage zu beachten ist[26], verstößt die Delegation der Entsperrungsbefugnis auf den Haushaltsausschuß gegen § 36 BHO und ist deswegen rechtswidrig.

Von der Vereinbarkeit der Entsperrungsdelegation auf den Haushaltsausschuß mit der BHO ist die Frage zu unterscheiden, ob durch eine Änderung der BHO die Voraussetzung für eine Entsperrung durch den Haushaltsausschuß in verfassungsrechtlich zulässiger Weise geschaffen werden könnte[27].

Der Umfang der zulässigen Delegation parlamentarischer Aufgaben vom Plenum auf Ausschüsse ist umstritten. Einigkeit besteht nur insoweit, daß die Delegation vorbereitender Aufgaben auf Ausschüsse zulässig ist[28]. Die außerhalb des parlamentsinternen Bereichs wirksam werdenden Beschlußzuständigkeiten will eine verbreitete Meinung dem Plenum vorbehalten[29]. Zur Begründung wird auf das Wesen des Parlamentarismus verwiesen: Erst die repräsentative Diskussion im Plenum legitimiere die nach außen wirksamen Beschlüsse des Parlamentes[30]. Insbesondere Art. 42 GG verkörpere diese Idee des Parlamentarismus im Grundgesetz. Dem ist entgegenzuhalten[31], daß das Grundgesetz an mehreren Stellen zeigt, daß Teilen des Bundestages auch nach außen wirkende Zuständigkeiten übertragen wurden. Zu nennen sind etwa das Vertrauensmännergremium (Art. 10 II GG), der Wehrbeauftragte (Art. 45 b), der ständige Ausschuß (Art. 45), die Ausschüsse für auswärtige Angelegenheiten und für Verteidigung (Art. 45 a GG) sowie der gemeinsame Ausschuß (Art. 115 e GG). Während auf der einen Seite des übertragenen Kompetenzspektrums der ständige Ausschuß und der gemeinsame Ausschuß abgestufte, eigenständige Gestaltungsrechte haben, werden dem Vertrauensmännergremium und dem Wehrbeauftragten auf der anderen Seite des Kompetenzspektrums zusätzliche Kontrollrechte gegenüber der

---

[26] Vgl. oben § 3 A I 1.

[27] In diesem Bereich sehen die meisten Autoren (vgl. oben Fn. 13) die gravierendsten Probleme angesiedelt. a. A. *K. Kröger*, Zur Mitwirkung des Bundestages, DÖV 1973, 439 (441), der glaubt, die Unzulässigkeit der qualifizierten Sperren wäre „schwerlich" aus diesem Gesichtspunkt herzuleiten.

[28] Vgl. etwa *H. Steiger*, Organisatorische Grundlagen (1973), S. 129 ff.; *W. Berg*, Zur Übertragung von Aufgaben des Bundestages auf Ausschüsse, Der Staat 9 (1970), 21 ff.

[29] Vgl. *C. Schmitt*, Parlamentarismus (1961), S. 60 f.; *A. Kreutzer*, Zuständigkeitsübertragungen, Der Staat 7 (1968), S. 181 ff.

[30] Zuletzt ausführlich *Kreutzer*, Zuständigkeitsübertragungen, Der Staat 7 (1968), 183 ff. (187); „Die Bedeutung des Begriffs der parlamentarischen Repräsentation ist erst voll ausgeschöpft ... durch das Parlament als einheitliches Ganzes".

[31] Vgl. vor allem *W. Berg*, Zur Übertragung von Aufgaben, Der Staat 9 (1970), S. 21 ff.; *W. Kewenig*, Staatsrechtliche Probleme (1970), 43 ff.; *R. Pietzner*, Petitionsausschuß und Plenum (1974), S. 76 ff.

Regierung zugewiesen. Aus diesen Normen läßt sich der allgemeine Grundgedanke entnehmen, daß der Plenarvorbehalt um so gewichtiger wird, je mehr positiv-gestaltende — im Gegensatz zu ausgrenzend-kontrollierenden — Kompetenzen delegiert werden[32]. Ein solcher Ansatz ermöglicht eine differenzierte, sowohl an den sachlichen Notwendigkeiten[33] als auch an der nach Sachbereichen abzustufenden Verantwortungsintensität des Plenums orientierte Lösung der einzelnen Delegationsprobleme[34].

Bei der Einordnung der Delegation zur Freigabe von qualifizierten Sperrvermerken auf den Haushaltsausschuß in dieses Kontinuum ist zu beachten, daß die Entsperrung im Prinzip keine positiv-gestaltende Tätigkeit ist, denn die Ausgestaltung der gesperrten Titel bezüglich Zweckbestimmung und der Höhe des Betrages wird vom Plenum vorgenommen. Die Entsperrung ist deswegen ein „Minus" zur Ausgabebewilligung[35].

Eine sachliche Notwendigkeit zur Delegation der Freigabeerklärung an den Haushaltsausschuß ergibt sich aus der sonst stattfindenden Überlastung der Plenumsarbeit. Außerdem unterliegt die Herbeiführung einer Plenarentscheidung organisatorischen Restriktionen, die es unzweckmäßig erscheinen lassen, die im Laufe des Jahres in unregelmäßigen Abständen anfallenden Entsperrungsbeschlüsse dem Plenum aufzugeben.

Die auf den Ausschuß delegierte Entsperrungskompetenz ist bei einer verfassungskonformen Interpretation eng auszulegen. Der Haushalts-

[32] Diese Gegenüberstellung faßt die Sachlage besser als die von W. *Kewenig*, Staatsrechtliche Stellung (1972). S. 47 („grundsätzliche"), W. *Berg*, Zur Übertragung von Aufgaben, Der Staat 9 (1970), 21 (42); R. *Pietzner*, Petitionsausschuß und Parlament (1974), S. 84 („politisches Gewicht") gewählten Formulierungen.

[33] W. *Kewenig*, Staatsrechtliche Stellung (1970), S. 53 f. hat das Argument der sachlichen Notwendigkeit in die Diskussion explizit eingeführt. Dieser Hinweis macht richtigerweise darauf aufmerksam, daß die Delegationsproblematik zwei-dimensional zu lösen ist: Zum einen sind die von der gestellten Aufgabe an den Entscheidungsträger gerichteten Anforderungen zu berücksichtigen, zum anderen ist die Leistungsfähigkeit der Organisationsstruktur zu beachten. Methodologisch angreifbar ist der Vorwurf *Pietzners*, daß „dieses Kriterium einem pragmatischen Voluntarismus Tür und Tor (öffnet) und letztlich dazu (führt), daß der Verfassungsinterpret seine aus praktischer Erfahrung gewonnene bessere Einsicht an die Stelle des Willens des Verfassungsgebers setzt". (Petitionsausschuß und Plenum, S. 74 f.); unbefriedigend auch H. *Steiger*, Grundlagen des parlamentarischen Regierungssystems (1973), S. 138 f., der auf den Willen des Verfassungsgebers zurückgreift. Der Wille des Verfassungsgebers zu dieser Frage kann allenfalls der gewesen sein, daß sich die „bessere Einsicht" durchsetzt.

[34] Ungeachtet des gemeinsamen theoretischen Ausgangspunktes kommen W. *Berg*, Zur Übertragung von Aufgaben, Der Staat 9 (1970), 31 ff., (39 f.); R. *Pietzner*, Petitionsausschuß und Plenum (1974), S. 88 f. einerseits sowie W. *Kewenig*, Staatsrechtliche Probleme (1970), S. 43 ff. andererseits bei der konkreten Subsumtion der qualifizierten Sperrvermerke unter diesen Tatbestand zu unterschiedlichen Ergebnissen.

[35] So auch W. *Kewenig*, Die staatsrechtliche Stellung (1970), S. 52.

ausschuß darf die Entsperrung nicht aus beliebigen Gründen verweigern, sondern allein aus den Gründen, die zur Sperrung geführt haben. Lediglich die zwischenzeitlich erfolgte Lösung der im eigentlichen Ausgabebewilligungsverfahren angeschnittenen Problematik darf bei der Entsperrung überprüft werden. Neue Erkenntnisse und Bedenken, eventuell gar politische „Modeströmungen", die im Rahmen der Haushaltsplanfeststellung nicht Gegenstand der Beratungen waren, dürfen nicht eingebracht werden[36].

Eine Änderung der Bundeshaushaltsordnung in dem Sinne, daß der Haushaltsausschuß zur Entsperrung der vom Plenum im Haushaltsplan ausgebrachten Sperrvermerke ermächtigt wird, ist demnach verfassungsrechtlich zulässig. Eine solche Änderung ist notwendig, um die bisherige haushaltswirtschaftliche Kontrolle, die vom Haushaltsausschuß mit Hilfe des Institutes der qualifizierten Sperrvermerke ausgeübt wurde, in rechtlich unbedenklicher Weise weiterzuführen.

B. Die Zustimmungsvorbehalte

I. Die Zustimmungsvorbehalte als Erscheinungsform der Haushaltsgewalt des Bundestages

1. Erscheinungsformen der Zustimmungsvorbehalte

Neben den qualifizierten Sperrvermerken hat die politische Praxis mit dem Institut der Zustimmungsvorbehalte eine weitere, speziell auf den Bundestag und dessen Beteiligung an der Haushaltsgewalt zugeschnittene Kontrollform entwickelt. Die Zustimmungsvorbehalte wurden eingeführt, um eine Lockerung des Gesetzesvorranges zu ermöglichen. Der Vorrang des Gesetzes steht — bei einer strengen Interpretation — bestimmten, für unverzichtbar gehaltenen haushaltswirtschaftlichen Flexibilitäten entgegen, mit deren Hilfe technische oder volkswirtschaftliche Entwicklungen haushaltswirtschaftlich aufgefangen werden sollen. In dieser Situation wurden die Zustimmungsvorbehalte als Surrogat für eine gesetzliche Änderung bestehender Vorschriften entwickelt. Die politische Bedingungskonstellation, die zur Einführung der Zustimmungsvorbehalte führte, unterscheidet sich demnach von der, die die qualifizierten Sperrvermerke erforderlich machte. Während die qualifizierten Sperrvermerke zur „Abarbeitung" konkreter, bei der Haushaltsgesetzgebung bereits bekannter Problemlagen notwendig sind, beziehen sich

[36] Ein solcher Fall könnte etwa der Versuch einiger Bundestagsmitglieder sein, die Entsperrung der Mittel für die „Naturfreunde" zu verweigern, da diese kommunistisch unterwandert seien. Zu dieser Episode vgl. FRANKFURTER RUNDSCHAU vom 5. Juni 1976, S. 1. Zur abschließenden Meinungsbildung reichen jedoch die bekannt gewordenen Informationen nicht aus.

die Zustimmungsvorbehalte auf Problemlagen, die bei der Verabschiedung des Haushaltsgesetzes konkret noch nicht bekannt waren, die jedoch erfahrungsgemäß auftauchen können.

Die Zustimmungsvorbehalte erscheinen in verschiedenen haushaltswirtschaftlichen Zusammenhängen[37]. Die erste Gruppe von Zustimmungsvorbehalten bezieht sich auf Umschichtungen im Haushaltsplan. Beispielsweise wird der Bundesfinanzminister regelmäßig im Haushaltsgesetz ermächtigt, mit Zustimmung des Haushaltsausschusses im Verteidigungshaushalt „die Deckungsfähigkeit der Ausgaben bei den Titeln ... anzuordnen, falls dies auf Grund später eingetretener Umstände wirtschaftlich zweckmäßig erscheint"[38]. Der Finanzminister wird weiter ermächtigt, Einsparungen bei den Ausgaben für die Marktordnung im Etat des Landwirtschaftsministeriums für zusätzliche Ausgaben bei den Gemeinschaftsaufgaben und im Rahmen der allgemeinen Bewilligungen des Ministeriums zu verwenden[39]. Der Bürgschaftsrahmen des Haushaltsgesetzes wird dadurch flexibel gehalten, daß der Finanzminister nicht in Anspruch genommene Bürgschaften für auswärtige Wirtschaftsbeziehungen, inländische Wirtschaftsbeziehungen und Beziehungen zur Berliner Wirtschaft jeweils auch für die anderen Bereiche verwenden kann[40]. Schließlich wird die Bundesregierung ermächtigt, im Rahmen der Neuorganisation der Bundesregierung Planstellen „umzusetzen"[41]. In allen diesen Fällen ist die Zustimmung des Haushaltsausschusses erforderlich.

Von den Zustimmungsvorbehalten zu „Umschichtungen" innerhalb des Haushaltsplanes zu unterscheiden, ist der Zustimmungsvorbehalt zum Ausbringen neuer Planstellen. Im Haushaltsgesetz findet sich jährlich eine Vorschrift, nach der der Finanzminister mit Zustimmung des Haushaltsausschusses neue Planstellen ausbringen darf[42]. Diese Vorschrift hebt sich von den Umschichtungs-Maßnahmen insofern ab, als zusätzliche Ausgaben bewilligt werden.

Einen ähnlichen Charakter hat der § 16 a, den der Bundestag in das Haushaltsgesetz 1976 einfügte. Danach war der Bundesfinanzminister (mit Einwilligung des Haushaltsausschusses) ermächtigt, Planstellen im Bereich des Bundesgrenzschutzes anzuheben. Dieser Ermächtigung zugrunde lag das Personalstrukturgesetz des Bundesgrenzschutzes, dessen

[37] Die Zustimmungsvorbehalte sind in der BHO nicht geregelt. Sie werden in den Haushaltsgesetzen ausgebracht. Die Zustimmungsvorbehalte zu konjunkturpolitischen Maßnahmen sind im Stabilitätsgesetz vorgesehen.

[38] § 4 IV HG 1974.

[39] Vgl. § 4 V HG 1974.

[40] Vgl. § 13 HG 1974.

[41] Vgl. § 18 HG 1974.

[42] Vgl. § 15 HG 1974; im Haushaltsgesetz 1977 wurde diese Regelung zur Ausbringung von Not-Planstellen ersatzlos gestrichen.

Ziel die Angleichung der Stellen des Bundesgrenzschutzes an die der Länderpolizeien ist. Die Anhebung der Planstellen durch den Bundesfinanzminister unter Zustimmung des Haushaltsausschusses führt zu neuen Ausgaben und ist deswegen ebenfalls von den reinen Umschichtungsmaßnahmen, bei denen sich die Summe der Ausgaben nicht ändert, zu unterscheiden.

Ein dritter Typus von Zustimmungsvorbehalten findet sich im Stabilitätsgesetz, das sowohl auf der Einnahmeseite als auch auf der Ausgabeseite Manipulationen zuläßt. Die Mitwirkung des Bundestages ist abgestuft[43]. Änderungen an den Einkommenssteuersätzen und Abschreibungssätzen, die von der Bundesregierung im Verordnungsweg durchgesetzt werden können, bedürfen der ausdrücklichen Zustimmung des Bundestages[44]. Bezüglich der Leistung zusätzlicher Ausgaben nach § 6 II StabG hat der Bundestag ebenfalls ein Zustimmungsrecht. Die Zustimmung wird jedoch fingiert, wenn innerhalb von vier Wochen keine negative Entscheidung gefällt wird[45]. Im Anschluß an den von *Möller*[46] herausgegebenen Kommentar zum Stabilitätsgesetz wurde behauptet[47], der Bundestag könne den geplanten zusätzlichen Ausgaben nach § 6 II StabG nur en bloc zustimmen bzw. nur en bloc die Zustimmung verweigern. § 42 BHO stellt jedoch klar, daß der Bundestag auch einzelne Positionen in dem Ausgabeprogramm nach § 6 II StabG kürzen kann. Haushaltstechnisch erfolgt die Kontrolle dieser Ausgaben durch die Vorlage einer Liste der Projekte, die aus dem Titel 6002/971 global finanziert werden sollen. Diese Liste ist wie ein Nachtragshaushalt aufgebaut und ermöglicht dem Bundestag eine Prüfung der einzelnen Programm-Positionen[48].

2. *Die mit den Zustimmungsvorbehalten geleistete Kontrolle*

Die mit Hilfe der Zustimmungsvorbehalte tatsächlich ausgeübte Kontroll„dichte“ ist wiederum außerordentlich schwer einzuschätzen, da — zumindestens bei den Zustimmungen zu den Umschichtungsmaßnahmen und Planstellenbewilligungen — nur der Haushaltsausschuß eingeschaltet ist, der über seine Zustimmungserteilung nicht öffentlich berichtet. Der Bundestag selbst scheint jedoch die Zustimmungsvorbehalte als bedeutsame Kontrollinstrumente aufzufassen. Im Rahmen der Haushalts-

---

[43] Vgl. im StabG §§ 2 II, 9 II, 12 (Vorlagepflicht der Regierung); § 10 V, 30 I; Art. 109 IV GG (Vetorecht), §§ 8 I, 26 (Zustimmungsrecht). Vgl. *Stern / Münch / Hansmeyer*, Stabilitätsgesetz (1972), S. 72 f.

[44] Vgl. § 26 StabG.

[45] Vgl. § 8 I StabG.

[46] *A. Möller*, Stabilitätsgesetz (1969), § 8, Rn. 9.

[47] *Stern* / Münch / Hansmeyer, Stabilitätsgesetz (1972), S. 258; *K. H. Friauf*, Öffentlicher Haushalt und Wirtschaft, VVDStRL 27 (1969), S. 1 (30); *J. Gotthold*, Wirtschaftliche Entwicklung und Verfassungsrecht (1976), S. 153 ff.

[48] Vgl. *E.-A. Piduch*, Bundeshaushaltsrecht (1977), § 42, Rn. 1.

rechtsreform hatte nämlich die Bundesregierung eine Vorschrift in die BHO aufnehmen wollen, die die industriellen „Entwicklungsprojekte", an denen der Bund beteiligt ist, grundsätzlich für deckungsfähig erklärt hätte[49]. Der Bundestag folgte damals diesem Vorschlag nicht[50]. Er spezifiziert vielmehr Jahr für Jahr im Haushaltsgesetz die Projekte, bei denen er eine erhöhte haushaltswirtschaftliche Flexibilität billigt, wobei in besonders bedeutsamen Fällen der Zustimmungsvorbehalt zugunsten des Haushaltsausschusses vorgesehen wird. Auch an dem Zustimmungsvorbehalt zugunsten des Haushaltsausschusses im Falle der zusätzlichen Planstellenbewilligungen hielt die Bundestagsmehrheit zunächst trotz mehrerer Versuche der Opposition, diese Vorschrift aus verfassungsrechtlichen Gründen zu streichen, fest[51].

Die mit diesem Instrument ausgeübte Kontrolle bezieht sich fast ausschließlich auf die finanzwirtschaftliche Verantwortung der Verwaltung. Die Ermächtigung der Exekutive zu Umschichtungsmaßnahmen innerhalb des gesetzlich festgestellten Haushaltsplanes dient der Verwaltungsflexibilität. Die Lockerung der gesetzlichen Bindung wird begleitet von dem Zustimmungsvorbehalt, mit Hilfe dessen der damit bewirkte Verlust an gesetzlicher Kontrolle aufgefangen werden soll.

Anders als bei den Zustimmungsvorbehalten zu Umschichtungsmaßnahmen und zur Bewilligung neuer Planstellen können bei den im Stabilitätsgesetz vorgesehenen Zustimmungsvorbehalten einige Angaben über die mit diesem Instrument ausgeübte Kontrolle gemacht werden. Der Zustimmungsvorbehalt ist dort zugunsten des Bundestages vorgesehen. Dies hat zur Folge, daß die Ausschüsse als vorbereitende Organe eingeschaltet werden und über ihre Beratungen an das Plenum berichten müssen.

Die im Stabilitätsgesetz vorgesehenen steuerpolitischen Maßnahmen wurden bislang vom Finanzausschuß des Bundestages beraten, der den Vorschlägen der Regierung stets folgte und auf eigene Stellungnahmen, Bedenken oder Anregungen weitgehend verzichtete[52]. Der Haushaltsausschuß war an diesen Vorlagen gemäß § 96 GeschOBT beteiligt und hatte gegen die geplanten Maßnahmen ebenfalls keine Einwendungen zu erheben.

---

[49] Vgl. § 46 des Regierungsentwurfs zur BHO (BT-Drcks. 5/3040). Begründet wurde dies mit der Notwendigkeit einer „beweglichen Haushaltswirtschaft" und dem Anliegen, „dem Grundsatz der Gewaltenteilung" (!) Rechnung zu tragen (BT-Drcks. 5/3040, S. 63).

[50] Im Ausschußbericht heißt es lapidar: Die Vorschrift „greift somit in die Budgethoheit des Parlaments ein". (BT-Drcks. *zu* V/4378, 4379, S. 12.)

[51] Vgl. BT-Drcks. 7/3202 und 7/5104, S. 19. — Auch hielt der Ausschuß entgegen den verfassungsrechtlichen Bedenken des Bundesfinanzministers an den Zustimmungsvorbehalten bei den Umschichtungsmaßnahmen fest (Vgl. BT-Drcks. *zu* 6/1757, S. 4).

[52] Vgl. die BT-Drcks. 5/1379; 6/1031; 7/1539.

Die dem Bundestag zur Zustimmung vorgelegten ausgabepolitischen Konjunkturprogramme wurden vom Haushaltsausschuß federführend nach § 94 GeschOBT beraten. Bei den beiden in der 7. Legislaturperiode vorgelegten Programmen trat der Ausschuß in die Erörterung einiger grundsätzlicher rechtlicher und haushaltswirtschaftlicher Fragen ein[53]. So machte er die Bundesregierung darauf aufmerksam, daß die „arbeitsmarktpolitischen Maßnahmen" des Sonderprogramms 1974 nicht im Finanzplan vorgesehen seien und deswegen nicht nach § 6 II StabG geleistet werden dürften. Bezüglich der Verwendung der Stabilitätsanleihe aus dem Jahre 1973 wurden ebenfalls rechtliche Bedenken erhoben: § 6 II StabG setze voraus, daß die zusätzlichen Ausgaben aus einer Konjunkturausgleichsrücklage und nicht aus einer Stabilitätsanleihe finanziert werden. Weiter wurde die Umschichtungsermächtigung kritisiert, die sich im Sonderprogramm befand und die dem Finanzminister die Möglichkeit gab, die Mittel innerhalb des Sonderprogramms umzusetzen. Eine solche Ermächtigung sei nicht durch das Stabilitätsgesetz gedeckt und schränke die Etathoheit des Parlaments in „unerträglicher Weise" ein.

Das Sonderprogramm 1975 nahm der Haushaltsausschuß zum Anlaß, einige grundsätzliche Bemerkungen zu den konjunkturpolitisch begründeten Ausgabeprogrammen zu machen. Die Konjunkturprogramme dürften nicht dazu führen, daß der Bund die Ausgaben trägt, die andernfalls von den Ländern getragen worden wären. Die aus dem Konjunkturprogramm zu finanzierenden Projekte dürften weiterhin keine Anfinanzierung für Großprojekte sein, die die Haushalte in den kommenden Jahren präjudizierten. Schließlich müßte sichergestellt werden — eventuell auch durch eine gesetzliche Änderung —, daß die für die Wohnungsmodernisierung bereitgestellten Mittel nicht auf die Mieten überwälzt werden und über das zu zahlende Wohngeld weiter belastend auf die öffentlichen Haushalte zurückwirkten.

Trotz dieser Kontrollansätze ist der vom Haushaltsausschuß selbst vorgenommenen Wertung zuzustimmen[54]: Dem Bundestag verbleiben nur geringe Einwirkungsmöglichkeiten auf die Konjunkturprogramme. Die Kontrollmöglichkeiten des Bundestages sind deswegen angesichts der Größenordnung der Konjunkturprogramme neu zu überdenken. Dabei steht der Bundestag jedoch vor einem Problem, das sich aus seiner Organisation und seiner Arbeitsweise ergibt: Während die Bundesregierung im Kabinett über ein ganzes „Paket" konjunkturpolitischer Maßnahmen beschließt[55], bearbeitet der Bundestag, sofern er überhaupt eingeschaltet

[53] Vgl. zum folgenden die BT-Drcks. 7/3008 und 7/4044.

[54] Vgl. BT-Drcks. 7/4044, S. 1.

[55] Vgl. zu den Maßnahmebündeln der Konjunkturpolitik: *O. Schlecht*, Erfahrungen und Lehren (1972), S. 11 ff.

wird, die einzelnen Teile des „Programmes“ in seinen Ausschüssen gesondert. Ein Ausschuß, der das gesamte konjunkturpolitische Konzept der Bundesregierung berät, existiert nicht. Die Fragmentierung der Beratungszuständigkeit hat — in gewisser Beziehung — nicht nur die formelle, sondern auch die sachliche Inkompetenz zur Folge.

II. Die rechtliche Problematik der Zustimmungsvorbehalte

1. *Der Vorrang des Gesetzes*

Die verfassungsrechtliche Problematik der Zustimmungsvorbehalte ist in drei Richtungen zu entfalten[56]. Zum einen ist der Zusammenhang von materieller Auflösung des Prinzips vom Gesetzesvorrang und parlamentarischen Zustimmungsvorbehalten zu erörtern. Zum anderen stellt sich das Problem, ob das Parlament mit Hilfe der Zustimmungsvorbehalte in originär der Exekutive zustehende Zuständigkeitsbereiche eingreift. Schließlich taucht auch hier das Problem der Delegation von Beschlußzuständigkeiten auf einen Ausschuß auf.

Der Vorrang des Gesetzes wird dadurch bedroht, daß der Regierung Ermächtigungen zu Abweichungen von in Gesetzesform gefaßten Beschlüssen erteilt werden. Diese Ermächtigungen beruhen zwar selbst auf Gesetzen, so daß insofern das Prinzip des Gesetzesvorranges formell gewahrt bleibt. Dies kann jedoch nicht darüber hinwegtäuschen, daß die konkreten Entscheidungen nicht mehr in Gesetzesform getroffen werden, sondern nur noch aufgrund von gesetzlichen Ermächtigungen. Der materiell verstandene Gesetzesvorrang und Gesetzesvorbehalt erfordert jedoch die Entscheidung aller wesentlichen Fragen in Form von Gesetzen und im für die Gesetzgebung vorgesehenen Verfahren[57]. Ermächtigungen, die die Regierung von gesetzlichen Regelungen suspendieren und die der Regierung die Befugnis zu Maßnahmen außerhalb der Gesetzgebung verleihen, lockern dieses Prinzip der Verfassung. Diese Lockerung ist nur zulässig, wenn zwingende, auf Verfassungsebene ausgewiesene Rechtsgüter dies erfordern und wenn zugleich ein angemessenes Verfahren bereitgestellt wird, das an die Stelle des Gesetzgebungsverfahrens tritt. Die Zustimmungsvorbehalte dürfen deswegen nur in solchen Fällen ausgebracht werden, in denen ein Spannungsverhältnis zwischen dem Vorrang des Gesetzes und einem anderen Verfassungsgut besteht und deswegen ein „quasi-gesetzgeberisches“ Verfahren zur Problemlösung notwendig ist[58].

---

[56] In der Literatur (vgl. oben Fn. 13) wird die rechtliche Problematik der Zustimmungsvorbehalte meist im Zusammenhang mit den qualifizierten Sperrvermerken behandelt, was angesichts der Verschiedenartigkeit beider Institute nicht gerechtfertigt erscheint.

[57] Vgl. oben § 1.

Die Lockerung des Gesetzesvorranges durch die im Stabilitätsgesetz vorgesehenen Maßnahmen findet auf Verfassungsebene in Art. 109 II GG seine Rechtfertigung[59]. Die Notwendigkeit zu raschem konjunkturpolitischem Handeln steht in einem Spannungsfeld zum Prinzip des Gesetzesvorranges. Beide Prinzipien werden miteinander in praktische Konkordanz gebracht, wenn die Bundesregierung in gesetzlich festgelegten Fällen die bereits in groben Umrissen vorherbestimmten Konjunkturmaßnahmen ergreifen kann und zugleich die Zustimmung des Bundestages dazu eingeholt wird. Diese erweist sich als ein Mindesterfordernis, um den Entscheidungsprozeß als einen „quasi-gesetzgeberischen" Prozeß verstehen zu können, der er der Sache nach ist.

Die Ermächtigungen zu Umschichtungen im Haushaltsplan und im Haushaltsgesetz und zu der damit bewirkten Lockerung des Gesetzesvorranges läßt sich auf der Ebene der Verfassung aus Art. 114 GG legitimieren. Dort wird der Exekutive das Gebot zur wirtschaftlichen Haushaltsführung aufgegeben. Insbesondere bei der Beschaffung moderner Geräte (Verteidigungsetat) können wirtschaftlich-technische Engpässe auftreten, bezüglich derer die Bundesverwaltung nicht alleiniger „Herr der Lage" ist. Gleiches gilt für die Gewährung von Bürgschaften. Auch diese Leistungen des Staates sind abhängig von schwer vorhersehbaren Entwicklungen. Eine erhöhte Flexibilität — vor allem in bezug auf die zeitliche Dimension — bei der Verwirklichung der Beschaffungsmaßnahmen und bei der Gewährung von Bürgschaften entspricht dann dem Gebot der wirtschaftlichen Haushaltsführung, das dadurch mit dem Prinzip des Gesetzesvorranges in ein Spannungsverhältnis gerät. Die Lösung dieses Spannungsverhältnisses zugunsten eines quasi-gesetzgeberischen Entscheidungsverfahrens erscheint angemessen.

2. *Eingriff in originär exekutive Zuständigkeitsbereiche*

Der Zustimmungsvorbehalt bei der Ausbringung neuer Planstellen berührt das Prinzip des Gesetzesvorranges und des Gesetzesvorbehaltes weniger zentral. Bei Lichte betrachtet handelt es sich nämlich bei dieser Regelung um eine Einschränkung des allgemeinen Notbewilligungsrechts des Bundesfinanzministers (Art. 112 GG). Die Worte des Gesetzestextes, „wenn ein unvorhergesehenes und unabweisbares, auf andere Weise nicht zu befriedigendes Bedürfnis für die Personalvermehrung vor-

---

[58] Grundlegend zum Prinzip der „praktischen Konkordanz": *K. Hesse*, Grundzüge des Verfassungsrechts (1977), S. 28 f.

[59] Auch wenn von einer „Selbstentmannung des Parlamentes" (*F. Neumark*) gesprochen wurde, so besteht im staatsrechtlichen Schrifttum doch Einigkeit über die Zulässigkeit dieser Regelung. Vgl. statt aller *K. H. Friauf*, Öffentlicher Haushalt und Wirtschaft, VVDStRL 27 (1969), 1 ff. (27 ff.).

liegt"[60], zeigen eindeutig an, daß hier eine Notbewilligungskompetenz geregelt werden soll[61].

Das Ausbringen einer Planstelle ist zwar keine Ausgabe, auf deren Bewilligung sich Art. 112 GG seinem Wortlaut nach bezieht, sondern die notwendige rechtliche Voraussetzung für die Verleihung eines Amtes. Der Zusammenhang zwischen dem Ausbringen einer Planstelle und dem Leisten von Ausgaben ist jedoch so eng, daß das Ausbringen von Planstellen in „unvorhergesehenen und unabweisbaren" Notfällen praktisch identisch mit dem Leisten von Ausgaben ist und von Art. 112 GG miterfaßt wird[62]. Wenn jedoch die in Frage stehende Vorschrift eine nähere Konkretisierung des Art. 112 GG ist, so stellt sich die Frage, ob der Zustimmungsvorbehalt sich im Rahmen von Art. 112 Satz 3 GG hält[63].

Der Gesetzesvorbehalt des Art. 112 Satz 3 GG bezieht sich auf die nähere Bestimmung der Kriterien „unvorhersehbar und unabweisbar", die aufgrund ihrer Unbestimmtheit Anlaß zu Bedenken und Zweifeln geben können. Die Konkretisierung des Gesetzesvorbehaltes hat auf allgemeiner Basis stattzufinden. Auch wenn dies für die in Art. 112 GG angesprochenen Notsituationen sehr schwer zu bewerkstelligen ist, so darf das Recht des Bundestages, Art. 112 GG zu konkretisieren, nicht in ein fallbezogenes Mitspracherecht umschlagen[64]. Eine solche Ausgestaltung wäre vom Gesetzesvorbehalt des Art. 112 GG nicht gedeckt. Art. 112 GG sichert dem Bundesfinanzminister das Recht, in einer Notsituation die Einzelfallentscheidung zu treffen[65, 66]. Welche Gruppe von Einzelfällen

---

[60] § 15 I HG 1974.

[61] Anders *H. Steiger*, Organisatorische Grundlagen (1973), S. 137 f., der diese Ermächtigung in die Nähe einer Gesetzgebungsdelegation rückt.

[62] Gleiches gilt für Verpflichtungsermächtigungen. Der Wortlaut der vorläufigen Verwaltungsvorschriften zu § 38 BHO spricht ausdrücklich von „über und außerplanmäßigen" Verpflichtungsermächtigungen und nimmt damit auch sprachlich Bezug auf Art. 112 GG.

[63] *K. Kröger*, Die Ministerverantwortlichkeit (1972), S. 102 hält diese Regelung für verfassungsgemäß. Dies ist angesichts seiner starken Betonung der Notwendigkeit der eigenverantwortlichen Führung der den Ministern zugewiesenen Aufgabenbereiche widersprüchlich.

[64] So *E. A. Piduch*, Bundeshaushaltsrecht (1977), Rn. 22 allgemein zum Gesetzesvorbehalt des Art. 112 GG, ohne jedoch den Bezug zu der hier diskutierten Vorschrift herzustellen.

[65] Die Verantwortung für die *Not*bewilligungen liegt beim Bundesfinanzminister, während das Parlament die Verantwortung für die allgemeinen Bewilligungen hat, weswegen es dies auch gegebenenfalls in fallbezogener Einzelentscheidung (vgl. dazu die Diskussion der qualifizierten Sperrvermerke oben § 5 A) ausüben darf.

[66] Dies erscheint bei einer funktionell-rechtlichen Verfassungsinterpretation (vgl. *H. Ehmke*, Prinzipien der Verfassungsinterpretation, VVDStRL 20, 53 [74 f.]) zwingend. Zur Notwendigkeit, die Verfassung von den die jeweiligen Sachbereiche lebenden Menschen, Verbänden und staatlichen Einrichtungen „selbst" interpretieren zu lassen: *P. Häberle*, Die offene Gesellschaft der Verfassungsinterpreten, JZ 1975, 297 ff.

darunter fällt, kann durch den Gesetzgeber mittels einer schärferen Fassung der Voraussetzungen einer Notsituation bestimmt werden. Die Praxis des Bundestages, auf einer Einzelfall-Basis mit Hilfe der Zustimmungsvorbehalte an der Bewilligung von (Not-)Planstellen mitzuwirken, ist verfassungswidrig[67, 68].

3. Die Delegationsproblematik

Schließlich ist bei der verfassungsrechtlichen Beurteilung der Zustimmungsvorbehalte die Delegationsproblematik zu beachten. Diese wird — legt man die bisherige Praxis zugrunde — jedoch nur bei der Zustimmung zu den Umschichtungsmaßnahmen relevant. Dort ist der Zustimmungsvorbehalt zugunsten des Haushaltsausschusse und nicht zugunsten des Plenums des Bundestages ausgebracht worden. In diesen Fällen ist fraglich, ob die Einschaltung des Haushaltsauschusses ausreicht, um dem Erfordernis eines „quasi-gesetzgeberischen" Entscheidungsprozesses genüge zu tun.

Anders als bei der Entsperrung der qualifizierten Sperrvermerke, bei der eine der Gesetzgebung zwar nachgelagerte, aber vom Gesetzgeber konkret gesehene Problemlage noch in den Willensbildungsprozess einzubeziehen war, wird hier eine materielle Änderung des Haushaltsplanes und des Haushaltsgesetzes vorgenommen, die auf Grund einer vom Gesetzgeber nicht konkret, sondern nur abstrakt antizipierten Entwicklung erfolgt. Eine solche Beschlußzuständigkeit kann nicht auf einen Ausschuß übertragen werden, ohne daß die verfassungsrechtlichen Anforderungen an das Verfahren, in dem ein solcher „quasi-gesetzgeberischer" Beschluß zu fällen ist, verletzt werden. Die Beschlußzuständigkeit zu solchen materiellen Gesetzesänderungen muß dem Plenum vorbehalten bleiben und darf nicht einem Ausschuß überlassen werden[69].

Insgesamt zeigt sich, daß der Zustimmungsvorbehalt zwar ein geeignetes Instrument zur Beteiligung des Bundestages an der Haushaltsgewalt ist. Die Beschränkung des Zustimmungserfordernisses auf den Haushaltsausschuß genügt jedoch nicht den verfassungsrechtlichen Anforderungen, die an den haushaltswirtschaftlichen Entscheidungsprozeß zu stellen sind. Der partiell an die Stelle des gesetzlichen Entscheidungs-

---

[67] Die Streichung der entsprechenden Bestimmung im HG 1977 war deshalb verfassungsrechtlich geboten.

[68] Gleichwohl erscheint das Anliegen des Bundestages, bei Not-Bewilligungen von Planstellen eine scharfe Kontrolle auszuüben, besonders berechtigt. Ein Weg dazu wäre, ein bestimmtes numerisches Kontingent von „Not-Planstellen" im Haushaltsgesetz festzulegen, mit dem der Finanzminister in den „unvorhergesehenen und unabweisbaren" Fällen auszukommen hat. An diesem Kontingent könnte sich der Bundesfinanzminister selbst die Maßstäbe ausrechnen, die er bei den Bewilligungen nach Art. 112 GG anzulegen hat.

[69] Im Ergebnis ähnlich die h. M. (vgl. oben Fn. 13).

prozesses getretene Zustimmungsvorbehalt ist zwar aus Gründen der Konjunkturpolitik und der ökonomischen Haushaltsführung notwendig und auch auf Verfassungsebene legitimiert, muß jedoch dem Plenum des Bundestages vorbehalten bleiben.

C. Die allgemeine Informations- und Konsultationspflicht

I. Die allgemeine Informations- und Konsultationspflicht der Regierung als Erscheinungsform der Haushaltsgewalt des Bundestages

1. Erscheinungsformen der Informations- und Konsultationspflicht

Mit der allgemeinen Informations- und Konsultationspflicht hat die politische Praxis ein drittes speziell auf den Bundestag und dessen Beteiligung an der Haushaltsgewalt zugeschnittenes Kontrollinstrument entwickelt[70]. Die politische Bedingungskonstellation, die zu diesem Institut führte, ist vergleichbar mit der, die Anlaß zu der Entwicklung der Zustimmungsvorbehalte gab. Im Rahmen des Haushaltgesetzgebungsverfahrens konnte die Vielfalt und der Umfang der haushalts-wirtschaftlichen Probleme nicht bewältigt werden. Die Informations- und Konsultationspflicht der Regierung hilft dem Bundestag, den gewachsenen Anteil an haushaltswirtschaftlicher Entscheidungsarbeit „außerhalb" der Gesetzgebung und Haushaltsgesetzgebung zu kontrollieren.

Die allgemeine Informations- und Konsultationspflicht tritt in verschiedenen Formen auf. Auf der Ebene des Haushaltsgesetzes findet sich beispielsweise § 19 HG 1974. Dort wird im Satz 2 der Bundesfinanzminister ermächtigt, Änderungen in den EG-relevanten Abschnitten des Haushaltsplanes vorzunehmen. Diese Ermächtigung ist zweckmäßig, da die aus Bundesmitteln finanzierten Maßnahmen teilweise auch davon abhängen, welche haushaltswirtschaftlichen Beschlüsse von den EG vorgenommen werden. Der Bundesfinanzminister hat bei der Vornahme solcher Änderungen den Haushaltsausschuß des Bundestages unverzüglich zu unterrichten[71].

Auf der Ebene des Haushaltsplanes findet sich beispielsweise im Einzelplan des Ministers für wirtschaftliche Zusammenarbeit eine Informationspflicht. Dort sind Titel ausgebracht, die nach vertraulichen Erläuterungen zu bewirtschaften sind[72]. In den vertraulichen Erläuterungen

---

[70] Zur Informations- und Konsultationspflicht der Regierung vgl. auch oben § 3 C II 2 (EG-Finanzierung), § 4 A II 2 c (nicht gesetzliche Einwirkungen), § 4 B II 1 (Gemeinschaftsaufgaben). — Auf Verfassungsebene ist dieses Institut in Art. 43 GG zu verankern.

[71] Vgl. § 19 Satz 3 HG 1974.

[72] Vgl. die Titel 2302/68501, 68602 - 68606 im Haushaltsplan 1974.

sind außer den geplanten Projekten noch „Austauschprojekte" eingesetzt, für die ebenfalls die bewilligten Mittel in Anspruch genommen werden dürfen. Darüber hinaus dürfen die Mittel aber auch für „Vorhaben, die nicht in den vertraulichen Erläuterungen vorgesehen sind", verwandt werden. Der Haushaltsausschuß ist davon halbjährig zu unterrichten. In einem Titel ist vorgesehen, daß der Haushaltsausschuß und der Ausschuß für wirtschaftliche Zusammenarbeit vor der Inanspruchnahme der Mittel für nicht-vorgesehene Projekte zu unterrichten sind[73].

Auf allgemeiner Ebene finden sich sowohl im Stabilitätsgesetz als auch in der Bundeshaushaltsordnung Informationspflichten statuiert. Zu nennen sind insbesondere die Pflicht zur Vorlage des Jahreswirtschaftsberichts (§ 2 I), der Finanzplanung (§ 9 II), der Übersicht über die Finanzhilfen (§ 12 II) aus dem Stabilitätsgesetz sowie die allgemeine Unterrichtungspflicht nach § 10 BHO, nach der die Bundesregierung gehalten ist, ihren Gesetzesvorlagen einen Überblick über die Auswirkungen auf den Haushaltsplan beizufügen. Außerdem muß die Bundesregierung gemäß dieser Vorschrift den Bundestag über „erhebliche Änderungen der Haushaltsentwicklung und deren Auswirkungen auf die Finanzplanung" in Kenntnis setzen.

Die Informationspflicht hat weiter im Rahmen der gesetzlichen Ausgestaltung des Notbewilligungsrechts des Bundesfinanzministers eine Ausgestaltung in der BHO gefunden[74]. In § 37 BHO wird Art. 112 GG zunächst insofern ausgestaltet, als im Anschluß an das Urteil des BVerfG[75] ausdrücklich festgestellt wird, daß eine Ausgabe dann nicht unabweisbar ist, „wenn nach Lage des Einzelfalles die Ausgabe bis zum nächsten Haushaltsgesetz zurückgestellt werden kann". Der Kontrolle dieser Regelung dient die in § 37 VI BHO statuierte Mitteilungspflicht des Bundesfinanzministers. Die außer- und überplanmäßigen Ausgaben sind dem Bundestag vierteljährlich mitzuteilen, wenn sie geringfügig[76] oder rechtlich notwendig waren. Ansonsten sind sie dem Bundestag unverzüglich mitzuteilen.

Während diese Regelung schon vor der Neufassung des § 37 BHO existierte, ist in § 37 II BHO aufgrund des Urteils des Bundesverfassungsgerichts eine weitere Informations- und Konsultationspflicht des Bundesfinanzministers gegenüber dem Bundestag geschaffen worden, mit deren Hilfe das Tatbestandsmerkmal „unabweisbar" in Art. 112 GG

[73] Titel 2302/86601 im Haushaltsplan 1974.

[74] Vgl. das Zweite Gesetz zur Änderung der Bundeshaushaltsordnung.

[75] NJW 1977, 1387.

[76] Im Gegensatz zur alten Rechtslage ist die „Bagatellgrenze" nunmehr jährlich vom Haushaltsgesetzgeber im Haushaltsgesetz zu bestimmen. Unter der alten Rechtslage bestimmte der Bundesfinanzminister die „Bagatellgrenze".

kontrolliert werden soll. Ist der Bundesfinanzminister im „Zweifel", ob innerhalb einer von ihm für erforderlich gehaltenen Frist ein Nachtragshaushaltsgesetz herbeigeführt werden kann, so hat er beim Bundestag und beim Bundesrat anzufragen, ob das Gesetzgebungsverfahren innerhalb dieser Frist durchgeführt werden kann. Bejahen Bundesrat und Bundestag die Anfrage, so haben sie in einem Nachtragshaushalt über diese Ausgabe zu entscheiden. Verneinen sie die Anfrage, so entscheidet der Bundesfinanzminister gemäß Art. 112 GG.

Eine Sonderform der zwischen Regierung und Bundestag stattfindenden Konsultation hat sich bei den Notbewilligungen während der haushaltsgesetzlosen Zeit herausgebildet. In den Richtlinien des Bundesfinanzministers zur vorläufigen Haushalts- und Wirtschaftsführung der Bundesverwaltung heißt es:

„Ausgaben der Hauptgruppen 7 und 8 (Investitionen) sind für Fortsetzungsmaßnahmen bis zur Höhe der Ansätze verfügbar, die im Haushaltsentwurf 1975 nach dem Stand der Beratungen im Haushaltsausschuß des Deutschen Bundestages vorgesehen sind. Über Ausgaben für neue Investitionsmaßnahmen kann verfügt werden, soweit die Ansätze vom Haushaltsausschuß gebilligt sind und wenn ich meine vorherige Zustimmung erteilt habe (Art. 112 i. V. mit Art. 109 II GG)[77].

Hier wird die Information und Konsultation von der Exekutive gesucht, während in den übrigen Fällen ihr diese Pflicht vom Bundestag auferlegt wurde. Gerade dieser letzte Fall wirft einige verfassungsrechtlichen Fragen in bezug auf das Institut der Informations- und Konsultationspflicht auf, auf die zurückzukommen sein wird.

2. *Die mit der Informations- und Konsultationspflicht geleistete Kontrolle*

Die mit der Informations- und Konsultationspflicht bewirkte Kontrolle ist mittelbarer Art. Sie steht nicht am Ende eines „Kontrollprozesses" und schlägt sich deswegen auch nicht in parlamentarischen Beschlüssen nieder. Sie dient vielmehr der Information des Bundestages, um gegebenenfalls weitere Willensbildungs- und Kontrollprozesse zu initiieren. Der damit bewirkte tatsächliche Kontrolleffekt ist außerordentlich schwer einzuschätzen. Immerhin ist bemerkenswert, daß es erst unter

[77] Vgl. das Ministerialblatt des Bundesministers der Finanzen und des Bundesministers für Wirtschaft (1974), Nr. 28, S. 838. Ähnlich die entsprechenden Vorschriften zur vorläufigen Haushaltsführung in dem Jahr 1976. Vgl. noch weitergehend die Neufassung der Richtlinie vom 18. April 1977 (Ministerialblatt, S. 110): „... um die Vergabe von Investitionsaufträgen zu beschleunigen, erteile ich hiermit in Anwendung von Art. 112 GG meine Zustimmung, daß über Ausgaben für neue Investitionsmaßnahmen verfügt werden kann, sobald die Ansätze vom Haushaltsausschuß gebilligt sind; ..." — Der Finanzminister „verzichtet" damit in verfassungswidriger Weise auf die einzelfallbezogene Prüfung der Voraussetzung des Art. 112.

der Geltung der Regelung des § 37 BHO zu einer Organstreitigkeit wegen der extensiven Auslegung des Notbewilligungsrechts durch den Bundesfinanzminister kam[77a]. Möglicherweise haben die in massierter Form den Bundestagsabgeordneten auf den Schreibtisch gelegten Unterrichtungen nach § 37 IV BHO a. F.[78] erst die politische Aufmerksamkeit auf dieses Problem gelenkt und es für eine Kontrolle interessant gemacht. Der gleiche Sachverhalt blieb in früheren Jahren jedenfalls unbeanstandet[79].

Die Unterrichtung des Bundesfinanzministers über außer- und überplanmäßige Ausgaben werden im Bundestag routinemäßig behandelt. Sie werden dem Haushaltsausschuß überwiesen, der dem Bundestag empfiehlt, die Unterrichtung zur Kenntnis zu nehmen. In den entsprechenden Ausschußanträgen fanden sich keine besonderen Stellungnahmen und Entschließungsanträge. Aus den Unterrichtungen des Bundesfinanzministers geht jedoch hervor, daß in einzelnen Fällen schon vor Bewilligung der Not-Ausgaben eine Kontaktaufnahme mit dem Haushaltsausschuß erfolgte[80], dem damit schon vor Erteilung der Notbewilligung eine Möglichkeit zur Stellungnahme gegeben war. Eine systematische Einbeziehung der von der Bundesregierung vorgelegten Berichte in den parlamentarischen Willensbildungsprozeß konnte ansonsten nicht festgestellt werden[81]. Dies muß der mit der Informations- und Konsultationspflicht beabsichtigten Kontrolle jedoch nicht unbedingt Abbruch leisten. Die mit diesem Institut geleistete Kontrolle wirkt durch das Prinzip Öffentlichkeit[82]. Entscheidungen werden offengelegt und damit dem politischen Zugriff der Abgeordneten zugänglich. Von besonderer Bedeutung ist dabei die „unverzügliche" Informationspflicht, denn die politischen Kontrollinstanzen sind an Vorgängen, die mit einem systematischen „time-lag" offengelegt werden, wie etwa die Rechnungsprüfung, nur beschränkt interessiert[83].

[77a] Vgl. *M. Därr*, Das Notbewilligungsrecht (1973), S. 134 ff., der eine relativ feste Korrelation zwischen den Notbewilligungen und den Mehreinnahmen nachgewiesen hat.

[78] Vgl. die Tabelle 18.

[79] Vgl. BVerfG NJW 1977, 1387.

[80] *v. Köckritz* et al., Bundeshaushaltsordnung (1977), § 37, Rn. 15 meinen, daß der Kenntnisnahme durch den Haushaltsausschuß in diesen Fällen faktisch die Wirkung einer Zustimmung zukommt.

[81] Vgl. aber die Bezugnahmen des Haushaltsausschusses auf die Finanzplanung (oben § 3 II).

[82] Vgl. *L. Kißler*, Die Öffentlichkeitsfunktion des Deutschen Bundestages (1976), S. 149 ff.; *P. Häberle*, Struktur und Funktion der Öffentlichkeit (1970), S. 3 ff.

[83] Vgl. die Nachweise bei *M. Därr*, Das Notbewilligungsrecht (1973), S. 138 ff.; *S. Hoffmann*, Die Kontrolle der Regierung (1970), S. 69 a; *S. Tiemann*, Die Finanzkontrolle des Bundes, ZParl. 8 (1977), S. 93 ff. (99).

Tabelle 18

Über- und außerplanmäßige Ausgaben von besonderer Bedeutung

Datum	Drcks.	Stichwort	Ausgabe in Mill.	Einsparung
11.09.73	996	Landwirtschaftl. Prod.mittel in Entwicklungsländern	20	bei 2302/68601
10.12.73	1087	Beitrag zur EG	900	---
29.11.73	1304	Zuschüsse an die Träger der Krankenversicherung	40	im Epl. 10
04.12.73	1341	Bundeshilfe für Berlin	130	Gesamthaushalt
05.12.73	1343	Nahrungsmittelhilfe für Entwicklungsländer	33,6	bei 2302/83602
12.12.73	1415	Beitrag an die U.N.	--	--
18.12.73	1454	Beteiligung am Grundkapital der Lufthansa AG	200	Epl. 12
14.01.74	1512	Erwerb von Beteilig. an der Gelsenberg AG	672,1	---
21.01.74	1566	Beschaffung von Kampffahrzeugen	120,4	Gesamthaushalt
21.01.74	1566	Beschaffung von Schiffen	28,7	Gesamthaushalt
21.01.74	1566	Beschaffung von Munition	26,4	div. Kap. d. Epl. 14
31.01.74	1634	Darlehen an die Kreditanstalt für Wiederaufbau	480	Gesamthaushalt
01.02.74	1635	Darlehen an VIAG	100	---
07.02.74	1658	Liquiditätszuwendung an die DB	1350	Gesamthaushalt
27.02.74	1746	Kapitalzuführung an die Salzgitter AG	100	Gesamthaushalt
19.08.74	2492	Erwerb von VW-Aktien	76,5	---
07.10.74	2596	Arbeitslosenhilfe	32,5	Epl. 11
07.10.74	2596	Arbeitslosengeld	1,7	---
18.10.74	2684	Diskont für unverzinsliche Schatzanweisungen	100	Gesamthaushalt
06.11.74	2731	Krankenversicherung für Landwirte	85	---
21.11.74	2841	Fernmeldegebühren	6	---
21.11.74	2841	Miete für Fernmeldeleitungen	55	---
21.11.74	2841	Betriebsstoff	135	Epl. 14
25.11.74	2851	Nahrungsmittelhilfe	42,9	Epl. 23
10.12.74	2944	Wohngeld	38	Epl. 25
17.12.74	2996	Eingliederungsbeihilfe f. ehem. poln. Häftl.	23,5	Epl. 06
30.12.74	3049	Arbeitslosenhilfe	10	Epl. 11
30.12.74	3049	Arbeitslosengeld	500	Epl. 11
30.12.74	3049	Förderung der Arbeitsaufnahme	0,002	Epl. 11
07.01.75	3062	Baumaßnahmen für die Bundeswehr	118	Epl. 14
07.02.75	3220	Besatzungskosten	14,7	Epl. 35 u. Gesamth.
07.05.75	3607	Humanitäre Hilfsmaßnahmen	20	---
13.05.75	3619	Indusbecken-Entwicklungsfond	15,1	Epl. 23
10.06.75	3745	Bundesanstalt für Arbeit	887	---
29.07.75	3903	Schul- und Berufsausbildung	20	Gesamthaushalt
24.10.75	4222	Gasölverbilligungen	13,79	Epl. 10
27.11.75	4358	Krankenversicherung der Landwirte	50	---
27.11.75	4515	Bewirtschaftungskosten	46	---
16.02.76	4745	Zinssubventionen für die Ölfazilität des IWF	21	Epl. 23
26.07.76	5644	Sprachförderung von Aussiedlern	75	Epl. 11
19.08.76	5713	Hilfswerk für behinderte Kinder	50	Gesamthaushalt
26.08.76	5733	Beihilfen an junge Zuwanderer zur Ausbildung	19	Gesamthaushalt
07.10.76	5786	Investitionszuschüsse für Mietwohnungen	120	Gesamthaushalt
22.10.76	5833	Dürreschäden	60	Epl. 10
27.10.76	5835	Eingliederungshilfen für politische Flüchtlinge	18	Epl. 06 od. Gesamth.
08.11.76	5857	Entschädigung für ehemalige Kriegsgefangene	11	Epl. 06 od. Gesamth.
18.11.76	5882	Kindergeld	60	Gesamthaushalt
29.11.76	5907	Wohngeld	30	Gesamthaushalt
29.11.76	5908	Umschulung	61	Epl. 14
30.11.76	5909	Versorgungsbezüge für Besch., Witwen und Waisen	200	Epl. 11
06.12.76	5925	Anpassungsgeld für Arbeitnehmer im Steinkohlebergbau	19	Epl. 09

Insgesamt entpuppt sich die Informationspflicht als ein sachgerechtes Instrument der Kontrolle im parlamentarischen Regierungssystem, denn sie bringt den Bundestag — in der zeitlichen Dimension gesehen — an die Entscheidungen „heran". Sie bewirkt damit im Vergleich zur traditionellen haushaltswirtschaftlichen Kontrolle, der Rechnungsprüfung, eine „Vorverlagerung". Die damit angestrebte mitschreitende Kontrolle durch Zusammenwirken entspricht dem System der parlamentarischen Demokratie in besonderer Weise[84].

II. Die rechtliche Problematik der allgemeinen Informations- und Konsultationspflicht

1. Der Vorrang des Gesetzes

Das Institut der allgemeinen Informations- und Konsultationspflicht wirft einige verfassungsrechtliche Probleme auf, obgleich das dahinter stehende Grundprinzip den allgemeinen Verfassungsgrundsatz, nachdem „die Verfassungsorgane verpflichtet sind, bei Inanspruchnahme ihrer verfassungsgemäßen Kompetenzen auf die Interessen der anderen Verfassungsorgane Rücksicht zu nehmen"[85] haben, in glücklicher Weise konkretisiert. Die gegenseitige Information und Konsultation kann im Extremfall aber auch dazu führen, daß die Verfassungsorgane ihre Verantwortungsbereiche zugunsten eines verfassungsrechtlich nicht vorgesehenen, kollusiven Zusammenwirkens vernachlässigen.

Ein Beispiel in diese Richtung sind die erwähnten Ausgabebewilligungen im Bereich des Ministeriums für wirtschaftliche Zusammenarbeit. Die Bewilligungen können nicht nur für die vorgesehenen Aufgaben, sondern auch für „Austauschvorhaben" und schließlich auch für nicht-vorgesehene Ausgaben in Anspruch genommen werden. In Bereichen, die politisch stark im Fluß sind, kann es notwendig sein, verstärkte Flexibilitäten in den Haushaltsplan einzubauen. Die Bewilligung von Projekten, die alternativ, aber nicht additiv in Anspruch genommen werden dürfen, läßt sich unter diesem Gesichtspunkt noch mit einem materiell verstandenen gesetzlichen Ausgabebewilligungsvorbehalt vereinbaren. Die Finanzierung nicht-vorgesehener Vorhaben verstößt jedoch gegen die Prinzipien des Gesetzesvorranges und -vorbehaltes. Formell sind diese Prinzipien zwar nicht verletzt, da beim Akt der Ausgabebewilligung ein entsprechender Vermerk ausgebracht wurde. Das Prinzip des Gesetzesvorranges und -vorbehaltes wird jedoch mit Hilfe dieser Technik in einer Weise entleert, die nicht mehr mit einem materiellen Ver-

---

[84] Vgl. oben § 1.

[85] BVerfG NJW 1977, 1387 (1389) unter Verweis auf BVerfGE 35, 193 (195). Allgemein auch: *K. Kremer*, Zum Recht eines Bundestagsausschusses, ZParl. 1977, 11 ff.; *W.-R. Schenke*, Die Verfassungsorgantreue (1977), S. 96 ff.

ständnis von Verfassungsprinzipien in Einklang zu bringen ist. Dies um so weniger als die Zweckbestimmung der betreffenden Titel (z. B. „Förderung der gesellschaftspolitischen Bildung in Entwicklungsländern“[86]) derartig vage sind, daß sie kaum praktische Maßstäbe zur Eingrenzung der Ausgabebewilligung enthalten.

Auch wenn verfassungsrechtlich ausgewiesene Gründe für gewisse Lockerungen des Gesetzesvorbehaltes sprechen, so kann diese Lockerung jedoch nur in einem „quasi-gesetzgeberischen“ Verfahren erfolgen, in dem die mit dem Gesetzesvorrang und Gesetzesvorbehalt verfolgten Prinzipien angemessen zur Geltung kommen. Dies wird jedoch mit einer Unterrichtung einiger Ausschüsse des Bundestages nicht bewirkt. Die vom Bundestag angeordnete Unterrichtungspflicht ist ein untauglicher Versuch zur Errichtung eines quasi-gesetzgeberischen Verfahrens. Die Informationspflicht der Exekutive darf nicht zum Surrogat für die dem Bundestag aufgegebene Entscheidungsarbeit werden.

2. *Aushöhlung der Regelung des Art. 111 GG*

Die Einbindung des Bundestages in den haushaltswirtschaftlichen Entscheidungsprozeß mit Hilfe des Instituts der allgemeinen Information und Konsultation kann auch zu einer Aushöhlung der Regelung des Art. 111 GG führen. Anlaß zu diesen Bedenken gibt die Praxis der Jahre 1974 bis 1977, in der der Haushaltsplan de facto schon während der haushaltsgesetzlosen Zeit in Kraft gesetzt wurde. Auf die gesetzliche Feststellung des neuen Haushaltsplanes durch das Plenum des Bundestages schien es nicht mehr anzukommen. Die praktizierte extensive Auslegung des Art. 112 GG durch den Bundesfinanzminister ist nur vor dem Hintergrund eines einverständlichen Zusammenwirkens von Bundestag und Bundesregierung zu erklären. Sie mißachtet die für die haushaltsgesetzlose Zeit geltenden Regelungen der Verfassung.

Art. 111 GG ermächtigt die Bundesregierung während dieser Zeit, alle Ausgaben zu leisten, die nötig sind, um gesetzlich vorgesehene Einrichtungen und Maßnahmen weiterzuführen, die rechtlichen Verbindlichkeiten des Bundes zu erfüllen sowie bereits begonnene Maßnahmen fortzuführen. Die Vorschrift deckt zwischen 90 und 95 Prozent aller Ausgaben ab, die später im Haushaltsplan beschlossen werden[87]. Lediglich neue Projekte im Rahmen der gesetzesfreien Ausgabewirtschaft können in der haushaltsgesetzlosen Zeit gemäß Art. 111 GG nicht getätigt werden.

Die Funktion des Art. 111 GG ist zum einen die Weiterführung der geordneten Ausgabewirtschaft und zum anderen die Herbeiführung

[86] Titel 2302/68604 des HG 1974.

[87] Vgl. oben § 4 A I 5.

eines Haushaltsplanes[88]. Da der Bundesregierung versagt ist, neue (Investitions-)Vorhaben in Angriff zu nehmen, die politisch zwar wünschenswert, nach Art. 111 GG jedoch nicht möglich sind, ist ihr ein „politischer" Anreiz gegeben, an der Verabschiedung des Haushaltsplanes mitzuwirken. Art. 111 GG gibt jedoch nicht nur der Bundesregierung einen politischen Anreiz, die haushaltsgesetzlose Zeit zu beenden, sondern auch dem Bundestag. Während der haushaltsgesetzlosen Zeit liegt die Entscheidung, welche Ausgaben „nötig sind" (Art. 111 GG), um die genannten Bereiche der Haushaltswirtschaft fortzuführen, im Zuständigkeitsbereich der Regierung[89].

Ob neben Art. 111 GG für die von der Regierung ständig praktizierte Anwendung des Art. 112 GG Platz ist, erscheint fraglich. Das Bundesverfassungsgericht hält im Einklang mit dem Rechnungshof und der ganz herrschenden Meinung das Notbewilligungsrecht im Rahmen der haushaltsgesetzlosen Zeit für anwendbar[90]. Diese Möglichkeit wird entweder für „selbstverständlich"[91] gehalten oder aus dem „Wesen einer Regierung"[92], die Notausgaben tätigen können muß, gefolgert. Der Verfassungsgeber habe sich genötigt gesehen, selbst für die Zeit, in der ein Haushaltsgesetz in Kraft ist, ein Notbewilligungsrecht zu gewähren. Werde die Haushaltswirtschaft nach dem Haushaltsplan durch die Haushaltswirtschaft nach Art. 111 GG ersetzt, so könne dies Art. 112 GG nicht berühren. Art. 112 stehe neben Art. 111 GG[93]. Demgegenüber hat *Sasse* die Anwendbarkeit des Art. 112 GG während der haushaltsgesetzlosen Zeit bestritten[94]. Der Wortlaut des Art. 112 GG setze ersichtlich ein Haushaltsgesetz voraus.

---

[88] Vgl. zu dieser doppelten Funktion des Art. 111 GG: *H. Theiß*, Das Nothaushaltsrecht (1975), S. 45 f.; *Chr. Sasse*, Haushaltsvollzug ohne Haushaltsgesetz JZ 73, 189 (191).

[89] Dies wird von der h. M. nicht genügend betont. Es ist jedoch eine Konsequenz des gewandelten Gesetzgebungsverständnisses. Die Regierung hat die Gesetze zu vollziehen. Solange der Haushaltsgesetzgeber diesbezüglich keine weiteren (haushaltswirtschaftlichen) „Anweisungen" gegeben hat, liegt die Konkretisierungsaufgabe bei der Regierung! Dies wird verkannt, wenn die „enge Begrenzung des Spielraums der Bundesregierung" (BVerfG NJW 1977, 1387 [1388] bei der Interpretation des Art. 111 GG betont wird.

[90] BVerfG NJW 1977, 1387 (1388). — Vgl. *H. Karehnke*, Das parlamentarische Budgetrecht, DÖV 1976, 361 (369); *H. Theiß*, Das Nothaushaltsrecht (1975), S. 94 f.; *P. Feuchte*, Der Nothaushalt, AöR 97 (1972), 538 (560); *K. Lange*, Die Abhängigkeit der Ausgabewirtschaft, Der Staat 11 (1972), 328; *E.-A. Piduch*, Bundeshaushaltsrecht (1977), Art. 111, Rn. 2, 16.

[91] So *K. Vialon*, Haushaltsrecht (1959), Art. 111, Anm. 14.

[92] *K. Lange*, Die Abhängigkeit der Ausgabewirtschaft, Der Staat 11 (1972), S. 328.

[93] Vgl. z. B. *Karehnke*, Das parlamentarische Budgetrecht, DÖV 1976, 361 (369). Das BVerfG folgert aus „zwingenden" Notwendigkeiten von Ausgaben, die nicht nach Art. 111 GG getätigt werden dürfen, die Anwendbarkeit des Art. 112 GG in der haushaltsgesetzlosen Zeit (NJW 1977, 1387 (1388).

[94] Vgl. *Chr. Sasse*, Haushaltsvollzug ohne Haushaltsgesetz, JZ 1973, 189 ff.

Die Funktion des Art. 112 GG und damit auch das Problem seiner Anwendbarkeit in der haushaltsgesetzlosen Zeit erschließt sich am besten von den Tatbestandsvoraussetzungen des Notbewilligungsrechts. Das Merkmal „unvorhergesehen" knüpft an die Haushaltsgesetzgebung an. Es soll sicherstellen, daß Entscheidungen, die von der Bundesregierung oder vom Parlament während der Haushaltsgesetzgebung getroffen wurden, nicht mit Hilfe des Art. 112 GG umgangen werden. Es dient somit der Sicherung des Haushaltsgesetzgebers. In der haushaltsgesetzlosen Zeit hat dieses Merkmal offensichtlich keinen Sinn. Das Merkmal „unabweisbar" will vor allem solche Ausgaben ermöglichen, für die irgendwie geartete Verpflichtungen des Bundes bestehen, für die jedoch keine oder nicht ausreichende Mittel im Haushaltsplan ausgewiesen sind. Verpflichtungen des Bundes im weitesten Sinne werden in der haushaltsgesetzlosen Zeit von Art. 111 I GG berücksichtigt, der alle wirklich unabweisbaren Ausgaben ermöglicht. Auch aus dieser Sicht fällt es schwer, dem Art. 112 GG, wie er durch seine Tatbestandsmerkmale gekennzeichnet ist, einen Sinn zu geben[95].

Die Bemühungen der h. M., dem Art. 112 GG in der haushaltsgesetzlosen Zeit zur Anwendung zu verhelfen, ruhen vor allem auf einer Fehleinschätzung des Rechts der Bundesregierung, die Ausgabewirtschaft nach Art. 111 GG fortzuführen, denn alle wirklich unabweisbaren Ausgaben kann die Bundesregierung nach Art. 111 GG tätigen.

Für die Beurteilung der Praxis kann jedoch letztlich dahingestellt bleiben, ob Art. 112 GG in der haushaltsgesetzlosen Zeit anwendbar ist oder nicht, denn auf keinen Fall deckt das Notbewilligungsrecht, auch wenn man es in Zusammenhang mit Art. 109 II GG liest, alle im Haushaltsplan vorgesehenen Neu-Investitionen ab. Diese sind der Bewilligung durch den Gesetzgeber vorbehalten und können nicht, wie es ständig praktiziert wird, in der haushaltsgesetzlosen Zeit in Angriff genommen werden.

Das — praktizierte — Vorgehen ist nur vor dem Hintergrund der Konsultationen zwischen Exekutive und Bundestag möglich. Die Ambivalenz des Instituts der gegenseitigen Informationen und Konsultationen wird hier deutlich: Die in der Verfassung vorgesehenen Entscheidungsverfah-

---

[95] Die Anwendung des Art. 112 GG in der haushaltsgesetzlosen Zeit führt zudem zu Ungereimtheiten.

So behauptet *E. A. Piduch*, Bundeshaushaltsrecht (1977), § 38, Rn. 9, die Mitteilungspflicht des Finanzministers für überplanmäßigen Ausgaben nach § 37 BHO „entfalle" in dieser Zeit. — *H. Karehnke*, Das parlamentarische Budgetrecht, DÖV 1976, 361 (370) will überplanmäßige Ausgaben nicht zulassen, wenn diese im Haushaltsplanentwurf, der in der Beratung steht, ausgewiesen sind, da diese nicht „unvorhergesehen" sind. Das ist inkonsistent, denn nach Karehnke soll doch der Vorjahreshaushaltsplan der fiktive Maßstab sein, an dem sich das Notbewilligungsrecht zu orientieren hat.

ren werden bedroht[96]. Diese Ambivalenz mindert jedoch nicht den Wert des Instituts der Informations- und Konsultationspflicht im parlamentarischen Regierungssystem. Es geht allein darum, daß dieses Institut nicht zu einer Auflösung der Verfahrensklarheit und -richtigkeit führen darf.

3. Eingriff in exekutive Zuständigkeitsbereiche

Die Informations- und Konsultationspflicht kann auch exekutive Zuständigkeitsbereiche bedrohen. Anlaß zu diesen Bedenken ergeben sich aus dem Urteil des Bundesverfassungsgerichts zum Notbewilligungsrecht, in dem eine Konsultationspflicht des Bundesfinanzministers statuiert wird, die über die in der BHO (alter Fassung) gehende Mitteilungspflicht hinausgeht und die leicht mißverstanden werden kann[97].

Der Bundesfinanzminister soll bei Bewilligungen nach Art. 112 GG gehalten sein, stets zu prüfen, „ob nicht nach der Sachlage im Einzelfall eine Bewilligung durch den Gesetzgeber möglich ist“. Wenn sich daraufhin „begründete Zweifel“ ergeben, muß sich der Finanzminister mit dem Gesetzgeber in Verbindung setzen, „um zu klären, ob dieser sich in der Lage sieht, im Hinblick auf die zeitliche Dringlichkeit des Bedürfnisses, rechtzeitig eine Bewilligung zu erteilen“. Erst nach einer solchen Konsultation soll der Bundesfinanzminister in „Zweifelsfällen“ seine Kompetenz nach Art. 112 GG ausüben dürfen. Im übrigen sei es Sache des Haushaltsgesetzgebers, dem Bundesfinanzminister einen Dispens von der Konsultationspflicht für unbedeutende und inpraktikable Fälle zu erteilen. Dem Bundesverfassungsgericht schwebt offenbar vor, daß der Haushaltsgesetzgeber durch die Aufnahme einer entsprechenden Vorschrift in das Haushaltsgesetz der allgemeinen Kommunikations- und Konsultationspflicht zur Praktikabilität verhilft.

Die Betonung im Urteil des Bundesverfassungsgerichts muß auf dem „im Zweifel“ liegen. Im Rahmen der Prüfung der Voraussetzungen einer Bewilligung nach Art. 112 GG hat der Bundesfinanzminister zu prüfen,

---

[96] Andererseits kann in der Tat ein Bedürfnis bestehen, mit den „Neu-Investitionen“ schon vor Verabschiedung des Haushaltsgesetzes zu beginnen. Die dazu notwendige Ermächtigung kann jedoch nur vom Plenum des Bundestages erteilt werden. Falls sich der Bundestag in einer solchen Situation nicht in der Lage sieht, den gesamten Haushalt rechtzeitig zu verabschieden, ist daran zu denken, die Bewilligungen für die Neu-Investitionen vorab und gesondert zu verabschieden. Ein solches Verfahren hätte auch noch andere Vorteile, da es einem „radikalen Inkrementalismus“ sehr nahe käme. Vgl. dazu: *A. Wildavsky*, Toward A Radical Incrementalism (1966), S. 114 ff. (148 ff.).

[97] Vgl. zum folgenden BVerfG NJW 1977, 1387 (1389). — Die Kritik *K. M. Hettlages*, Urteilsanmerkung, DÖV 1977, 520 f., das BVerfG hätte mit seiner Argumentation an der BHO ansetzen müssen, ist unberechtigt. Die Tragweite verfassungsrechtlicher Regelungen kann nicht allein durch einen Rekurs auf einfach-gesetzliche Regelungen ausgelotet werden.

ob die Ausgabe „unabweisbar" ist. Sie ist dies nicht, wie das Bundesverfassungsgericht festgestellt hat[98], wenn die Ausgabe bis zum nächsten Nachtragshaushalt oder regulären Haushaltsgesetz zurückgestellt werden kann. Kommt der Bundesfinanzminister nach pflichtgemäßer Prüfung zum Ergebnis, daß die Voraussetzungen des Art. 112 GG für die beantragten über- oder außerplanmäßigen Ausgaben vorliegen, dann muß er die Entscheidung treffen und darf sie nicht zwecks Kommunikation und Konsultation mit dem Gesetzgeber verschieben. Die Formulierung des BVerfG, wonach Art. 112 GG dem Bundesfinanzminister nur eine „subsidiäre Kompetenz für dringende Notfälle einräumt", darf nicht so verstanden werden, daß der Bundesfinanzminister auch in dringenden Notfällen nur eine subsidiäre Kompetenz hat. In Notfällen, die den Anforderungen des Art. 112 GG, wie sie das BVerfG präzisiert hat, genügen, muß der Bundesfinanzminister entscheiden und hat gemäß Art. 112 GG auch die Kompetenz dazu[99]. Erst wenn Zweifel bestehen, tritt die Konsultationspflicht ein. Andernfalls würde es zu einer stillschweigenden Verlagerung von Entscheidungszuständigkeiten kommen, die in der Verfassung klar verteilt sind[100].

Bezüglich einer eventuell auftretenden Kommunikations- und Konsultationspflicht mit „dem Gesetzgeber" erhebt sich freilich sofort die Frage, mit wem der Bundesfinanzminister „in Verbindung" zu treten hat. Der Status der Gleichheit und Öffentlichkeit der Abgeordneten[101] setzt der Kommunikation des Bundesfinanzministers mit dem Haushaltsausschußvorsitzenden (?), den Mitgliedern des Haushaltsausschusses (?), den Fraktionsvorsitzenden (?), den Mitgliedern des Ältestenrates (?) gewisse Grenzen. Diese Gremien haben nicht die Kompetenz, auf Anfrage des Bundesfinanzministers zu entscheiden, ob der „Gesetzgeber" sich in der Lage sieht, im Hinblick auf die vom Finanzminister für erforderlich gehaltene Frist rechtzeitig eine Bewilligung zu erteilen, denn schließlich wird bei dieser Konsultation eine doppelte Wertung verlangt: Zum einen ist die Dringlichkeit der Ausgabe in der „politischen" Dimension, zum anderen ist die Möglichkeit des Bundestages in der „zeitlichen" Dimension zu einer gesetzlichen Bewilligung zu bewerten.

Dieser „doppelte" Bewertungsvorgang bei der Anfrage des Bundesfinanzministers gemäß § 37 II BHO ist notwendig, denn die Aufteilung

[98] Vgl. BVerfG NJW 1977, 1387 (1388).

[99] So die ganz h. M. vgl. etwa *R. Mußgnug,* Der Haushaltsplan als Gesetz (1976), S. 215 ff.; *E. A. Piduch,* Bundeshaushaltrsecht (1977), Art. 112, Rn. 12, 22. So auch mit Recht *M. Hettlage* in seiner Anmerkung zum Urteil des BVerfG, DÖV 1977, 520 f.

[100] Die in der BHO erfolgte Neuregelung der Voraussetzungen von Notbewilligungen entspricht dieser Interpretation.

[101] Vgl. *P. Häberle,* Freiheit, Gleichheit und Öffentlichkeit des Abgeordnetenstatus, NJW 1976, 537 (538 f.).

des Zeit-Budgets des Bundestages auf die Behandlung der anstehenden Probleme hängt von deren Dringlichkeit ab. Die Haushaltsstrukturgesetze zeigten, daß bei äußerster politischer Dringlichkeit ein Gesetz innerhalb kürzester Fristen verabschiedet werden kann. Der Zeitbedarf für eine Entscheidung des Bundestages ist u. a. auch abhängig von der Dringlichkeit und dem Interesse bezüglich der Frage, über die entschieden werden soll.

Für das Verfahren zur Beantwortung der Anfrage nach § 37 II BHO folgt daraus, daß ein Beschluß des Bundestages herbeizuführen ist, in dem sowohl der Präsident des Bundestages zusammen mit dem Ältestenrat als die „Geschäftsführer" des Bundestages als auch der Haushaltsausschuß als das zuständige „Fachorgan" als auch die einzelnen Bundestagsabgeordneten eine Möglichkeit haben müssen, Einfluß auf die Beantwortung der Anfrage zu nehmen. Die Anfrage ist deswegen gemäß § 76 I GeschOBT zu behandeln und an die Mitglieder des Bundestages zu verteilen.

Das weitere Verfahren kann entsprechend § 96 a GeschOBT abgewikkelt werden. Die Anfrage ist vom Präsidenten direkt dem Haushaltsausschuß zur sofortigen Beratung zu überweisen. Der Haushaltsausschuß hat seine Stellungnahme unverzüglich dem Plenum zuzuleiten, das in seiner nächsten Sitzung über die Anfrage zu entscheiden hat. Falls die nächste planmäßige Sitzung des Bundestages nicht innerhalb der Zwei-Wochen-Frist des § 37 II BHO stattfindet, ist auf Antrag von einem Drittel der Mitglieder des Bundestages entsprechend § 25 II GeschOBT eine Sitzung des Bundestages einzuberufen, auf der über die Anfrage zu entscheiden ist. Diese begleitenden geschäftsordnungsmäßigen Regelungen sind notwendig, um das Institut der Konsultationspflicht in § 37 II BHO in verfahrensmäßig klare Bahnen zu lenken und um diese nicht im Dickicht der unüberschaubaren, informellen politischen Begegnungen verschwinden zu lassen.

Insgesamt erweisen sich die verschiedenen Informations- und Konsultationspflichten — bei aller drohender Ambivalenz — als glückliche Vorkehrungen, um die „außerhalb" der parlamentarischen Verfahren stattfindenden haushaltswirtschaftlichen Entscheidungsprozesse dem politischen Zugriff der Abgeordneten zugänglich zu machen.

Drittes Kapitel

Funktionsgerechte Fortentwicklung der Einwirkungsmöglichkeiten des Bundestages auf die Haushaltsgewalt

§ 6. Eine rechtspolitische Alternative: Die haushaltswirtschaftliche Willensbildung des Kongresses der USA

A. Die Einrichtung der „budget resolution"

I. Die Funktion der „budget resolution" im haushaltswirtschaftlichen Willensbildungsprozeß

1. Der gesetzlich vorgeschriebene Inhalt der „budget resolution"

Die Kontrolle des Bundestages über die Haushaltsgewalt hat durch die Entwicklung des demokratischen Gesetzesbegriffs sowie durch die Entwicklung neuer Kontrollformen wie qualifizierter Sperrvermerke, Zustimmungsvorbehalte und Informationspflichten bedeutsame Wandlungen erfahren. Der parlamentarische Willensbildungsprozeß hat darauf jedoch keineswegs entsprechend reagiert. So hat sich beispielsweise die Willensbildung bei der Gesetzgebung im Prinzip nicht geändert, obgleich ihr — auch haushaltswirtschaftlich — eine andere Funktion zugewachsen ist. Der Bundestag hat sich zwar mit den der Regierung auferlegten Informationspflichten die Möglichkeit des politischen Zugriffes geschaffen, er macht davon jedoch nur zögernd und unsystematisch Gebrauch. Der parlamentarische Willensbildungsprozeß, nicht die dem Parlament zur Verfügung stehenden Beteiligungs- und Einwirkungsmöglichkeiten, stellt sich als der Engpaß der haushaltswirtschaftlichen Kontrolle dar. Bezüglich der Organisation der parlamentarischen Willensbildungsprozesse hat der amerikanische Kongreß eine grundlegende Reform vorgenommen, die im Sinne des Denkens in Alternativen[1] vor einer zusammenfassenden Würdigung der Beteiligung des Bundestages an der Haushaltsgewalt darzustellen ist.

---

[1] Vgl. dazu *P. Häberle*, Verfassungstheorie ohne Naturrecht, AöR 99 (1974), S. 437 (461 f.); *ders.*, Demokratische Verfassungstheorie im Lichte des Möglichkeitsdenkens, AöR 102 (1977), S. 27 (38 ff.).

Der im Jahre 1974 verabschiedete Congressional Budget and Impoundment Control Act[2] wird vielerseits als die wichtigste Neuerung im System der amerikanischen Haushaltsonktrolle seit dem Budget and Accounting Act of 1921 angesehen[3]. Mit Hilfe des in diesem Gesetz vorgesehenen Verfahrens will der Kongreß seine haushaltswirtschaftliche Willensbildung den Bedingungen der modernen Haushaltswirtschaft anpassen und gleichzeitig eine effektivere, ins Grundsätzliche gehende Kontrolle der Exekutive leisten. Im Mittelpunkt des neuen Verfahrens steht eine „resolution on the budget“, die vom Repräsentantenhaus und Senat gemeinsam („concurrent“) zweimal jährlich verabschiedet wird und die nach Sec. 301 folgenden Mindestinhalt hat:

(1) "the appropriate level of total budget outlays and of total new budget authority."

„Outlays“ sind die tatsächlichen Zahlungen und insofern vergleichbar mit dem „Ausgabenbegriff“ im deutschen Recht[4]. „Budget authority“ ist die Ermächtigung zur Eingehung von schuldrechtlichen Verpflichtungen und erfaßt somit etwa den Bereich, der in der Bundesrepublik mit Verpflichtungsermächtigungen, Planstellen etc. abgedeckt wird. „Outlays“ und „budget authority“ sind nicht identisch. Es besteht eine Phasenverschiebung zwischen den mit diesen beiden Begriffen eingefangenen haushaltswirtschaftlichen Vorgängen. Die Unterscheidung ist zum Zweck der Beurteilung der konjunkturpolitischen Effekte des Haushalts unumgänglich und zum Zwecke der langfristigen Kontrolle der staatlichen Haushaltswirtschaft wünschenswert. Mit der Festlegung des „angemessenen“ (appropriate) Haushaltsvolumens wird eine Grundvoraussetzung für eine umfassende gesamtwirtschaftlich orientierte Haushaltswirtschaft wahrgenommen.

---

[2] P. L. 93 - 344, 88 Stat. 297. Die im folgenden ohne weitere Angaben zitierten Vorschriften (Sec.) beziehen sich auf dieses Gesetz. — Zur Erläuterung dieses Gesetzes vgl. die „legislative history“: House Report 93 - 658 (Comm. on Rules) und 93 - 1101 (Comm. on Conference); Senate Report 93 - 579 (Comm. on Government Operations) sowie den Congressional Record, Vol. 119 (1973), December 4, 5 und Vol. 120 (1974), March 13, 19 - 21. Vgl. außerdem folgende Materialien: *U.S.-Congress*, Joint Study Committee on Budget Control, Hearings (1973); *U.S.-Congress*, Senate Subcommittee on Government Operation, Hearings (1973); *U.S.-Congress*, Committee on the Budget, A General Explanation (1976).

[3] *A. Schick*, Budget Reform Legislation, 11 Harv. J. on L. (1974), S. 303; *J. J. Finley*, The 1974 Congressional Initiative in Budget Making, 35 Pub.Ad. Rev. (1975), S. 270; *Bleckmann* et al., Setting National Priorities (1975), S. 226 ff.; *U. Engels*, Die amerikanische Haushaltsreform, DÖH 1975, 76; *Committee for Economic Development*, The New Congressional Budget Process (1975), S. 1 ff. *H. Rehm*, Zur US-amerikanischen Budgetreform von 1974, FA N. F. (1977), S. 19 ff.

[4] Zur amerikanischen Haushaltsterminologie: *G. K. Brite* and *H. J. Halpes*, The Federal Budget Process, S. 599 ff.; *Congressional Budget Office*, Budget Options For Fiscal Year 1977 (1976), S. 391 ff.

(2) "an estimate of budget outlays and an appropriate level of new budget authority for each functional category, for contingencies, and for undistributed intragovernmental transactions based on allocations of the appropriate level of total budget outlays and of total new budget authority."

Diese zweite Klausel soll zu einer Bestimmung der Haushaltsstruktur und einer Prioritätensetzung führen. Von den Globalgrößen des angemessenen Haushaltsvolumens ausgehend, sind die Gesamtausgaben auf einzelne, sachlich zusammengehörende Gruppen — „functional categories" — zu disaggregieren.

(3) "The amount, if any, of the surplus or the deficit in the budget which is appropriate in light of economic conditions and all other relevant factors."

Die Vorschrift spricht das klassische Grundelement der antizyklischen Haushaltspolitik, den Haushaltssaldo, an und enthält damit eine ausdrückliche Verpflichtung, bei der Haushaltswirtschaft die ökonomischen Gegebenheiten und Erfordernisse zu berücksichtigen.

(4) "the recommended level of Federal revenues and the amount, if any, by which the aggregate level of Federal revenues should be increased or decreased by bills and resolutions to be reported by the appropriate committees."

Während sich die erstgenannten Elemente auf die Ausgabenseite des Haushalts beziehen, wird mit dieser Vorschrift nun die Einnahmeseite in das Verfahren der Willensbildung einbezogen. Die Einnahmepolitik ist nach deutschem Verständnis kein integraler Teil der Haushaltsgesetzgebung. Sie kommt deswegen nur partiell und am Rande über die Kreditaufnahme ins Blickfeld. In den USA ist die Einnahmepolitik gleichgewichtiger Bestandteil der Haushaltsfeststellung. Mit Hilfe dieses Teils der „budget resolution" soll eine Perspektive für einnahmebezogene Entscheidungen gegeben werden.

(5) "the appropriate level of the public debt, and the amount, if any, by which the statutory limit on the public debt should be increased or decreased by bills and resolutions to be reported by the appropriate committees."

Diese Vorschrift bezieht sich auf die Kreditpolitik, die bei der Festlegung der Haushaltswirtschaft beachtet werden soll, und ergänzt somit die einnahme-orientierte Seite der „budget resolution".

Die Verabschiedung der „budget resolution" stellt keinen Akt der Gesetzgebung dar und hat auch nicht die Form eines Gesetzes, denn sie wird dem Präsidenten nicht zur Unterschrift vorgelegt. Es handelt sich vielmehr um einen internen Vorgang im Kongreß, dem nach außen keinerlei bindende Wirkung zukommt. Aber auch nach innen kommt den „budget resolutions" keine bindende Wirkung zu[5]. Es handelt sich allein

[5] Es handelt sich um einen „schlichten" Parlamentsbeschluß der an den U.S.-Congress selbst adressiert ist. Vgl. die in Fn. 2 zitierten Materialien zur Erläuterung des Congressional Budget and Impoundment Control Act. Im frühen Beratungsstadium war vorgesehen, die „totals" der budget resolution bindend zu machen (vgl. *A. Schick*, Budget Reform Legislation, 11 Harv. J. on

um ein Institut der haushaltswirtschaftlichen Willensbildung, das als Perspektive den haushaltswirtschaftlich-relevanten gesetzlichen Entscheidungen vorgegeben wird.

Die „budget resolution“ hat die Funktion, eine integrierte, sowohl auf die Einnahme- als auch auf die Ausgabepolitik bezogene Willensbildung des Kongresses herbeizuführen, bei der gleichzeitig die Beziehungen der öffentlichen Haushaltswirtschaft zu den gesamtwirtschaftlichen Erfordernissen beachtet werden. Um diese Funktion erfüllen zu können, bedarf es eines Willensbildungsprozesses, in dem die einzelnen Maßnahmen der Einnahme- und Ausgabepolitik aggregiert werden und in dem diese Aggregate zu den gesamtwirtschaftlichen Größen in Relation gebracht werden. Der Willensbildungsprozeß muß letztlich auf eine „Makro“ebene führen, auf der nicht die Details einzelner Gesetze, sondern die Beziehungen der Gesetze untereinander (Prioritäten) und der Gesetze zu der Wirtschaft beraten werden.

2. *Die Erarbeitung der „budget resolution“*

Der Congressional Budget and Impoundment Control Act sieht die Verabschiedung von jährlich zwei „budget resolutions“ vor. Damit die dafür vorgesehenen Termine (15. Mai bzw. 15. September) eingehalten werden können, verleiht das amerikanische Parlamentsrecht („Rules“) diesem Institut der haushaltswirtschaftlichen Willensbildung eine absolute Priorität[6] und reglementiert das Verfahren zur Herbeiführung der „budget resolutions“ bis ins Detail[7].

Der Präsident hat bis zum 10. November eines jeden Jahres dem Kongreß ein „current services budget“ zu übermitteln. Dieses stellt das Budget dar, das verabschiedet werden müßte, um alle Programme unverändert weiterzuführen, und das nur die von der Inflationsrate, dem Wachstum und dem Beschäftigungsgrad ausgehenden Effekte berücksichtigt[8]. Bis Mitte Januar muß der Präsident seinen Budgetentwurf vorlegen. Das Budget des Präsidenten enthält — anders etwa als der Haushaltsgesetzentwurf der Bundesregierung — zahlreiche Vorschläge zur Änderung und Neueinführung von allgemeinen Gesetzen („Authorizations“). Es bezieht sich nicht nur auf die Ausgabebewilligungen, sondern auch auf die Einnahmen und die übrige Gesetzgebungsagenda, so-

L. [1974], S. 303 ff.). Davon wurde Abstand genommen. “Early spending limits ... deprive Congress of a flexible response to changing circumstances ... (and) downgrade the utility of the appropriation process.” H.R. 93 - 658.

[6] Vgl. Sec. 301 und Sec. 310 sowie den in Sec. 300 festgesetzten Zeitplan.

[7] Vgl. Sec. 305.

[8] Vgl. Sec. 605. — “The intent is to provide Congress, at the earliest possible date, with reasonably detailed information with which to begin analysis in preparation for the formulation of the budget ...” Senate Report 93 - 688, S. 3566.

weit sie haushaltswirtschaftlich relevant ist[9]. Diese beiden von der Exekutive übersandten haushaltswirtschaftlichen Dokumente stellen den Ausgangspunkt für die Erarbeitung der „budget resolutions“ durch den Kongreß dar und sind darauf besonders zugeschnitten. Der Präsident hat in seinem Budgetentwurf die Elemente, die der Kongreß zum Inhalt der „budget resolution“ macht, explizit darzustellen und die zugrunde liegenden Annahmen ökonomischer und politischer Art aufzudecken[10].

Die Ausschüsse berichten bis zum 15. März in Form von „reports“ über die in ihren Zuständigkeitsbereichen anstehenden Projekte und deren haushaltswirtschaftlichen Implikationen. Insbesondere nehmen die Ausschüsse zu den im Budgetentwurf des Präsidenten angeregten Gesetzesänderungen Stellung. Das Joint Economic Committee gibt bereits aufgrund des „current services budget“ zum 31. Dezember eine gesamtwirtschaftliche Stellungnahme ab[11]. Darüberhinaus erstellt das Congressional Budget Office, ein spezieller legislativer Hilfsdienst für haushaltswirtschaftliche Fragen, zum 1. April einen „Report“, in dem auf annähernd 400 Seiten zum Budgetentwurf des Präsidenten Stellung genommen wird[12]. In diesem Report sind Expertenanalysen und Alternativen zum Budget-Entwurf des Präsidenten enthalten[13].

Adressat dieser Berichte und Stellungnahmen sind die beiden Committees on the Budget im „House“ und im „Senate“, die die „budget resolutions“ federführend bearbeiten. Diese Ausschüsse führen „Hearings“ durch, in denen Mitglieder des Kongresses ebenso wie die maßgeblichen Vertreter der Exekutive sowie „the general public“ Gelegenheit haben, zu den Themen der „budget resolution“ Stellung zu nehmen[14]. Auf dem Hintergrund dieser umfassenden Vorbereitungsphase legen die beiden Committees on the Budget dem Plenum ihrer jeweiligen Kammer den Entwurf einer „budget resolution“ vor, die bis zum 15. Mai von beiden Kammern gleichlautend verabschiedet sein muß[15].

Die Erarbeitung der zweiten „budget resolution“ im September ist geschäftsordnungsmäßig weniger festgelegt. Das Committee on the

[9] Vgl. Sec. 300. — Der Präsident hat — außer in den Hearings — offiziell zum 1. April und 5. Juli seinen Budgetentwurf zu revidieren, soweit dies durch zwischenzeitliche Entwicklungen notwendig wird. Vgl. Sec. 601 sub „g“.

[10] Vgl. den Senat-Report (93 - 688, S. 3564) “The purpose is to provide Congress with the executive branch views on a macro-economic level and to get those views in a format which can be readily utilized in conjunction with the budget resolution.”

[11] Sec. 301 (c).

[12] Sec. 202 (f).

[13] Zum Congressional Budget Office vgl. unten unter B II.

[14] Sec. 301 (d).

[15] Vgl. *Committee on the Budget,* Compendium of Materials (1975), in dem eine vollständige Bestandsaufnahme aller Aktivitäten enthalten ist, die zur Verabschiedung der „budget resolution“ für das Haushaltsjahr 1976 führten.

Budget bereitet diese wiederum vor und hat dabei die Möglichkeit, weitere Hearings etc. zu veranstalten, in denen die zwischenzeitlich erfolgten Ergänzungen der Exekutive zum Haushaltsentwurf und die zwischenzeitlichen Erkenntnisse aus den Gesetzgebungsberatungen nebst der gesamtwirtschaftlichen Entwicklung besonders berücksichtigt werden[16].

3. *Hintergründe für die Einführung der „budget resolution"*

Konkreter Anlaß für die Etablierung eines neuen Verfahrens der haushaltswirtschaftlichen Willensbildung, deren Kernstück die „budget resolutions" sind, war der „Impoundment"-Konflikt zwischen dem Kongreß und Präsident Nixon in den Jahren 1971 bis 1973[17]. Unter dem Eindruck der damaligen gesamtwirtschaftlichen Entwicklung hielt es Präsident Nixon für notwendig, eine restriktive Haushaltspolitik zu steuern und sperrte in diesen Jahren vom Kongreß bewilligte Ausgaben in Höhe von mehreren Milliarden Dollar[18].

Diese „impoundment"-Politik wurde von Mitgliedern des Kongresses heftig kritisiert, ohne daß sich der Kongreß auf eine gemeinsame haushaltswirtschaftliche Linie einigen konnte, die als Alternative zur Politik des Präsidenten hätte Geltung beanspruchen können. So waren sich beispielsweise der Senat und das Repräsentantenhaus im Jahre 1972 einig, daß das Gesamtvolumen der Ausgaben im Haushaltsjahr 1973 auf 250 Milliarden Dollar beschränkt werden sollte. Keine Einigung konnte jedoch darüber getroffen werden, welche Maßnahmen getroffen werden sollten, um dieses Ziel zu erreichen. Ein entsprechender Gesetzentwurf scheiterte im Vermittlungsausschuß[19].

Der Impoundment-Konflikt verdeutlichte dem Kongreß, daß sein Willensbildungsprozeß nicht in einer Weise organisiert war, die die öffentliche Haushaltswirtschaft adäquat erfaßte. Während in der Exekutive mit dem Bureau of the Budget, später dem Office of Management and Budget, eine Organisationseinheit vorhanden war, in der die haushaltswirtschaftlich relevanten Entscheidungen zentral zusammenliefen und

---

[16] Vgl. Sec. 310.

[17] Eine gute Übersicht zu dem „impoundment"-Problem sowie einen Einstieg in die verschiedenen Fallkonstellationen bietet: *L. Fisher*, Presidential Spending Discretion And Congressional Controls, 37 Law and Contemporary Problems 1972, 135 ff.; *R. S. Abascal* and *J. R. Kramer*, Presidential Impoundments, 62 Georgetown Law Journal (1974), 1549 ff. Part I) und 63 Georgetown Law Journal (1975), 149 ff. (Part II).

[18] Die Höhe der Sperren belief sich auf einen Betrag zwischen 8,7 Milliarden Dollar und mehr als 16 Milliarden Dollar je nach Definition des Begriffs Ausgabesperren. Vgl. *L. Fisher*, Impoundment of Funds, 23 Buffalo Law Review (1973), S. 191.

[19] Vgl. *U.S. Congress*, Committee on the Budget, A General Explanation (1976), S. 3.

koordiniert werden konnten[20], wurde im Kongreß nicht ausdrücklich über die Haushaltswirtschaft, deren Gesamtvolumen und deren Verhältnis zur gesamtwirtschaftlichen Entwicklung entschieden[21].

In Dutzenden von haushaltswirtschaftlichen Entscheidungen, die ohne Bezug zueinander beraten und verabschiedet wurden, übte der Kongreß die „power of the purse" aus[22]. Die Ausgabebewilligungen („Appropriations") entwickelten sich dabei zu reinen Verwaltungskontrollmaßnahmen. Gesamtwirtschaftliche und konzeptionelle Überlegungen zur Haushaltswirtschaft spielten bei den Ausgabebewilligungen keine Rolle. Die Summe der vielen Eiizelentscheidungen auf der Ausgabe- und Einnahmeseite entsprach nicht dem, was der Kongreß als haushaltswirtschaftlich „richtiges" Gesamtkonzept ansah. Die Notwendigkeit der Einbindung der allgemeinen Gesetzgebung in die haushaltswirtschaftliche Willensbildung wurde als Problem erkannt.

Vor diesem Hintergrund wurde der Congressional Budget and Impoundment Control Act of 1974 verabschiedet. Dieses Gesetz ist das Ergebnis fast zweijähriger Beratungen, die mit dem Untersuchungsauftrag an ein damals gegründetes Joint Study Committee on Budget Control aus dem Jahre 1972 begannen. Beraten wurden die „... procedures which should be adopted ... for the purpose of improving congressional control of budget outlay and receipt totals, including procedures for establishing and maintaining an overall view of each year's budgetary outlays which is fully coordinated with an overall view of anticipated revenues for that year"[23]. Dieser Beratungsauftrag gibt zugleich die zentrale Funktion der „budget resolution" für die haushaltswirtschaftliche Willensbildung wider: Sie soll Einnahmen und Ausgaben reintegrieren und eine Gesamtperspektive für das Verhältnis öffentlicher Haushalt und Wirtschaft vermitteln[24]. Die „budget resolution" hat die allgemeine Gesetzgebung und auch die Ausgabebewilligungen unter einer haushaltswirtschaftlichen Perspektive zu verklammern und zu koordinieren. Das den zahlreichen gesetzgeberischen Entscheidungen vorausliegende haushaltswirtschaftliche Konzept ist darin offenzulegen und zu diskutieren.

---

[20] Allgemeine Studien zum OMB bzw. dessen Vorgänger, dem Bureau of the Budget: *A. Schick*, The Budget Bureau That Was, 35 Law and Contemporary Problems (1970), S. 519 ff.; *Brundage:* The Bureau of the Budget (1970).

[21] Ein die Ausgaben und Einnahmen umfassendes Haushaltsgesetz wurde vom Kongreß nie verabschiedet, obwohl dies im Legislative Reorganisation Act of 1946 vorgesehen war. Dazu: *L. Fisher*, Experience with a Legislative Budget (1973), S. 249 ff.

[22] Vgl. *R. Fennos* Klassiker, The Power of the Purse (1966); *Fraenkel*, Das amerikanische Regierungssystem (1976); S. 312 ff.

[23] P. L. 92 - 599, Sec. 301 (b). — Eine Zusammenfassung früher unterbreiteter Reformvorschläge enthält *A. Schick*, Analysis of Proposals To Improve Congressional Control of Spending (1973), S. 217 ff. und *L. Fisher*, Proposals for a Legislative Budget (1973), S. 236 ff.

[24] Vgl. dazu oben § 2 A und § 2 C.

II. Die Umsetzung der haushaltswirtschaftlichen Gesamtperspektive in gesetzliche Maßnahmen

1. *Die Flexibilität der Gesetzgebung*

Die Umsetzung der in den „budget resolution“ gewonnenen Gesamtperspektive in konkrete gesetzliche Beschlüsse wird in den USA begünstigt von einem außerordentlich flexiblen Verständnis der Gesetzgebung. Dies zeigt sich bereits daran, daß alle Ausgabebewilligungen auf allgemein gesetzliche Grundlage („Authorizations“) rückführbar sein müssen. „Freie“ Ausgaben, wie sie die Haushaltswirtschaft der Bundesrepublik kennt, sind dem amerikanischen System fremd[25]. Ein solches Vorgehen setzt die Fähigkeit zu einem raschen gesetzgeberischen Zugriff voraus.

Charakteristisch für das amerikanische System ist darüber hinaus die zeitliche Befristung der „Authorizations“[26]. Nur auf den Gebieten, deren Entwicklung absehbar und wenig umstritten ist, gelten die „Authorizations“ zeitlich unbefristet. Die Gesetzessprache, die dann zu Ausgabebewilligungen ermächtigt, lautet dann:

"There are hereby authorized to be appropriated such funds as may be necessary ..."

Bei zahlreichen Programmen bedarf die gesetzliche Ermächtigung, ohne die eine Ausgabebewilligung im Kongreß nicht verabschiedet wird, der periodischen Erneuerung. Dies gilt für solche Projekte wie die NASA oder das „Atomic Energy Program“. Auf diesen Gebieten ist die Entwicklung kaum vorhersehbar. Durch eine zeitliche Begrenzung der Geltungsdauer dieser Gesetze zwingt der Kongreß die Regierung, in periodischen Abständen um die Erneuerung der Gesetzesermächtigung nachzusuchen[27]. Mit der zeitlichen Begrenzung geht gewöhnlich eine Begrenzung des Höchstbetrages einher, der zur Durchführung der Gesetze bewilligt werden darf. Der Gesetzestext ist

"There are authorized to be appropriated funds not to exceed ..."

Bei mehrjährigen Authorizations wird der Höchstbetrag, der jährlich bewilligt werden darf, oft noch in mehrjährigen Raten aufgeteilt.

Schätzungen zufolge waren vor dem 2. Weltkrieg rund 95 Prozent aller Appropriations auf zeitlich und betragsmäßig unbegrenzte Authoriza-

[25] Dies ist eine parlamentsrechtliche und keine verfassungsrechtliche Vorschrift, die jedoch seit ihrer Einführung Mitte des vorigen Jahrhunderts eingehalten wird (Rule XXI des Houses: "No appropriation shall be reported ... for any expenditure not previously authorized by law ..."

[26] Zu den verschiedenen Typen von „authorizations“: *A. Schick*, A Three Year Limit on Authorization Bills (1973), S. 261 ff.

[27] Das „pro and con“ der zeitlichen Befristung von Authorizations ist diskutiert bei *A. Schick*, A Three-Year Limit on Authorization Bills, S. 261. In der bildhaften amerikanischen Budgetsprache wird dies als „sunset-legislation“ bezeichnet. Dazu auch *A. Schick*, Prepared Statement (1976), S. 51 ff.

tions zurückführbar. Im Jahre 1973 sollen nur noch 60 Prozent auf solche pauschalen Ermächtigungen rückführbar gewesen sein, während die übrigen 40 Prozent der Ausgabebewilligungen auf gesetzlichen Ermächtigungen beruhen, die der periodischen, manchmal jährlichen, meist jedoch drei- bis fünfjährigen Erneuerung bedürfen[28]. Diese Zahlen spiegeln die gewandelten Staatsaufgaben wider, die den Gesetzgeber veranlaßt haben, die Gesetzgebung flexibel und zeitlich begrenzt zu gestalten, so daß verstärkte Rückkopplungsschlaufen und gesetzliche Korrekturen möglich sind.

Dem Ausgabebewilligungsverfahren kommt dennoch eine entscheidende Bedeutung zu, da keine Pflicht zur Bewilligung von Geldmitteln für alle „authorizations" besteht[29]. Durch Verweigerung der Geldmittel können bereits autorisierte Projekte zu Fall gebracht werden. Im Ausgabebewilligungsverfahren können auch „Limitationen" in die allgemeinen, ermächtigenden Gesetze eingefügt werden.

"The House may by limitation decline to appropriate for one purpose authorized by law, while providing for another under the same enactment."[30]

Auch dies trägt zur Flexibilität des Gesetzgebungsverständnisses bei. Im Ausgabebewilligungsverfahren dürfen freilich keine Gelder verweigert werden, auf die Ansprüche bestehen. Die sogenannte „entitlement legislation" ist vom Kongreß mit ausreichenden Bewilligungen zu honorieren, was dem rechtsstaatlichen Gedanken entspricht[31].

Auf der Einnahmeseite der Haushaltswirtschaft herrscht eine ähnliche Beweglichkeit. Die Einnahmepolitik wird insbesondere als integraler Bestandteil einer gesamtwirtschaftlich ausgerichteten Haushaltswirtschaft angesehen[32]. Ermöglicht wird die relativ flexible Einnahmepolitik

---

[28] Vgl. *A. Schick*, A Three-Year Limit on Authorization Bills (1973), S. 261 (262).

[29] "The House has the right to refuse to appropriate for any object which it may deem inproper although it may be authorized by law." *L. Dreschler*, House Rules, § 834. Dies kommt relativ häufig vor. Vgl. auch *E. Fraenkel*, Das amerikanische Regierungssystem (1976), S. 325 ff.

[30] Rule XXI — Zu den Einzelheiten bezüglich der Zulässigkeit und Ausgestaltung der „limitations": *L. Dreschler*, House Rules, § 843.

[31] Falls dennoch keine Ausgaben bewilligt werden, ist der Anspruch nicht durchsetzbar "... the passage of an appropriation law is a legislative act which a court cannot command ... The legislature may take cognicanze of its unconstitutional deplitions of the Veteran Farm and Home Building Fund." 111 Cal. Rep. 750 (756) (Court of Appeal, 3d, 688). — Dies auch als Beispiel für das in der BRD diskutierte Problem verfassungswidrigen Handelns, ohne daß gerichtliche Remedur möglich ist. Vgl. diesbezüglich für das Verfassungsrecht der BRD: *P. Häberle*, Grundrechte im Leistungsstaat, VVDStRL 30 (1972). 43 ff. (121 ff.).

[32] Zu den Steuergesetzänderungen zum Zwecke der Fiskalpolitik während der Rezession 1974/75 vgl. *Congressional Quarterly*, Almanac 1975. Allgemein zu den Vorteilen, die Fiskalpolitik über die Einnahmeseite des Haushalts zu betreiben: *B. M. Bleckmann* et al., Setting National Priorities (1975), S. 208 ff.

durch die diesbezügliche Autonomie des „Federal Government“. Der Bund kann in den USA, anders als in der Bundesrepublik, über seine Einnahmen entscheiden, ohne sich mit den Ländern auseinandersetzen zu müssen.

Das flexible Verständnis der Gesetzgebung, einschließlich der Ausgabebewilligungen, ist der Grund dafür, daß das Budget des Präsidenten ebenso wie die „budget resolutions“ nahezu die gesamte gesetzgeberische Agenda betreffen. Auslaufende Gesetze müssen erneuert, gegebenenfalls geändert oder durch neue Gesetze abgelöst werden. Zahlreiche gesetzliche Änderungen werden so zum integralen Bestandteil der haushaltswirtschaftlichen Willensbildung, die von der „budget resolution“ (mit-) gesteuert werden soll. Diese Flexibilität ist praktische Voraussetzung und Anreiz zu einer umfassenden haushaltswirtschaftlichen Willensbildung. Sie wirft jedoch die Frage nach der Koordination der vielen Variablen auf.

2. Die Umsetzung der haushaltswirtschaftlichen Gesamtperspektive in gesetzliche Maßnahmen

Der Congressional Budget and Impoundment Control Act enthält eine ganze Reihe von Vorschriften, die der Umsetzung der in den „budget resolutions“ gewonnenen Erkenntnisse in einzelne Gesetze dienen. Zahlreiche Vorschriften verfolgen das Ziel, die Arbeit an den Gesetzen und den Ausgabebewilligungen mit der „budget resolution“ verfahrensmäßig zu koordinieren.

Nach Sec. 402 (a) ist es grundsätzlich unzulässig, nach dem 15. Mai „Authorizations“ im Plenum zu beraten, die Ausgabebewilligungen für das am 1. Oktober beginnende Haushaltsjahr ermöglichen würden. Der Zweck dieser Regelung, zu der es freilich Ausnahmen gibt, ist, daß die „budget resolution“ in Kenntnis aller möglichen Ausgabebewilligungen beschlossen wird. Da im Ausgabebewilligungsverfahren nicht der volle Ermächtigungsrahmen ausgeschöpft werden muß, können die bei Verabschiedung der „budget resolution“ gewonnenen Erkenntnisse Berücksichtigung finden.

Einen ähnlichen Effekt bewirkt Sec. 401 (b) für Gesetze, die Ansprüche begründen („entitlement legislation“). Danach können diese Gesetze nicht vor Beginn des Haushaltsjahres (1. Oktober) in Kraft treten, auch wenn die Beratungen schon vorher abgeschlossen wurden. Der Zweck dieser Vorschrift ist, auch anspruchsbegründende Gesetze dem weiteren haus-

Zu beachten ist insbesondere, daß die „tax expenditures“, d. h. die steuerrechtlichen Subventionen ein wichtiges Instrument der Politik sind und, wie andere politische Ziele, dem Haushaltsprozeß unterliegen. Entsprechende Vorschriften sind im Congressional Budget and Impoundment Control Act of 1974 (Sec. 301 (d)) erlassen.

haltswirtschaftlichen Koordinationsverfahren zu unterwerfen, das in der Zeit nach Verabschiedung der ersten „budget resolution" am 15. Mai bis zum Beginn des Haushaltsjahres vorgesehen ist.

Der Umsetzung des in der „budget resolution" anvisierten haushaltswirtschaftlichen Konzeptes in konkrete haushaltswirtschaftliche Entscheidungen dient der die „resolution" begleitende „report"[33]. In diesem werden die Zielgrößen so disaggregiert, daß jeder Ausschuß sieht, über welchen haushaltswirtschaftlichen Dispositionsrahmen er verfügen kann. Da die Ausgabeseite des Haushalts nahezu ausschließlich vom Committee on Appropriations bzw. dessen dreizehn Unterausschüssen behandelt wird[34], fällt der diesem Ausschuß zugewiesene Dispositionsrahmen recht grob aus. Der Ausschuß hat deswegen baldmöglichst nach Verabschiedung der „budget resolution" die ihm dort zugewiesene Gesamtsumme auf seine Unterausschüsse zu verteilen und diese Aufteilung dem Plenum zu berichten[35]. Auf diese Weise wird auch auf der Ausgabenseite eine institutionelle Aufgliederung des Gesamtvolumens geleistet, wie sie auf der Einnahmeseite bereits in dem „report" zu der „budget resolution" erfolgt[36].

Die einzelnen Gesetzentwürfe werden sodann in großem Detail beraten. Insbesondere das Committee on Appropriations ist für seine intensiven Beratungen bekannt. In den Beratungen sollen sowohl die aus der „budget resolution" bekannten Zielgrößen als auch die Besonderheiten der jeweiligen Materie berücksichtigt werden. Die haushaltswirtschaftlich relevanten Gesetze müssen bis Anfang September dem Plenum vorgelegt sein.

Für die Ausgabebewilligungsgesetze gilt — aufgrund ihres Umfangs und ihrer zentralen Bedeutung — eine Besonderheit. Bevor das erste Ausgabebewilligungs-Gesetz im Plenum beraten wird, muß das Appropriations Committee alle dreizehn Appropriations Acts (Einzelpläne) im Gesamtausschuß verabschiedungsreif formulieren. Der Gesamtausschuß muß darüber hinaus einen Bericht erstellen, in dem die Ausgabebewilligungen, so wie er sie vorgesehen hat, zu den Zielgrößen der „budget resolution" in Beziehung gesetzt werden[37].

---

[33] Vgl. Sec. 302 (a). — Sec. 301 sieht für die „budget resolution" eine funktionale Gliederung vor, die nicht identisch ist mit der institutionellen Zuständigkeitsgliederung im Kongreß. Der Report der Budget Committees, der den Entwurf der „budget resolution" begleitet, soll jedoch einen „cross walk" beinhalten, in dem die funktionelle Gliederung in eine „institutionelle" umgesetzt wird. Vgl. Senate Conference Report 93 - 924, S. 3591 (3601) und Senate Report 93 - 688, 3504 (3543).

[34] Zum Committee on Appropriations: *R. Fenno*, The Power of the Purse (1966), der die Arbeitsweise dieses Ausschusses eingehend untersucht hat.

[35] Sec. 302 (b).

[36] Vgl. Sec. 301 (a) (4) und (5).

[37] Sec. 307.

Alle Appropriations Acts müssen — wie die anderen Gesetze auch — bis zum 7. Tag nach „Labor Day“ vom Plenum verabschiedet sein[38]. Damit der Kongreß noch einmal Gelegenheit hat, die gesamte Haushaltswirtschaft abschließend zu überprüfen, werden die Entwürfe nicht dem Präsidenten zur Unterschrift zugeleitet („enrolled“).

Parallel zu den Beratungen in den Fachausschüssen und im Ausgabenbewilligungsausschuß wird vom Committee on the Budget eine zweite „budget resolution“ vorbereitet, die bis zum 15. September, also nachdem alle haushaltswirtschaftlich relevanten Gesetze im Plenum beraten wurden, verabschiedet sein muß[39]. Diese zweite „budget resolution“ hat dieselben Themen zum Inhalt wie die erste und soll dazu dienen, die neuesten gesamtwirtschaftlichen Entwicklungen zu berücksichtigen[40] und einen nochmaligen Blick auf die Haushaltsstruktur zu werfen. Falls Diskrepanzen zwischen den auf der „Makro“ebene entwickelten haushaltswirtschaftlichen Zielgrößen und der Summe der einzelnen haushaltswirtschaftlich relevanten Gesetze auftreten, dann muß nunmehr in der zweiten „budget resolution“ entschieden werden, welche Gesetze zu ändern sind. Dies stellt somit die entscheidende Phase im Abstimmungsprozeß der auf zwei Ebenen vorangetriebenen haushaltswirtschaftlichen Willensbildung dar[41].

Wenn sich der Kongreß nicht auf die Benennung bestimmter Gesetze einigen kann, in denen haushaltswirksame Änderungen getroffen werden sollen, dann werden die Gesetze, so wie sie vom Plenum verabschiedet wurden, „enrolled“ und dem Präsidenten zur Unterschrift vorgelegt. Die „Beweislast“, daß sich die Einzelteile des Budgets nicht zu einem konsistenten Haushaltskonzept „aufaddieren“, liegt also bei denjenigen Abgeordneten, die einer globalen, gesamtwirtschaftlich orientierten Haushaltsstrukturierung den Vorzug vor der sich aus einem „disjointed incrementalism“ ergebenden Haushaltswirtschaft geben wollen. Zu betonen ist, daß sich die in der zweiten „budget resolution“ angeordneten Änderungen sowohl auf die Ausgabe- als auch auf die Einnahmeseite der Haushaltswirtschaft beziehen können. Beide Seiten sind integraler Teil des haushaltswirtschaftlichen Willensbildungsprozesses und stehen gleichermaßen zur Disposition[42].

---

[38] Sec. 309.

[39] Sec. 310 (b).

[40] Vgl. Sec. 310 (a) (1) — (4). — Die zweite „budget resolution“ soll außerdem eine Basis für eventuell notwendig werdende Nachtragshaushalte abgeben. Vgl. Senate Report 93 - 688, 3504 (3553).

[41] Zum „reconciliation process“ vgl. sec. 310 (c), Senate Report 93 - 688, 3504 (3552): “A broad spectrum of possible action is provided in recognition of the fact that any and all facits of the revenue/expenditure debt posture must be amenable to change in order to achieve a fiscally responsible result.”

III. Die Grundidee des haushaltswirtschaftlichen Willensbildungsprozesses im Kongreß

Die Grundidee der haushaltswirtschaftlichen Willensbildung im Kongreß ist die Iteration zweier unterschiedlicher „Ebenen" der Willensbildung. Der Willensbildungsprozeß wird sowohl auf einer konzeptuellen „Makro"ebene, auf der eine Haushaltsstruktur vor dem Hintergrund gesamtwirtschaftlicher und programmatischer Überlegungen entwickelt wird, als auch auf einer „Mikro"ebene, auf der einzelne gesetzliche Maßnahmen beraten werden, vorangetrieben. Beide Ebenen werden solange als möglich flexibel gehalten, so daß sie wechselseitigen Einfluß auf einander nehmen können. "Your consideration of the parts affects your judgement about the total, and your consideration of what kind of total you want... affects your judgement about the parts... The initial targets are revised and the total is revised and you are continually revising all the way through... you piece parts together until they come up to a total." So umschrieb *Ch. L. Schultze*[43] den Prozeß der Erstellung eines Haushalts, wie er nicht nur für die Exekutive, sondern auch für die Legislative notwendigerweise eingerichtet sein muß und wie er vom Kongreß mit der Etablierung zweier Ebenen der haushaltswirtschaftlichen Willensbildung praktiziert wird.

Seinen entscheidungstheoretischen Hintergrund findet dieser Prozeß im Modell des „mixed scanning" von *A. Etzioni*[44], der mit diesem Modell einen dritten Weg zwischen umfassenden, holistischen Planungssyste-

---

[42] Die praktischen Erfahrungen mit dem genannten Verfahren sind noch gering, jedoch sehr positiv. Chairman *Muskie* des Senate Budget Committees: "I am confident, based on these two years of experience in both houses, that the budget process has taken hold." — Zu den bisherigen Erfahrungen vgl. die aktuellen Berichte in *CQ Weekly Report*, 1976, S. 264 ff. (Hearings der Budget Committees), 820, 875, 1011, 1165 (1. concurrent resolution), 2455, 2515 (zweite concurrent resolution) und in *8 National Journal* (1976), S. 1306 ff. (Analyse der zweiten „concurrent resolution") und S. 1346 ff. (Würdigung der Budget Committees). — Zu den Erfahrungen mit dem Haushalt 1976, der nur teilweise nach dem neuen Verfahren verabschiedet wurde: CQ Guide to Current American Government (Spring 1976a), S. 5 ff. 31 CQ Almanac 1975, S. 916 ff., 120 ff.; *J. Havemann*, New Senate, House panels, 7. Nat. J. (1975), S. 1499 ff.; *J. Havemann*, Congress nears approval of second budget resolution, 7. Nat. J. (1975), S. 1697 ff. — Bisher wurde der „reconciliation process" noch auf keine „Probe" gestellt, da sich die Ausgabebewilligungen und Einnahmegesetze für das FY 1977 ziemlich genau an die Richtlinien der ersten „budget resolution" hielten. Da auch die gesamtwirtschaftlichen Voraussetzungen sich zwischen Mai und September 1976 nicht änderten, ähnelte die zweite „budget resolution" für das FY 1977 im wesentlichen der ersten und es wurden keine Änderungen an den einzelnen Appropriation Acts vorgenommen. Vgl. *J. Havemann*, The Congressional Budget, 8 Nat. J. (1976), S. 1306 (1309).

[43] Joint Study Committee, 93rd Congress 1st Session, Hearings (1974), S. 10.

[44] Vgl. The Active Society (1968), S. 282 ff.

men[45] und dem „muddling through“ des „disjointed incrementalism“[46] anbietet.

Etzioni unterscheidet zwischen „contextuating decisions“, die die Hauptalternativen aufzeigen und Perspektiven angeben, aber nicht den Anspruch erheben, Details zu regeln und vollständig durchplant zu sein, und „bit decisions“, die die Detailfragen innerhalb einer gewissen, von den „contextuating decisions“ bestimmten Bandbreite regeln[47]. Diese beiden Elemente des „mixed scanning“ sollen die jeweiligen Mängel des rationalen und des inkrementellen Entscheidungssystems aufheben und deren jeweiligen Vorteile miteinander verbinden. Die „contextuating decisions“ sollen der Teilentscheidung Perspektive verleihen, den politischen Konsens und die wissenschaftliche Analyse jedoch nicht überstrapazieren. Es wird innerhalb einer bestimmten Bandbreite Raum für abweichende Entscheidungen gelassen. Die Teilentscheidungen sollen die konkreten Einzelheiten regeln, ohne daß sie konzeptionslos sind[48].

Das besondere Problem bei der Einrichtung eines legislativen „mixed scanning“ ist die Gleichheit der Abgeordneten. Es ist keine organisatorische Stelle vorhanden, die autoritativ die beiden Ebenen der Meinungsbildung zusammenführen kann[49]. Der Status der Freiheit und Gleichheit der Abgeordneten kann die Ausdifferenzierung zweier Ebenen der Meinungsbildung, die erst in einem späteren Stadium der Meinungsbildung „verschmelzen“, verhindern. Als Beispiel, wie ein Legislativorgan solche Probleme der Entscheidungsfindung angehen kann, hat deswegen der vom amerikanischen Kongreß eingerichtete haushaltswirtschaftliche Willensbildungsprozeß einen besonderen Wert.

---

[45] Vgl. dazu die Ansätze der Vertreter des PPBS. Etwa *A. Smithies*, The Budgetary Process in the USA (1955), 192 ff.

[46] Vgl. dazu die Arbeiten von *Ch. E. Lindblom* (etwa: The Science of Muddling Through, 19 Pub.Ad.Rev. 1959, 79) und speziell für die haushaltswirtschaftliche Willensbildung: *A. Wildavsky*, The Politics of the Budgetary Process (1974).

[47] Vgl. The Active Society (1968), S. 282 ff.

[48] *Etzioni* vergleicht die Strategie des „mixed scanning“ mit der Vorgehensweise guter Schachspieler. Sie überfliegen wichtige Entscheidungen und entscheiden sich aufgrund einer relativ grobrastigen Prüfung für eine Strategie, die sie sodann in einer Reihe von Zügen detailliert und unter jeweiliger Beachtung der Reaktion des Gegners versuchen umzusetzen. Nach einigen Zügen werden sie ihre Strategie neu überprüfen und eventuell umstellen.

[49] Vgl. *R. Fenno*, The Internal Distribution of Power: The House (1973), S. 63 ff. Die „Democratic Study Group“ und die demokratische Fraktion des Houses (democratic party caucus) versuchten im 94th Congress die Partei als Machtzentrum zu stärken (vgl. dazu *Congressional Quarterley*, Weekly Report 1975, S. 911 ff.). Die Partei-Kohärenz ist in den USA trotzdem bei weitem nicht so ausgeprägt wie in parlamentarischen Systemen: Vgl. *D. Truman*, The Congressional Party (1959), S. 22 ff., S. 145 ff.

B. Institutionelle Voraussetzungen des amerikanischen Willensbildungsverfahrens

I. Spezialisiertes, ausdifferenziertes Ausschußsystem

Das Verfahren erfordert ein ausdifferenziertes Ausschußsystem, das spezialisierte und arbeitsintensive Fragestellungen bewältigen kann. Die Voraussetzungen dafür sind in den USA denkbar günstig, was einerseits auf das nur schwach ausgebildete Parteiensystem und andererseits auf das dualistische Regierungssystem zurückzuführen ist[50]. Diese Bedingungskonstellation lädt den Kongreß geradezu zu einer intensiven Willensbildung ein[51]. W. *Wilsons* fast einhundert Jahre altes Wort „Congress in it's committees is Congress at work" hat mehr denn je Gültigkeit.

Die Struktur des Ausschußsystems beruht maßgeblich auf dem Legislative Reorganization Act of 1946[52], in dem die Zahl und die Kompetenzen der Ausschüsse zum letzten Mal gründlich bereinigt wurden. Die Zahl der ständigen Ausschüsse wurde im „House" damals von 48 auf 19 und im „Senate" von 33 auf 15 gesenkt. Bei der Konstituierung eines jeden Kongresses wird dieses im Legislative Reorganization Act of 1946 etablierte Ausschußsystem im wesentlichen bestätigt, wobei es jedoch selbstverständlich zu kleineren Abweichungen in der Kompetenz und der Zusammensetzung der Ausschüsse kommt[53].

Für die Haushaltswirtschaft besonders relevant sind das Committee on Appropriations, dessen vornehmliche Kompetenz die Ausgabebewilligungs-Gesetze sind, das Committee on Ways and Means, das für die gesamte Einnahmeseite des Haushalts, aber auch für die Sozialgesetzgebung, Gesundheitsfürsorge und Arbeitslosenunterstützung zuständig ist, sowie das Committee on the Budget, dessen Hauptaufgabe die Vorbereitung der „budget resolutions" ist. Während das Committee on Ap-

---

[50] Allgemein zum Vergleich zwischen parlamentarischen und präsidentiellen Regierungssystemen: *K. S. Bradshaw* and *D. Pring*, Parlament and Congress (1972), S. 207 ff.; *J. Saloma III*, Congress and The New Politics (1969), ch. 2.

[51] Die historische Entwicklung des Ausschußsystems im Kongreß ist von *G. Galloway*, History of The House of Representatives (1961), S. 64 ff. dargestellt worden. Vgl. auch: *Congressional Quarterley*, Guide to the Congress (1971), S. 33 ff. — Das Ausschußsystem ist wegen seiner Bedeutung für den Willensbildungsprozeß im Kongreß Gegenstand zahllloser empirisch-politologischer Arbeiten. Vgl. z. B. den „Klassiker" von *R. Fenno*, The Power of The Purse (1966); *ders.*, Congressmen in Committees (1973); *J. F. Manley*, The Politics of Finance (1970).

[52] Act. of August 2, 1946 — 60 Stat. 812.

[53] Die Kompetenz der einzelnen Ausschüsse ist in den Rules festgelegt. Die letzte geplante umfassende Ausschußreform (Bolling Plan — H. Res. 988 — 93rd Congress) wurde am 8. Oktober 1974 abgelehnt. Stattdessen wurde eine bescheidenere Ausschußreform (Hansen-Plan, House Res. 1248) angenommen. Vgl. zu den Ausschußreformen bis 1970: *G. Goodwin*, The Little Legislatures (1970), S. 15 ff.

propriations und das Committee on Ways and Means „exclusive" sind, d. h. deren Mitglieder dürfen keinem anderen Ausschuß angehören, gilt für die Zusammensetzung des Committees on the Budget eine Sonderregelung. Es hat 25 Mitglieder, von denen je fünf vom Committee on Appropriations und vom Committee on Ways and Means entsandt werden[54]. Dreizehn weitere Mitglieder werden aus der Mitte des Repräsentantenhauses gewählt. Die restlichen zwei Mitglieder werden vom „minority leader" und „majority leader" bestimmt. Die Mitgliedschaft rotiert: In einem Zeitraum von zehn Jahren darf ein Abgeordneter dem Ausschuß nur insgesamt vier Jahre angehören.

II. Legislative Hilfsdienste

Die Spezialisierung der Ausschüsse auf bestimmte haushaltswirtschaftliche Fragestellungen hat zur Folge, daß die unterschiedlichen Problemlagen der Haushaltswirtschaft zur Sprache kommen. Die Schwierigkeit ist die Herstellung eines Konsenses. Letztlich muß, anders als in der Exekutive, in der die autoritative Entscheidung möglich ist, auf die Durchsetzungskraft der öffentlich diskutierten Argumente vertraut werden. Die Durchsetzungskraft der öffentlich diskutierten Argumente hängt weitgehend von deren analytischen Durchdringung ab. Entsprechend hat sich der Kongreß einen umfangreichen wissenschaftlichen Stab eingerichtet. Aber auch um dem Prinzip der Unabhängigkeit von der Exekutive Geltung zu verschaffen, hat der Kongreß seit dem „Legislative Reorganization Act of 1946" eine „countervailing expertise"[55] zur Bürokratie aufgebaut. Sie soll die Eigenständigkeit des Kongresses sichern[56], zugleich einen Druck auf die Akkuratesse und Sorgfältigkeit der von der Exekutive aufbereiteten Informationen ausüben.

Die Hilfsdienste, die dem Kongreß zur Verfügung stehen, decken ein weites Spektrum[57] ab, das von administrativen Hilfen für die einzelnen Abgeordneten bis zu „think tanks" für spezielle wissenschaftliche Be-

---

[54] Sec. 101.

[55] Ausdruck bei *W. J. Keefe* and *M. S. Ogul*, The Legislative Process (1968), S. 199. Im Jahre 1974 umfaßten die Hilfsdienste des Kongresses mehr als 36 000 Angestellte, die mehr als 43 Millionen Dollar Gehalt kosteten. (Vgl. *U.S.-Congress*, Joint Committee on Reduction of Federal Expenditures, Federal Personal Pay [1974], S. 12.)

[56] Während die Exekutive ihre eigene Politik mit Informationsmaterial gut absichert, ist es oft unmöglich, von ihr Informationen über ernsthaft zu diskutierende Alternativen zu bekommen, da solche Informationen die Politik der Exekutive gefährden könnten. Vgl. *A. Schick*, A Death in the Bureaucracy, 33 Pub.Ad.Rev. 1973, S. 146 (155).

[57] Vgl. *K. Kofmehl*, Professional Staffs of Congress (1962), der allerdings die neueren Entwicklungen nicht beschreibt. Vgl. weiter *S. P. Patterson*, Congressional Committee Professional Staffing (1970), S. 391 ff.; *J. A. Robinson*, Staffing the Legislature (1970), S. 366.

reiche reicht[58]. Zu nennen sind auch der Congressional Research Service, der für Abgeordnete und Ausschüsse Gutachten anfertigt und das General Accounting Office, das mit zahlreichen Ausschüssen zusammenarbeitet und diesen Ausschüssen seine Expertise zur Verfügung stellt.

Für die haushaltswirtschaftliche Willensbildung besonders interessant sind die Hilfsdienste des Committees on Appropriations, das mit 105 Personen über den größten Ausschuß-Hilfsdienst verfügt, und des Committees on the Budget, das über 65 Kräfte verfügen kann[59]. Der Ausschuß-Hilfsdienst verteilt sich gewöhnlich zu drei Fünftel auf wissenschaftlich qualifizierte Kräfte und zu zwei Fünftel auf Sekretariats-Kräfte.

Das Committee on the Budget erfährt weitere Unterstützung analytischer Art durch das Congressional Budget Office, das mit dem Congressional Budget and Impoundment Control Act ins Leben gerufen wurde[60]. Das CBO ist — ähnlich wie das General Accounting Office — ein unabhängiges Organ, das einem „Director" untersteht, der in der Bezahlung und der Amtsausstattung dem Leiter des General Accounting Office vergleichbar ist. Das CBO muß überparteilich sein und soll die haushaltswirtschaftliche Willensbildung des Kongresses unterstützen. Ihm gehören derzeit etwas über 200 Mitarbeiter an, von denen gut drei Viertel dem wissenschaftlichen Stab zuzurechnen sind.

Die Aufgaben in bezug auf die Unterstützung der Ausschüsse des CBO sind in Sec. 202 des Congressional Budget and Impoundment Control Acts of 1974 genannt. Danach hat das CBO zuvörderst die Arbeit der beiden Committees on the Budget zu unterstützen und für diese Ausschüsse die Informationen aufzubereiten, die diese Ausschüsse zur Wahrnehmung ihrer Aufgaben benötigen. Die Unterstützung der „Budget Committees" hat auf kontinuierlicher Basis zu erfolgen. Der Aufgabenbereich des CBO ist insofern deckungsgleich mit den Aufgaben der Com-

---

[58] Zu denken ist insbesondere an das „Office of Technology Assessment", das 1972 ins Leben gerufen wurde. Vgl. z. B. *H. J. Quick*, Organisationsformen der wissenschaftlichen Beratung (1976), S. 61 ff.

[59] Die besten Informationsquellen über die Tätigkeit der legislativen Hilfsdienste sind die Appropriation Hearings, in denen teils in vorbereiteten Erklärungen, teils in Rede und Antwort die wichtigsten Informationen ausführlich und akkurat dargestellt sind. Vgl. z. B. *U.S.-Congress*, House, Committee on Appropriations, Hearings for Fiscal Year 1977 (Legislative Branch) (1976), S. 648 ff.

[60] Vgl. Sec. 201 - 203. — Spezielle Literatur zum CBO liegt noch nicht vor. Congressional Quarterly Weekly Report und National Journal Report berichteten jedoch über die Ernennung des CBO-Direktors und über die ersten Aktivitäten des CBO in etlichen kleineren Meldungen. Die beste Informationsquelle sind deswegen wiederum die Appropriation Hearings. Bisher: Senate Hearings on Supplementel Appropriations for FY 1976, S. 1 ff. (94th Congress, 1st session), House Hearings on Legislative Branch Appropriations for FY 1977, S. 1031 ff.

mittees on the Budget. Das CBO hat darüber hinaus auch die anderen haushaltsrelevanten Ausschüsse (Ways and Means sowie Appropriations) auf einer Fall zu Fall Basis zu unterstützen. Das CBO wird insofern nur „at request" tätig. Eine weitere Abstufung ist in bezug auf die übrigen Ausschüsse vorgesehen, die nur „at the extent practicable" mit gewünschten Informationen zu versehen sind. Die offizielle Politik ist, daß an solche Ausschüsse sowie an einzelne Abgeordnete nur solche Studien und Informationen weitergereicht werden, die ohnehin im CBO gespeichert sind. Auf Anfrage kann das CBO seine wissenschaftlichen Kräfte den Committees on the Budget befristet ausleihen. Auch andere Ausschüsse können Spezialisten des CBO anfordern, soweit haushaltsrelevante Fragen zu behandeln sind.

Weiter wahrzunehmende Aufgaben sind dem CBO in Sec. 308 (b). Sec. 403 (c) und Sec. 202 (f) aufgegeben. Sec. 308 (b) beauftragt das CBO mit dem „score keeping". Das CBO „score keeping" soll eine laufende Übersetzung der Gesetzgebungstätigkeit in haushaltsrelevante Zahlen darstellen, aus der hervorgeht, ob sich die einzelnen in der Beratung befindlichen Gesetze bzw. gerade verabschiedeten Gesetze noch im Rahmen des in der jeweils letzten „budget resolution" festgelegten haushaltspolitischen Gesamtkonzepts bewegen[61].

Das CBO tabuliert in seinen wöchentlichen „score keeping"-Reports alle gesetzgeberischen Aktionen, so daß ständig ein Trend abgelesen werden kann, ob die Summe der zahlreichen Entscheidungen innerhalb der Zielgrößen liegen wird oder ob sich gravierende Abweichungen abzeichnen[62]. Die Reports bestehen aus drei Teilen. Im ersten Teil befinden sich zusammenfassende Tabellen, die folgendermaßen gegliedert sind: Zunächst wird der in der letzten „budget resolution" festgesetzte Zielbetrag genannt. Unter einem zweiten Gliederungspunkt wird der gegenwärtige Stand der haushaltswirksamen Gesetzgebung („Action to Date") ausgewiesen. Dabei wird wiederum unterteilt in gesetzgeberische Maßnahmen

a) aus früheren Jahren,

b) aus dem laufenden Jahr,

[61] Die ersten Erfahrungen zeigen, daß das „House" und „Senate" Appropriation Committee bei ihrer Gesetzgebung den Rahmen der „budget resolution" akzeptieren wollen, daß sie jedoch nicht exakt genug wissen, wieviel im Einzelnen „bewilligt" werden darf. Vgl. den Wortwechsel zwischen Senator *Hollings*, Senator *Schweiker* und CBO-Direktor *Rivlin*, in: *Senate Hearings* on H. Rep. 14238, S. 555 ff.

[62] Die folgende Beschreibung der „score keeping reports" bezieht sich auf den Entwicklungsstand Herbst 1976. Das Format und die Art der „score keepings" sind jedoch von allen Seiten nicht als die endgültige Lösung bezeichnet worden, so daß mit Änderungen zu rechnen ist. Im Herbst 1976 wurden parallel zwei „Reports" — für das „House" und den „Senate" getrennt — herausgegeben, um den unterschiedlichen Wünschen entgegenzukommen. Die Beschreibung bezieht sich auf den für den Senat bestimmten Report.

c) vom Kongreß bereits verabschiedete, vom Präsidenten jedoch noch nicht unterzeichnete Maßnahmen,

d) im Vermittlungsausschuß vereinbarte Maßnahmen („Conference agreements"), und

e) den dem Plenum vorliegenden Maßnahmen.

Neben diesem aktuellen Stand der gesetzgeberischen Maßnahmen werden in einer weiteren Untergliederung der „summary tables" noch mögliche spätere Erfordernisse („Possible Later Requirements") haushaltswirtschaftlicher Art aufgeführt. Damit sind Gesetze gemeint, die entweder von den Ausschüssen noch nicht entscheidungsreif beraten sind oder deren Beratung überhaupt noch nicht begonnen hat. Die aktuelle Wiedergabe der gesetzgeberischen haushaltswirtschaftlichen Entscheidungen zusammen mit den noch zu erwartenden Entscheidungen ergeben den „Potential Status", der am Ende der Tabelle ausgewiesen ist. Dieser gibt Auskunft darüber, wie sich die gesetzgeberische Arbeit des Kongresses zu der zuletzt verabschiedeten „budget resolution" verhält.

Im zweiten Teil des Reports werden die gesetzgeberischen Maßnahmen auf die Ausschüsse sowie die Unterausschüsse des Committees on Appropriations weiter disaggregiert, wobei dasselbe Gliederungsschema beibehalten wird. Jeder Ausschuß kann aus diesen Tabellen sofort ablesen, welcher Rahmen ihm durch die „budget resolution" vorgegeben ist, welche gesetzgeberischen Maßnahmen er schon beschlossen hat und welche er noch zu leisten hat. Er kann somit den Trend ausrechnen, den er in bezug auf die haushaltswirtschaftliche Zielsetzung der „budget resolution" verfolgt.

Der dritte Teil des Reports vergleicht die gesetzgeberischen Maßnahmen, wie sie vom Kongreß beschlossen wurden, mit den Entwürfen des Präsidenten, wie sie jeweils zuletzt dem Kongreß vorgelegt wurden, d. h. also das „Spring Update" und die „Mid-Session-Review" werden berücksichtigt. Aus den Tabellen können somit die „autonomen" Abweichungen der Haushaltspolitik des Kongresses gegenüber der Politik des Präsidenten abgelesen werden.

Das „score keeping"-System ermöglicht einen Brückenschlag zwischen den verschiedenen Ebenen der haushaltswirtschaftlichen Entscheidungsfindung. Die Detailarbeit an Gesetzen kann ständig zu den haushaltswirtschaftlichen Zielgrößen in Beziehung gebracht werden. Der damit institutionalisierte „cross walk" ist Voraussetzung für eine politisch bewußt entschiedene und gesteuerte Haushaltswirtschaft, in der die gesamtwirtschaftlich-relevanten Größen nicht nur die Resultante vorheriger Entscheidungen, sondern bewußt entschiedene Größen darstellen.

Neben dem „score keeping“ hat das CBO einen weiteren eigenständigen Aufgabenbereich. Es hat einen jährlichen Report zu erstellen, in dem das Gesamtkonzept des Haushalts diskutiert wird:

"(the CBO) shall submitt ... a report ... with respect to fiscal policy, including (A) alternative levels of total revenues, total new budget authority, and total outlays (including related surpluses and deficits), and (B) the levels of expenditures under existing law, taking into account projected economic factors ... Such report shall also include a discussion of national budget priorities, including alternative ways of allocating budget authority ... among major programs or functional categories ..."[63]

Gekoppelt mit dieser Vorschrift ist die Ermächtigung[64], einzelne Projektstudien zu betreiben, die die langfristige Haushaltspolitik zum Gegenstand haben und die eine Perspektive für die im jährlichen Report vorzuschlagenden Alternativen abgeben sollen. Dieser Aufgabenbereich ist deutlich unterscheidbar von der „score keeping“-Tätigkeit. Er verwirklicht das — vor allem vom Senat gewünschte[65] — „think tank“-Konzept für das CBO, das den Kongreß in die Lage versetzen soll, Alternativen aufzuzeigen und einzuschätzen.

Der erste „report“ dieser Art wurde am 15. März 1976 herausgegeben und umfaßte knapp 466 Seiten. Im ersten Teil wurden die haushaltswirtschaftlichen Alternativen für das Jahr 1977 diskutiert. Er deckte mit 70 Seiten nur etwas mehr als ein Fünftel des gesamten Berichts ab. Vier Fünftel des Berichts beschäftigten sich mit den langfristigen Alternativen für die Haushaltsjahre 1977 - 1981. Diese Gewichtung des Berichts spiegelt die Realität wider: Kurzfristig ist die Haushaltswirtschaft politisch weitgehend gebunden.

Der sich mit den unmittelbar anstehenden Entscheidungen beschäftigende erste Teil dieses Reports beinhaltete vor allem eine gesamtwirtschaftliche Analyse unter dem Gesichtspunkt, welchen Einfluß der öffentliche Haushalt auf die wirtschaftliche Entwicklung ausübt. Dabei wurden alternative öffentliche Haushalte „durchgespielt“. Weiter enthielt der erste Teil dieses Berichts eine kurze Diskussion der wichtigsten Entscheidungen auf den Gebieten der Verteidigung, sozialen Sicherheit, etc., wobei stets Alternativen zum Entwurf des Präsidenten aufgezeigt wurden.

---

[63] Sec. 202 (f) (1).

[64] Sec. 202 (f) (2).

[65] Vgl. *J. Havemann*, House, Senate Disagree on Director for New Budget Office, 6 Nat. J. (1974) 1960. Zu den Titeln der bisherigen Analysen vgl. Senate Hearings on H. Rep. 10647 (1975), S. 679 ff. und Senate Hearings on H. Rep. 14238 (1976), S. 566 ff. Sie geben einen guten Einblick in die „think tank“-Tätigkeit des CBO. — Zum Organisationsschema des CBO vgl. *U.S.-Congress*, House Subcommittee on Appropriations, Hearings on Supplemental Appropriations for FY 1976, S. 7 ff. (mit einer detaillierten Aufgabenbeschreibung der einzelnen Einheiten).

Im wesentlich umfangreicheren zweiten Teil wurden die haushaltswirtschaftlichen Alternativen in größerer Detailliertheit erörtert. Die wichtigsten Sachgebiete, für die die amerikanische Bundesregierung zuständig ist, wurden der Reihe nach unter haushaltswirtschaftlichen Gesichtspunkten diskutiert. Der „Report“ des CBO stellt ein Kompendium über die wichtigsten politischen Strömungen und Vorschläge dar, die auf ihre haushaltswirtschaftlichen Implikationen befragt werden. Er ist damit vergleichbar mit der seit einigen Jahren von der Brookings-Institution herausgegebenen Serie „Setting National Priorities“, in der ebenfalls die Hauptprobleme der Haushaltswirtschaft zusammenfassend und in allgemein verständlicher Sprache diskutiert werden.

Es zeigt sich, daß der vom Kongreß eingerichtete haushaltswirtschaftliche Willensbildungsprozeß nur aufgrund besonderer institutionell-organisatorischer Voraussetzungen funktionsfähig ist. Umfangreiche legislative Hilfsdienste assistieren einem ausdifferenzierten Ausschußsystem, das den Anspruch auf Autonomie gegenüber der Regierung und den Parteien erhebt, bei der Willensbildung. Diese Bedingungskonstellation wird vom Präsidialsystem der USA gefördert. Im parlamentarischen System der Bundesrepublik fehlen die Voraussetzungen für eine solche Konstellation. Entsprechend kann allenfalls der Grundgedanke des amerikanischen Modells auf deutsche Verhältnisse übertragen werden.

§ 7. Zusammenfassende Thesen und Vorschläge zur Fortentwicklung der haushaltswirtschaftlichen Kontrolle des Bundestages

A. Zusammenfassende Thesen

I. Verfassungstheoretische Ausgangspunkte

1. Aus rechts- und demokratietheoretischen Gründen ist der klassische rechtsstaatliche Gesetzesbegriff abzulehnen. Der an dessen Stelle getretene „demokratische" Gesetzesbegriff ist auf Grund seiner Weite und Unbestimmtheit zur Abgrenzung von exekutiven und parlamentarischen Zuständigkeiten ungeeignet. Eine am Gesetzesbegriff orientierte, dem Konstitutionalismus entstammende Verteilung der Zuständigkeiten auf Bundestag und Regierung ist deshalb abzulehnen.
2. Unter dem Dach der „Staatsleitung zur gesamten Hand" ist eine konkrete Zuordnung von Bundestag und Bundesregierung vorzunehmen. Ausschlaggebender Gesichtspunkt ist in Zweifelsfragen die organisatorische Leistungsfähigkeit der beiden Organe (Lehre von der Organadäquanz). Allgemein kommt dem Bundestag eine umfassende Kritik- und Kontrollfunktion gegenüber der Regierung zu. Eine Effektivierung dieser Funktion ist geeignet, bürokratische Verkrustungen innerhalb der Exekutive zu mildern und das Kartell der im vorpolitischen Raum verfestigten Interessen aufzulösen.
3. Die Effektivierung der Kritik- und Kontrollfunktion des Bundestages hat Auswirkungen auf die Handlungsautonomie des Staates. Theoretische Modelle, die den Staat als funktional determinierte Größe beschreiben, haben in bezug auf die staatliche Binnenstruktur und den dort auftretenden Problemen leerformelhaften Charakter. Eine Untersuchung zur Beteiligung des Bundestages an der staatlichen Haushaltsgewalt hat von einem zweipoligen, offenen Modell von Staat und Gesellschaft auszugehen, in dem sich Probleme des staatlichen Binnenbereichs (relativ) autonom diskutieren lassen.
4. Bei der Ausübung der Haushaltsgewalt kommt dem Bundestag eine Kritik- und Kontrollfunktion zu. Diese hat sich auf alle drei Bereiche zu beziehen, in denen sich die Ausübung von Haushaltsgewalt manifestiert.

a) Die re-integrativen Funktionen des Haushaltsplanes sind zu aktualisieren, d. h. die Entwicklung der Haushaltsstruktur unter funktionellen und ökonomischen Gesichtspunkten ist zu beobachten und zu analysieren.

b) Die Ausgabebewilligungen konkretisieren die finanzwirtschaftliche Verantwortung der Verwaltung. Sie stehen in einem Spannungsfeld zwischen den der Verwaltung zu gewährenden Flexibilitäten und den ihr aufzuerlegenden Bindungen.

c) Die einzelnen ausgabe- und einnahmewirksamen Maßnahmen des Staates sind auf ihre gesamtwirtschaftlichen Folgen zu untersuchen und an den Erfordernissen des gesamtwirtschaftlichen Gleichgewichts auszurichten. Eine am gesamtwirtschaftlichen Gleichgewicht orientierte Nachfragepolitik darf ihr Blickfeld nicht auf die Saldenmechanik beschränken. Dieses Raster ist zu grob, um richtig zu sein.

d) Das Staatsziel des gesamtwirtschaftlichen Gleichgewichts beinhaltet den Auftrag, auf das volkswirtschaftliche Produktionspotential und dessen Struktur Einfluß zu nehmen. Die entsprechenden produktionsorientierten Maßnahmen der Haushaltswirtschaft sind Kompatibilitätsprüfungen zu unterwerfen, in denen sie auf ihre Vereinbarkeit mit gesellschaftlichen Bedürfnissen zu überprüfen sind.

II. Bestandsaufnahme der parlamentarisch-haushaltswirtschaftlichen Kontrolle und deren rechtlichen Einbettung

5. Der gewandelte Gesetzesbegriff führt dazu, daß die Verabschiedung allgemeiner Gesetze Ausübung materieller Haushaltsgewalt darstellt. Diese teilen sich Bundestag und Bundesregierung (Art. 113 GG). Art. 113 GG ist nicht systemfremd.

6. Der Bundestag orientiert sich bei seinen Beratungen nach § 96 GeschOBT an der Finanzplanung der Exekutive. Diese hat für den Bundestag eine Alibifunktion, denn er tritt bei der allgemeinen Gesetzgebung in keine eigenständige, ökonomisch-haushaltswirtschaftliche Kritik und Kontrolle ein. Allenfalls wird der „Deckungs"-aspekt in den Beratungen berücksichtigt.

7. § 96 GeschOBT begrenzt bei verfassungskonformer Auslegung das Beratungsrecht nicht. Er gibt dem Haushaltsausschuß die Möglichkeit, in eine umfassende, die Beziehung zwischen dem geplanten Gesetz, dem Staatshaushalt und dem gesamtwirtschaftlichen Gleichgewicht abdeckende Beratung einzutreten.

8. Am Typus des Haushaltsstrukturgesetzes zeigt sich, daß Kritik und Kontrolle im Rahmen der allgemeinen Gesetzgebung nur unzuläng-

lich ausgeübt werden. Bei dem Haushaltsstrukturgesetz findet sich im Bundestag auch Unterstützung für „unpopuläre“ Maßnahmen. Voraussetzung ist Solidarität: Es muß offenliegen, daß die „Opfer“ nicht von willkürlich herausgegriffenen einzelnen „Interessen“ zu tragen sind. Die mit dem rechtlichen Zwang zum Haushaltsausgleich produzierte „Krisen“-Situation bringt Flexibilität in die staatliche Willensbildung.

9. Die Politikverflechtung „nach oben“ (Europäische Gemeinschaften) und „nach unten“ (Föderalismus-Garantie) beschränkt die Freiheit der parlamentarischen Kritik und Kontrolle bei der allgemeinen Bundesgesetzgebung. Die in Art. 2 des Zustimmungsgesetzes zu den Römischen Verträgen verankerte Informationspflicht der Bundesregierung stellt eine glückliche Fortentwicklung parlamentarischer Kontrollmöglichkeiten dar, die den mit der Politikverflechtung einsetzenden parlamentarischen Kontrollverlust mindert.

10. Das Haushaltsgesetz ist ein Gesetz wie jedes andere, jedoch mit den in Art. 110 statuierten verfassungsrechtlichen Besonderheiten. Daraus folgt:

    a) Es besteht für die Bundesregierung und den Bundestag eine Pflicht zur Haushaltsgesetzgebung. Diese bezieht sich nicht nur auf bloßes Tätigwerden. Verfassungsrechtlich geschuldet ist der Erfolg: Die rechtzeitige Verabschiedung des Haushaltsgesetzes.

    b) Der Inhalt des Haushaltsgesetzes hat den Anforderungen des Art. 110 IV GG (sog. Bepackungsverbot) zu genügen. Dabei handelt es sich jedoch um keine Schutzvorschrift zugunsten des Bundesrates.

    c) Art. 113 GG ist auf die Haushaltsgesetzgebung anwendbar.

    d) Aus dem Gesetzescharakter folgt, daß der Bundestag einzelne Titel des Haushaltsplanes bindend ausgestalten kann. Der verfassungskonform interpretierte § 3 Haushaltsgrundsätzegesetz steht dem nicht entgegen.

11. Unter Berücksichtigung des rechtlich Möglichen ist die vom Bundestag im Rahmen der Ausgabebewilligung geübte Kontrolle effektiv. Die Funktion der Ausgabebewilligung — Konkretisierung finanzwirtschaftlicher Verantwortungsbereiche — wird nicht nur durch Änderungen an den Ausgabebewilligungen, sondern auch durch zahlreiche nicht-gesetzliche Einwirkungen aktualisiert. Es besteht kein Anlaß, das Ausschußberatungsrecht des § 60 II GeschOBT durch eine restriktive Interpretation einzuengen.

12. Die Funktionen des Haushaltsplanes werden vom Bundestag nur unzureichend aktualisiert. Die Beratungen des Haushaltsgesetzes

durch den Haushaltsausschuß folgen dem institutionellen Aufbau der Bundesregierung und der Bundesverwaltung und teilen damit deren Fragmentation. Re-integrative Arbeit in bezug auf die Haushaltsstruktur als Basis für weitere haushaltswirtschaftliche Entscheidungen in der Haushaltsgesetzgebung und allgemeinen Gesetzgebung wird nicht geleistet. Ebensowenig wird die ökonomische Qualität der staatlichen Einnahme- und Ausgabepolitik während der Haushaltsgesetzgebungsberatungen kontrolliert.

13. Wie bei der allgemeinen Gesetzgebung ist auch bei der Haushaltsgesetzgebung ein Verlust an faktischer Kontrolldichte des Bundestages durch die Politikverflechtung zu konstatieren. Diese wird nur teilweise durch eine Vorverlagerung der parlamentarischen Einflußnahme gemildert.

14. Die qualifizierten Sperrvermerke stellen ein effektives parlamentarisches Kontrollinstrument bezüglich der Ausgabebewilligungen dar. Ihre verfassungsrechtliche Zulässigkeit ist differenziert zu beurteilen:

    a) Im Verhältnis Bundestag — Bundesregierung finden qualifizierte Sperrvermerke, wie auch Ausgabebewilligungen, ihre Grenze dort, wo sie gezielt als Hebel zur Ingerenz in exekutive Zuständigkeitsbereiche benutzt werden. Es ist stets zu prüfen, ob sie als Annex zur verantwortlichen Wahrnehmung des Ausgabebewilligungsrechts eingesetzt werden. Nur in solchen Fällen sind die qualifizierten Sperrvermerke verfassungskonform.

    b) Die Delegation der Freigabe der qualifizierten Sperrvermerke auf den Haushaltsausschuß verstößt gegen § 36 Bundeshaushaltsordnung und ist gesetzwidrig. Eine Änderung der Bundeshaushaltsordnung im Sinne der bisherigen Praxis wäre verfassungskonform. Zu beachten ist jedoch, daß bei der Entsperrung durch den Haushaltsausschuß lediglich die vom Haushaltsgesetzgeber vorhergesehene Problematik, die zur Ausbringung des qualifizierten Sperrvermerks führte, geprüft werden darf.

15. Der Zustimmungsvorbehalt zu Änderungen im Haushaltsplan ist ebenfalls ein effektives Instrument der parlamentarischen Kontrolle. Es bringt in einem „quasi-gesetzgeberischen" Verfahren die verfassungsrechtlich gebotene konjunkturgerechte (Art. 109 II GG) und effiziente (Art. 114 I GG) Haushaltswirtschaft in Einklang mit den Prinzipien des Gesetzesvorranges und -vorbehalts (Art. 110 I GG).

16. Der Zustimmungsvorbehalt kann jedoch nur zugunsten des Bundestages, nicht zugunsten des Haushaltsausschusses, ausgebracht werden. Die von dem Zustimmungsvorbehalt betroffenen Sachbereiche stellen materiell eine Änderung des Haushaltsgesetzes dar, die allein

vom Bundestagsplenum sanktioniert werden kann. Eine Delegation „quasi-gesetzgeberischer" Zuständigkeiten auf den Haushaltsausschuß scheitert an der fehlenden absoluten sachlichen Notwendigkeit und ist deswegen verfassungswidrig.

17. Das Ausbringen neuer Planstellen und Stellenanhebungen kann nur durch den Bundestag im Rahmen der Haushaltsgesetzgebung oder durch den Bundesfinanzminister im Rahmen des Notbewilligungsrechts erfolgen — tertium non datur. Die Praxis, im Haushaltsgesetz eine solche Ermächtigung unter einem Zustimmungsvorbehalt auszubringen, ist verfassungswidrig.

18. Die allgemeine Informations- und Konsultationspflicht, die als solche ein notwendiges und geeignetes Kontrollinstitut darstellt, darf nicht zur Auflösung eigenverantwortlichen Entscheidens führen. Ansätze dazu bestehen sowohl beim Bundestag, der einige Titel im Vertrauen auf die allgemeine Konsultation in verfassungswidriger Weise unspezifiziert läßt, als auch bei der Bundesregierung, die in der haushaltsgesetzlosen Zeit vom Notbewilligungsrecht im Vertrauen auf die vorherige Konsultation mit dem Haushaltsausschuß in verfassungswidriger Weise Gebrauch macht. Das Institut darf nicht zu einem Euphemismus für politisches Geklüngel werden. Für die vom BVerfG geforderte Kommunikation und Konsultation im Rahmen des Art. 112 GG sind verfahrensrechtliche Regelungen notwendig.

19. Dem Bundestag fehlt es nicht an Kontrollformen, sondern an einem Willensbildungsprozeß, in dem die zur Verfügung stehenden Institute aktualisiert werden.

B. Vorschläge zur Fortenwicklung der haushaltswirtschaftlichen Kontrolle des Bundestages

I. Willensbildung und Beschlußfassung zur Finanzplanung

20. Es besteht die Notwendigkeit, eine parlamentarische Finanzplanung herbeizuführen:

a) Die Notwendigkeit läßt sich „aus der Sache" begründen. Die Haushaltswirtschaft ist nicht nur umfangreicher, sondern auch komplizierter geworden. Vor allem aber unterliegt sie langfristigeren Bindungen als in früheren Jahren. Der veränderten sachlichen Problematik entspricht ein stärker ausdifferenzierter Entscheidungsprozeß. Die Willensbildung muß auf mehreren Ebenen vorangetrieben werden. Dies ist z. B. vom amerikanischen Kongreß erkannt und realisiert worden.

b) Wenn die Regierung ein Entscheidungssystem etabliert hat (vgl. § 9 StabG), in dem verschiedene Ebenen der Willensbildung eingerichtet werden, dann besteht für den Bundestag ein gewisser Zwang, diesem Muster zu folgen. Dies folgt schon aus dem Anspruch auf vollständige und umfassende Kontrolle, die sich zwangsläufig auch auf die Finanzplanung erstrecken muß. Entscheidend ist jedoch der ansonsten drohende Funktionsverlust des Bundestages. Dieser zeichnet sich bereits bei den Beratungen des Bundestages nach § 96 GeschOBT ab, in denen regelmäßig auf die Finanzplanung der Exekutive Bezug genommen wird (vgl. These 6), sowie bei den Beratungen zum Haushaltsgesetz, in denen auf eine Aktualisierung der Haushaltsplanfunktionen verzichtet wird (vgl. These 13). Die Kontroll- und Kritikfunktion des Bundestages verliert ihre reale Basis, wenn die parlamentarischen Gremien ihre Willensbildung auf vorgelagerte und präjudizierende Entscheidungen der Exekutive stützen, ohne diese selbst einer Kontrolle unterzogen zu haben.

21. Die parlamentarische Willensbildung zur Finanzplanung hat an der Finanzplanung der Exekutive, die dem Bundestag ohnehin zugeleitet wird (§ 9 II StabG), anzusetzen. Einer Übertragung des amerikanischen Modells auf deutsche Verhältnisse stehen grundsätzliche Bedenken entgegen. Der Bundestag verfügt weder über ein vergleichbar autonomes und ausdifferenziertes Ausschußsystem noch über die „countervailing expertise" des amerikanischen Kongresses. Entscheidend ist, daß die Gesetzgebung weniger flexibel ist, so daß das amerikanische Verfahren nicht anwendbar ist.

22. Besonderes Augenmerk muß auf eine abgestimmte Einnahme- und Ausgabepolitik gelegt werden. Im gegenwärtigen System der Willensbildung wird eine derartige Abstimmung vom Bundestag nicht geleistet, da weite Teile der Einnahmepolitik im Bereich der „Politikverflechtung" angesiedelt sind und die parlamentarische Einflußnahme zu spät erfolgt, als daß noch wesentliche Änderungen eingebracht werden könnten. Die Willensbildung zur Finanzplanung hat insbesondere der Verdeutlichung des Willens des Bundestages bei der allgemeinen Steuergesetzgebung, die bisher von der Bundesregierung mit den Landesregierungen unter faktischer Ausschaltung des Bundestages autonom ausgehandelt wurde, zu dienen. Eine vorverlagerte Willensbildung trägt dazu bei, den durch die Politikverflechtung eintretenden parlamentarischen Funktionsverlust zu mildern.

23. Allgemein muß der Willensbildungsprozeß zur Finanzplanung an funktionellen Haushaltsgliederungen und Haushaltsüberlegungen

orientiert sein. Die institutionelle Orientierung hat ihre Berechtigung nur in bezug auf die Ausgabebewilligungen. Die Finanzplanung soll die Funktionen des Haushaltsplanes aktualisieren und ist von der Ausgabebewilligung deutlich zu unterscheiden.

24. Zur Vorbereitung der Finanzplanung ist in freier Anlehnung an das Committee on the Budget im amerikanischen Kongreß ein Finanzplanungsausschuß zu etablieren. Die Errichtung eines allgemeinen parlamentarischen Planungs-Ausschusses ist wiederholt gefordert worden, um die politische Planung im Bereich der Exekutive der parlamentarischen Kontrolle zu unterwerfen. Dieser Vorschlag ist nicht realisiert worden und von der Enquête-Kommission zur Verfassungsreform, die diesen Vorschlag in ihrem Zwischenbericht ebenfalls unterbreitet hatte, zurückgenommen worden. Ein allgemeiner Planungsausschuß hat als Prämisse eine zu idealistische Vorstellung von der Planung und wäre als „Hauptausschuß" des Parlamentes eine Quelle des ständigen Konflikts mit anderen Ausschüssen. Demgegenüber hat der zu etablierende Finanzplanungsausschuß mit der Finanzplanung ein enger umschriebenes Aufgabenfeld, dessen Notwendigkeit anerkannt ist.

25. Personell darf der Finanzplanungsausschuß nicht mit dem Haushaltsausschuß identisch sein. Der Finanzplanungsausschuß muß aufgrund seines Aufgabengebietes auch parlamentarische Spezialisten umfassen, die für die Beurteilung der Einnahmeseite sowie der gesamtwirtschaftlichen Entwicklung zuständig sind. Eine Anlehnung an die diesbezügliche Regelung des Committees on the Budget im amerikanischen Repräsentantenhaus ist zu empfehlen.

26. Die Willensbildung bezüglich der Finanzplanung im Bundestag hat dem üblichen parlamentarischen Verfahren zu folgen. Der Finanzplanungsausschuß bereitet die Willensbildung auf der Basis des Regierungsentwurfes zur Finanzplanung vor. Dabei ist neben den Ausschußberatungen auch an öffentliche Hearings zu denken. Die wesentlichen Kritik- und Änderungspunkte sowie parlamentarischen Anregungen müssen in einem Bericht des Finanzplanungsausschusses festgehalten werden. Die Willensbildung hat nach einer Plenumsdebatte in einem (schlichten) Parlamentsbeschluß zu münden.

27. Bezüglich der Kopplung von Finanzplanung und anderen haushaltswirtschaftlich relevanten Entscheidungen, insbesondere der ausgabe- und einnahmewirksamen Gesetzgebung, kann in freier Anlehnung eine Idee des amerikanischen Verfahrens fruchtbar gemacht werden. Alle einnahme- und ausgabewirksamen Gesetze, die von der in der Finanzplanung vorgesehenen Einnahme- und Ausgabeentwicklung erheblich abweichen oder dort nicht vorgesehen sind, treten zunächst

nicht in Kraft. Die dritte Lesung dieser Gesetze ist bis zur nächsten Willensbildung bezüglich der Finanzplanung zu verschieben. Das Parlament hat anläßlich der nächsten Finanzplanung geschlossen darüber zu befinden, ob die vorgesehenen Abweichungen von der „alten" Finanzplanung gerechtfertigt sind oder nicht. Eine solche Kopplung der Finanzplanung mit den verbindlichen haushaltswirtschaftlichen Entscheidungen, ist aus zwei Gründen sinnvoll. Zum einen zwingt es die Exekutive und Legislative zu einer realistischen Finanzplanung. Zum anderen werden die bei einer einzelfallbezogenen Betrachtungsweise (noch) tolerierbaren Abweichungen von der Finanzplanung in einen größeren Zusammenhang gestellt. Aus diesem kann sich ergeben, daß sich die kleinen Abweichungen zu einer nicht mehr akzeptablen Gesamtabweichung aufaddieren und deswegen teilweise oder insgesamt abzulehnen sind. Gegenüber diesen Vorteilen erscheint der Nachteil, nämlich die geringfügige Verzögerung einzelner Gesetzesvorhaben, vertretbar.

II. Einsetzung von Enquête-Kommissionen zur Beratung langfristiger haushaltswirtschaftlicher Probleme

28. Die Willensbildung des Bundestages in bezug auf haushaltswirtschaftliche Fragen erfährt bislang keine nennenswerte wissenschaftliche Unterstützung. Dies mag zugleich die Ursache dafür sein, daß ökonomische Probleme bei der parlamentarischen Willensbildung weitgehend ausgeblendet werden. Der Aufbau einer „countervailing expertise" nach amerikanischem Vorbild empfiehlt sich nicht. Statt dessen ist an einen Ausbau vorhandener parlamentarischer Institutionen zu denken. Insbesondere die Einrichtung von Enquête-Kommissionen ist auch für haushaltswirtschaftliche Probleme zu nutzen. Der Finanzplanungsausschuß hat einzelne Themenkomplexe vorzuschlagen, die von Enquête-Kommissionen zu bearbeiten sind.

III. Verfahrensrechtliche Regelung der allgemeinen Kommunikation und Konsultation zwischen Bundestag und Bundesregierung

29. Die Informations- und Konsultationspflicht zwischen Bundestag und Bundesregierung ist verfahrensrechtlich zu strukturieren. Dabei bietet sich für die folgenden gefährdeten Bereiche eine differenzierende Lösung an.

    a) *Nachschiebelisten:* Die Bundesregierung muß die Möglichkeit haben, neue Erkenntnisse noch im Verlauf der parlamentarischen Haushaltsgesetzberatungen einzubringen. Es ist deswegen vom Bundestag ein offizieller Termin festzulegen, an dem die Bundesregierung alle nachträglichen Änderungen an ihrem Haushaltsplanentwurf dem Bundestag zuleitet, der diese Änderungsliste direkt dem Haushaltsausschuß überweist. Der Unterschied zu dem in der Bundeshaushaltsordnung vorgesehenen Ergänzungshaushalt ist die Terminfestsetzung durch das Parlament und der damit ausgeübte Zwang, von diesem Institut Gebrauch zu machen. Ein derartiges offizielles „updating" der Regierungsvorlage wird auch in den USA praktiziert und ist dort sogar in bezug auf das Datum gesetzlich normiert.

b) *Entsperrung der qualifizierten Sperrvermerke:* Die qualifizierten Sperrvermerke haben nicht zuletzt die Funktion, eine ständige Kommunikation zwischen Haushaltsausschuß und Bundestag in politisch interessanten Bereichen zu sichern. Diese ist notwendig und entspricht der Kontrollfunktion des Bundestages in bezug auf die Ausgabewirtschaft. Um jedoch eine unnötige Ausuferung und einen eventuellen Mißbrauch dieses Institutes zu vermeiden, sind dem Haushaltsausschuß und der Bundesregierung Berichterstattungspflichten aufzuerlegen. Die Bundesregierung hat die Entsperrung der Titel periodisch in Form von Sammelvorlagen zu beantragen. Der Haushaltsausschuß hat über die Entsperrung dem Plenum zu berichten und dabei auch den Grund für die Entsperrung anzugeben. Die damit gewährleistete Öffentlichkeit des Verfahrens muß als Kontrolle dieses Verfahrens zunächst ausreichen.

c) *Umschichtungen:* Umschichtungen im Haushaltsplan, zu denen das Haushaltsgesetz ermächtigt, die jedoch zugleich verfassungsrechtlich zwingend unter den Zustimmungsvorbehalt des Plenums zu stellen sind, müssen von der Regierung beantragt werden. Das Plenum hat innerhalb einer in der haushaltsgesetzlichen Ermächtigung festgesetzten Zeitspanne seine Zustimmung positiv zu erklären. Wird die Zustimmung nicht erklärt, so gilt die Umschichtungsmaßnahme als abgelehnt. Die Umschichtungsanträge der Bundesregierung sind zu veröffentlichen. Allein dies entspricht dem Gebot der öffentlichen Haushaltsberatung.

d) *Notbewilligungen:* Die Anfrage des Bundesfinanzministers gemäß § 37 II BHO ist vom Bundestag in einem Verfahren entsprechend § 96 a GeschOBT zu beantworten. Auf Antrag eines Drittels der Bundestagsmitglieder ist gegebenenfalls eine Sondersitzung des Bundestages einzuberufen.

Literaturverzeichnis

Abascal, Ralph S. and *Kramer,* John R.: Presidential Impoundments, Part I: 62 Georgetown Law Journal 1974, S. 1549 ff., Part. II: 63 Georgetown Law Journal 1975, S. 149 ff.

Abromeit, Heidrun: Zum Verhältnis von Staat und Wirtschaft im gegenwärtigen Kapitalismus, PVS 17 (1976), S. 2 ff.

Achterberg, Norbert: Parlamentarische Kontrollrechte, DÖV 1977, S. 548 ff.

Agnoli, Johannes: Überlegungen zum bürgerlichen Staat, Berlin (1975).

Anschütz, Gerhard: Artikel Gesetz in: V. Stengel, Karl und Max Fleischmann: Wörterbuch des Deutschen Staats- und Verwaltungsrechtes, Bd. I, Tübingen 1913, S. 212 ff.

Baade, Hans W.: Mandatory Appropriations of Funds: A Comparative Study, 60 Va.L.Rev. (1974), S. 393 ff.; 611 ff.

Badura, Peter: Verfassungsfragen der Finanzplanung, in: Festgabe für Theodor Maunz, München 1971, S. 1 ff.

— Buchbesprechung, AöR 95 (1970), S. 491 ff.

Baumol, William J.: Welfare Economics and the Theory of the State. With an Introduction: Welfare and the State Revisited, London 1965.

Bäumlin, Richard: Die Kontrolle des Parlaments über Regierung und Verwaltung. Schweizerischer Juristenverein, Referate und Mitteilungen, 1966, H. 3.

Berg, Wilfried: Zur Übertragung von Aufgaben des Bundestages auf Ausschüsse. Der Staat 9 (1970), S. 21 ff.

Blankenburg, Erhard und *Treiber,* Hubert: Bürokraten als Politiker, Parlamentarier als Bürokraten. — Empirie des Entscheidungsprozesses und die Gewaltenteilung. Die Verwaltung 5 (1972), S. 273 ff.

Blankenburg, Erhard, *Schmid,* Günter, *Treiber,* Hubert: Von der reaktiven zur aktiven Politik? Darstellung und Kritik des Policy Science-Ansatzes, in: Peter Grottian / Axel Murswieck: Handlungsspielräume der Staatsadministration, Hamburg 1974, S. 35.

Bleckman, Barry M., *Gramlich,* Edward M., *Hartman,* Robert W.: Setting National Priorities. The 1976 Budget Brookings Institution, Washington D.C. 1975.

Böckenförde, Ernst-Wolfgang: Die Organisationsgewalt im Bereich der Regierung, Berlin 1964.

— Planung zwischen Regierung und Parlament. Der Staat 11 (1972), S. 429 ff.

— Gesetz und gesetzgebende Gewalt, Berlin 1958.

— Die Bedeutung der Unterscheidung von Staat und Gesellschaft im demokratischen Sozialstaat der Gegenwart, in: Böckenförde, Ernst-Wolfgang: Staat, Gesellschaft, Freiheit, Frankfurt/M., 1976, S. 185 ff.

Boldt, Hans: „Haushaltsverfassung im Wandel", in: Sozialwissenschaftliches Jahrbuch für Politik, Hrsg. Rudolf Wildenmann, Bd. 3, München, Wien 1972, S. 281 ff.

— Zum Verhältnis von Parlament, Regierung und Haushaltsausschuß. Neue Bedingungskonstelltationen des Budgetrechts. ZParl. 4 (1973), S. 534 ff.

Böhringer, Anton: Zur Mitwirkung der Landesparlamente im Bereich der Gemeinschaftsaufgaben. ZParl. 1 (1969), S. 173 ff.

Bombach, Gottfried: Staatshaushalt und volkswirtschaftliche Gesamtrechnung. Finanzarchiv, NF 17 (1956), S. 344 ff.

Boulding, Kenneth E.: Einführung in die Wohlfahrtsökonomie, in: Gäfgen, Gerard (Hrsg.), Grundlagen der Wirtschaftspolitik, Köln, Berlin 1966, S. 77 ff.

Bradshaw, Kenneth, *Pring,* David: Parliament and Congress, Austin 1972.

Brite, George K. and *Halper,* Harriet J.: The Federal Budget Process, in: Committee on Government Operations, United States Senate: Improving Congressional Control Over the Budget. A Compendium of Materials, 93d Congress, 1st Session, Washington, D. C. 1973.

Brundage, Percival F.: The Bureau of the Budget, New York 1970.

Brunner, Georg: Kontrolle in Deutschland, Köln 1972.

Bull, Hans-Peter: Die Staatsaufgaben nach dem Grundgesetz, Frankfurt/M. 1973.

Burkhead, Jesse Government Budgeting, New York 1956.

Bussmann, Bernard: Haushaltsausschuß, Informationen über seine Arbeitsweise, Hrsg.: Deutscher Bundestag, Presse und Informationszentrum 1974.

Coiden, Naomi, *Wildavsky,* Aaron: Planning and Budgeting in Poor Countries, New York 1974.

Congressional Budget Offfice: Budget Options For Fiscal Year 1977. A Report to the Senate and House Committees on the Budget, Washington, D. C. 1976.

Colm, Gerhard: Haushaltsplanung, Staatsbudget, Finanzplan und Nationalbudget. HdF, Bd. 1, S. 534 ff., Tübingen 1952.

Committee on the Budget: Concurrent Resolutions on the Fiscal Year 1976 Budget. Compendium of Materials Leading to Passage, Washington, D. C. 1975.

Committee for Economic Development: The Congressional Budget Process, Washington, D. C. 1975, S. 1 ff.

Congressional Quarterly: Guide to the Congress of the United States. Origins, History and Procedure, Washington, D. C. 1971.

— Guide to Current American Government, Washington, D. C. 1976.

Därr, Manfred: Das Notbewilligungsrecht des Bundesministers der Finanzen nach Art. 112 GG im Schnittpunkt zwischen Demokratie und Effektivität, Frankfurt/M. 1973.

Dearborne, D. C. and *Simon,* Herbert A.: Selective Perception: A Note on the Departmental Identification of Executives, 21 Sociometry (1958), S. 140 ff.

Degenhart, Christoph: Systemgerechtigkeit und Selbstbindung des Gesetzgebers als Verfassungspostulat, München 1976.

Deppe, Frank, *Fülberth*, G.: Thesen zum Parlamentarismus, in: Für eine neue sozialistische Linke, Frankfurt/M., S. 88.

Domar, Evsey D.: Capital Expansion, Rate of Growth and Employment, Econometrica 14 (1946), S. 137 ff.

Downs, Anthony: Inside Bureaucracy, Boston 1966.

Dreschler, Lewis: Constitution, Jefferson's Manual, And Rules Of The House Of Representatives Of The United States Ninetieth Congress, Washington, D. C. (1967).

Easton, David: A System Analysis of Political Life, New York 1965.

Ehmke, Horst: Prinzipien der Verfassungsinterpretation, VVDStRL 20, Berlin 1963, S. 53 ff.

— Wirtschaft und Verfassung. Die Verfassungsrechtsprechung des Supreme Court zur Wirtschaftsregulierung, Karlsruhe 1961.

Eichenberger, Kurt: Die Problematik der parlamentarischen Kontrolle im Verwaltungsstaat. Schweizerische Juristen Zeitung 1965, S. 269 ff.

Ellwein, Thomas: Politische Beteiligung in der Bundesrepublik Deutschland, Göttingen 1975.

Engels, Ulf: Die Reform des U.S. Haushaltswesens durch den Congressional Budget and Impoundment Control Act von 1974, DÖH 1975, S. 76 ff.

Erichsen, Hans Uwe: Die Konnexität von Aufgaben- und Finanzierungskompetenz, Bad Homburg v. d. Höhe, Berlin, Zürich 1968.

Etzioni, Amitai: The Active Society. A Theory of Societal and Political Processes, London, New York 1968.

Ewringmann, Dieter: Die Flexibilität öffentlicher Ausgaben, Göttingen 1975.

Fenno, Richard F.: The Internal Distribution of Power: The House, in: Truman David B.: The Congress And America's Future, Second Edition, Englewood Cliffs, N. J. 1973

— Congressmen in Committees, Boston 1973.

— The Power of the Purse. Appropriations Politics in Congress, Boston 1966.

Feuchte, Paul Der Nothaushalt — ein Instrument der Politik? AöR 97 (1972), S. 538 ff.

Finanzwissenschaftlicher Beirat beim Bundesministerium für Wirtschaft und Finanzen: Gutachten zur Finanzierung eines höheren Staatsanteils am Sozialprodukt. Bonn 1972.

Finley, J. J.: The 1974 Congressional Initiative in Budget Making, 35 Pub. Ad. Rev. 1975, S. 270 ff.

Fisher, Louis: Experience with a Legislative Budget (1947 - 49), in: Committee on Government Operations, United States Senate: Improving Congressional Control Over The Budget. A Compendium of Materials, 93d Congress 1st session, Washington, D. C. 1973, S. 249 ff.

— Proposals for a Legislative Budget, in: Committee on Government Operations, United States Senate: Improving Congressional Control Over The Budget. A Compendium of Materials, 93d Congress — 1st session, Washington, D. C. 1973.

— Impoundment of Funds, 23 Buffalo Law Review 1973, S. 191 ff.

Fisher, Louis: Presidential Spending Discretion And Congressional Controls, 37 Law and Contemporary Problems 1972, S. 135 ff.

Forsthoff, Ernst: Der Staat der Industriegesellschaft, München 1971.

Fox, Klaus-Peter: Konzepte zur Beurteilung der konjunkturellen Wirkungen öffentlicher Haushalte, Bern, Frankfurt/M. 1974.

Fraenkel, Ernst: Das amerikanische Regierungssystem, 3. Auflage, Opladen 1976.

Friauf, Karl-Heinrich: Besprechung von: R. Hoffmann, Haushaltsvollzug und Parlament, in: JZ 1973, 566.

— Öffentlicher Haushalt und Wirtschaft, VVDStRL 27, Berlin 1969, S. 1 ff.

— Der Staatshaushaltsplan im Spannungsfeld zwischen Parlament und Regierung, Bad Homburg v. d. H., Berlin, Zürich 1968.

— Parliamentary Control of the Budget in the Federal Republic of Germany, in: David Coombes et al., The Power Of the Purse. The Role Of European Parliaments In Budgetary Decisions. London 1976, S. 66 ff.

Friauf, Karl-Heinrich, *Stephan*, Bodo: Die verfassungsrechtliche Problematik einer politischen Ziel- und Mittelplanung der Bundesregierung im Hinblick auf das Verhältnis zum Deutschen Bundestag in: Erster Bericht zur Reform der Struktur von Bundesregierung und Bundesverwaltung, Bd. 2, S. 655 ff.

Fricke, Eberhard: Das haushaltsmäßige Verbot einer übermäßigen Kreditfinanzierung, DVBl. 1977, 26 ff.

— Über die Pflicht zur Haushaltsgesetzgebung, DVBl. 1975, S. 604 ff.

Friesenhahn, Ernst: Parlament und Regierung im modernen Staat, VVDStRL 16, Berlin 1958, S. 9 ff.

Frömel, Roland: Der Haushaltsplan im Kräftefeld zwischen Parlament und Regierung, DVBl. 1974, S. 65 ff.

Frost, Herbert: Die Parlamentsausschüsse, ihre Rechtsgestaltung und ihre Funktionen, AöR 95 (1970), S. 38 ff.

Gäfgen, Gérard: Theorie der wirtschaftlichen Entscheidung, 2. Auflage, Tübingen 1968.

Galbraith, John-Kenneth: The Affluent Society, London 1959.

Gehring, Norbert: Parlament — Regierung — Opposition. Dualismus als Voraussetzung für eine parlamentarische Kontrolle der Regierung, München 1969.

Gerfin, Harald, *Hickel*, Rudolf: Zur Theorie der kapitalitischen Entwicklungsgesetze, Nachwort zu Karl Marx: Das Kapital (Gesamtausgabe), Bd. III, Frankfurt/M., Berlin, Wien, 1971, S. 847 ff.

Giersch, Herbert: Allgemeine Wirtschaftspolitik, Wiesbaden 1961.

Glaeser, Rolf: Finanzpolitische Willensbildung in der Bundesrepublik Deutschland, Berlin 1964.

Goltz, Horst: Mitwirkung parlamentarischer Ausschüsse beim Haushaltsvollzug, DÖV 1965, S. 605 ff.

Golembiewski, Robert T., *Rabin*, Jack: Public Budgeting and Finance. Readings in Theory and Practice. Second Edition, Hasca (Illinois) 1975.

Gotthold, Jürgen: Wirtschaftliche Entwicklung und Verfassungsrecht. Köln 1976.

Grauhan, Rolf-Richard, *Linder*, Wolf: Politik der Verstädterung, Frankfurt/M. 1974.

Gresser, Klaus: Probleme der mehrjährigen öffentlichen Finanzplanung, Berlin 1974.

Grochla, Erwin: Unternehmensorganisation, Hamburg 1972.

Grottian, Peter: Strukturprobleme staatlicher Planung. Eine empirische Studie zum Planungsbewußtsein der Bonner Ministerialbürokratie und zur staatlichen Planung der Unternehmenskonzentration und des Wettbewerbs, Hamburg 1974.

Grottian, Peter, *Murswieck*, Axel: Zur theoretischen und empirischen Bestimmung von politisch administrativen Handlungsspielräumen, in: Grottian, Peter / Murswieck, Axel: Handlungsspielräume der Staatsadministration, Hamburg 1974, S. 15 ff.

Häberle, Peter: Freiheit, Gleichheit und Öffentlichkeit des Abgeordnetenstatus, NJW 1976, S. 537 ff.

— Die offene Gesellschaft der Verfassungsinterpreten, JZ 1975, S. 297 ff.

— Grundprobleme der Verfassungsgerichtsbarkeit, in: Peter Häberle (Hrsg.), Verfassungsgerichtsbarkeit, Darmstadt 1976, S. 1 ff.

— Grundrechte im Leistungsstaat, VVDStRL 30, Berlin 1972, S. 43 ff.

— Leistungsrecht im sozialen Rechtsstaat in: Recht und Staat, Festschrift für G. Küchenhoff, Bd. II, Berlin 1972, S. 453 ff.

— Das Mehrheitsprinzip als Strukturelement der freiheitlich-demokratischen Grundordnung, JZ 1977, 241 ff.

— Verfassungstheorie ohne Naturrecht, AöR 99 (1974), S. 437 ff.

— Struktur und Funktion der Öffentlichkeit im demokratischen Staat, in: Politische Bildung Heft 3 (1970) (2. Auflage 1976), S. 3 ff.

— Demokratische Verfassungstheorie im Lichte des Möglichkeitsdenkens, AöR 102 (1977), S. 27.

— Die Wesensgehaltgarantie des Art. 19 Abs. 2 Grundgesetz. Zugleich ein Beitrag zum institutionellen Verständnis der Grundrechte und zur Lehre vom Gesetzesvorbehalt, 2. Auflage, Karlsruhe 1972.

— Zeit und Verfassung, ZfP 21 (1974), S. 111 ff.

Haenel, Albert: Das Gesetz im formellen und materiellen Sinne, Leipzig 1888.

Hahn, Hugo J.: Über die Gewaltenteilung in der Wertwelt des Grundgesetzes in: Heinz Rausch (Hrsg.): Zur heutigen Problematik der Gewaltentrennung, Darmstadt 1969, S. 438 ff.

Hamann, Andreas: Das Grundgesetz für die Bundesrepublik Deutschland, Neuwied und Berlin, 1966.

Hansmeyer, Karl-Heinrich: Vorbemerkung: Budgettheorie und Rationalität, in ders. (Hrsg.), Das rationale Budget. Ansätze moderner Haushaltstheorie, Köln 1971, S. 9 ff.

Harms, Uwe: Die Forderung eines konstanten Staatsanteils am Bruttosozialprodukt. Hamburg 1970.

Harrod, Roy F.: An Essay in Dynamic Theory, Economic Journal 49 (1939), S. 14 ff.

Hartwich, Hans-Hermann: Sozialstaatspostulat und Reformpolitik, PVS Sonderheft 8/1977, S. 137 ff.

Hauff, Volker, *Scharpf*, Fritz W.: Modernisierung der Volkswirtschaft, Frankfurt/M., Köln 1975.

Havemann, Joel: The Congressional Budget — on Time and a long time coming, 8 National Journal (1976), S. 1306 ff.

— Congress nears approval of second budget resolution, 7 National Journal (1975), S. 1697 ff.

— New Senate, House panels making mark on spending bills, 7 National Journal (1975), S. 1499 ff.

Heckel, Johannes: Die Budgetverabschiedung, insbesondere die Rechte und Pflichten des Reichstages, in: Handbuch des deutschen Staatsrechts, Bd. II, Tübingen 1932.

— Einrichtung und rechtliche Bedeutung des Reichshaushaltsgesetzes, in: Handbuch des deutschen Staatsrechts, Bd. II, Tübingen 1932.

Hedtkamp, Günter: Lehrbuch der Finanzwissenschaft, Neuwied 1977.

Heinig, Kurt: Das Budget, Tübingen 1949.

Heller, Hermann: Der Begriff des Gesetzes in der Reichsverfassung, VVDStRL 4, Berlin und Leipzig 1928, S. 98 ff.

Henke, Wilhelm: Die Ordnung der Finanzen in der Bundesrepublik Deutschland, Berlin 1964.

Henrichs, Wilhelm: Art. 113 des Grundgesetzes und verwandte Bestimmungen, Bonn, Diss. jur. 1958.

Herbst, Gerhard: Die parlamentarische Ausgabenkontrolle über die internationalen Finanzverpflichtungen, Göttingen, Diss. jur. 1964.

Herzog, Roman: Allgemeine Staatslehre, Frankfurt/M. 1971.

Hesse, Konrad: Aspekte des kooperativen Föderalismus, in: Festschrift für Gebhard Müller, Tübingen 1970.

— Die verfassungsrechtliche Stellung der politischen Parteien im modernen Staat, VVDStRL 17, Berlin 1959, S. 11 ff.

— Bemerkungen zur heutigen Problematik und Tragweite der Unterscheidung von Staat und Gesellschaft, DÖV 1975, S. 437 ff.

— Grundzüge des Verfassungsrechts, 10. Auflage, Karlsruhe 1977.

Hettlage, Karl M.: Urteilsanmerkung, DÖV 1977, S. 520 ff.

— Zur Rechtsnatur des Haushaltsplanes, in: Festschrift für Werner Weber, Berlin 1974, S. 391 ff.

Heuss, Ernst: Makroökonomie und Stabilitätsgesetz, in: Erich Hoppmann (Hrsg.) Konzertierte Aktion, Frankfurt/M. 1971, S. 91 ff.

Hirsch, Joachim: Zur Reform der parlamentarischen Haushaltskontrolle, PVS 8 (1967), S. 88 ff.

— Parlament und Verwaltung, Bd. 2, 2. Teil von: Thomas Ellwein (Hrsg.): Parlament, Regierung, Verwaltung. Untersuchungen zum Regierungsprozeß in der Bundesrepublik Deutschland. Stuttgart, Berlin, Köln, Mainz 1968.

Hoffmann, Reinhard: Haushaltsvollzug und Parlament, Tübingen 1972.

Hoffmann, Siegfried: Die Kontrolle der Regierung durch parlamentarische Rechnungsprüfung im Deutschen Bundestag, Göttingen 1970.

Hoffmann, Wolfgang: Porträt des Haushaltsausschusses, Die Zeit, Nr. 21 vom 14. 5. 1976, S. 18.

Hosse, Dietrich: Aufbau und Ablauf der Kommunikation im Arbeitsbereich des Finanzplanungsrates. Opladen 1975.

Ipsen, Hans Peter: Europäisches Gemeinschaftsrecht, Tübingen 1972.

Jarass, Hans D.: Politik und Bürokratie als Elemente der Gewaltenteilung, München 1975.

Jellinek, Georg: Allgemeine Staatslehre, 3. Auflage unter Verwertung des handschriftlichen Nachlasses von Walter Jellinek, Berlin 1914.

Jesch, Dietrich: Gesetz und Verwaltung, 2. Auflage, Tübingen 1968.

Jèze, Gaston: Allgemeine Theorie des Budgets, Tübingen 1927.

Jochimsen, Reimut: Theorie der Infrastruktur. Grundlagen der marktwirtschaftlichen Entwicklung, Tübingen 1966.

Jochimsen, Reimut, *Simons*, Ulrich E.: Theorie und Praxis der Infrastrukturpolitik, Berlin 1970.

Kägi, Werner: Von der klassischen Dreiteilung zur umfassenden Gewaltenteilung, in: Verfassungsrecht und Verfassungswirklichkeit, Festschrift für Hans Huber, Bern 1961, S. 151 ff.

Karehnke, Helmut: Die Einschränkung des parlamentarischen Budgetrechts bei finanzwirksamen Gesetzen durch Artikel 113 des Grundgesetzes, DVBl. 1972, S. 811 ff.

— Parlamentarisches Budgetrecht, vorläufige Haushaltsführung durch die Bundesregierung und Notbewilligungsrecht des Bundesministers für Finanzen für Haushaltsüberschreitungen. Zur Zuständigkeitsfolge der Artikel 110 bis 112 GG. DÖV 1976, S. 361 ff.

Kewenig, Wilhelm: Staatsrechtliche Probleme parlamentarischer Mitregierung am Beispiel der Arbeit der Bundestagsausschüsse. Bad Homburg v. d. H., Berlin, Zürich 1970.

— Planung im Spannungsfeld von Regierung und Parlament, DÖV 1973, S. 23 ff.

Keynes, John Maynard: The General Theory of Employment, Interest, And Money. London 1936.

Kirchhof, Paul: Buchbesprechung: Reinhard Hoffmann: Haushaltsvollzug und Parlament, AöR 98 (1973), S. 458 ff.

Kirchoff, Gert: Subventionen als Instrument der Lenkung und Koordinierung, Berlin 1973.

Kisker, Gunter: Neue Aspekte im Streit um den Vorbehalt des Gesetzes, NJW 77, 1313 ff.

Kißler, Leo: Die Öffentlichkeitsfunktion des Deutschen Bundestages, Berlin 1976.

Kitterer, Wolfgang: Die Problematik der Objektbezogenheit des öffentlichen Kredits nach Art. 115 I GG, DÖV 1975, S. 23 ff.

Klein, Eckart: Die verfassungsrechtliche Problematik des ministerialfreien Raumes, Berlin 1974.

Klein, Friedrich: Die Regelung der Gemeinschaftsaufgaben von Bund und Ländern im Grundgesetz. Eine kritische Würdigung. Der Staat 11 (1972), S. 289 ff.

Klein, Hans H.: Gefährdungen des Prinzips der Gewaltenteilung in der Bundesrepublik Deutschland, in: Aus Politik und Zeitgeschichte, Beilage zur Wochenzeitung Das Parlament, B 50, 1974, S. 8 f.

Klenke, Reiner: Zur Vorlagefähigkeit von Haushaltsgesetzen nach Art. 100 I GG, JuS 1976, S. 369 ff.

Kloepfer, Michael: Vorwirkung von Gesetzen, München 1974.

Koeckritz, Sieghardt v., *Ermisch*, Günter, *Maatz*, Werner: Bundeshaushaltsordnung. Kommentar. München 1977.

Kofmehl, Kenneth: Professional Staffs of Congress, Purdue University Studies 1962.

Kommentar zum Bonner Grundgesetz (Bonner Kommentar), Loseblattsammlung, Hamburg 1971.

Korff, Hans Clausen: Die Betriebsverwaltungen des Bundes — Bundesbahn, Bundespost — in der Krise. Institut „Finanzen und Steuern", Nr. 155, Bonn 1975.

— Haushaltspolitik. Instrument öffentlicher Macht, Stuttgart, Berlin, Köln, Mainz 1975.

Krause, Alfred, *Engels*, Wolfgang, *Wehner*, Hans Georg, *v. Kortzfleisch*, Gert: Privater Wohlstand — Öffentliche Armut?, in: Dieter Duwendag (Hrsg.): Der Statssektor in der sozialen Marktwirtschaft, Speyer 1976, S. 141 ff.

Krebs, Walter: Der Vorbehalt des Gesetzes und Grundrechte, Berlin 1975.

Kreuzer, Arthur: Zuständigkeitsübertragungen bei Verfassungsrichterwahlen und Immunitätsentscheidungen des Deutschen Bundestages, Der Staat 7 (1968), S. 183 ff.

Kröger, Klaus: Die Ministerverantwortlichkeit in der Verfassungsordnung der Bundesrepublik Deutschland. Frankfurt/M. 1972.

— Zur Mitwirkung des Bundestages am Haushaltsvollzug, DÖV 1973, S. 439 ff.

Kromphardt, Jürgen: Wachstum und Konjunktur. Grundlagen ihrer theoretischen Analyse und wirtschaftspolitischen Steuerung, 2. Aufl., Göttingen 1977.

Kunz, Reinhard: Die Delegation von Ausgabeermächtigungen durch das Bundestagsplenum auf den Haushaltsausschuß, Frankfurt/M., Diss. jur. 1976.

Laband, Paul: Das Staatsrecht des Deutschen Reiches. Neudruck der 5. Auflage, Tübingen 1911 - 1914, Bd. IV, Aalen 1964.

— Das Budgetrecht nach den Bestimmungen der preußischen Verfassungsurkunde, Berlin 1871.

Lang, Eva: Ansatzpunkte und Konzeptionen zur Bestimmung der konjunkturgerechten Haushaltspolitik, Meisenheim am Glan 1975.

Lange, Klaus: Die Abhängigkeit der Ausgabewirtschaft der Bundesregierung von der parlamentarischen Budgetbewilligung, Der Staat 11 (1972), 328 ff.

Langzeitprogramm 1 — Texte. Entwurf eines politisch-ökonomischen Orientierungsrahmen für die Jahre 1973 - 1985. (Hrsg.: Horst Heidermann.) Bonn - Bad Godesberg 1972.

Lee, Robert D., *Johnson*, Ronald W.: Public Budgeting Systems, Baltimore 1975.

Leibholz, Gerhard: Zum Parteiengesetz von 1967, in: Festschrift für Adolf Arndt, Frankfurt/M., 1969, S. 179 ff.

Leicht, Albert: Diskussionsbeitrag, ZParl. 1977, S. 105 ff.

— Die Haushaltsreform, München 1970.

Leisner, Walter: Schwächung der Landesparlamente durch grundgesetzlichen Föderalismus, DÖV 1968, 389 ff.

— Die quantitative Gewaltenteilung, DÖV 1969, S. 405 ff.

Lerner, Abba P.: Sparen ist gleich Investieren, in: Weber, Wilhelm (Hrsg.): Konjunktur- und Beschäftigungstheorie, Köln, Berlin 1969, S. 133 ff.

Lichterfeld, Frank: Der Wandel der Haushaltsfunktionen von Bundeslegislative und Bundesexekutive, Diss. jur. Heidelberg 1968.

Liesegang, Helmut C. F. und *Plöger*, Rainer: Schwächung der Parlamente durch den kooperativen Föderalismus, DÖV 1971, S. 228 ff.

Lindblom, Charles E.: The Policy-Making Process, Englewood Cliffs, New Jersey, 1968.

— The Intelligence of Democracy. New York 1965.

Lindblom, Charles E.: The Science of "Muddling Through", 19 Pub.Ad.Rev. (1959), S. 59 ff.

Lipsey, Richard G.: *Steiner*, Peter O.: Economics, New York 1969.

Littmann, Konrad, *Krüger*, Berend: Definition und Entwicklung der Staatsquote. Abgrenzung, Aussagekraft und Anwendungsbereiche unterschiedlicher Typen von Staatsquoten, Göttingen 1975.

Lohmar, Ulrich: Das Hohe Haus. Der Bundestag und die Verfassungswirklichkeit. Stuttgart 1975.

Löwenstein, Karl: Verfassungslehre, 2. Auflage, Tübingen 1969.

— The Balance between Legislative and Executive Power, 5 Chicago Law Review 1938, S. 568 ff.

Lüder, Klaus, *Budäus*, Dietrich: Effizienzorientierte Haushaltsplanung und Mittelbewirtschaftung, Göttingen 1976.

Luhmann, Niklas: Soziologie als Theorie sozialer Systeme, in: Soziologische Aufklärung. Aufsätze zur Theorie sozialer Systeme, Opladen 1970.

Lyden, Fremont J., *Miller*, Ernest G.: Planning Programming Budgeting. A Systems Approach to Management. Second Edition, Chicago 1972.

Maaß, Jürgen: Die Flexibilität der Staatsausgaben. Ein Beitrag zur Theorie der öffentlichen Ausgabenpolitik, Opladen 1973.

Mackscheidt, Klaus: Zur Theorie des optimalen Budgets, Tübingen 1973.

Mäding, Heinrich: Bildungsplanung und Finanzplanung. Abstimmungsprobleme in der Bundesrepublik Deutschland, Stuttgart 1974.

Majonica, Ernst: Ein Parlament im Geheimen? Zur Arbeitsweise der Bundestagsausschüsse, in: Emil Hübner, Heinrich Oberreuter, Heinz Rausch: Der Bundestag von innen gesehen, München 1969.

Manley, John F.: The Politics of Finance, The House Committee on Ways and Means, Boston 1970.

March, James G., *Simon*, Herbert A.: Organizations, New York, London, Sidney 1958.

Maunz, Theodor, *Dürig*, Günter, *Herzog*, Roman: Grundgesetz (Kommentar), 3 Bände (Loseblätterausgabe), München 1976.

Mayntz, Renate: Thesen zur Steuerungsfunktion von Zielstrukturen, in: Renate Mayntz, Fritz W. Scharpf: Planungsorganisation. Die Diskussion um die Reform von Regierung und Verwaltung des Bundes, München 1973, S. 91 ff.

Mayntz, Renate, *Scharpf*, Fritz, W.: Planungsorganisation. Die Diskussion um die Reform von Regierung und Verwaltung des Bundes, München 1973.

Meadows, Dennis, *Zahn*, Erich, *Milling*, Peter: Die Grenzen des Wachstums, Bericht des Club of Rome zur Lage der Menschheit, Stuttgart 1972.

Meyer, Hans: Das parlamentarische Regierungssystem des Grundgesetzes, VVDStRL 33, Berlin 1975, S. 69 ff.

Mishan, E. J.: Ein Überblick über die Wohlfahrtsökonomik 1939 - 1959, in: Gérard Gäfgen: Grundlagen der Wirtschaftspolitik, Köln, Berlin 1966, S. 110 ff.

Moeser, Ekkehard: Die Bindung an den Staatshaushalt. DVBl. 1977, S. 479 ff.

Möller, Alex (Hrsg.): Gesetz zur Förderung der Stabilität und des Wachstums der Wirtschaft und Art. 109 Grundgesetz. Kommentar, 2. Auflage, Hannover 1968.

Müller-Volbehr, Jörg: Die Investitionshilfekompetenz des Bundes, München 1975.

Musgrave, Richard A., *Musgrave*, Peggy B.: Public Finance in Theory and Practice, Tokyo 1973.

Mußgnug, Reinhard: Der Haushaltsplan als Gesetz, Göttingen 1976.

Naschold, Frieder: Zur Politik und Ökonomie von Planungssystemen, PVS 1972, Sonderheft, S. 13 ff.

— Thesen zur mehrjährigen Finanzplanung, in: Volker Ronge, Günter Schmieg: Politische Planung in Theorie und Praxis, München 1971, S. 170 ff.

Neumark, Fritz: Grundsätze gerechter und ökonomisch rationaler Steuerpolitik, Tübingen 1970.

— Der Reichshaushaltsplan. Ein Beitrag zur Lehre vom öffentlichen Haushalt, Jena 1929.

— Theorie und Praxis der Budgetgestaltung, HdF, Bd. 1, S. 558 f., Tübingen 1952.

Nicklisch, Heinrich: Der Weg geht aufwärts! 2. Auflage, Stuttgart 1922.

Niskanen, William A.: Structural Reform of the Federal Budget, Washington, D. C. 1973.

Oberhauser, Alois: Stabilitätspolitik bei steigender Staatsquote, Kommission für wirtschaftlichen und sozialen Wandel, Bd. 43, Göttingen 1975.

Oberreuter, Heinrich (Hrsg.): Parlamentarische Opposition. Ein internationaler Vergleich, Hamburg 1975.

O'Connor, James: Die Finanzkrise des Staates, Frankfurt/M., 1974.

Odiorne, George S.: Management by Objectives, New York 1965.

Offe, Claus: Strukturprobleme des kapitalistischen Staates, Aufsätze zur politischen Soziologie. 2. Auflage, Frankfurt/M. 1973.

Orientierungsrahmen '85: Text und Diskussion. Hrsg.: Peter von Oertzen, Horst Ehmke, Herbert Ehrenberg. Bearbeitet von Heiner Lindner. Bonn - Bad Godesberg 1976.

Ossenbühl, Fritz: Welche normativen Anforderungen stellt der Verfassungsgrundsatz des demokratischen Rechtsstaates an die planende staatliche Tätigkeit, dargestellt am Beispiel der Entwicklungsplanung, in: Verhandlung des fünfzigsten Deutschen Juristentages, Bd. I, B1 - B 205, München 1974.

Papier, Hans-Jürgen: Eigentumsgarantie und Geldentwertung, AöR 98 (1973), S. 528 ff.

Patterson, Samuel P.: Congressional Committee Professional Staff, in: Allan Kromberg and Lloyd Mulolf (eds.), Legislatures in Developmental Perspective, Durham, N. C., 1970, S. 391 ff.

Patzig, Werner: Probleme der Neuordnung des Finanz- und Haushaltsrechts, Verw.Arch. 58 (1967), S. 1 ff.

Peters, Hans: Die Gewaltentrennung in moderner Sicht, in: Heinz Rausch (Hrsg.): Zur heutigen Problematik der Gewaltentrennung, Darmstadt 1969, S. 78 ff.

Piduch, Erwin Adolf: Bundeshaushaltsrecht, Erläuterungen zu den Art. 109 bis 115 des Grundgesetzes und zur Bundeshaushaltsordnung. Stuttgart, Berlin, Köln, Mainz 1977.

Pietzner, Rainer: Petitionsausschuß und Plenum. Zur Delegation von Plenarzuständigkeiten, Berlin 1974.

Portatius, Alexander v.: Das haushaltsrechtliche Bepackungsverbot. Ein Beitrag zur Interpretation des Art. 110 Abs. IV GG, Berlin 1974.

Quick, Hans Joachim: Organisationsformen der wissenschaftlichen Beratung des Parlaments. Eine Untersuchung zur institutionellen Verankerung einer Technologiebewertungseinrichtung beim Deutschen Bundestag, Berlin 1976.

Raabe, Karl-Heinz: Schätzung eines „Korridors" für den Sektor Staat. Wirtschaftsdienst 51 (1971), S. 488 ff.

Rahmann, Bernd: Grundlagen konjunkturbeeinflussender Haushaltspolitik. Ein Beitrag zu einer Theorie der Budgetwirkungen, Berlin 1972.

Rehm, Hannes: Kritische Analyse des neuen Bundeshaushaltsrechts. Ein Beitrag zur Haushaltsreform in der Bundesrepublik Deutschland, Baden-Baden 1975.

— Zur US-amerikanischen Budgetreform von 1974, Finanzarchiv NF 36 (1977), S. 19 ff.

— Zusammenhänge zwischen der zeitlichen Erfassung von Einnahmen und Ausgaben und der ökonomischen Aussagefähigkeit des Budgets, DÖV 1977, S. 312 ff.

Reinermann, Heinrich: Programmbudgets in Regierung und Verwaltung, Baden-Baden 1975.

Reissert, Bernd, *Schnabel*, Fritz: Fallstudien zum Planungs- und Finanzierungsverbund von Bund, Ländern und Gemeinden, in: Fritz W. Scharpf, Bernd Reissert, Fritz Schnabel: Politikverflechtung: Theorie und Empirie des kooperativen Föderalismus in der Bundesrepublik, Kronberg/Ts. 1976, S. 71 ff.

Reister, Erwin: Haushalt und Finanzen der Europäischen Gemeinschaften, Baden-Baden 1975.

Rietdorf, Fritz: Die Gemeinschaftsaufgaben — ein Schritt zur gemeinsamen Aufgabenplanung von Bund und Ländern, DÖV 1972, S. 513 ff.

Riker, William H.: The Theory of Political Coalitions, New Haven 1962.

Robinson, James A.: Staffing the Legislature, in: Allan Kromberg and Lloyd Mulolf (eds.), Legislatures in Developmental Perspective, Durham, N. C. 1970, S. 360 ff.

Robinson, Joan: Marx and Keynes, in: David Horowitz: Marx and Modern Economics, London 1968, S. 103 ff.

Ronge, Volker: Der „politökonomische Ansatz" in der Verwaltungsforschung, in: Peter Grottian, Axel Murswieck: Handlungsspielräume der Staatsadministration, Hamburg 1974, S. 84 ff.

Ronge, Volker, *Schmieg*, Günter: Restriktionen politischer Planung, Frankfurt/M. 1973.

Rupp, Hans-Heinrich: Grundfragen der heutigen Verwaltungslehre, Tübingen 1965.

Rürup, Bert: Die Programmfunktion des Bundeshaushaltsplanes im Lichte der amerikanischen Erfahrung mit dem Planning-Programming-Budgeting-System, Berlin 1971.

Sachverständigenrat zur Begutachtung der gesamtwirtschaftlichen Entwicklung: Jahresgutachten 1968, BT-Drucks. 5/3550.

— Jahresgutachten 1969, BT-Drucks. 6/100.

— Jahresgutachten 1971, BT-Drucks. 6/2847.

Saloma III, John S.: Congress and the New Politics, Boston 1969.

Samuelson, Paul Anthony: Economics, 9th ed., New York 1973.

Sasse, Christoph: Haushaltsvollzug ohne Haushalt? JZ 1973, S. 189 ff.

— Regierungen, Parlamente, Ministerrat. Entscheidungsprozesse in der Europäischen Gemeinschaft, Bonn 1975.

Schäfer, Friedrich: Der Bundestag. Eine Darstellung seiner Aufgaben und seiner Arbeitsweise, Opladen 1975.

Scharpf, Fritz W.: Demokratietheorie zwischen Utopie und Anpassung, Konstanz 1970.

— Fallstudien zu Entscheidungsprozessen in der Bundesregierung, in: Renate Mayntz, Fritz W. Scharpf: Planungsorganisation. Die Diskussion um die Reform von Regierung und Verwaltung des Bundes, München 1973, S. 68 ff.

— Komplexität als Schranke der politischen Planung, in: F.-W. Scharpf: Planung als politischer Prozeß, Frankfurt/M. 1973, S. 73 ff.

— Das Langzeitprogramm — ein Ritt auf dem Papiertiger?, in: F. W. Scharpf: Planung als politischer Prozeß. Aufsätze zur Theorie der planenden Demokratie, Frankfurt 1973, S. 151 ff.

— Planung als politischer Prozeß, in: F. W. Scharpf: Planung als politischer Prozeß. Aufsätze zur Theorie der planenden Demokratie, Frankfurt/M. 1973, S. 33 ff.

— Probleme der hierarchischen Steuerung, in: Fritz-W. Scharpf: Politischer Immobilismus und ökonomische Krise, Kronberg 1977, S. 91 ff.

Scharpf, Fritz W.: Problemverstaatlichung und Politikverflechtung: Das selbstblockierende System, in: ders., Politischer Immobilismus und ökonomische Krise, Kronberg/Ts. 1977, S. 104 ff.

— Reformpolitik im Spätkapitalismus, in: ders., Planung als politischer Prozeß, Frankfurt/M. 1973.

— Theorie der Politikverflechtung, in: Fritz-W. Scharpf, Bernd Reissert, Fritz Schnabel: Theorie und Empirie der Politikverflechtung: Kooperativer Förderalismus, Kronberg/Ts. 1976, S. 13 ff.

Scharpf, Fritz-W., *Reissert*, Bernd, *Schnabel*, Fritz: Politikverflechtung: Theorie und Empirie des kooperativen Föderalismus in der Bundesrepublik, Kronberg/Ts. 1976.

Schatz, Heribert: Auf der Suche nach neuen Problemlösungsstrategien: Die Entwicklung der politischen Planung auf Bundesebene, in: Renate Mayntz, Fritz-W. Scharpf: Planungsorganisation. Die Diskussion um die Reform von Regierung und Verwaltung des Bundes, München 1973, S. 9 ff.

Schechinger, Peter: Konjunkturrat und Finanzplanungsrat. Föderative Bundesorgane im Bereich der Konjunkturpolitik und Finanzwirtschaft. München. Diss. jur. 1973.

Schenke, Wolf-Rüdiger: Die Verfassungsorgantreue, Berlin 1977.

Scheuner, Ulrich: Zur Entwicklung der politischen Planung in der Bundesrepublik Deutschland, in: Im Dienst an Recht und Staat, Festschrift für Werner Weber, Berlin 1974, S. 369 ff.

— Das Gesetz als Auftrag an die Verwaltung, DÖV 1969, S. 585 ff.

— Gesetzgebung und Politik, in: Michael Fischer, Raimund Jakob, Erhard Mock, Helmut Schreiner: Dimensionen des Rechts, Gedächtnisschrift für René Marcic, Berlin 1974, S. 889 ff.

— Verantwortung und Kontrolle in der demokratischen Verfassungsordnung, in: Festschrift für Gebhard Müller, Tübingen 1970, S. 379 ff.

Schick, Allen: Analysis of Proposals to Improve Congressional Control of Spending, in: Committee on Government Operations, United States Senate: Improving Congressional Control Over The Budget. A Compendium of Materials, 93d Congress, 1st session, Washington, D. C. 1973, S. 217 ff.

— The Budget Bureau That Was, 35 Law and Contemporary Problems 1970, S. 519 ff.

— Budget Reform Legislation, 11 Harv. J. on L. 1974, S. 303 ff.

— A Death in the Bureaucracy: The Demise of Federal PPB, 33 Public Ad. Rev. 1973, S. 146 ff.

— Prepared Statement, in: Hearings Before The Task Force On Budget Process of the Committee On The Budget. House of Representatives. 94th Congress, 2nd session, Washington, D. C. 1976, S. 51 ff.

— The Road to PPB. The Stages of Budget Reform, in: J. Lyden, Ernest G. Miller: Planning, Programming, Budgeting. A Systems Approach to Management, second edition, Chicago 1972, S. 15 ff.

— A Three Year Limit on Authorization Bills, in: Committee on Government Operations, United States Senate: Improving Congressional Control Over The Budget. A Compendium of Materials, 93rd Congress, 1st session, Washington, D. C. 1973, S. 261 ff.

Schick, Walter: Haushaltsplan und Haushaltsgesetz vor Gericht, JZ 1967, S. 271 ff.

Schlecht, Otto: Erfahrungen und Lehren aus dem jüngsten Konjunkturzyklus, Tübingen 1972.

Schmelter, Hubert: Rechtsschutz gegen nicht zur Rechtsetzung gehörende Akte der Legislative. Gleichzeitig ein Beitrag zur Auslegung des Art. 19 Abs. 4 GG, Berlin 1977.

Schmidt, Reiner: Wirtschaftspolitik und Verfassung. Grundprobleme, Baden-Baden 1971.

Schmidt-Bleibtreu, Bruno, *Klein*, Franz: Kommentar zum Grundgesetz für die Bundesrepublik Deutschland, 3. Auflage, Neuwied, Berlin 1973.

Schmidt-Preuß, Matthias: Plan-Programm und Verfassung — Bemerkungen zu § 1 Stabilitätsgesetz, DVBl. 1970, S. 535 ff.

— Verfassungsrechtliche Zentralfragen staatlicher Lohn- und Preisdirigismen, Baden-Baden 1977.

Schmitt, Carl: Die geistesgeschichtliche Lage des heutigen Parlamentarismus, 2. Aufl., München 1926.

— Verfassungslehre, 5. unveränderte Auflage, Berlin 1970.

Schmitz, Karl, *Riehle*, R., *Narr*, Wolf-Dietrich u. a.: Der Staat und die Steuerung der Wissenschaft, Analyse der Forschungs- und Technologiepolitik der Bundesregierung. Kommission für wirtschaftlichen und sozialen Wandel, Göttingen 1976.

Schmölders, Günter: Finanzpolitik, 3. Auflage, Berlin, Heidelberg, New York 1970.

Schneider, Hans Peter: Die parlamentarische Opposition im Verfassungsrecht der Bundesrepublik Deutschland, Frankfurt 1974.

Schober, Manfred: Die Stellung des Finanzministers im GG, Tübingen, Diss. jur. 1975.

Schriftenreihe der Hochschule Speyer, Politikverflechtung zwischen Bund, Ländern und Gemeinden. Vorträge und Diskussionsbeiträge der 42. Staatswiss. Fortbildungstagung der Hochschule für Verwaltungswissenschaften Speyer 1974. Berlin 1975.

Schüler, Manfred: Die vierte Ebene: Haushalts- und finanzpolitische Probleme der Europäischen Gemeinschaften, Eur.Arch. 1974, S. 45 ff.

Schulze-Fielitz, Helmut: Sozialplanung im Städtebaurecht, Diss. jur. (Maschinenschrift), Augsburg 1977.

Schumann, Claus-Dieter: Rechtswirkungen des Haushaltsplanes. Diss. jur. Hamburg 1964.

Schumpeter, Josepf Aloys: Theorie der wirtschaftlichen Entwicklung, 2. Auflage, München, Leipzig 1926.

Schröder, Meinhard: Buchbesprechung von: Hans D. Jarass, Poloitik und Bürokratie als Elemente der Gewaltenteilung, Der Staat 16 (1977), 278 ff.

Senf, Paul: Budget (I) in HdSW, Bd. 2, Stuttgart, Tübingen, Göttingen 1959.

— Die Reform der öffentlichen Haushaltsgebarung zur Erhöhung der Transparenz, in: H. Haller: Probleme der Haushalts- und Finanzplanung, Berlin 1969, S. 143 ff.

Smithies, Arthur: The Budgetary Process in the United States, New York 1955.

Stachels, Elmar: Das Stabilitätsgesetz im System des Regierungshandelns, Berlin 1970.

Stahr, Ernst: Die Öffentlichkeit der öffentlichen Haushalte. Diss. rer. pol. Saarbrücken 1967.

Steiger, Heinhard: Organisatorische Grundlagen des parlamentarischen Regierungssystems, Berlin 1973.

Stein, Ekkehart: Staatsrecht, 4. Auflage, Tübingen 1975.

Stern, Klaus: Gesetz zur Förderung der Wirtschaft und des Wachstums, DÖV 1967, S. 657 ff.

Stern, Klaus, *Münch,* Paul, *Hansmeyer,* Karl-Heinrich: Gesetz zur Förderung der Stabilität und des Wachstums der Wirtschaft (Kommentar), 2. Auflage, Stuttgart, Berlin, Köln, Mainz 1972.

Stobbe, Alfred: Gesamtwirtschaftliche Theorie, Heidelberg 1975.

— Volkswirtschaftslehre I, Volkswirtschaftliches Rechnungswesen, 4. Auflage, Berlin, Heidelberg, New York 1976.

Theis, Adolf: Überlegungen zur Reorganisation der politischen Planung auf der Ebene der Regierungschefs und der Ministerien, in: Renate Mayntz, Fritz W. Scharpf: Planungsorganisation. Die Diskussion um die Reform von Regierung und Verwaltung des Bundes, München 1973, S. 165 ff.

Theiß, Hermann: Das Nothaushaltsrecht des Bundes, Berlin 1975.

Tiemann, Susanne: Die Finanzkontrolle des Bundes oder: Was macht der Bundestag mit den Berichten des Bundesrechnungshofes? ZParl. 8 (1977), S. 93 ff.

— Die staatsrechtliche Stellung der Finanzkontrolle des Bundes, Berlin 1974.

Troeger-Gutachten: Kommission für die Finanzreform, Gutachten über die Finanzreform, erstattet im Auftrage des Bundeskanzlers und der Ministerpräsidenten der Länder. Stuttgart - Köln - Berlin - Mainz 1966.

Trautmann, Helmut: Innerparteiliche Demokratie im Parteienstaat, Berlin 1975.

Trossmann, Hans: Parlamentsrecht des Deutschen Bundestages, München 1977.

Truman, David B.: The Congressional Party, A Case Study, London 1959.

U.S.-Congress, Committee on the Budget (House): The Congressional Budget and Impoundment Control Act of 1974: A General Explanation, Washington, D. C. 1976.

— House Committee on Appropriations: Hearings for Fiscal Year 1977 (Legislative Branch), Washington, D. C. 1976.

— Joint Study Committee on Budget Control: Hearings, Washington, D. C. 1973.

— Joint Comittee on Reduction of Federal Expenditures: Federal Personal Pay, Washington, D. C. 1974.

— Senate: Hearings on H.Rep. 14238 (Legislative Branch Appropriations Act), Washington, D. C. 1975.

— Senate: Hearings on Supplemental Appropriations for Fiscal Year 1976, Washington, D. C. 1975.

— Senate Subcommittee on Government Operation: Hearings, Washington, D. C. 1973.

Vialon, Friedrich-Karl: Haushaltsrecht — Haushaltspraxis, 2. Auflage, Berlin, Frankfurt 1959.

Wagner, Heinz: Öffentlicher Haushalt und Wirtschaft, VVDStRL 27, Berlin 1969, S. 47 ff.

Weber, Jürgen: Opposition als Institution und Funktion, Neue politische Literatur 1974, S. 1 ff.

Weiß, Siegfried: Auswärtige Gewalt und Gewaltenteilung, Berlin 1971.

Wildavsky, Aaron: Budgeting. A Comparative Theory of Budgetary Processes, Boston, Toronto 1975.

— Toward A Radical Incrementalism, in: de Grazia, Alfred (ed.): Congress: The first Branch of Government. Twelve Studies of the Organization of Congress, Washington, D. C. 1966, S. 115 ff.

— The Politics of the Budgetary Process, second edition, Boston, Toronto 1974.

— Rescueing Policy Analysis from PPBS, 29 Pub.Ad.Rev. 1969, S. 169 ff.

Wille, Eberhard: Finanzplanung am Scheideweg: Resignation oder Neubesinnung? FA N. F. 35 (1977), S. 66 ff.

Wittmann, Walter: Öffentliche Güter, WiSt. 5 (1976), S. 19 ff.

— Einführung in die Finanzwissenschaft, III. Teil, Stuttgart 1972.

Woll, Artur: Allgemeine Volkswirtschaftslehre, 5. Auflage, München 1976.

Zimmermann, Horst, *Henke*, Klaus Dirk: Finanzwissenschaft. Eine Einführung in die Lehre von der öffentlichen Finanzwirtschaft, München 1975.

Zimmermann, Horst: Die Ausgabenintensität der öffentlichen Aufgabenerfüllung, Finanzarchiv N. F. 32 (1973/74), S. 1 ff.

Zuleeg, Manfred: Zum Standort des Verfassungsstaates im Geflecht der internationalen Beziehungen, DÖV 1977, S. 462 ff.

Zunker, Albrecht: Finanzplanung und Bundeshaushalt. Zur Koordinierung und Kontrolle durch den Bundesfinanzminister, Frankfurt/M. 1972.

— Consequences of the Federal System for Parliamentary Control of the Budget of the Federal Republic of Germany, in: David Coombes et al., The Power Of The Purse. The Role Of European Parliaments In Budgetary Decisions. London 1976, S. 46 ff.

Zitierweise

Sowohl Monographien als auch Aufsätze werden mit einem verkürzten Titel zitiert. Bei Aufsätzen wird darüber hinaus der Fundort, bei Monographien das Erscheinungsjahr genannt.

Kolibri 360 GmbH
Ferdinand-Jühlke-Straße 7
99095 Erfurt, Deutschland
produktsicherheit@kolibri360.de

Druck:
CPI Druckdienstleistungen GmbH
im Auftrag der
Kolibri 360 GmbH
Ferdinand-Jühlke-Str. 7
99095 Erfurt